CHRONIK DER MÜNCHNER POLIZEI

Münchner Blaulicht e.V.

CHRONIK DER MÜNCHNER POLIZEI

Wir danken unseren Sponsoren, die uns bei der Erstellung dieser Chronik unterstützt haben:
BMW Group • Prof. Hermann Auer Stiftung • Kreissparkasse München • Helmut Six (Wohnbau-Six) • Marianowicz-Medizin/Privatklinik Jägerwinkel • Sixt Autovermietung

1. Auflage, November 2015

Herausgeber: Münchner Blaulicht – Polizeiverein für Prävention und Bürgerbegegnungen e.V.
Redaktion: Martin Arz
Gestaltung von Hirschkäfer Design/Coriander P.
Druck: Druckservice Brucker, Mainburg

© Hirschkäfer Verlag, München 2015
Alle Rechte vorbehalten. Das Werk einschließlich seiner Teile ist urheberrechtlich geschützt. Jede Verwendung außerhalb der engen Grenzen des Urheberrechts ist ohne Zustimmung des Verlags unzulässig und strafbar. Das gilt insbesondere für Vervielfältigungen, Übersetzungen, Mikroverfilmungen und die Verarbeitung in elektronischen Systemen.

ISBN 978-3-940839-42-8

Besuchen Sie uns im Internet:
www.hirschkaefer-verlag.de

Mit Liebe gemacht.

INHALT

Grußwort des Bayerischen Staatsministers des Innern, für Bau und Verkehr	7
Grußwort des Münchner Polizeipräsidenten	8
1158 – 1898 Die Frühgeschichte der Münchner Polizei	**10**
1898 – 1914 Die Königlich Bayerische Schutzmannschaft	**22**
1914 – 1933 Der Erste Weltkrieg und die Weimarer Republik	**30**
Der Hitler-Ludendorff-Putsch	51
1933 – 1945 Die Zeit der NS-Diktatur	**56**
Die »Machtergreifung« innerhalb der Polizeidirektion München	66
»Die Münchner Polizei und der Nationalsozialismus« – die Aufarbeitung	70
1945 – 1975 Kriegsende und Neubeginn in München	**72**
1975 – 2015 Von der Städtischen zur Staatlichen Polizei	**98**
Besondere Dienststellen der Polizei	102
Spezialkräfte	102
Das Unterstützungskommando (USK)	110
Die Reiterstaffel	112
Die Diensthundestaffel	116
Die Motorradstaffel im Wandel der Zeit	124
Einsatzzentrale, Funkstreife und Notruf 110	126
»Isar 12, bitte kommen!« – Die Funkstreife	133
Die Einsatzzentrale der Polizei München – weit mehr als nur 110 …	141
Was passiert, wenn Sie den Polizeinotruf 110 wählen?	144
Besondere Polizeigebäude	146
Polizeiinspektion 22 – Hitlers ehemalige Wohnung	146
Die Villa Hoeßlin in der Romanstraße 13	149
Die McGraw-Kaserne wird Polizeidienststelle	151
Vom Kloster zum Polizeipräsidium	154
Die Polizeiinspektion 11	157
Jugendkriminalität und Protestbewegungen	160
Die Münchner Linie	172
Die szenekundigen Beamten	180
50 Jahre Psychologischer Dienst	183
Wenn Polizisten zu Tätern werden	190
Die Drogenszene	192
Terror in München	197
Sprengstoffpaket an Bundeskanzler Konrad Adenauer – Palästinensische Attentäter am Flughafen München-Riem – Brandstiftung am Seniorenheim der Israelitischen Kultusgemeinde – Bombenattentat der RAF auf dem Gelände des LKA – Überfall auf die israelische Olympiamannschaft – Das Oktoberfest-Attentat – Anschlag am Flughafen Riem – RAF-Attentat auf Siemens-Manager Beckurts – Versuchter Anschlag auf die Grundsteinlegung der neuen Synagoge – Die bundesweite Mordserie des »Nationalsozialistischen Untergrunds« NSU	
Die Polizei als Partner der Bürger	206
Bürgernahe Polizei	206
Opferschutz – Kriminalprävention	208
»aufgschaut«, »zammgrauft« und »sauba bleim« – »Polizei-Kurs« – »SAFE und MUM« – »Rad(t)los!« und »RoSi« – Jugendbeamte – Kontaktbeamte	
Verkehrsprävention	216
Das Selbstverständnis der Polizei im Wandel	222
Frauen bei der Münchner Polizei	222
Homosexuelle und Polizei	229

Kriminalitätsphänomene und besondere Einsätze	240
Kriminalität und deren Bekämpfung im Wandel der Zeit	240
Internationale Zusammenarbeit	248
Das PP München im Zeitalter globaler Krisen	249
Kriminalfachdezernat 12 – Cybercrime	252
Einsatz auf der Wiesn	255
50. Münchner Sicherheitskonferenz	259
G7-Gipfel in Elmau	261
Die Münchner Polizei überregional	264
Der Mordfall Hinterkaifeck im März 1922	264
Die Operative Fallanalyse (OFA) Bayern	268
Sündiges München	272
Presse- und Öffentlichkeitsarbeit	278
Die Polizei ist musikalisch	285
Chor der Münchner Polizei – Musikkorps der Schutzmannschaft – Jagdhornbläser – Schandi Blech – Frauenchor	
Münchens Polizei wird wieder blau	288
Die Münchner Polizei in Krimiserien	290
»Der Alte« – »Die Chefin« – »Der Cop und der Snob« – »Derrick« – »Funkstreife Isar 12« – »K11 – Kommissare im Einsatz« – »Der Kommissar« – »Kommissar Freytag« – »Löwengrube« – »Mit Herz und Handschellen« – »Monaco 110« – »München Mord« – »München 7« – »Polizeiinspektion 1« – »Die seltsamen Methoden des Franz Josef Wanninger« – »Sinan Toprak ist der Unbestechliche« – »Siska« – »SOKO 5113« – »Tatort« – »Polizeiruf 110« – »Unter Verdacht« – »Zwei Brüder«	
Herausragende Biografien	300
Die Münchner Polizeipräsidenten von 1945 bis 2015	300
Johann Paul Ritter von Seißer – Franz Xaver Pitzer – Anton Heigl – Prof. Dr. Manfred Schreiber – Gustav Häring – Dr. Roland Koller – Prof. Dr. Wilhelm Schmidbauer – Hubertus Andrä	
Liste aller Münchner Polizeipräsidenten	303
Münchner Polizeibeamte, die eine hohe Auszeichnung erhielten	304
Außergewöhnliche Karrieren einiger Münchner Polizeibeamter	304
Kollegen, die ihr Leben riskierten	305
Gewalt gegen Polizeibeamte	307
Im Dienst getötete Polizeibeamte des Polizeipräsidiums München	309
»Münchner Blaulicht – Polizeiverein für Prävention und Bürgerbegegnungen e.V.«	**310**
Das Chronik-Team	**312**
Personenverzeichnis	**315**
Literaturauswahl	**319**
Bildnachweis	**320**
Danksagung	**320**

Spektakuläre Kriminalfälle und Polizeieinsätze

Die Millionenbetrügerin Adele Spitzeder	19	Finaler Rettungsschuss	109
Der Goldraub in der Königlichen Münze	27	Flugzeugabsturz in Trudering	117
Der Mord an Ministerpräsident Kurt Eisner	35	Der Mord an Walter Sedlmayr	121
Der Elternmörder Josef Apfelböck	39	Der Westparkmord	123
Johann Eichhorn – die Bestie von Aubing	61	Der Todesbus von Trudering	139
Flugzeugabsturz in München-Riem	83	Der Mord an Rudolph Moshammer	189
Flugzeugabsturz an der Paulskirche	87	Doppelmörder in den eigenen Reihen	191
Die Bankräuberin Margit Czenki	93	Der Fall Dominik Brunner	213
Erster Banküberfall mit Geiselnahme	95	Der Doppelmord von Krailling	237
Die Entführung von Richard Oetker	101	Der Isar-Mord	243
Der Mordfall Michaela Eisch	105		

GRUSSWORT DES BAYERISCHEN STAATSMINISTERS DES INNERN, FÜR BAU UND VERKEHR

Erinnerungen sind unser Wegweiser für eine erfolgreiche Zukunft! Deshalb freue ich mich besonders, dass der Verein Münchner Blaulicht e.V. eine neue umfassende Chronik des Polizeipräsidiums München herausgibt. Neben der Geschichte, der Philosophie und den herausragenden Einsätzen beleuchtet die Chronik im Kontext einer gesamtgesellschaftlichen Entwicklung auch die Organisationsentwicklung und interessante Dienststellen. Die Chronik bietet insofern einen beeindruckenden Gesamtüberblick über das Polizeipräsidium München.

Auch wenn die Inhalte der Chronik abwechslungsreich und vielfältig dargestellt sind, zeigen sie zwei wiederkehrende Muster: Die Polizei unserer pulsierenden Landeshauptstadt war einerseits schon immer mit aufsehenerregenden Einsatzlagen und Ereignissen konfrontiert. Diese Herausforderungen machten es andererseits notwendig, dass das Präsidium regelmäßig bedeutende Innovationen hervorbrachte. Auch dadurch konnte München die sicherste Millionenstadt in Deutschland und wohl auch Europas werden. Darauf können wir sehr stolz sein!

Mein besonderer Dank gilt allen aktiven und ehemaligen Beschäftigten des PP München, die mit bemerkenswertem Engagement in ihrer Freizeit die Fakten recherchiert und in den einzelnen Beiträgen zusammengestellt haben. Ein solches Bekenntnis zum eigenen Beruf ist keine Selbstverständlichkeit und verdient höchste Anerkennung. Ebenso danke ich allen Kolleginnen und Kollegen des Polizeipräsidiums, die tagtäglich an der Sicherheit zum Wohle unserer Bürger mit Erfolg arbeiten.

Das Polizeipräsidium München darf ich zu dieser gelungenen Chronik beglückwünschen und zugleich darum bitten, den eingeschlagenen Weg im Dienste der Sicherheit fortzusetzen, damit auch die zukünftigen Chroniken von der erfolgreichen Arbeit und dem hohen Ansehen der Münchner Polizei zeugen. Dafür wünsche ich auch weiterhin viel Kraft, viel Glück und Gottes Segen!

Joachim Herrmann
Bayerischer Staatsminister des Innern, für Bau und Verkehr
Mitglied des Bayerischen Landtags

GRUSSWORT DES MÜNCHNER POLIZEIPRÄSIDENTEN

Die Münchner Polizei hat in der Vergangenheit sehr viel erlebt. Erstaunliches, Denkwürdiges und Bedeutendes finden Sie in dieser Chronik. Eine Chronik ist wichtig, um sich besser mit der eigenen Organisation identifizieren, sie besser verstehen zu können.

Die Münchner Polizei hat durch veränderte gesellschaftliche, politische und gesetzliche Rahmenbedingungen einige Anpassungen vollzogen. Wir wenden Bewährtes an, aber fördern gleichzeitig sinnvolle Innovationen. Gegen Entwicklungen, die sich negativ auf das Sicherheitsgefühl der Bürger auswirken oder auswirken können, gehen wir konsequent vor, und gegen extremistische Bedrohungen unserer freiheitlich demokratischen Grundordnung schreiten wir frühzeitig ein.

Zu unserer Historie gehören das Denkmal der vier im Einsatz gegen den Hitlerputsch 1923 getöteten Polizisten in der Residenzstraße, die fünf Wochen im Jahr 1933 mit Himmler als Polizeipräsident, die Verbrechen als Instrument der NS-Gewaltherrschaft, das Olympia-Attentat, der Anschlag auf das Oktoberfest, die Ermordung von Karl Heinz Beckurts durch die RAF und vieles mehr.

Ebenso gehören auch der verhinderte Anschlag auf die Grundsteinlegung für das neue Jüdische Gemeindezentrum im Jahr 2003 dazu und ein im bundesweiten und internationalen Vergleich hervorragendes Sicherheitsgefühl der Bevölkerung, um das die Einwohner vieler anderer Großstädte die Münchner beneiden.

Die Schwabinger Krawalle gehören hierhin und die friedliche Fußball-Weltmeisterschaft 2006 sowie der Papstbesuch. In der Münchner Prinzregentenstraße fand der erste Bankraub mit Geiselnahme in Deutschland statt. Die Morde am Volksschauspieler Sedlmayr und dem Modeschöpfer Moshammer fanden ein bundesweites Echo.

Darüber hinaus ist die Münchner Polizei bundesweit gut bekannt durch Krimiserien wie »Funkstreife Isar 12«, »Der Alte«, »Derrick« oder »Tatort«. Auch legendäre Fernsehserien, wie »Löwengrube – Die Grandauers und ihre Zeit« oder »Monaco Franze« mit dem unvergessenen Helmut Fischer, haben dem Polizeipräsidium ein filmisches Denkmal gesetzt.

Sich mit der Geschichte der eigenen Behörde zu beschäftigen, hat sich bei der Münchner Polizei bewährt.

Bereits Mitte der 80er-Jahre haben Beschäftigte eine umfangreiche Chronik des Polizeipräsidiums München erarbeitet und veröffentlicht. Dabei wurden historische Erkenntnisse gesichert, die heute wahrscheinlich nicht mehr so detailliert herausgearbeitet werden könnten. Vor wenigen Jahren hatten wir eine eigene Ausstellung über unsere Rolle in der schlimmsten Zeit des Nationalsozialismus präsentiert. Diese aktive Erinnerungsarbeit dient der Fortbildung der Angehörigen der Bayerischen Polizei, der Weiterbildung der historisch interessierten Öffentlichkeit, der Förderung des Präventionsgedankens gegen extremistische Bestrebungen sowie der historischen Erinnerungsarbeit.

Mit der neuen vorliegenden Chronik sollen diese wichtigen Themen weiterhin unterstützt und unsere guten Erfahrungen weitergelebt werden. Dazu soll die Chronik unterhalten, der Identifikation der Bürger mit ihrer Polizei dienen und das Verständnis für gute Polizeiarbeit verbessern.

Ich danke allen, die dieses Buch möglich gemacht haben. Fotos aus dem persönlichen Fundus, überlieferte Anekdoten, Tatsachen und Legenden, wochenlange Recherchen in Archiven – aus diesen verschiedenen Quellen haben aktive und pensionierte Polizeibeamte zusammen mit dem Verein »Münchner Blaulicht e.V.« und dem Hirschkäfer Verlag die wichtigsten Inhalte herausgearbeitet und sie in diesem Werk präsentiert, das Sie nun in den Händen halten.

Die beteiligten Polizeibeamten haben sich aus eigenem Antrieb an der Erforschung der Geschichte ihrer Polizei beteiligt. Sie repräsentieren damit vorbildlich die Verantwortung der Münchner Polizei für unsere Gesellschaft und unsere Rechtsordnung. Durch die Beschäftigung mit der eigenen Geschichte wurden wieder wichtige Erkenntnisse für die Zukunft gesichert. Der Blick zurück war zugleich ein Blick nach vorn, denn wer die Vergangenheit reflektiert, kann dabei lernen, auch sein heutiges Handeln zu hinterfragen.

Bleibt mir noch der Wunsch, dass künftige Chroniken der Münchner Polizei eine erfolgreiche Polizeiarbeit, ein funktionierendes, konstruktives und verständnisvolles Miteinander von Bürgern und Polizei sowie eine sichere, offene und tolerante Stadt beschreiben werden, wenn die Chronisten auf unsere heutige Gegenwart zurückblicken.

Hubertus Andrä
Polizeipräsident

1158–1898

Ein Offizier der bayerischen Gendarmerie am Stachus vor der alten Matthäuskirche.

DIE FRÜHGESCHICHTE DER MÜNCHNER POLIZEI

Autor: Martin Arz

Das Verbrechen ist bekanntlich immer und überall. Und je größer ein Ballungsraum, desto höher ist in der Regel die Kriminalitätsrate. Das ging München als aufstrebende Zollstation und schnell wachsendem Markt nicht anders. Die 1158 erstmals erwähnte Stadt prosperierte, wurde Residenzstadt und damit Herrschersitz, und entwickelte sich zur größten Metropole im Herzogtum Bayern. Doch früher konnte man nicht einfach »Polizei« rufen, wenn man Opfer oder Zeuge eines Verbrechens wurde. Den Begriff Polizei gab es zwar ab dem 15. Jh., doch darunter verstand man etwas ganz anderes als heute.

Das Wort »Polizei« geht ebenso wie die »Politik« auf das griechische »politeia« (»polis« = Stadt) zurück und bedeutete Stadt- oder Staatsverfassung. Über Frankreich, da sprach man schon im 14. Jh. von »la police«, kam der Begriff »Policzey« bzw. »gute Policzey« in den deutschen Sprachraum. Unter der »guten Policzey« verstand man aber nicht besonders nette Justizbeamte, sondern eine gute Ordnung und Verwaltung für das Gemeinwesen. Die Obrigkeit hatte für gute Policzey zu sorgen, also dafür, dass es allen Menschen im Herrschaftsgebiet gut ging. Dazu gab es dann entsprechende Polizeiordnungen, die das soziale Miteinander und die Wirtschaft regelten.

Da München keine freie Reichsstadt wie z. B. Nürnberg war, mischte sich der Landesherr stets kräftig in die Verwaltungs- und Hoheitsrechte sowie Verordnungen ein. Die Münchner mussten manches Recht über die Jahrhunderte mühsam, mitunter auch mit Waffengewalt, den Herzögen abringen. München hatte spätestens seit 1164 eine bürgerliche Verfassung, ab 1289 ist ein Rat der Stadt urkundlich nachgewiesen. Dieser Rat erhielt 15 Jahre später von Herzog Rudolf mit dem sogenannten Rudolfinum das Recht, bei der Ernennung des Stadtoberrichters mitzureden, zugesprochen. Der Stadtoberrichter übte die »Blutgerichtsbarkeit« gemäß den städtischen Verordnungen aus. Sein Stellvertreter war der Stadtschreiber, der beispielsweise die Bußgelder eintrieb und auch jedermann auf Verlangen das Gerichtsbuch vorlesen und erläutern musste. Die Stadt durfte zudem einen Pfändmeister ernennen, der Schuldenforderungen eintrieb. Richter und Pfändmeister hatten Gehilfen, die Richters- und Pfändknechte, die Verbrecher aufzuspüren und zu verhaften bzw. Geld einzutreiben hatten. Diesen Büttteln sah man ihren Beruf nicht an, denn sie trugen keine spezielle Kleidung oder Kennzeichnung, schon gar keine Uniformen, die erst sehr viel später eingeführt wurden. Zum Personal zählten auch der Kerkermeister, der für die Gefangenen im Rathausturm oder in den Wehrtürmen zuständig war, sowie natürlich ein Henker, der je nach Verbrechensschwere verstümmeln oder töten musste.

Meister Haimpert war der erste schriftlich erwähnte Münchner Henker, der als erste Amtshandlung 1321 seinen Vorgänger hinrichtete. Dem Henker unterstanden vier Schergen als Hilfen. Als Henker ließ es sich sehr gut leben, denn er kassierte erhebliche Gebühren für jede Hinrichtung und konnte zudem »Heilmittel« aus den Leichen gewinnen, die er dann teuer verkaufte. So belieferten Henker noch bis ins 18. Jh. die Apotheken mit dem begehrten Menschenfett.

Kaiser Ludwig der Bayer verlieh seiner Residenzstadt 1315 weitere Rechte und Privilegien. So das Recht,

»ohne jemands Widerred alle der Stadt oder dem Land schädlichen Leut zusammenzufangen, nach München zu führen und dieselben allda mit denen Rechten zu überwinden«. Die Münchner stellten eine Truppe von (Polizei-)Söldnern zusammen, die landesweit auf Verbrecherjagd gingen und sie nach München brachten, wo sie nach Stadtrecht abgeurteilt wurden. Das gestaltete sich in der Praxis freilich nicht immer so einfach, denn die Herzöge mischten sich gerne ein, behinderten die Söldner oder milderten Strafen ab oder verschärften sie – je nach Gutdünken.

Der Kaiser überließ der Stadt 1330 und 1342 zudem die Gewerbe- und Baupolizei. München führte nun ein Bußamt ein, quasi die erste Vollzugsbehörde für Polizeiangelegenheiten, die den Oberrichter und den Rat der Stadt zu entlasten hatte und kleinere Vergehen aburteilte. Die Oberaufsicht teilten sich zwei Ratsmitglieder als »Bußmeister«, hinzu kamen vier weitere Bußmeister. Sie mussten gemäß ihrem Amtseid alle zwei Wochen in der Stadt umhergehen und nach dem Rechten sehen. Einmal die Woche trafen sie sich zum Bußgericht und verhängten Strafen. Im Dienst der Bußmeister standen Bußstubenknechte, Schergen und Scharfrichter, bei der Gewerbepolizei taten Kornmesser, Brot-, Fleisch- und Bierbeschauer ihren Dienst. Die »richtigen« Verbrecher überließ man den Stadtsöldnern, die auch die Tore bewachten.

VON »UNSINNIG SPIELWUTH« UND »GEMEINEN TÖCHTERLEIN«

Ständig kamen neue Verordnungen hinzu, deren Einhaltung es zu überwachen galt. Ab 1370 durfte außer den Richterknechten niemand mehr nachts Waffen tragen oder ohne Licht nach der Polizeistunde auf der Straße unterwegs sein, »oder man halt in für einen schedlichen man«. Ab 1405 galt eine strenge Kleiderordnung und 1420 trat das Gesetz gegen die »unsinnig spielwuth« in Kraft. Die diversen Polizeiorgane beaufsichtigten also Weinschänken, Hausierer und Bettler und verfolgten Vergehen wie die Verunreinigung der Straßen, das Drücken und Unterbieten gewerblicher Lohnsätze, das Abspenstigmachen von Kunden oder eben auch übermäßigen Aufwand bei Kleidung.

Auch das Thema Rotlichtmilieu spielte damals eine Rolle. Bislang hatte der Henker in seinem Haus die städtischen Prostituierten zu beherbergen und zu beaufsichtigen. Weil das immer wieder zu »Dienstpflichtsverletzungen« geführt hatte, ließ die Stadt 1443 ein

Wer der Stadt verwiesen wurde, wurde von Bütteln mit Stecken bis zur Stadtgemarkung geprügelt.

Ein Strafgefangener, der ein Glöckchen tragen muss, damit man ihn immer finden kann, wird von einem Büttel zum Straßenreinigungsdienst geprügelt.

Wüst ging es zu auf dem Schrannenplatz (heute Marienplatz) im Jahr 1634: Vor der Stadtwache (linke Bildhälfte) spielen zwei Soldaten Karten, ein anderer verrichtet seine Notdurft. Auf dem Schandesel sitzen zwei Delinquenten, am Galgen baumelt ein Hingerichteter. Im rechten Bilddrittel gibt es eine Massenprügelei. Das Gemälde ist eine Allegorie auf die »schlechte policzey« während des Dreißigjährigen Kriegs und keine exakte Darstellung der tatsächlichen Verhältnisse. So war der Schrannenplatz keine Hinrichtungsstätte, mit Ausnahme von drei Soldaten, die König Gustav Adolf von Schweden hier 1632 hängen ließ.

öffentliches »Frauenhaus« in der Mühlgasse am Anger (heute das Gelände der Hauptfeuerwache nahe dem Sendlinger Tor) für die »gemeinen Töchterlein« bauen und stellte einen »Frauenmeister« als Aufsicht ein. Der musste einen Eid schwören, dass er jede Frau mit Essen versorgt und zudem ein paar Eier gibt, wenn sie »weiblichkeitshalber« unpässlich ist. Er durfte auch nicht mit den »Töchterlein« schlafen oder die Geschenke von Freiern wegnehmen. Last but not least sollte der Frauenmeister »kain Frau höher versetzen noch verkauffen, da er sie kaufft hat oder ihme versetzt ist oder er darauf gelihen hat«.

»GEZETER« GEGEN VERBRECHER

Für die heutige Polizei zählt Verbrechensvorbeugung mit zu den wichtigsten Aufgaben. Damals gehörte das jedoch zu den Pflichten jedes Bürgers. Wer Opfer oder Zeuge eines Verbrechens wurde, musste laut »Zeter und Mordio« schreien. Wer dieses »Gezeter«, also den Notschrei, hörte, war zu sofortiger Hilfe verpflichtet. Einen Verbrecher durfte jeder festhalten und dem Richter vorführen bzw. dessen Büttteln übergeben. Jeder Bürger musste zudem nächtlichen Streifendienst leisten, was vielen nicht passte. Sie kauften sich durch ein »Wachtgeld« frei. Weil das überhandnahm, verwandelte die Stadt 1457 das Wachtgeld in eine allgemeine Steuer, von der fortan hauptberufliche »Scharwächter« und »Zirker« bezahlt wurden. Damals muss es in München des Nachts recht wüst zugegangen sein, 1530 erging daher ein Ratsmandat »wider das nächtliche Rumoren«, das überall öffentlich angeschlagen wurde. Das öffentliche Anschlagen setzte eine kleine technische Revolution voraus: Seit Anfang des 16. Jh. leistete sich die Stadt nämlich einen eigenen Druckmeister, der alle amtlichen Drucksachen vervielfältigte und so für eine schnelle Verbreitung sorgte. Zuvor waren Anordnungen durch einen Ausrufer an verschiedenen Ecken der Stadt bekannt gegeben worden.

Die Scharwächter, auch Rumormeister oder Stadttrabanten genannt, ersetzten inzwischen auch die Stadtsöldner. Eine eigene Verordnung legte genau die Bewaffnung, die Einteilung der Patrouillen und deren Routen sowie das Verhalten bei nächtlichen Ruhestörungen fest. Dabei standen Schänken und andere »argwöhnische« Häuser immer im Fokus der Wächter. Bei besonders schwerem »Rumoren« und großen Schlägereien holten sie sich Verstärkung bei den Richtersknechten.

Städtische Büttel trugen meist solche Schauben.

Im Gegensatz zur landläufigen Meinung gab es im Mittelalter kaum Folter und praktisch keine Hexenverfolgung. Beides setzte erst mit dem ausgehenden 16. Jh. ein. Im Mittelalter galt noch das Anklageprinzip, nach dem ein Geschädigter den Täter selbst vor Gericht bringen und dann auch Beweise liefern musste, außer der Täter wurde auf »handhafter« Tat erwischt. Einen Mörder überführte man beispielsweise mit dem Bahrrecht: Man ging davon aus, dass das Blut die Seele in sich tragen würde, also brachte man das Mordopfer auf einer Bahre zum Verdächtigen. Wenn die »empörte« Seele des Toten das Blut wieder zum Fließen brachte, war der Täter überführt.

DIE FOLTER HÄLT EINZUG

Das änderte sich im 16. Jh. Nun übernahm die Obrigkeit die Initiative zu einem Strafprozess, ermittelte selbst von Amts wegen (Inquisition) und musste Beweise liefern. Das einfachste Mittel zur Beweisgewinnung war ein Geständnis, und das bekam man wiederum am einfachsten durch Folter. Die Angeklagten sperrte man angekettet in Keuchen genannte Zellen. Die Folterkammern befanden sich in den Kellern der Münchner Gefängnisse, vor allem im zentralen Falkenturm. Methoden und Dauer der Folter waren streng geregelt. Seine Aussage musste der Gefangene dann nach der Tortur in einer gesonderten Verhörstube machen. Der erste große Hexenprozess in München richtete sich 1590 gegen vier Bürgerinnen, denen man vorwarf, sie hätten eine Kinderleiche ausgegraben, um daraus eine Hexensalbe zu machen. Da die Damen alle sehr betagt waren, zeigte man sich »gnädig«: Sie wurden vor dem Verbrennen erwürgt. Ein Jahr später wurde der italienische Alchimist Marcantonio Bragadino als »notorischer Hexenmeister« hingerichtet. Der Italiener war ein berüchtigter Betrüger, der sich als vermeintlicher Goldmacher das Vertrauen des Herzogs erschlichen hatte. Den spektakulärsten Hexenprozess erlebte die Stadt im Sommer des Jahres 1600 und traf eine unschuldige Familie von Nichtsesshaften. Die Familie Pämb lebte von der Hand in den Mund als »Pappenheimer«. Pappenheimer reisten durch das Land, reinigten Abfall- und Sickergruben. Herzog Maximilian I. wollte ein Exempel gegen das reisende Gesindel statuieren und wählte die Familie eher zufällig als Opfer. Das Ehepaar Anna und Paulus Pämb mit ihren Söhnen Gumpprecht, Michael und Hänsel sowie ihre angeblichen Gehilfen, der Bauer Ulrich Schölz und der Schneider Georg Schmälzl, wurden verhaftet, nach München gebracht und schwerster Folter unterzogen. Sie gaben alles an Hexerei zu, was ihnen die Schergen des Herzogs in den Mund legten. Zuletzt wurden sie auf dem Marienplatz noch öffentlich gedemütigt, brutal misshandelt und schließlich auf dem Galgenberg, dabei handelt es sich um die Gegend zwischen Landsberger Straße und Hackerbrücke, bei lebendigem Leib verbrannt. Nur Hänsel, der erst elf Jahre alt war, bekam eine Gnadenfrist und wurde ein halbes Jahr später ins Feuer geschickt.

Nachdem der Dreißigjährige Krieg und die Pest in Europa gewütet hatten, waren Mitte des 17. Jh. ganze Landstriche entvölkert und auch München hatte schwer gelitten. Ehemalige Söldner, nach Kriegsende arbeitslos, zogen marodierend durch die Gegend. Militärische Kommandos durchstreiften das Territorium. Zur Verfolgung von Straftätern setzte die Obrigkeit damals auf ein heute noch zeitgemäßes Mittel, ließ Steckbriefe mit Personen- und Tatbeschreibung öffentlich anschlagen und tauschte »Gaunerlisten«, also Fahndungsbücher, mit den Nachbargebieten aus. Eine grundlegende Reform führte erst Kurfürst Max Joseph III. im Jahr 1745 durch. Er gründete eine Policey-Miliz, die vom Militär durch die Securitäts-Banda unterstützt werden sollte, und rief sechs Jahre später das Freycorps Geschrey ins

Während der Passkontrolle an einem Münchner Stadttor rempelt ein Cheveauleger einen jüdischen Händler an. Die Stadtwachen vom Jäger-Corps amüsieren sich darüber. Das deutlich antisemitische Gemälde von Dietrich Monten entstand erst 1824, als es den Jäger-Corps nicht mehr gab.

Leben. Doch die Verbände arbeiteten nicht mit dem gewünschten Erfolg. Max Joseph III. und sein Nachfolger Karl Theodor gründeten alle paar Jahre neue Einheiten mit Namen wie »Streyf-Commando« oder »Land-Securitäts-Commando«. Bis Karl Theodor schließlich 1781 mit dem »Militär-Jäger-Corps« eine erfolgreiche Landespolizei ins Leben rief. Dieses Korps, bereits sieben Jahre später wieder aufgelöst, trug erstmals Uniformen in (Polizei-)Grün.

REFORM UNTER POLIZEIRAT WEICHS

In München teilten sich die Polizeiarbeit in der Mitte des 18. Jh. inzwischen 14 verschiedene »Polizeyobrigkeiten«, denn neben Stadtrichter, Bußamt, Markt- und weiteren Aufsehern hatten auch die Zünfte gewisse rechtliche Befugnisse. Am 11. August 1759 gründete München daher eine neue Behörde namens »Polizeyrath«, die sich aus Vertretern verschiedener Ämter zusammensetzte und als Aufsichtsbehörde dienen sollte. Dem Polizeirat stand der Vizepräsident der Landesregierung, Freiherr von Weichs, vor. Weichs trieb eine umfassende Polizeireform voran. 1797 wurde eine Kommission zur »Herstellung der Polizey in München und Handhabung der öffentlichen Ordnung in ihrem ganzen ausgedehnten Umfang« unter der Leitung von Generalleutnant Graf Rumford ins Leben gerufen. Die städtischen Behörden hatten sich fortan allen Anordnungen von Rumford und seinen vier Oberkommissären unterzuordnen. Einer dieser Oberkommissäre, Hofkriegsrat Anton Baumgartner, übernahm am 23. April 1799 als erster Polizeidirektor der Haupt- und Residenzstadt München die neu gegründete kurfürstliche Polizeidirektion. Die Amtsräume befanden sich im La-Rosée-Bogen an der Dienerstraße. Dem Direktor unterstanden Polizeidiener, die als Art Uniform eine Schaube (ein mantelartiger Umhang) trugen. Als 1802 die allgemeine Schulpflicht eingeführt wurde, mussten die Polizeidiener mit aller Härte gegen »unverzeihliche Nachlässigkeit und Eigensinn« von Eltern vorgehen, die ihre Kinder nicht zur Schule schicken wollten. Ein Jahr später entzog man dem Hofoberrichter und den städtischen Behörden alle polizeilichen Aufgaben und 1804 wurde auch die Lokalbaudirektion dem Polizeipräsidenten unterstellt.

Offizier und Gemeiner der bayerischen Gendarmerie im Jahr 1810 (Aquarell von Lorenzo Quaglio).

Zwei Münchner Gendarmen am Oktoberfest ca. 1838 (Aquarell von Heinrich A. Eckert und Dietrich Monten).

MÜNCHENS ERSTE POLIZEIDIREKTION

Eine Zäsur gab es im Jahr 1808. In Bayern, erst seit zwei Jahren ein Königreich, trat am 24. September ein Edikt in Kraft, dem zufolge in allen größeren Städten des Landes die Polizeidirektion den Magistrat als Verwaltungsbehörde ablöste. Die kgl. Polizeidirektion München war ab sofort zuständig für Sicherheit und Ordnung, Armenfürsorge, Gesundheitswesen, Reinlichkeit, Bauwesen, Gewerbe, öffentliche Vergnügungen, Schulunterricht und Religion sowie das »Intelligenzwesen«. In diesem Jahr zog die Polizeidirektion von der Dienerstraße ins Tal. Erst 1818 bekamen die Städte ihre Selbstverwaltung zurück und die Polizeidirektionen wurden aufgehoben. Doch da München als Haupt- und Residenzstadt einen Sonderstatus genoss, blieb hier die Polizeidirektion bestehen und teilte sich Aufgaben mit dem Magistrat. Die Aufgabenbereiche überschnitten sich dabei teilweise, so war es zum Beispiel entscheidend, ob sich ein Verbrechen auf Privatgrund oder in der Öffentlichkeit ereignet hatte.

Bereits 1813 war für das Königreich das Gendarmeriekorps gegründet worden, das die bisherigen Polizeikordons und Maut-Patrouillen-Korps ersetzte. Das Wort Gendarm stammt aus dem Französischen (*gens d'armes*) und bedeutet wörtlich Bewaffnete, Waffenleute. Die Gendarmerie wurde in den Folgejahren mehrfach umorganisiert und neu strukturiert. Weil man im Land so gute Erfahrungen mit den Gendarmen hatte, sollte auch München eine Gendarmerie-Kompanie bekommen. Am 25. Januar 1824 verfügte König Max I. Joseph die Auflösung der Polizeiwache und die Errichtung der Gendarmerie-Kompanie der Haupt- und Residenzstadt München. Sie bestand aus einem Hauptmann, einem Leutnant, einem Rechnungsführer, einem Feldwebel, einem Brigadier zu Pferd und sechs Brigadiers zu Fuß, zehn Gendarmen zu Pferd und 60 Gendarmen zu Fuß. Die Uniformen waren die gleichen wie für die Land-Gendarmerie. Die Unberittenen trugen lange Röcke, grüne Beinkleider mit roten Biesen und am Tschako rote Federbüsche, auf dem Tschakoschild das Königliche Wappen sowie die Nummer der Legion. Die Uniform der Berittenen glich der Kavallerie, hatte jedoch lange Röcke in Grün mit scharlachroten Aufschlägen. Im Unterschied zur Land-Gendarmerie lautete die Umschrift auf dem Tschako allerdings »Gens d'armerie der Hauptstadt München«. Die Stadt-Gendarmerie unterstand wie alle anderen Gendarmerien dem Kriegsministerium, die Mannschaft lebte in einer Kaserne. Laut Dienstordnung hatte sie u. a. »allenthalben Anzeigen über begangene Verbrechen zu sammeln, Landstreicher, Straßenräuber, Mordbrenner und Mörder, einzelne sowohl, als wenn sie sich in Banden versammeln und überhaupt alle Verbrecher, welche auf frischer Tat betreten wurden, zu arretieren, Holz- und Feldfrevler, Wilddiebe, Zolldefraudanten zu ergreifen, schriftliche Anzeige über Leichen, welche im Wald und auf dem Land gefunden werden, zu verfassen«. Gleichzeitig hatte sich jeder Gendarm »mit Anstand und Bescheidenheit zu benehmen und jedem, sei er auch von niedrigstem Stand, mit Achtung zu begegnen, auf die er als Bürger des Staates Anspruch machen kann«.

Die Polizeidirektion war der Gendarmerie gegenüber zwar weisungsbefugt, hatte aber keinerlei Einfluss auf die Personalpolitik und die Verwaltung. Dieses Nebeneinander führte immer wieder zu Schwierigkeiten. Dennoch bewährten sich die Münchner Gendarmen in den folgenden Jahrzehnten. 1826 zog die Polizeidirektion in das ehemalige Institut der Englischen Fräulein in der Weinstraße. Elf Jahre später verlor sie die Zuständigkeit für die Lebensmittelpolizei an den Magistrat.

DIE UNRUHIGEN 1840er-JAHRE

Am 1. Mai 1844 erschütterte der »Bierkrieg« die Stadt. Weil der Bierpreis von 6 auf 6,5 Kreuzer pro Maß angehoben wurde, randalierte die Bevölkerung, verwüstete 20 Bierhäuser und zerschlug die Scheiben der Polizeidirektion. Es kam zu zwei Toten und mehreren Schwerverletzten. Die Bierpreiserhöhung wurde zurückgenommen. Kurze Zeit später kochte die Volksseele erneut. Diesmal wegen der Tänzerin Lola Montez, die sich in der Zuneigung von König Ludwig I. sonnte. Man sagte ihr zu großen Einfluss auf den König und seine Regierungsgeschäfte nach. Außerdem benahm sie sich provokant, indem sie z. B. auf offener Straße rauchte, was streng verboten war. Ihr letzter Zigarettenstummel, den sie auf Münchens Straßen schleuderte, befindet sich heute im Stadtmuseum. Im Februar und März 1847 kam es zu ersten Unruhen. Im Februar 1848 eskalierte dann die Situation, weil die Universität nach Studentenunruhen gegen Lola Montez geschlossen wurde. Die Stadt kochte. Lola Montez floh und bekam ihre Bürgerrechte aberkannt. Schließlich trat Ludwig I. am 20. März 1848 zurück. Doch das Jahr ging unruhig weiter, denn im Juli und noch einmal im Oktober brach erneut der Bierkrieg aus. Der entfesselte Mob ging auch gegen die Gendarmerie vor, Steine flogen, es gab Verletzte, Soldaten mussten die Polizeidirektion schützen. Man erkannte schließlich, dass die Gendarmerie durch ihr »Erscheinen oder Eingreifen die Wut der Tumultanten nur vergrößern würde«, wie es ein Beobachter schrieb, und überließ im Wesentlichen dem Militär die Wiederherstellung der Ordnung.

Die 1860er-Jahre brachten entscheidende Veränderungen für die Münchner Polizei. Zunächst trat im November 1861 das Polizeistrafgesetzbuch für Bayern in Kraft. Dann trennte man zum 1. Juli des Folgejahres die Verwaltung von der Justiz. Die Polizeidirektion durfte

Haftbefehl der Polizei-Direktion München vom 22. April 1869.

fortan keine Miet- und Dienstbotenstreitigkeiten, keine Beleidigungen oder ähnliche Übertretungstatbestände mehr eigenmächtig aburteilen. Stattdessen bekam sie mehr Macht über die Gendarmerie und übernahm Aufgaben der Amtsanwaltschaft. Das spektakulärste Verbrechen, das in jenen Jahren München erschütterte, war der Zyankalimord an der Gräfin Mathilde Chorinsky von Ledske, der sogar die K.u.k.-Monarchie in Wien ins Schwanken brachte. Gegen allen diplomatischen Druck überführte der Münchner Polizeidirektor Karl von Buchdorff den österreichischen Offizier Gustav von Chorinsky und dessen ungarische Geliebte Julie von Ebergenyi als Mörder.

AUCH DIE SCHULEN UNTERSTEHEN DER POLIZEI

Unter König Ludwig II. kam es 1868 zu einer grundlegenden Umorganisation der Gendarmerie, indem sie aus dem Heer ausgegliedert und dem Innenministerium unterstellt wurde. München bekam eine Gendarmerieschule. Ein Jahr später wurden die Kompetenzen zwischen Polizeidirektion, Magistrat und Lokalbaukommission neu geregelt. Die Behörden sollten unabhängig voneinander handeln, sich aber »durch geeignetes Zusammenwirken« gegenseitig unterstützen. Die Polizeidirektion war ab 1. Januar 1870 zuständig für das Melde-, Heimat- und Leumundwesen, die öffentliche Sicherheit, die Fremdenpolizei, das Pass- und Aufenthaltsrecht, das Sitten- und Glücksspielwesen, alle Maßnahmen gegen Arbeitsscheue, Landstreicher, Bettler, Sammler und Gaukler, den Gebrauchtwarenhandel und die Gewerbepolizei, bestimmte Angelegenheiten der Gesundheits-, Straßen-, Wasser- und Feuerpolizei sowie bestimmte Angelegenheiten von religiösen Einrichtungen, Erziehung und Bildung.

München war damals bereits eine moderne Großstadt, deren Nachtleben einiges zu bieten hatte, wie eine Anweisung der kgl. Polizeidirektion aus dem Jahr 1880 zeigt: »Die vielen Vergnügungen, die hier jahrein, jahraus im großen Maßstab geboten werden, sind eine ungesunde Folgeerscheinung des schrankenlosen Bestrebens, München zu einer Fremdenverkehrs- und Vergnügungsstadt zu machen. Sie sind eine ständige Verlockung der ganzen Bevölkerung zum Müßiggang und zum Genusse. Es gibt wohl kaum eine Stadt in Deutschland, in der so viel gefeiert und so wenig gearbeitet wird wie in München. Es ist deshalb eine ernste Aufgabe, einer weiteren Ausdehnung des Amüsierbetriebes energisch entgegenzutreten, insbesondere in keiner Weise zur Förderung des in hygienischer, wirtschaftlicher, sicherheits- wie sittenpolizeilicher Beziehung überaus schädlichen Nachtlebens beizutragen.«

Im März 1888 sorgte wieder einmal das Bier für Unruhe. Bei der »Salvatorschlacht« auf dem Nockherberg mussten die Gendarmen zu Pferd und zu Fuß zusätzlich von 50 Soldaten der Schweren Reiter unterstützt werden, um die Massenschlägerei zu beenden.

Weil München als Großstadt stetig wuchs und mit ihr der Verkehr, erging am 1. Oktober 1890 folgende Verordnung: »Von nun an müssen alle Fuhrwerke, auch die Velocipede, vom Eintritt der Dunkelheit an bis zum Tagesanbruch mindestens eine hellleuchtende Laterne führen, welche so angebracht sein muss, dass deren Licht von vorne und an der linken Seite des Fuhrwerks sichtbar ist. Ferner müssen alle Privatfuhrwerke den Vor- und Zunamen und den Wohnort des Eigentümers tragen und zwar in deutlicher Schrift und in Buchstaben von mindestens 5 cm Höhe.« In diesem Zusammenhang war es sicherlich folgerichtig, dass Bayern als erstes Land der Welt schließlich 1899 die Führerscheinpflicht einführte.

In den 1890er-Jahren ereigneten sich mehrere spektakuläre Morde. 1893 wurde die Gülterswitwe Anna Reitsberger mit ihren drei Töchtern in Salmdorf ermordet. Ein Jahr später fiel der Uhrmachermeister Max Huber in der Fraunhoferstraße 12 einem Tötungsdelikt zum Opfer, und 1896 ermordete der Maurer Johann Berchtold in der Karlstraße 33 die Witwe Caroline von Roos, ihre Tochter Julie sowie deren Köchin Maria Gradl. Diese Verbrechen führten am 1. Juli 1896 zur Gründung einer eigenen Kriminalabteilung: des Instituts der Kriminalgendarmerie.

Die Geschichte der städtischen Gendarmerie endete am 1. Oktober 1898. Prinzregent Luitpold löste die Kompanie auf und ersetzte sie durch die kgl. Schutzmannschaft. Damit ging auch ein Wechsel der Uniformen einher: Statt Gendarmerie-Grün trug der neue Münchner Schutzmann einen dunkelblauen, zweireihigen Rock mit karmesinroten Vorstößen, eine schwarze Hose und einen Helm mit weißem Beschlag.

Justitia versucht nach ihr zu greifen: die Millionenbetrügerin Adele Spitzeder in einer zeitgenössischen Karikatur.

Bankenpleite, illegales Schneeballsystem, vor Habgier blinde Kleinanleger in den Ruin oder gar zum Selbstmord getrieben – so aktuell die Schlagworte auch klingen mögen: Wir schreiben das Jahr 1872. Die arbeitslose Schauspielerin Adele Spitzeder (1832–1895) begann im Jahr 1869 damit, vertrauensseligen Geldanlegern satte 10 % Zinsen zu versprechen. Sie sagte den Leuten auf den Kopf zu: »Kalbsköpfe, ich sage euch rund heraus, dass ich keine Sicherheit für euer altes Geld gebe!« Dennoch rannten ihr die Menschen die Bude ein. Vor allem einfache Leute, Handwerker, Näherinnen, Knechte und Mägde brachten ihr sauer verdientes Geld in der Hoffnung auf einen großen Reibach. Darunter viele Arbeiter der Giesinger Lederfabrik an der Pilgersheimer Straße. Diese Arbeiter stammten meist aus Dachau, weshalb die »Neuesten Nachrichten« das Spitzedersche Unternehmen als »Dachauer Bank« verspotteten.

Die Dachauer Bank funktionierte denkbar einfach: Eingenommenes Geld wurde nicht angelegt. Man bestritt die Auszahlungen und Darlehen mit einem Teil der Einzahlungen, deren Strom nicht zu versiegen schien. Adele Spitzeder lebte in Saus und Braus, leistete sich bald ein Heer von Bediensteten, kaufte Immobilien, Kunst, Schmuck und schließlich auch ganze Zeitungen, um sich die Presse gefügig zu machen.

Das Ende kam für Adele Spitzeder am 12. November 1872. Die Gendarmerie sperrte ihre Villa großräumig ab, beunruhigte Anleger stürmten die »Bank« und forderten ihr Geld mit Zins und Zinseszins. Am 21. Juli 1873 verurteilte das Schwurgericht München Adele Spitzeder zu drei Jahren Gefängnis. Die Spitzederin hatte rund 31 000 Gläubiger betrogen und hinterließ mehr als 8 Millionen Gulden Schulden. Wovon sie nach der Haftentlassung lebte, ist nicht bekannt.

Autor: Martin Arz

1872 · DIE MILLIONENBETRÜGERIN ADELE SPITZEDER

Berittener Gendarm vor der Staatsoper auf einem Aquarell von Eduard Thöni, 1894.

1898–1914

Die Schutzmannabteilung des 18. Bezirks Giesing, Nebenstation I (Obergiesing), im Gründungsjahr 1898.

DIE KÖNIGLICH BAYERISCHE SCHUTZMANNSCHAFT

Autor: Robert Wimmer

Die Gendarmerie-Kompanie, deren Stadtgendarmen mit ihren grünen Uniformen 74 Jahre lang das Münchner Straßenbild geprägt hatten, wurde aufgrund einer Verfügung des Prinzregenten Luitpold von Bayern am 1. Oktober 1898 aufgelöst. An ihre Stelle trat zur Aufrechterhaltung der Sicherheit und Ordnung die Königliche Schutzmannschaft für die Haupt- und Residenzstadt München.

Die grundlegende Organisationsverfügung ließ die Absicht erkennen, jeglichen militärischen Einfluss von der neuen Institution fernzuhalten. Die neu aufgestellte Schutzmannschaft bezeichnete man als militärisch organisiertes Zivilinstitut, was allerdings im Widerspruch zur vorgeschriebenen militärischen Haltung des Schutzmannes und dem militärischen Umgangston zwischen Vorgesetzten und Untergebenen stand. So wurde die Schutzmannschaft nicht nur in dienstlicher, sondern auch in administrativer und personeller Beziehung der Polizeidirektion unterstellt. Unter dem seit 1. Juni 1897 amtierenden Regierungs- und Polizeidirektor Ludwig Ritter von Meixner wurde der bisherige Leiter der Gendarmerie-Stadtkompanie, Polizeimajor Oskar Freiherr von Hohenfels, zum ersten Kommandeur der Schutzmannschaft ernannt. Diese hatte eine Stärke von drei Offizieren, einem Rendanten, einem Oberwachtmeister, 60 Wachtmeistern bzw. Stationskommandanten und 518 Schutzleuten, die zum weitaus größten Teil aus der aufgelösten Gendarmerie-Stadtkompanie übernommen wurden. Man verteilte sie einschließlich der aus 34 Mann bestehenden berittenen Abteilung in 37 Schutzmannstationen sowie neun Polizeiwachen auf die damals 22 bestehenden Stadtbezirke. 48 Beamte leisteten Dienst bei der Kriminalschutzmannschaft, dem Nachfolger der Kriminalgendarmerie. Zudem wurde bereits am 24. Juni 1898 verfügt, dass fünf Polizeiämter errichtet werden, die als Geschäftsabteilungen dienen sollten. Polizeimajor Oskar Freiherr von Hohenfels übergab mit seinem Eintritt in den Ruhestand am 31. Dezember 1910 die Führung an seinen Nachfolger Polizeimajor Georg Seufferheld. Kurz zuvor, am 1. Januar 1909, wurde der Polizeidirektor der Königlichen Polizeidirektion München zum Polizeipräsidenten ernannt.

EINRICHTUNG EINER KRIMINALABTEILUNG

Bereits zur Jahrhundertwende regte die Polizeidirektion München die Einrichtung einer Kriminalabteilung an; diesem Ansinnen entsprach das Bayerische Innenministerium. Das Aufgabenfeld, zu dessen Bewältigung der Kriminalabteilung dem Sicherheitsdienst zugeteilte Polizeifunktionäre und die Kriminalschutzleute unterstellt wurden, umfasste neben der Bearbeitung von schweren Straftaten, Haftsachen und Ausweisungen sowie Einweisungen in Arbeitshäuser oder Besserungsanstalten und der Verhängung von Polizeiaufsicht, auch die Leitung des Erkennungsdienstes und den Verkehr mit den Gerichten, Staatsanwaltschaften und Polizeibehörden in Kriminalsachen.

Das unaufhaltsame Wachstum Münchens sowie die fortlaufenden Eingemeindungen führten zwangsläufig zu einer Erhöhung der Sollstellen im Beamtenstand der Schutzmannschaft. So stieg der Iststand zum Jahresbeginn 1912 auf vier Offiziere, 176 Unteroffiziere und 824 Schutzleute an.

Modernste Methoden anno 1903: Auf der Polizei-Städte-Ausstellung in Leipzig präsentierte die Münchner Polizei auf ihrem Stand ihren Erkennungsdienst mit dem Bertillonschen Messverfahren.

Die Erhöhung des Personalstandes der Schutzmannschaft führte zwangsläufig zu einer Raumknappheit, der auch durch den Ankauf von Gebäuden nur bedingt abgeholfen werden konnte. Lediglich ein Neubau konnte von der beengten Situation befreien. So begann man am 15. Januar 1911 mit dem Abbruch des ehemaligen Augustinerklosters, das bis dahin von der Neuhauser Straße, der Ettstraße, der Löwengrube und der Augustinerstraße umschlossen war. Die Errichtung eines neuen Polizeigebäudes sollte den Platzansprüchen Genüge tun. Im Spätherbst 1912 war das Gebäude größtenteils fertiggestellt.

Mit der Auflösung der Gendarmerie-Stadtkompanie verschwanden auch die bis dahin gewohnten grünen Uniformen. Der »blaue« Schutzmann prägte von nun an das Stadtbild. Er trug einen dunkelblauen, zweireihigen Waffenrock mit hochgeschlossenem Kragen und langer, schwarzer Hose mit roten Streifen in der Außennaht. Darüber hatte er einen schwarzen einreihigen Mantel aus starkem Tuch und einen Schutzmannhelm aus Leder mit Schuppenkette und vernickeltem bayerischem Staatswappen an der Stirnseite (Offiziere bei feierlichen Anlässen mit Büffelhaarbusch) oder eine dunkelblaue steife Dienstmütze. Die ursprüngliche Bewaffnung der Schutzmannschaft bestand in dem bisherigen Gendarmeriesäbel und in dem sogenannten Armeerevolver.

Die Uniformen mussten aus eigenen Mitteln beschafft werden. Jeder Beamte hatte über mindestens zwei vollständige, einwandfreie und maßgeschneiderte Garnituren zu verfügen. Jedes Jahr fand im Herbst eine sogenannte ökonomische Uniformbesichtigung statt, bei der ein Offizier von der Leitung der Schutzmannschaft anwesend war. Hierbei legte man besonderen Wert auf saubere, tadellos sitzende Uniformen. Kleiderzuschüsse gab es nicht.

HARTE DIENSTZEITEN

Anwärter und Berufsanfänger, die nicht zuvor in der ehemaligen Gendarmerie-Stadtkompanie gedient hatten, mussten den Wehrdienst leisten und den Dienstgrad des Unteroffiziers als Voraussetzung mitbringen, bevor sie bei der Schutzmannschaft aufgenommen wurden. Münchner Bürger stellten nur wenige der Anwärter. Franken, Altbayern und Schwaben, zumeist Söhne aus wohlhabenden, ländlichen Familien, die das Pech hatten, nicht als Erstgeborener den Hof zu erben, machten einen großen Teil der Schutzmannschaft aus. Selbstverständlich waren auch alle anderen Berufe vertreten.

Die Regelung von Dienstzeiten in einer Form, wie sie in der heutigen Zeit gängig ist, war zu Zeiten der Schutzmannschaft noch völlig unbekannt. So hatte man vor und nach jedem Wachdienst, der 24 Stunden dauerte, je eine dreistündige Streife zu Fuß zu gehen. Die Fußstreifen, damals Patrouillen genannt und grundsätzlich allein begangen, mussten strikt nach Vorschrift befolgt werden. Die Streifen hatten sich an festgelegten Punkten zu treffen und abzulösen. Von den vorgeschriebenen Wegen, Treffpunkten und Grenzen des Postens durfte nur aus sicherheitsdienlichem Anlass abgewichen werden, der ein sofortiges Eingreifen erforderte und anschließend sofort schriftlich im Dienstbuch festgehalten werden musste.

Beginn einer neuen Ära: Am 14. April 1899 stellte die Münchner Polizeidirektion den ersten deutschen Pflichtführerschein an Hermann Beissbarth »zur Leitung eines Wartburg-Motorwagens« aus.

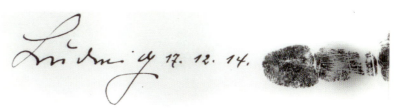

König Ludwig III. hinterließ bei seinem Besuch im Polizeimuseum seinen Fingerabdruck.

Königlich bayerischer Schutzmann mit Pickelhaube.

Neben den Fußstreifen und dem Wachdienst war noch sämtlicher Schriftverkehr zu erledigen, welcher gänzlich mit der Hand geschrieben werden musste. Hierbei musste auf besonders saubere, gut leserliche Schrift und einwandfreie Darstellung geachtet werden. Schreibmaschinen auf den Wachen kamen erst um das Jahr 1923 zum Einsatz. Somit waren 30 Stunden Dienst am Stück, die zudem häufig kurz hintereinander abzuleisten waren, keine Seltenheit. Eine wöchentliche Arbeitsleistung zwischen 70 bis 80 Stunden galt als Regel, dienstfreie Tage gab es nicht. Die Freizeiten zwischen den Tagesdiensten wurden mit Dienstunterrichten und -besprechungen ausgefüllt. Auch Urlaub bekam man grundsätzlich nicht gewährt. Für eine Urlaubsgenehmigung musste schon ein besonders begründeter Fall vorliegen.

Die Ausbildung der Schutzmänner fand in viermonatigen Lehrgängen in der Gendarmerieschule in der Arcisstraße 37 statt. In den Vormittagsstunden unterrichteten Gendarmerie-Wachtmeister die Schutzmannschaftsschüler, in den Nachmittagsstunden lehrten Oberwachtmeister im Sonderunterricht die örtlichen Münchner Vorschriften. Der Unterrichtsstoff bestand ausschließlich aus Themen des Strafrechts. Gesetzesbücher wurden nicht zur Verfügung gestellt und auch nicht von den Schülern gekauft. Zu Beginn des Unterrichts wurde der Text diktiert. Die Schüler schrieben mit Feder und Tinte mit, mussten alles auswendig lernen und wurden beim nächsten Unterricht abgefragt. In den Nachtstunden hatten die Schüler zusätzlich Streifendienst zu verrichten, der gemeinsam mit bereits ausgebildeten Schutzmännern abgeleistet wurde. Für die anschließende Fortbildung war der Stationskommandant verantwortlich. Er hatte Bestimmungen und Änderungen an die Schutzmänner seiner Station in geeigneter Weise weiterzugeben.

Die weitreichenden Änderungen des Beamtenrechts im Jahr 1908, bei dem das Beamtentum sowie die Rechte und Pflichten des Beamten neu definiert und mit dem auch das Disziplinarrecht und die Gehaltsverordnung neu abgegrenzt wurden, wirkte sich auch auf die Königliche Schutzmannschaft aus. So wurde im Dezember 1908 eine neue Organisationsverordnung erlassen, welche die innerbetrieblichen Abläufe und Zuständigkeitsverhältnisse bei der Schutzmannschaft neu formulierte. Auch die Beförderungsvorschriften passte man den neuen Verhältnissen an und verbesserte so durch Bildung von Reserveabteilungen die Ausbildung der Schutzmannschaft. Neu war auch der Jiu-Jitsu-Unterricht beim Dienstsport, welcher Abwehr- und Festnahmetechniken vermitteln sollte.

Angehörige der berittenen Abteilung der Münchner Polizei am 25. August 1913 beim letzten deutschen Fürstentreffen in Kelheim/Donau zur Jahrhundertfeier der Völkerschlacht bei Leipzig.

Wird schon nichts passieren, dachte sich der Vorarbeiter der Königlichen Münze am Hofgraben, als er am Abend des 20. September 1906 einen Schwung frisch gepresster Münzen kurzerhand in den nächstbesten Wandschrank schloss. Er wollte Feierabend machen. Die Nachlässigkeit sollte der Vorarbeiter am kommenden Morgen bitter bereuen, denn da stand die Tür des Wandschranks sperrangelweit offen: Satte 130 030 Mark in Goldmünzen mit dem Konterfei König Ottos I. und der Prägung D 1906 hatten die Diebe erbeutet. Alle rätselten nun, wie die Einbrecher in die bestens gesicherte Münze eindringen konnten, denn die Wachen an den Türen hatten nichts gesehen oder gehört. Schließlich kam einer der Ermittler auf eine Idee: Damals war München noch von zahlreichen Stadtbächen durchzogen. Wo heute die Sparkassenstraße ist, floss der Pfisterbach offen vom Viktualienmarkt kommend unter der Münze hindurch. An jenen Tagen war die jährliche Bachauskehr. Dazu legte man die Bäche trocken, um den Unrat aus den Bachbetten zu entfernen. Und tatsächlich entdeckte man im Kanal unter der Münze eine Tür, durch die die Täter einfach und ungesehen in den Keller des Gebäudes eindringen konnten. Die einzige Spur war ein Hosenbodenabdruck im Schlamm, denn ein Täter musste sich kurz hingesetzt haben. Für die Polizei stand fest, dass nur jemand mit Ortskenntnis diese Tat begangen haben konnte. Schließlich führte schlammverkrustete Kleidung zum Fahndungserfolg. Einem Feldwebel war aufgefallen, dass der Soldat Wilhelm König in der Tatnacht mit schmutziger Uniform zurückgekommen war. Man verglich den Po-Abdruck im Schlamm mit Königs Hintern – passte! König gestand schließlich, gemeinsam mit dem Münzangestellten Wilhelm Ruff den Einbruch begangen zu haben. Das Gericht zeigte sich milde. Weil die Sicherheitslücken im Münzamt geradezu sträflich waren und regelrecht zum Einbrechen einluden, folgte der Richter nicht dem Antrag des Staatsanwalts auf zehn Jahre Zuchthaus. Ruff bekam viereinhalb Jahre Haft, König vier Jahre und zwei Monate.

Autor: Martin Arz

1906 ▪ DER GOLDRAUB IN DER KÖNIGLICHEN MÜNZE

Page 20

innen fassend, des Gegners rechten (linken) Ellenbogen, worauf er mittels kurzen Ruckes dessen Arm in eine Winkelstellung bringt (Figur 15).

Hierauf hebt der Schutzmann des Gegners rechten (linken) Unterarm unter gleichzeitigem Runddrücken dessen Ellenbogen rasch zum rechten (linken) Unterarm, indem er seine rechte (linke) Hand flach auf des Gegners Ellenbogen legt.

Ist dies geschehen, so hält er ihn mit seiner Hüfte des Gegners Ellenbogen fest, indem er sich mit seinem Oberkörper auf des Gegners festgehaltenen Arm legt.

Der linke (rechte) Arm des Schutzmannes schiebt sich hiebei unter den rechten (linken) gebeugten Arm des Gegners hindurch und erfaßt so weit als möglich dessen rechtes (linkes) Schultergelenk, wobei sich gleichzeitig der Unterarm hebt.

Figur 15.

Page 21

Figur 16.

Wirkt der Griff, so verlässt der rechte (linke) Arm des Schutzmannes die Kehle und Schulter des Gegners.

Hierauf wird die auf dem Rücken festgehaltene Hand die Waffe entwinden und verwertet, wobei fortgesetzt der Armhebel wirken muß (Figur 17).

Page 56

Die beiden Armhebel müssen auf den oberen Teil des Brustkorbes des Schutzmannes angelegt werden.

Mit diesem Griffe kann der Gegner abgeführt werden. Sollte sich nun der Gegner trotzdem noch renitent zeigen, ist der doppelseitige Polizeigriff sofort anzuwenden.

Übung 19: Bodenarbeit: Aufheben renitenter Personen vom Boden.

Parade: a) Auf die Kante stellen;
b) Handgelenkbeuge;
c) Armhebel über ein Knie;
d) Veranlassen zum Aufstehen;
e) Abführgriff.

Der Gegner steht auf die Aufforderung des Schutzmannes nicht auf; leistet passiven Widerstand.

Der Schutzmann ergreift, indem er sich an die rechte (linke) Seite des Gegners stellt, mit der rechten (linken) Hand dessen linkes (rechtes) Handgelenk, während er mit seiner linken (rechten) Hand den Gegner in Schulterhöhe am Rock erfasst und mit einem kurzen Ruck die linke (rechte) Körperseite — "Kante" genannt — hebt (Figur 50).

Figur 50.

Page 57

Hierauf hebt der Schutzmann den rechten Arm des Gegners über sein rechtes Knie, indem er einen Hebel bildet und greift mit seinem linken (rechten) Arm, von oben fassend, kurz unterhalb des Schultergelenks des Gegners dessen rechten (linken) Oberarm (Figur 51).

Figur 51.

Unter fortgesetzter Hebelwirkung über dem Knie veranlaßt er den Gegner zum Aufstehen, worauf er mittels Polizeigriffes denselben abführt.

Sollte der Gegner beim Stellen auf die Kante starken Widerstand entgegensetzen, so wird der festgehaltene Arm zwischen den Oberschenkeln des Schutzmannes eingeklemmt; eventuell kann vorher noch mit dem gegenüberstehenden Knie an die Halsseite des Gegners gegangen werden, um den Kopf desselben auf dem Boden festzuhalten.

Hierauf wird zur Handgelenkbeuge übergegangen und alsdann durch die oben beschriebene Hebelwirkung der Gegner zum Aufstehen veranlasst.

Das weitere Verhalten vergleiche oben.

Page 52

Gleichzeitig läßt er den mit des Gegners rechtem (linkem) Arm auf seine Brust gebildeten Hebel wirken, wodurch der Gegner gezwungen wird, die Schußwaffe fallen zu lassen (Figur 46).

Ist dies geschehen, wird, wie bei Übung 9, letzter Absatz, beschrieben, weiter verfahren.

Figur 46.

Page 53

Der Schutzmann kann aber auch, nachdem er pariert und den Gegner am Handgelenk erfasst hat, zum Schulterdrehgriff übergehen, indem er sich mit dem Oberkörper auf des Gegners rechte (linke) Schulter wirft und hiedurch denselben aus dem Gleichgewicht bringt (Figur 47). Hiebei hat er jedoch kurz vor Abnahme des Griffes dem Gegner die Schussmasse zu entwinden und dieselbe zu versorgen.

Das weitere Verfahren hat alsdann, wie bei Übung 9 beschrieben, zu erfolgen.

Figur 47.

Page 46

Übung 15: Angriff von vorne um den Leib.
Parade: Kopfüberhebriff und Halsgriff.

Der Gegner umschlingt den Leib des Schutzmannes von vorne unter den Armen.

1. Der Schutzmann pariert, indem er den Kopf des Gegners in der Weise erfasst, daß er mit seiner rechten (linken) Hand dessen Hinterkopf ergreift, wobei seine Finger in die Höhlung hinter der rechten (linken) Ohrmuschel gehen.

Gleichzeitig legt er seine linke (rechte) Hand mit der inneren Handfläche an die linke (rechte) Gesichtsseite des Gegners und dreht dessen Kopf in der Weise nach auswärts, daß die linke (rechte) Hand schiebend und die rechte (linke) Hand ziehend wirkt. Die linke (rechte) Hand legt sich hiebei an des Gegners Kinn an — "Kopfüberhebriff" genannt — (Figur 41).

Figur 41.

Page 47

Der Schutzmann drückt hiebei des Gegners Kopf solange, bis derselbe von dem Angriff abläßt, d. h. die Umklammerung des Schutzmannes aufgibt, und mit dem Rücken auf die Brust des Schutzmannes fällt. Kontrahiert hiebei der Gegner, d. h. spannt er die Muskeln, so muss die linke (rechte) Hand eine Faust bilden, welche sich mit der gleichen Drehung, wie oben beschrieben, an des Gegners Unterkiefer kräftig anlegt, wodurch die Kontraktion behoben wird.

Im gleichen Augenblick umfaßt der Schutzmann des Gegners Hals mit seinem linken (rechten) Arm, das Speichenbein an dessen Kehle anlegend, wobei er des sogenannten Halsgriff anwendet, während er mit seiner rechten (linken) Hand von oben fassend — "Kopfgriff" — rasch des Gegners rechtes (linkes) Handgelenk ergreift, den Arm desselben ziemlich hoch über seine Brust legt und den auf diese Art gebildeten Hebel wirken läßt (Figur 42).

Figur 42.

Page 26

Alsdann legt sich die rechte (linke) Hand des Schutzmannes flach auf des Gegners Ellenbogen und hält denselben ein, worauf die Übung zu Abführgriff, wie bei Übung 4 geschildert, fortgesetzt wird.

Übung 6: Stich von oben mit verkehrter Parade.
Parade: Schockgriff.

Der Gegner sticht mit seinem rechten (linken) Arm nach des Schutzmannes Gesicht oder Oberleib von oben und außen. Der Schutzmann pariert mit dem rechten (linken) Arm, ergreift hierauf mit der rechten (linken) Hand das linke (rechte) Handgelenk des Gegners, dasselbe von außen fassend, wobei

Figur 20.

Page 27

er gleichzeitig mit der linken (rechten) Hand dessen Ellenbogen umfasst und des Gegners Arm mit einer kurzen kräftigen Drehung nach vor- und abwärts im Ellenbogengelenk abbiegt — Schockgriff genannt — (Figur 21). Alsdann hebt er des Gegners linken (rechten) Kopf hoch vor des Gegners rechten (linken) Unterarm rasch über des Gegners rechten (linken) Oberarm und wirft sich mit dem hierdurch eingeklemmten Arm des Gegners, den Ellenbogen desselben fest an seiner Hüfte haltend, Unterleib vor.

Das Entwinden der Waffe, sowie der Abführgriff erfolgen alsdann in der gleichen Weise wie bei Übung 4 vorgeschrieben.

Figur 21.

Page 10

Figur 4.

Mit diesem Griff — Polizeigriff genannt — kann der Schutzmann alsdann den Gegner ohne jeglichen Kraftaufwand abführen (Fig. 6).

Grundsatz ist, daß bei Abnahme dieses Griffes der Oberarm des Gegners Handrücken unter gleichzeitigem Abwärts- und Einwärtsdrücken des Handgelenkes —, wodurch Schmerzempfindung erregt wird und das erstrebte Ziel des Griffes wieder gestattet werden kann, von neuem und den Polizeigriff zu geben, oder mittels eines kurzen Schlages mit der inneren Kante des linken (rechten) Fußes an der Kniekehle des Gegners rechter (linker) Ferse unter gleichzeitigem Zurückschnüren des Oberkörpers desselben zu erfolgen ist.

Page 11

Gelingt die Abnahme des Griffes infolge Kontraktion*) seitens des Gegners nicht, so ist entweder unter Vornahme der Handgelenksbeuge — d. h. Druck mit der linken (rechten) Hand auf des Gegners Handrücken unter gleichzeitigem Abwärts- und Einwärtsdrücken des Handgelenkes —, wodurch Schmerzempfindung erregt wird und das erstrebte Ziel des Griffes wieder gestattet werden kann, von neuem und den Polizeigriff zu geben, oder mittels eines kurzen Schlages mit der inneren Kante des linken (rechten) Fußes an der Kniekehle des Gegners rechter (linker) Ferse unter gleichzeitigem Zurückschnüren des Oberkörpers desselben zu erfolgen ist.

*) Kontraktion = Zusammenziehen, z. B. Faust machen, Muskel anspannen und dadurch Widerstand leisten.

54

Übung 17: Drosselgriff.

Der Gegner versucht überraschend gegen den Schutzmann vorzugehen. Der Schutzmann ergreift mit der rechten (linken) Hand möglichst hoch von außen fassend den Rock oder Mantel des Gegners an der rechten (linken) Kragenseite, wobei sich sein Ellenbogenbein an die Kehle des Gegners setzt. Die linke (rechte) Hand erfaßt gleichzeitig, unterhalb der rechten (linken) herankommend, die linke (rechte) Rock- oder Mantel-Kragenseite des Gegners. Hierauf zieht er mit der linken (rechten) Hand das erfaßte Kleidungsstück nach abwärts, während zugleich die rechte (linke) Hand mit dem erfaßten Kleidungsteil nach außen wirkt und mit dem Ellenbogenbein einen Druck auf des Gegners Kehle ausübt, wobei der Oberkörper desselben gut zurückzuhalten ist — „Drosselgriff" genannt — (Figur 48).

Figur 48.

55

Sitzt der Griff, so wird sofort zum Polizeigriff übergegangen.

Übung 18: Teufelshandschlag zu Zweien.

Der Gegner widersetzt sich seinen Transporteuren sehr heftig. Die beiden Schutzmänner erfassen den wütend um sich schlagenden Gegner mit ihren äußern Händen an den Handgelenken und bilden über ihrer Brust je einen Armhebel, indem sie des Gegners Arme ziemlich gut nach auswärts drehend auf ihrer Brust ansetzen. Gleichzeitig gehen sie mit ihren inneren Armen über des Gegners festgehaltene Arme und keilen seine Oberarme mit ihren Oberarmen ein, wobei die hiedurch gebildeten Hebel kräftig zu wirken haben — „Teufelshandschlag" genannt — (Figur 49).

Figur 49.

Seiten aus dem Lehrbuch für Polizeigriffe von 1909.

1914–1933

Berittene Polizei vor der Bavaria im Jahr 1922. Auf der Rückseite des Fotos findet sich folgendes Gedicht:
»Heiligen Brauches sind wir Erben!
Lass, o Herrgott, niemals sterben
Unseren alten Reitergeist!
Gib uns Kraft und Siegesschwingen,
Einst wenn die Fanfaren klingen
Und es wieder reiten heisst!«

DER ERSTE WELTKRIEG UND DIE WEIMARER REPUBLIK

Autor: Walter Nickmann

Der Umzug in das neue Direktionsgebäude war gut verlaufen, und ohne Probleme konnte am 1. März 1914 die Polizeischule in der Ettstraße eingerichtet werden. Zudem wurde am 17. März das ursprünglich in der Gendarmerieschule (Arcisstraße) beheimatete Kriminalmuseum in die neuen Räume der Polizeidirektion überführt. Hohen Besuch erhielt die Polizeidirektion einen Monat später: Der österreichische Erzherzog Franz Ferdinand kam. Niemand ahnte zu diesem Zeitpunkt, welches Schicksal ihn und in dessen Folge ganz Europa ereilen sollte. Am 28. Juni 1914 erschoss in Sarajewo der 19-jährige Gavrilo Princip, Angehöriger einer radikalen, proserbisch-bosnischen Organisation, den österreichischen Thronfolger. Das Attentat führte zum Ersten Weltkrieg.

Deutschland erklärte am 1. August Russland und am 3. August Frankreich den Krieg. Wie im ganzen deutschen Reich herrschte auch in München eine Kriegseuphorie. Am 2. August versammelte sich vor der Feldherrnhalle spontan eine riesige Menschenmenge, um Bayerns Kriegseintritt und die Mobilmachung zu feiern. Oberbürgermeister Wilhelm von Borscht kündigte in einer pathetischen Rede an, ein Sturm nationaler Begeisterung werde nun alles Trennende zwischen den Gesellschaftsklassen hinwegfegen. Tatsächlich ließ der Kriegsausbruch den sozialen Sprengstoff jener Tage für kurze Zeit vergessen und einte die Massen. Eines glaubte man mit Sicherheit: Siegen werde man, Kaiser und König hatten es schließlich versprochen. Allein im ersten Kriegsmonat meldeten sich 120 von den 984 Beamten der Polizeidirektion freiwillig an die Front. Der anfänglichen Freude folgten rasch Ernüchterung und Entbehrungen.

Mit den daraus resultierenden Erscheinungen war im besonderen Maße die Polizeidirektion konfrontiert. Lebensmittelknappheit sowie kriegsbedingte Teuerungen führten zu zahlreichen Demonstrationen. Sukzessive wurden immer mehr Beamte zum Kriegsdienst einberufen, so zum Beispiel der Kommandeur der Schutzmannschaft, Polizeimajor Friedrich Hagen, der diese Funktion erst am 6. Juni angetreten hatte. Bereits im Oktober 1914 mussten Hilfspolizisten eingestellt werden, weil die Anzahl der Schutzleute auf 680 Beamte abgesunken war und die Aufgabenfülle deutlich zugenommen hatte, vor allem durch die Überwachung und den Vollzug der kriegswirtschaftlichen Verordnungen. Am 1. März 1915 wurden erstmalig Mehlkarten ausgegeben, drei Tage später Brot- und Lebensmittelkarten. Das Backen von Semmeln wurde verboten, Volksküchen zur Armenspeisung

Unter Jubel zogen am 4. August 1914 die Schweren Reiter in den Krieg.

Unter dem Patronat der Bavaria versammelten sich am 7. November 1918 kriegsmüde Anhänger von MSPD und USPD auf der Theresienwiese. Stunden später hält die Revolution Einzug.

eingerichtet. Oftmals war es zur Aufrechterhaltung der öffentlichen Ordnung notwendig, an den Volksküchen Schutzleute einzusetzen, um Tumulte durch die Wartenden zu vermeiden. Ebenso verhielt es sich vor der Großmarkthalle und am Viktualienmarkt. Die mangelhafte Versorgung mit Lebensmitteln stellte die Bevölkerung vor erhebliche Probleme. Am 17. Juni 1916 versammelte sich daher eine große Menschenmenge vor dem Rathaus. Die Schutzmannschaft nahm 107 Demonstranten fest.

Der allseits geschätzte »Polizeipräsident mit dem goldenen Herzen«, Ludwig von Grundherr zu Altenthann und Weyerhaus, verstarb am 19. Oktober 1916 nach kurzer schwerer Krankheit. Am selben Tag wurde Rudolph Beckh, zuvor Richter am Verwaltungsgerichtshof, neuer Polizeipräsident. Sehr schwierige Verhältnisse prägten seine Amtszeit. Elend und Not zählten längst zu ständigen Begleitern der Münchner Bevölkerung. Die Polizeistationen 5, 10, 13, 17 sowie 22 wurden mangels Personals geschlossen – und das ausgerechnet vor dem Hintergrund zunehmender Kriminalität.

Das erste Halbjahr 1917 brachte für die Schutzmannschaft eine erhebliche zusätzliche Belastung, weil drei Staatsbesuche abzusichern waren. Kriegsbedingt verwilderten die Sitten immer mehr: Fahnenflüchtige und sogenanntes lichtscheues Gesindel drängten in die Stadt. Die verbliebenen 500 Beamten der Schutzmannschaft kämpften auf nahezu verlorenem Posten. Hoffnungslosigkeit machte sich breit. Nicht nur in München nahm die Kriegsverdrossenheit immer mehr zu. Ende Januar 1918 kam es im gesamten Reichsgebiet zu einem Generalstreik der Munitionsarbeiter. Im Zuge dieses Streiks gab es in München am 28. Januar 1918 unter Führung des Schriftstellers Kurt Eisner eine große Demonstration. Wegen Landesverrates wurde dieser am 3. Februar festgenommen. Die verheerenden Verluste an der Front sowie die dramatisch sich verschlechternde Versorgungslage legten 1918 immer deutlicher ein beredtes Zeugnis von der Sinnlosigkeit des Krieges ab. Deshalb erhielten am 5. Oktober 1918 die USA ein Friedensangebot von Deutschland. Die Polizeikräfte reichten nicht mehr aus, um die öffentliche Sicherheit und Ordnung ohne Schwierigkeiten zu gewährleisten. Kriegsmüdigkeit und extreme Not bahnten dem politischen Veränderungswillen der Bevölkerung den Weg, das Volk handelte vor der politischen Führung.

In den Notzeiten während des Ersten Weltkriegs bildeten sich vor den Geschäften, die von Polizisten bewacht werden mussten, lange Schlangen wie hier in der Orlandostraße, April 1918 (l.). Überall wurden Suppenküchen eingerichtet (r.).

DIE POLIZEIDIREKTION MÜNCHEN IN DER WEIMARER ZEIT

Am späten Nachmittag des 7. November 1918 brach – von München ausgehend – in Bayern die Revolution aus. Sie war die zwangsläufige Folge der gesellschaftlichen und politischen Situation. König Ludwig III. wurde gestürzt, und am Morgen des 8. November 1918 rief Kurt Eisner (USPD) den »Freistaat Bayern« aus. Im wahrsten Wortsinne gingen 738 Jahre Regentschaft der Wittelsbacher über Nacht zu Ende. Revolutionäre besetzten alle Ministerien sowie die Polizeidirektion. Am frühen Morgen des 8. November 1918 übernahm der von den Revolutionskräften zum Polizeipräsidenten ernannte Gewerkschaftssekretär Josef Staimer das neue Amt. Den bisherigen Präsidenten Beckh versetzte man als Regierungsdirektor nach Augsburg. Die Schutzmannschaft hatte fortan mit einer roten Armbinde in Begleitung eines Mitgliedes der neu ins Leben gerufenen »Militärischen Sicherheitswache« Dienst zu tun. Die Beamten wurden von ihrem auf Ludwig III. geleisteten Diensteid entbunden und auf die neue Verfassung verpflichtet. Am 15. November 1918 trat unter der Leitung des Schreinermeisters Franz Xaver Pitzer (SPD) eine 500 Mann starke »Zivile Sicherheitswache« in den Dienst. Diese Hilfspolizeitruppe bestand bis zum 1. August 1919 (Pitzer wurde im August 1946 Münchner Polizeipräsident).

Am 12. Januar 1919 fanden in Bayern die ersten Wahlen zum Landtag statt, Kurt Eisners USPD erlitt eine vernichtende Niederlage. Die gewählten Volksvertreter trafen sich erstmalig am 21. Februar 1919 im Landtag in der Prannerstraße. Auf dem Weg dorthin erschoss der

Soldaten mit einem Blumenkranz an der Stelle, an der Ministerpräsident Kurt Eisner ermordet wurde.

23-jährige Anton Graf von Arco auf Valley um 9.30 Uhr Kurt Eisner in der (heutigen) Kardinal-Faulhaber-Straße. Dies war der erste politische Mord im Freistaat Bayern. Als das Attentat im Landtag bekannt wurde, schoss ein Mitglied des revolutionären Arbeiterrates auf politische Gegner. Zwei Personen starben, Innenminister Erhard Auer (SPD) überlebte schwerst verletzt.

Ab Februar 1919 kam es in Bayern zu erheblichen innenpolitischen Turbulenzen. In München riefen am 7. April Sozialisten und Kommunisten die Bayerische Räterepublik aus. Die Räteregierung vertraute idealis-

München versank im Bürgerkrieg: Im April und Mai 1919 gingen schwer bewaffnete Münchner Rotarmisten (l.) und Freikorps aus allen Teilen Deutschlands (r.) aufeinander los.

tisch auf die freie Entfaltung der Individuen und der Gesellschaft in Bayern. Ihre Entscheidungen verpufften, und sie hatte keine Macht zur Durchsetzung ihrer Ideale. Zudem lähmte ein Generalstreik ihren Handlungsspielraum. Anführer der noch recht jungen KPD lehnten die Räteregierung als »Scheinräterepublik« ab und wollten nach russischem Vorbild ihre eigene Revolution durchführen. Die Anführer der ersten Räterepublik, Ernst Toller (USPD), Erich Mühsam sowie Gustav Landauer, wurden am 13. April 1919 von Eugen Leviné und Max Levien abgelöst, die nun die Kommunistische Räterepublik ausriefen. Im Verbund mit dem Matrosen Rudolf Egelhofer verfügten die Räte über eine ca. 15 000 Mann starke »Rote Armee«. Zeitgleich mit der Ausrufung der zweiten Räterepublik setzte sich der amtierende Polizeipräsident Staimer am 13. April aus seinem Amt ab. Am selben Tag übernahm der Wäschevertreter Johann Köberl die Leitung der Polizeidirektion. Militärisch bewaffnete Räterepublikaner fuhren zielgerichtet zu den Polizeirevieren und entwaffneten die Schutzmannabteilung. Etliche Beamte wurden durch Schüsse verletzt, der Vizewachtmeister Thumann sogar tödlich.

Der am 17. März 1919 gewählte Bayerische Ministerpräsident Johannes Hoffmann (SPD) floh aufgrund der chaotischen Umstände mit seinem Kabinett nach Bamberg. Zur Niederschlagung der Räterepublik ersuchte er die Reichsregierung in Berlin um militärische Hilfe. Reichswehrminister Gustav Noske entsandte 35 000 Soldaten Richtung München. Der 24-jährige Ferdinand Mairgünther, Installateur und Redakteur der »Roten Fahne«, und der 23-jährige Karl Retzlaw lösten am 22. April 1919 Johann Köberl als Polizeipräsidenten ab und blieben bis zum 29. April im Amt. An diesem Tag plünderten Spartakisten die Einrichtungen des Kriminalmuseums, des Fundbüros, Teile des Einwohnermeldeamtes und des Erkennungsdienstes, um Kriminalakten der »politisch und antimilitärisch Verdächtigen« aus den Revolutionsmonaten definitiv zu vernichten. Insgesamt 33 926 Akten, erkennungsdienstliche Unterlagen, Karteikarten und sonstige Unterlagen wurden zum Teil durch Feuer vernichtet. Im Stadtgebiet kam es zwischen den Rotarmisten und der Reichswehr bzw. den Freikorps zu heftigsten Kampfhandlungen. Auf grausamste Art wurde München von der Räterepublik »befreit«. Viele der mindestens 650 getöteten Kommunisten wurden durch willkürliche Erschießungen ermordet, mehr als 2 000 Räteanhänger verhaftet und verurteilt. Während der blutigen Kämpfe hatte der Sozialisten-

Den sicheren Tod vor Augen werden gefangene Spartakisten am Max-Joseph-Platz abgeführt.

Eine gewaltige Menschenmenge gab dem ermordeten Ministerpräsidenten Kurt Eisner das letzte Geleit.

Ein lauer Vorfrühlingstag kündigte sich am 21. Februar 1919 an. Gemeinsam mit zwei Mitarbeitern und zwei Leibwächtern verließ der bayerische Ministerpräsident Kurt Eisner kurz vor 10 Uhr seine Dienstwohnung im Palais Montgelas an der Ecke Promenadeplatz/Kardinal-Faulhaber-Straße. Die kurze Strecke zur Prannerstraße, wo der neue Landtag sich zu seiner ersten Sitzung versammelte, wollte Eisner zu Fuß zurücklegen. Von der gegenüberliegenden Straßenseite näherte sich ein junger Mann schnell dem Ministerpräsidenten von hinten und schoss gezielt in Eisners Genick. Eisners Leibwächter schossen zurück und verletzten den Attentäter lebensgefährlich am Hals. Doch der Mörder, Anton Graf Arco auf Valley, überlebte. Der legendäre Professor Ferdinand Sauerbruch rettete ihn in einer riskanten Operation. Der sozialdemokratische Politiker Kurt Eisner (1867–1919) war besonders für das bürgerlich-konservative Lager sowie für Nationalisten und Monarchisten ein rotes Tuch. Eisner hatte die Novemberrevolution von 1918 angeführt, die Dynastie Wittelsbach abgesetzt und sich zum bayerischen Ministerpräsidenten ernannt. Doch den Gemäßigten war er zu radikal und den Radikalen zu gemäßigt.

Sein Mörder Anton von Arco, obwohl Halbjude, zählte zum Umfeld der rechtsradikalen Thule-Gesellschaft, eine der Keimzellen der NSDAP. Er wollte mit seiner Tat im wahrsten Sinne des Wortes seine rechte Gesinnung demonstrieren. Am 9. Dezember 1919 begann der schlampig geführte Prozess gegen Arco unter dem äußerst konservativen Richter Georg Neithardt. Neithardt betonte, dass das Motiv nicht in »niederer Gesinnung, sondern der glühendsten Liebe zu seinem Volk und Vaterlande« zu suchen sei. Zwar wurde Arco zum Tode verurteilt, doch wandelte die Regierung das Urteil in lebenslängliche Festungshaft um. Arco kam in die eigens für ihn eröffnete Festung Landsberg am Lech – wo später auch sein Bewunderer Adolf Hitler einsitzen musste. Nach nur vier Jahren begnadigte man ihn. Arco starb 1945 bei einem Autounfall.

Dem Mord an Eisner folgten die blutigen Wirren der Räterepublik. Bei den Kämpfen zwischen der »Roten Armee« und Freikorps sowie Reichswehrverbänden kam es im April und Mai 1919 zu grausamen Massakern – auch an Zivilisten. Am 3. Mai fand die Münchner Räterepublik schließlich ein gewaltsames Ende.

Autor: Martin Arz

1919 ▪ DER MORD AN MINISTERPRÄSIDENT KURT EISNER

Nach der Verwüstung des Polizeipräsidiums 1919 sichten Beamte im Hof das Chaos, um noch lesbare Akten zu finden.

führer Karl Vollnhals am 30. April das Präsidentenamt übernommen, um die rechtmäßig gewählte Regierung Hoffmann, die sich noch immer in Bamberg befand, zu stützen. Die Rätezeit war am 1. Mai 1919 beendet und die dezimierte Schutzmannschaft begann wieder mit ihrem Streifendienst, unterstützt wurde sie dabei unter anderem von Mitgliedern des Freikorps Epp.

DIE EPOCHE VON MAI 1919 BIS 9. NOVEMBER 1923

DIE AMTSZEIT DES PP ERNST PÖHNER

Der Oberlandesgerichtsrat Ernst Pöhner, bis dahin Leiter des Gefängnisses Stadelheim, trat am 3. Mai 1919 im Alter von 49 Jahren sein Amt als Münchner Polizeipräsident (PP) an. Er tat dies in einer politisch und wirtschaftlich verheerenden Zeit. Die Lebensmittelversorgung lag praktisch brach. Pöhner hatte bei seinem Amtsantritt eine extreme Machtfülle, denn noch galt in Bayern das Kriegsrecht. Dieses wurde zwar am 1. Dezember 1919 aufgehoben, dafür trat aber der zivile Ausnahmezustand an seine Stelle. Daher berief die Landesregierung Pöhner zum Staatskommissar mit besonderen Befugnissen zur Erhaltung der öffentlichen Sicherheit. Somit war er befugt, Schutzhaft anzuordnen und Aufenthaltsbeschränkungen für das Münchner Stadtgebiet zu verhängen. Ferner konnte er Versammlungen und Umzüge unter freiem Himmel verbieten. Sämtliche öffentlichen politischen Versammlungen waren genehmigungspflichtig. Einer Erlaubnis bedurfte auch, wer Plakate bzw. Flugblätter drucken und verbreiten wollte. Periodisch erscheinende Druckwerke durfte Pöhner gegebenenfalls ebenso verbieten. Die bürgerlichen Kreise der Münchner Bevölkerung sahen in dem parteilosen Pöhner den geeigneten Mann, die öffentliche Sicherheit und Ordnung in ihrem Sinne wiederherzustellen, zumal er aus seinem Hass auf Sozialisten sowie die bestehende Republik keinen Hehl machte.

Der Beamte Wilhelm Frick, seit 1917 Oberamtmann in der Polizeidirektion, wurde von PP Pöhner zum Leiter der Abteilung VI (Politische Abteilung) ernannt. Pöhner erwartete von Frick, wie auch von allen übrigen Beamten, die er berief, die gleiche ideologische Gesinnung. So brachte er die Polizeidirektion auf einen scharfen Rechtskurs. Unter Pöhner und Frick wurde die Politische Abteilung zu einem Instrument der nationalsozialistischen Politik. Zu Hitler selbst hatte Pöhner nachweislich seit 1920 einen persönlichen Kontakt, der auch noch nach seinem Ausscheiden aus der Polizeidirektion München weiter bestand.

Hitler, der am 25. Mai 1913 von Wien nach München gezogen war, trat erstmals am 16. Oktober 1919 anlässlich einer DAP-Veranstaltung in einer größeren Versammlung als Redner auf. Die Deutsche Arbeiterpartei (DAP) war am 5. Januar 1919 in München gegründet worden. Am 20. Februar 1920 wurde sie offiziell in NSDAP umbenannt und mit einem eigenen Parteiprogramm versehen. Nicht nur Teile der Münchner Bürgerschaft sympathisierten mit Hitler, sondern auch Pöhner und Frick, zu dessen primärem Aufgabenbereich die Bekämpfung des politischen Radikalismus gehörte. Bewusst und gezielt wirkten sie strafvereitelnd zur Deckung der von Mitgliedern der NSDAP begangenen Gesetzesverstöße. Im Hitler-Putsch-Prozess gab Frick unumwunden zu, dass er und Pöhner die Partei durchaus bekämpfen hätten können, dies aber bewusst nicht taten, weil sie in dieser den Keim zur Erneuerung Deutschlands sahen. Schon sehr frühzeitig war erkennbar, wie Pöhner zu den jüdischen Bürgern Münchens stand. Im November 1919 ersuchte die Israelitische Kultusgemeinde die Polizeispitze um Schutz gegen den aggressiven Antisemitismus in der Stadt. Statt Hilfe bekamen sie massive Vorhaltungen und mussten sich anhören, dass die meisten Revolutionäre kommunistische Juden gewesen seien.

Herbe Kritik erntete die Polizeidirektion jedoch seitens des Innenministeriums. Offen und fundiert belegt warf das Ministerium PP Pöhner und Frick vor, mit den Nationalsozialisten zu sympathisieren. Angeführt wurde das Abwerfen von Flugblättern aus fahrenden Fahrzeugen sowie die sehr großzügige Erlaubnis zur Verteilung dieser Flugblätter. Pöhner erhielt die Anweisung, zukünftig gegen die öffentliche Verwendung des Hakenkreuzes energisch einzuschreiten. Die Polizeidirektion hatte genaue Erkenntnisse von Inhalt und Umfang der Reden Hitlers. Beamte der Abteilung VI dokumentierten diese, insbesondere auch bezüglich der antisemitischen Äußerungen und der Resonanz bei den Zuhörern. Diese Erkenntnisse hätten bei entsprechendem Willen ein Einschreiten gegen die nationalistische Agitation ermöglicht, zumal Pöhner sich um eine Stellenmehrung und -besetzung in der Polizeidirektion bemühte.

Im Innenverhältnis war Pöhner an einer schnellen funktionalen Reorganisation der Direktion gelegen. Bis zum Jahresende 1919 hatte die Schutzmannschaft wieder eine Stärke von 1 051 Beamten, von denen 177 als Kriminalschutzleute Dienst verrichteten und 127 Beamte zur Polizeidirektion abgeordnet waren. 1919 hatte man die Politische Abteilung personell aufgestockt und in fünf Sachgebiete aufgeteilt. Ferner wurde ein polizeilicher Nachrichtendienst aufgebaut, dessen Aufgabe in der Überwachung der radikalen politischen Grup-

Der »Eiserne Schutzmann« war der Vorläufer der modernen Ampel und musste von Hand bedient werden (Foto von 1927).

pierungen bestand. Hierzu bediente er sich der Auswertung von Presse- und Versammlungsberichten sowie geheimdienstlicher Methoden. Ab Herbst 1919 weitete die Abteilung VI/N der Polizeidirektion München ihre Tätigkeit auf ganz Südbayern aus. Die »Münchner Neueste Nachrichten« meldeten am 11. Juni 1920, dass der Kriminaldienst der Polizeidirektion von der Schutzmannschaft losgelöst und eine eigenständige Abteilung werden solle. Zudem sei es geplant, die Schutzmannschaft auf 569 Unteroffiziere und 813 Beamte (737 Wachtmeister und 76 Schutzleute) zu erhöhen. Tatsächlich umfasste der Personalkörper der Schutzmannschaft zum Ende des Jahres 1920 1 024 Beamte, von denen 181 Innendienst bei der Polizeidirektion verrichteten.

Auf Drängen der Siegermächte löste die Landesregierung am 21. und 22. September 1920 die bayerische

Polizeiwehr auf, denn die Siegermächte sahen in ihr einen getarnten Militärkörper, und wandelte sie in die Landespolizei Bayern um. Das neue Kommando der Landespolizei München, das Polizeioberst Josef Banzer leitete, zog am 16. Februar 1921 in das Gebäude der Polizeidirektion in der Ettstraße ein. Die Schutzmannschaft erhielt ihre Nachwuchskräfte fortan von der Landespolizei, die für die Ausbildung der jungen Beamten sachlich zuständig war, insbesondere verstärkte das neue Landespolizeikommando die Polizeidirektion bei geschlossenen Einsätzen sowie im Einzelfall beim Streifendienst.

Neben seinem Bemühen, die Polizeidirektion weiter auszubauen, hatte Pöhner einen ausgesprochenen Drang, politisch zu wirken. Dies zeigte sich besonders anlässlich des Kapp-Putsches am 13 März 1920. Im Verbund mit dem Forstrat Georg Escherich, Führer der bayerischen Einwohnerwehren, sowie dem Reichswehrgeneral Arnold von Möhl gelang es ihm, dass Ministerpräsident Hoffmann zurücktrat und Gustav von Kahr (BVP) am 16. März 1920 in das Amt des Ministerpräsidenten kam. Dieser Vorgang hatte für Bayern ganz entscheidende Auswirkungen, denn vorrangigstes Ziel von Kahrs war die Errichtung einer »Ordnungszelle Bayern«. Diese stellte quasi die Antithese zur Räterepublik sowie zur »verhassten Reichsregierung« in Berlin dar. Zunächst sollte in Bayern Ruhe und Ordnung hergestellt werden, um anschließend nach diesem Prinzip das Deutsche Reich »gesunden« zu lassen. Während der Kapp-Putsch in Berlin aufgrund der Entschlossenheit der Arbeiterschaft, die einen Generalstreik organisierte, und der Unfähigkeit der Putschisten zusammenbrach, trug er in München mit der Regierungsübernahme Gustav von Kahrs Früchte. München wurde zu einem Anziehungspunkt für im Reich gesuchte Republikgegner und politisch rechte Kräfte. Zum Beispiel übersiedelte Erich Ludendorff von Berlin nach München. Auch der Korvettenkapitän Hermann Ehrhardt kam auf Einladung Pöhners nach München. In Berlin suchte man ihn per Haftbefehl, weil er sich als Führer des ca. 4 500 Mann starken und berüchtigten Freikorps Marine-Brigade Erhardt am Kapp-Putsch beteiligt und vor Grausamkeiten keinen Halt gemacht hatte.

Rasch sammelten sich in München Rechtsextreme und Nationalisten aus ganz Deutschland. Korvettenkapitän Ehrhardt richtete in der Trautenwolfstraße 8 das Büro der Organisation Consul (O.C.) ein, die Nachfolgeorganisation für die inzwischen aufgelöste Marine-Brigade Erhardt. Die O.C. war als Holzhandelsgesellschaft getarnt, ihre Mitglieder rekrutierten sich aus ehemaligen Reichswehroffizieren und Marine-Brigade Erhardt-Angehörigen. Der Name O.C. leitete sich von Consul Eichmann ab, einem von Ehrhardt benutzten Decknamen. Die Aktivitäten der O.C. erfolgten im engsten Einvernehmen mit Dr. Wilhelm Frick, Leiter der Politischen Abteilung, und Kriminalkommissär Glaser, der ebenfalls der Abteilung VI angehörte. Die O.C., deren Gründungsgedanke darin bestand, Terrorakte bzw. politische Morde gegen Reichspolitiker zu begehen, konnte von München aus nicht nur problemlos agieren, sondern auch auf die Unterstützung und Förderung durch Pöhner und Dr. Frick zählen. Die Morde an Außenminister Walther Rathenau (DDP) sowie des ehemaligen Reichsfinanzministers Matthias Erzberger (Zentrum) wurden nachweislich durch die O.C. angeordnet und ausgeführt. Auch die Ermordung des SPD-Landtagsfraktionsvorsitzenden Karl Gareis ist der O.C. zuzurechnen. Gerade bei der geplanten Verhaftung der beiden Mörder des Matthias Erzberger durch badische Kriminalbeamte zeigte sich das Agieren PP Pöhners: Heinrich Tillessen und Heinrich Schulz erhielten in der Polizeidirektion echte Pässe mit Alias-Personalien, um ungehindert nach Ungarn flüchten zu können.

Die Unterstützung von Fememördern durch Pöhner hatte ihre Vorgeschichte bereits im Jahr 1920 während der Hochzeit der Einwohnerwehren. In Bayern gab es zwischen Herbst 1920 und Anfang 1923 sechs Fememorde. Eines dieser Mordopfer war das 19-jährige Dienstmädchen Maria Sandmayr, das am 6. Oktober

Der Fememord an dem Dienstmädchen Maria Sandmayr schockierte München. Der Täter hatte ihr dieses Schild umgehängt.

Ohne Eltern kann man freier leben und hat außerdem seine Ruhe – mehr sagte Josef Apfelböck nicht dazu, dass er Vater und Mutter ermordet hatte. Josef hatte seine Ruhe vor der nörgelnden Mutter gewollt. Denn der 16-Jährige träumte von einer Karriere als großer Filmstar, wovon die Mama gar nichts hielt. Um ihrem Gezeter ein Ende zu bereiten, schoss sie der Teenager am Abend des 29. Juli 1919 nieder und legte ihre Leiche ins Schlafzimmer der elterlichen Wohnung in der Lothringer Straße 11. Damit der Vater, der spätabends von der Arbeit heimkehrte, das Verbrechen nicht bemerkte, schoss Josef ebenfalls auf ihn. Weil der Vater aber nicht sofort tot war, stach Josef noch mit einem Küchenmesser zu und legte schließlich die Leiche ebenfalls ins Schlafzimmer. Dann verschloss er die Tür. Josef Apfelböck schlief zunächst auf dem Diwan in der Küche und als ihm der Gestank der verwesenden Leichen doch zu viel wurde, draußen auf dem Balkon. Neugierige Nachbarn, die sich nach den Eltern erkundigten, wimmelte er mit der Geschichte ab, die hätten sich als Erntehelfer in Niederbayern verdingt. Wenn sich jemand über den Gestank beschwerte, behauptete er, er habe Kaninchen geschlachtet und die Häute zum Trocknen aufgehängt. Schließlich hielten selbst Apfelböcks beste Freunde Josef Holmer und Josef Zelmer den furchtbaren Gestank nicht mehr aus und wurden so misstrauisch, dass sie am 17. August 1919 zur Polizei gingen und meldeten, dass etwas bei den Apfelböcks nicht stimme. Nachdem die Beamten die Wohnung aufgebrochen hatten, fanden sie die stark verwesten Leichen der Eltern Apfelböck. Einen

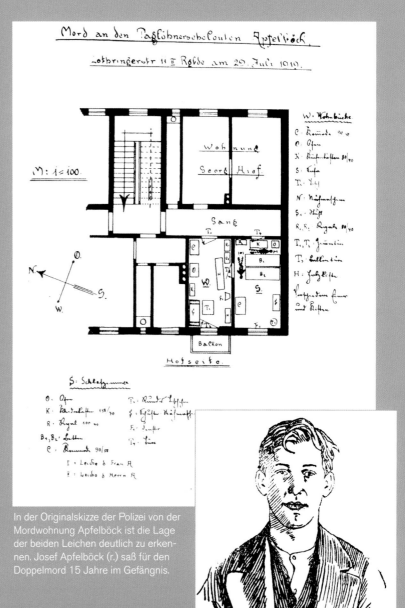

In der Originalskizze der Polizei von der Mordwohnung Apfelböck ist die Lage der beiden Leichen deutlich zu erkennen. Josef Apfelböck (r.) saß für den Doppelmord 15 Jahre im Gefängnis.

Tag später stellte sich Josef den Behörden. München zeigte sich zutiefst schockiert. Wie konnte es denn dazu kommen, dass ein junger Bub, fast noch ein halbes Kind, zu so einer Tat fähig war? Der wahre Schuldige war schnell gefunden: Dieses neumodische Medium Film und das Kino seien verantwortlich für die fortschreitende sittliche Verwahrlosung der Jugend. Am 20. Dezember 1919 trat Apfelböck seine 15-jährige Haftstrafe an. Über seinen weiteren Lebensweg ist wenig bekannt, Josef Apfelböck starb 1986.

Autor: Martin Arz

1919 ▪ DER ELTERNMÖRDER JOSEF APFELBÖCK

Offener Mannschaftswagen von 1920.

1920 im Forstenrieder Park erdrosselt aufgefunden wurde. Pflichtgemäß hatte sie ein geheimes Waffenlager der Einwohnerwehr bei der Polizei anzeigen wollen, geriet jedoch irrtümlich an ein Mitglied dieser Organisation. Rasch erhärtete sich der Tatverdacht gegen Leutnant Hans Schweighart. Die gute Arbeit der Fachdienststelle für Tötungsdelikte machten Beamte der Abteilung VI (Politische Abteilung) zunichte: Sie beantragten für Schweighart bei der zur Polizeidirektion gehörenden Passbehörde einen Pass, den der Amtsleiter innerhalb eines Tages ausstellte, um Schweighart die sofortige und ungehinderte Ausreise nach Nordtirol und Salzburg zu ermöglichen und ihn somit vor der Verhaftung durch die Kollegen zu schützen. Das Ermittlungsergebnis missfiel auch Pöhner. Als der Leiter der Mordkommission, Oberinspektor Georg Reingruber, in einem persönlichen Gespräch mit ihm die Besonderheiten des Falles ansprach, fragte ihn Pöhner barsch, ob er überhaupt wisse, welche Kreise hinter diesem Mord stehen.

Pöhners Handeln fand stets das Wohlwollen des Ministerpräsidenten von Kahr. Selbst Anfragen der Landtagsopposition bezüglich der Ausstellung falscher Pässe und der Bespitzelung von Gewerkschaftsfunktionären blieben ebenso ohne Auswirkungen wie der Einwand, dass man den Eindruck habe, nicht der Ministerpräsident regiere in Bayern, sondern Polizeipräsident Pöhner. Die starke Nähe Pöhners zum Ministerpräsidenten verband ihn zwangsläufig mit dessen politischem Schicksal. Als Gustav von Kahr am 12. September 1921 von seinem Amt zurücktreten musste, weil er keinen politischen Rückhalt mehr hatte, war auch Pöhners Amtsende abzusehen. Am 21. September wählte der Bayerische Landtag Hugo Graf von Lerchenfeld auf Köfering zum neuen Ministerpräsidenten. Dieser achtete wesentlich stärker auf die Distanz zu den vaterländischen Verbän-

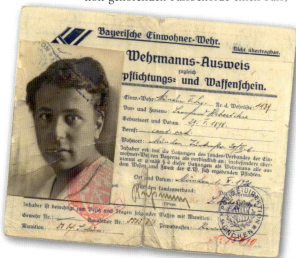

Ausweis der Bayerischen Einwohnerwehr.

den, insbesondere wurde in seinem Kabinett Dr. Franz Schweyer neuer Innenminister. PP Pöhner erkannte die Zeichen der Zeit. Er reichte am 28. September 1921 seinen Rücktritt ein. Er begründete diesen damit, dass unter der neuen Regierung in Bayern der seit 1919 bestehende Ausnahmezustand aufgehoben worden war und er sich somit außerstande sehe, die Verantwortung zur Aufrechterhaltung von Ruhe und Ordnung in der Landeshauptstadt weiterhin zu übernehmen. Doch auch nach Pöhners Ausscheiden blieb sein Geist in der Polizeidirektion in Form von ideologisch stark ausgeprägtem rechtem Denken und Handeln erhalten. Der Begriff der »Pöhner-Polizei« machte die Runde, und Pöhner behielt Einfluss auf die Behörde. Oberamtmann Frick, sein treuester Ergebener, leitete weiterhin die Politische Abteilung im Sinne der rechten Kräfte. Die NSDAP hatte während der Amtszeit des Pöhner immer mehr Mitglieder erhalten, Adolf Hitler dominierte zwischenzeitlich das politische Klima in München.

PP Ernst Pöhner

DIE AMTSZEIT DES PP EDUARD NORTZ

Nachfolger Pöhners wurde am 16. Oktober 1921 der 53-jährige Jurist Eduard Nortz. Er besaß aufgrund seiner mehrjährigen juristischen Tätigkeit in der Regierungsverwaltung der Pfalz eine hinreichende Verwaltungserfahrung. Vom 11. September 1920 bis zum 30. Juni 1921 hatte er in Bayern die Funktion des »Landeskommissars für die Entwaffnung der Zivilbevölkerung« ausgeübt. Dieses Amt war ihm auf Vorschlag des damaligen Ministerpräsidenten Gustav von Kahr übertragen worden. Im Gegensatz zu seinem Vorgänger achtete Eduard Nortz darauf, die Polizeidirektion amtsneutral zu führen. Im Vergleich zu Pöhner war Eduard Nortz eher zurückhaltend und zögerlich. In der Behörde war der Geist Pöhners fest verankert, und auf den Straßen Münchens war die NSDAP zu einer festen Größe geworden, sodass sie auf die Unterstützung durch die Behördenleitung nicht mehr angewiesen war. Dennoch zeigten sich unter PP Nortz Tendenzen, die es während der Amtszeit des Pöhner nicht gegeben hatte: Am selben Tag, an dem Nortz sein neues Amt antrat, kam es während und nach einer NSDAP-Versammlung zu gewalttätigen Ausschreitungen. Die Polizeidirektion nahm dies nicht ohne Weiteres hin und lud Hitler vor, der tatsächlich auch am 25. Oktober 1921 erschien. Er sprach in der Abteilung VI vor. Regierungsrat Bernreuther sprach das Verhalten der Nationalsozialisten in der Versammlung am 16. Oktober 1921 an. Zudem machte Bernreuther Hitler Vorhaltungen zu nächtlichen Lärmszenen vor der Wohnung des SPD-Landtagsfraktionsvorsitzenden Auer, wegen eines Veranstaltungszuges nach der jüngsten NSDAP-Versammlung im Circus Krone sowie den anschließenden Tätlichkeiten gegenüber den anwesenden Polizeibeamten. Bernreuther kündigte Hitler für den Wiederholungsfall einschneidende persönliche Konsequenzen an und drohte ihm die Ausweisung aus Deutschland an. Hitler zeigte sich reuig und bekundete, diese Vorfälle zukünftig zu vermeiden. Nachweislich entließ Nortz die Beamten Ernst und Pius Wagner aus dem Polizeidienst, weil diese sich im nationalsozialistischen Sinne an Versammlungsstörungen anderer Parteien beteiligt hatten.

PP Eduard Nortz

In die Amtszeit des PP Nortz fiel auch der Prozess gegen Hitler wegen Landfriedensbruchs anlässlich der Veranstaltung des Bayernbundes am 14. September 1921 im Löwenbräukeller. Am 12. Januar 1922 verurteilte ihn das Volksgericht München zu drei Monaten Gefängnis. Der Strafantritt erfolgte am 24. Juni, die Haft wurde von den ursprünglichen drei Monaten auf etwas mehr als einen Monat verkürzt – am 27. Juli 1922 wurde Hitler aus Stadelheim entlassen.

Im allgemeinen Innenverhältnis der Behörde zeigte sich eine deutliche Konsolidierung. Am 1. Februar 1922 beförderte Nortz den Polizeimajor Franz Thenn zum Oberstleutnant und übertrug ihm die Leitung der Schutzmannschaft. Nahezu zeitgleich erfolgte eine Modifizierung von Dienstbekleidung, Ausrüstung und Bewaffnung. Im kriminalpolizeilichen Bereich gab es ebenfalls Weiterentwicklungen. Beispielsweise wurden einige Beamte an der Handelshochschule in der »Bank- und Wechsellehre« ausgebildet, der Erkennungsdienst erhielt weit über die Grenzen der Landeshauptstadt hinaus Anerkennung, und es erfolgte die Einrichtung einer bayernweiten Gefangenenkartei. Ferner war der Kriminaloberinspektor Georg Reingruber, Leiter der Münchner Mordkommission, in die Ermittlungen des am 31. März 1922 entdeckten sechsfachen Raubmordes in Hinterkaifeck maßgeblich eingebunden worden (siehe S. 264 ff.).

Am 25. Mai 1922 fand vor dem Präsidentenbüro die feierliche Enthüllung der Gedenktafel für die im Ersten Weltkrieg gefallenen Angehörigen der Polizeidirektion statt.

Die NSDAP veranstaltete in München vom 27. bis zum 29. Januar 1923 ihren ersten Parteitag und marschierte mit ihrer Sturmabteilung auf dem Oberwiesenfeld auf. Die Stimmung dafür war günstig: Anfang Januar 1923 hatten französisch-belgische Truppenverbände das Ruhrgebiet besetzt, weil Deutschland nur zögerlich seinen Reparationszahlungen nachkam. Daraufhin rief die Reichsregierung den »passiven Widerstand« aus, der katastrophale finanzielle Folgen hatte, da die streikenden Arbeiter regierungsseitig alimentiert werden mussten, was wiederum die grassierende Inflation beschleunigte. Die Preise für Lebensmittel stiegen rasch an. Am 1. Februar 1923 kostete in München ein Liter Milch 380 Reichsmark, eine Semmel 50 RM und ein Pfund markenfreies Brot 400 RM. Am 1. April musste man für den Liter Milch schon 730 RM zahlen. Allein von März bis April stiegen die Mieten in München um 25 %. Am 1. Juli lag ein Liter Milch bei 2 380 RM, eine Semmel bei 400 RM, ein Pfund markenfreies Brot bei 3 250 RM, und am 10. August kostete ein Pfund Margarine 500 000 RM. Am 14. August gab die Stadtverwaltung aufgrund der Bargeldknappheit das »Münchner Notgeld« aus, das der Inflation jedoch auch keinen Einhalt gebieten konnte. Der Preis für eine Semmel stieg am 3. November auf 900 Millionen Mark.

PP Karl Mantel

Die Verarmung der Bevölkerung sorgte bei der radikalen NSDAP für regen Zulauf. Die Sturmabteilung (SA), eine Unterorganisation der NSDAP, hatte sich von einer Krawalltruppe zum schlagkräftigen paramilitärischen Verband entwickelt. Sie verfügte allein in München über neun Hundertschaften, rund um die Uhr verrichtete ein »Hundertschaftsführer vom Dienst« seinen Dienst, und ab dem 22. November 1922 wurde regel- und planmäßig die Schießausbildung der SA betrieben. Hier war quasi ein »Staat im Staat« entstanden, der sich aufgrund seiner paramilitärischen Strukturen mit zivilen polizeilichen Mitteln kaum mehr kontrollieren ließ. Dies zeigte sich besonders im Vorfeld der gewerkschaftlichen Maifeier am 1. Mai 1923. Hitler und sein militärischer Berater, Oberstleutnant a. D. Hermann Kriebel, beschlossen, die Maifeier gewaltsam zu verhindern bzw. aufzulösen. Zu diesem Zweck versammelten sich am Morgen des 1. Mai 1 500 Nationalsozialisten, 200 Mann des Freikorps Reichsflagge und 400 Angehörige des Blücherbundes am Oberwiesenfeld, einem Militär- und Exerziergelände. 800 Mann vom »Bund Oberland« stellten sich am Maximilianeum auf, 2 000 bis 3 000 Mann der Vaterländischen Vereine Münchens verteilten sich auf das gesamte Stadtgebiet. Alle Aufmarschierten waren weitgehend bewaffnet, teilweise aus Beständen der Reichswehr. Das Oberwiesenfeld selbst war zu einem Feldlager geworden. Reichswehr und Polizei zogen mit starken Kräften auf. Nach äußerst schwierigen Verhandlungen mit PP Nortz, Führungsbeamten der Landespolizei, Vertretern der bayerischen Regierung sowie Reichswehroffizieren, die einen gewaltsamen Zusammenstoß verhindern wollten, gaben die Rechten schließlich ihr Vorhaben auf. Mit einem Großteil seiner Leute zog Hitler in einem Propagandazug durch das Stadtgebiet zum Bürgerbräukeller. Auch der Maiumzug, an dem ca. 25 000 Personen teilnahmen,

Am Morgen des 9. November 1923 wurde im Rahmen des Hitler-Ludendorff-Putsches Bürgermeister Eduard Schmid (mit Mantel) verhaftet und in den Bürgerbräukeller verschleppt.

löste sich zur Mittagszeit auf. Die Polizeidirektion zeigte Hitler wegen Verstößen gegen die Sicherheitsauflagen an und ein staatsanwaltschaftliches Ermittlungsverfahren wurde eingeleitet.

Dieser Einsatz hatte die Polizeidirektion an ihre Grenzen gebracht und gezeigt, dass die öffentliche Sicherheit nur durch Landespolizei und Reichswehreinheiten aufrechterhalten werden konnte. Die Ereignisse des 1. Mai verdeutlichten die Stärke des nationalen Lagers und stellten letztlich fast eine Generalprobe für einen Putsch dar. Zudem zeigte die Art und Weise, wie vor Ort mit den Aufmarschierten verhandelt wurde, dass sie nahezu den Status einer Nebenregierung hatten. Die Polizeidirektion stellte nun einen Antrag zur Auflösung der SA an das Bayerische Innenministerium. Der Antrag wurde abgelehnt, weil das Ministerium die Gefahreneinschätzung der Polizeidirektion nicht teilte. Von den Ereignissen völlig erschöpft, stellte Nortz am 10. Mai einen Antrag auf dreimonatigen Erholungsurlaub. Am 16. August 1923 wurde PP Nortz auf sein Gesuch hin endgültig in den Ruhestand versetzt.

DIE AMTSZEIT DES PP KARL MANTEL

Bereits am 12. Mai übernahm mit sofortiger Wirkung Karl Mantel die Behördenleitung, die Ernennung zum Polizeipräsidenten erfolgte am 16. August rückwirkend zum 12. Mai 1923. Zuvor war er als Oberregierungsrat in der Kreisregierung von Schwaben und Neuburg tätig gewesen. Mantel lehnte die NSDAP und ihre Ideologie aus tiefster Überzeugung ab. Erfreulicherweise gab es zu Beginn seiner Amtszeit gerade im kriminalpolizeilichen Bereich positive Entwicklungen. Die Wiedererrichtung des in der Rätezeit zerstörten Kriminalmuseums nahm ihren Anfang, und die Kennzeichenkartei wurde neu errichtet. Der Erkennungsdienst erhielt ein deutlich vergrößertes Untersuchungs- und Gutachterbüro, insbesondere wurde die Zusammenarbeit mit der Münchner Universität sowie den staatlichen Laboratorien neu geregelt.

Bemerkenswerte Impulse gab es auch in der Öffentlichkeitsarbeit. Innerhalb der Schutzmannschaft hatten sich auf freiwilliger Basis 40 Beamte zu einem Musikkorps zusammengeschlossen. Regelmäßig spielte dieses bei Standkonzerten in der Innenstadt auf, so auch anlässlich der Feier zum 25. Jahrestag der Gründung der Schutzmannschaft am 30. September 1923 vor dem Armeemuseum.

Das politische Klima in Bayern trübte sich deutlich ein. Neben der politischen Situation in Form der Einsetzung des Gustav von Kahr als Generalstaatskommissar am 26. September 1923 sowie der am nächsten Tag durchgeführten »Loslösung« der 7. Reichswehrdivision von der Reichswehrführung in Berlin, gab es in München verheerende wirtschaftliche bzw. finanzpolitische Entwicklungen. Im Oktober musste die städtische Haushaltsberechnung dem dramatischen Währungsverfall angepasst werden. Der Schuldenberg hatte die sagenhafte Höhe von 35 000 000 Billionen Mark erreicht – München war bankrott! Im Reichsgebiet erfolgte am 18. Oktober eine Währungsreform, um der Hyperinflation Einhalt zu gebieten.

Bereits am 24. September 1923 hatte Dr. Max Erwin von Scheubner-Richter, der Geschäftsführer des von Adolf Hitler geleiteten Deutschen Kampfbundes, seinen Vorschlag für ein Aktionsprogramm des Deutschen Kampfbundes fertiggestellt. Darin forderte er ausdrücklich die Ablösung von PP Mantel, um die Polizeigewalt, vor allem die Schutzmannschaft, wieder in die Hand der Nationalsozialisten zu bekommen. Ein deutlicher Beleg dafür, dass Mantel die Polizeidirektion amtsneutral leitete! Am 8. November 1923, gegen 20.30 Uhr, rief Hitler im Münchner Bürgerbräukeller die nationale Revolution aus und leitete damit gemeinsam mit Erich Ludendorff den Hitler-Ludendorff-Putsch ein, die Reichsregierung in Berlin sollte durch eine völkische Diktatur ersetzt werden. Vor allem der neue Leiter der Abteilung I, Dr. Wilhelm Frick (vormals Leiter der Abteilung VI – Politische Abteilung), der von den Putschisten in der Putschnacht zum Polizeipräsidenten ernannt worden war, sowie der ehemalige PP Ernst Pöhner, von den Putschisten zum Ministerpräsidenten von Bayern berufen, engagierten sich bereits im Vorfeld stark für ein Gelingen des Putsches. Aber auch einzelne Beamte nahmen aktiv teil, vor allem Beamte des zur Polizeidirektion gehörenden Einwohneramtes und Beamte, die ihren Dienst in der »Landeswucherabwehrstelle« verrichteten und als »Späher« in der NSDAP für die Po-

Am 14. Februar 1929 verbot die Polizeidirektion einen Auftritt von Josephine Baker im Deutschen Theater. Man fürchtete, die Show der international bekannten Charleston-Tänzerin, die längst zum Symbol der »roaring twenties« geworden war, würde den öffentlichen Anstand sowie die öffentliche Ordnung verletzen, weil zu ihrem Programm ein aufreizender Tanz gehörte, bei dem sie nur ein Bananenröckchen trug.

lizeidirektion nachrichtendienstlich tätig waren. Diese hatten sich für die NS-Ideologie begeistert und waren dem Stoßtrupp Hitler beigetreten.

DIE EPOCHE VOM 10. NOVEMBER 1923 BIS 9. NOVEMBER 1933

Am Morgen des 9. November 1923 wurde die NSDAP durch das Generalstaatskommissariat mit sofortiger Wirkung verboten. Bei der Bayerischen Regierung setzte ein politischer Kurswechsel ein. Man hatte die NSDAP nun als das erkannt, was sie war: Eine ernst zu nehmende Gefahr für die Demokratie. Der am 28. Juni 1924 neu ins Amt gekommene Innenminister Dr. Karl Stützel (BVP) kämpfte mit allen Mitteln gegen den Nationalsozialismus an. In Mantel fand er einen treuen Verbündeten. Parallel zur Aufarbeitung des Hitler-Ludendorff-Putsches innerhalb der Polizeidirektion mussten bereits im Vorfeld des anstehenden Hitler-Putsch-

Prozesses umfangreichste Sicherungsmaßnahmen und Durchführungspläne ausgearbeitet werden. PP Mantel hatte eine sehr detaillierte Präsidialverfügung ausarbeiten lassen, um einen störungsfreien Prozess zu gewährleisten. Am 26. Februar 1924 begann der erste Verhandlungstag gegen die zehn Angeklagten, zu denen auch der ehemalige PP Pöhner und Oberamtmann Dr. Wilhelm Frick gehörten. Für den 1. April 1924, der Tag der Urteilsverkündung, hatte PP Mantel für das Stadtgebiet ein Versammlungsverbot erlassen. Dennoch hatte sich in der Blutenburgstraße, wo der Prozess stattfand, eine große Menschenmenge versammelt. Als die äußerst milden Urteile bekannt gegeben wurden, brachen die Versammelten in Jubel aus und verliehen ihrer Freude durch Heil-Rufe Ausdruck. Es kam zu Tumulten, Polizisten wurden aufs Übelste beschimpft und bespuckt. Nur durch den Einsatz der berittenen Kräfte und massiven Schlagstockgebrauch konnten weitere Ordnungsstörungen unterbunden werden. Noch Tage darauf wurde die Polizeidirektion von rechtsgerichteten Briefschreibern wegen des »Wütens der Polizei« massiv herabgewürdigt.

Der Hitler-Putsch-Prozess zeigte deutlich, welchen Maßstab die Justiz bei Prozessen mit politischem Hintergrund anlegte. Nach der Räterevolution wurden neun Personen zum Tode verurteilt, 68 Personen erhielten eine Zuchthaus-, 1 737 eine Gefängnisstrafe, 407 Verurteilte eine Festungshaft (Ehrenhaft). Die Gesamtsumme der Freiheitsstrafen betrug 6 080 Jahre. Im Hitler-Putsch-Prozess waren zehn Personen angeklagt, die vier Hauptangeklagten erhielten je fünf Jahre Festungshaft (diese war eine Ehrenhaft mit Begünstigungen). Selbst Adolf Hitler wurde nach nur sechs Monaten aus der Festungshaft entlassen.

Zahlreiche Verbesserungen gab es 1924 in der Funktechnik. Die bayerische Leitfunkstelle zog von Oberschleißheim nach München, der Kriminalfunkverkehr wurde eingerichtet, und im August konnten durch die Etablierung des »Bayerischen Presserundfunks« erstmals wichtige kriminalpolizeiliche Mitteilungen unverzüglich der Öffentlichkeit bekannt gegeben werden. Am 19. Mai 1924 wurde die seit 1914 bestehende Verkehrsschutzmannschaft auf 70 Mann erhöht, um dem stark anwachsenden Verkehr gerecht zu werden. 25 Beamte nahmen am 1. August 1924 auf neun Stolle-Victoria-Beiwagenmaschinen sowie zwei Victoria Solo-Motorrädern die motorisierte Verkehrsüberwachung im Stadtgebiet auf. Sie waren die ersten Beamten der Motorisierten Verkehrsabteilung. Neben ihren Motorrädern fielen die Beamten vor allem durch ihre Lederkleidung auf. Auf ihren 500 ccm-Motorrädern konnten sie problemlos jedem Kraftfahrzeug der damaligen Zeit nachrasen. Ein Jahr später beschaffte die Polizeidirektion die ersten BMW »Dixi« (Typ 3/15).

Die Bayerische Staatsregierung ließ die NSDAP am 27. Februar 1925 wieder zu. Adolf Hitler hatte allerdings seine Strategie zur Durchsetzung seiner politischen Ziele geändert. Er versuchte nun den Aufstieg seiner Partei auf legalem Wege zu erreichen und alle Möglichkeiten der Demokratie zu nutzen. Aus diesem Grunde kamen den Maßnahmen der Polizeidirektion München gegen die NSDAP eine besondere Bedeutung zu. Am Abend der Wiederzulassung hielt die NSDAP-Parteileitung im Bürgerbräukeller eine Versammlung ab, in der Adolf Hitler versuchte, die Massen zu Gewalttätigkeiten aufzupeitschen bzw. auf solche Gewaltakte vorzubereiten. Diese extrem radikalen Äußerungen veranlassten Innenminister Karl Stützel dazu, Hitler auf unbestimmte Zeit mit einem Redeverbot zu belegen. Im Jahr 1925 untersagte die Polizei aufgrund des Redeverbotes zwölf NSDAP-Versammlungen. Das Parteiblatt der NSDAP, »Völkischer Beobachter«, griff deshalb die Polizeidirektion stark an. Sosehr sich Hitlers Partei bemühte, nach außen hin den Anschein der Rechtskonformität zu wahren, sosehr war sie im Innenverhältnis entschlossen, Stärke zu entwickeln. Am 29. Januar 1926 verkündete der »Völkische Beobachter«, dass die Parteileitung sich entschlossen habe, in allen Ortsgruppen »Schutzstaffeln« (SS) aufzustellen. Neben der bereits bestehenden »Sturmabteilung« (SA) verfügte die NSDAP fortan über zwei im wahrsten Sinne des Wortes schlagkräftige Unterabteilungen. Das Redeverbot schwächte die Partei. Durch das Fehlen ihres wirksamsten Propagandisten hatte sich der Zulauf zu den Versammlungen deutlich verringert. Somit fehlten der Parteikasse die Eintrittsgelder, und es ließen sich deutlich weniger neue Parteimitglieder rekrutieren. Ferner hatte die Polizeidirektion bereits im Jahre 1925 der NSDAP verboten, in der Öffentlichkeit Spenden zu sammeln. Das Spendensammlungsverbot bestand bis zur »Machtergreifung« der Nationalsozialisten. Alle Verstöße wurden zur Anzeige gebracht. Die Verbote verfehlten ihre Wirkung nicht.

Tatsächlich befand sich die NSDAP im Frühjahr 1927 in einem desolaten Zustand, weshalb Innenminister Stützel dem Drängen der Partei zur Aufhebung des Redeverbotes am 5. März 1927 nachgab.

Im Jahr 1927 gab es bei der Kriminalpolizei gravierende Veränderungen. Unter der Leitung des Polizeidirektors Friedrich Tenner wurden die bestehenden kriminalpolizeilichen Abteilungen in fachspezifische Dienststellen gegliedert und als wichtigste Neuerung eine moderne Mordkommission gegründet. Diese verfügte fortan über einen »Mordwagen«. In diesem Kraftfahrzeug befand sich die »Mordtasche«, die unter anderem ein Mikroskop und Fingerabdruckfolien enthielt. Des Weiteren erfolgte am 24. Dezember 1927 seitens des Bayerischen Innenministeriums die »Bekanntmachung über den Landeskriminalpolizeidienst«. Diese Neustrukturierung trat am 1. Januar 1928 in Kraft. Fortan waren die Polizeidirektionen Nürnberg-Fürth sowie die Polizeidirektion München dazu verpflichtet, die nachgeordneten Ermittlungsbehörden, die Gerichte und Staatsanwaltschaften zu unterstützen. Der Bereich der Polizeidirektion München als Landeskriminalbehörde umfasste die Regierungsbezirke Ober- und Niederbayern, Pfalz, Schwaben sowie Neuburg. Da die Polizeidirektion zugleich die Hauptstelle des Landeskriminaldienstes war, unterstand sie unmittelbar dem Innenministerium. Sie war dafür zuständig, dass der Landeskriminalpolizeidienst nach einheitlichen Kriterien durchgeführt wurde, und hatte auch ein Weisungsrecht.

Neben der Umstrukturierung bei der Kriminalpolizei gab es bei der Schutzpolizei weitgehende Veränderungen. Eine Verordnung des Innenministeriums legte zum 12. April 1928 die Gliederung, Stärke und die Verteilung der uniformierten Staatspolizei nach Maßgabe des Haushaltsplanes neu fest. Die wesentlichste Auswirkung für die Polizeidirektion München bestand darin, dass Schutzmannschaft und Landespolizei fortan die Bezeichnung »Schutzpolizei« führten.

Im Sommer 1928 kam es zu zwei sexuellen Übergriffen auf Frauen. Zu diesem Zeitpunkt konnte niemand annehmen, dass dies der Beginn einer Serie von bestialischen Sexualstraftaten und Morden an Frauen sein würde. Der Täter, Johann Eichhorn, konnte erst 1939 festgenommen werden (siehe S. 61).

PP Julius Koch

Ab Oktober 1928 hatte die Polizeidirektion mit dem von der NSDAP in München ins Leben gerufenen »Zentralsprechabend der NSDAP«, Ortsgruppe München, weitere Veranstaltungen zu überwachen. Dieser Zentralsprechabend fand in regelmäßigen Abständen im Mathäser-Festsaal, Bayerstraße 3, statt und sollte zu einer Anlaufstelle auch für Nicht-Parteimitglieder werden. Bereits am zweiten Zentralsprechabend (29. Oktober 1928) griff Hitler in seiner Rede die Polizeidirektion stark an. Er höhnte von einem »Polizeigehirn«, das vor Jahren ein Gummiknüppelverbot für die NSDAP erlassen hatte, um Zusammenstöße mit politisch Andersdenkenden zu verhindern. Sodann forderte er den dokumentierenden Polizeibeamten im Saal auf, genau mitzuschreiben, dass er das neue Deutschland mit legalen Mitteln erstreben werde.

Zum 1. April 1929 war die »Neuorganisation des Münchner Polizeiwesens« abgeschlossen. Die bisherigen fünf Polizeiämter sowie die 29 Polizeibezirkskommissariate wurden aufgehoben und an deren Stelle zur Vereinfachung des Dienstbetriebes elf Polizeibezirke geschaffen, die nun gleichzeitig für den Verwaltungs-, Sicherheits- und Kriminalpolizeidienst zuständig waren. Zweckmäßigerweise deckten sich diese neuen Polizeibezirke mit den bestehenden Stadtbezirken. Auch die nationalsozialistischen Strukturen verfestigten sich immer mehr. Dem Morgenrapport der Polizeidirektion vom 24. Oktober 1929 konnte man entnehmen, dass die NSDAP-Ortsgruppe München zum selbstständigen Gau erhoben worden war und der NSDAP-Landtagsabgeordnete Wagner die Gauleitung übernommen hatte. Am 29. August 1929 verstarb nach kurzer schwerer Krankheit PP Karl Mantel.

DIE AMTSZEIT DES PP JULIUS KOCH

Am 1. November 1929 wurde der Jurist Julius Koch, der seit April des Jahres die Polizeidirektion Augsburg geleitet hatte, neuer Münchner Polizeipräsident. Mit den Gege-

In der Nacht zum 6. Juni 1931 brannte der Glaspalast komplett nieder.

benheiten in München war er vertraut, da er bereits vom 1. August 1922 bis zum 31. März 1929 unter anderem als Verkehrsreferent in der Behörde tätig gewesen war. Auch unter Julius Koch überwachte die Polizeidirektion ausgewogen die rechts- und linksradikalen Kreise. Der regelmäßige Einsatz von verdeckten Ermittlern bzw. Vertrauensleuten wurde nicht reduziert. Die am 24. Oktober 1929 beginnende Weltwirtschaftskrise führte zwangsläufig zu einem starken Konjunkturabschwung und einem nachhaltigen Anstieg der Arbeitslosenzahlen. Die Unzufriedenheit der Notleidenden machte sie für die Ideologie der politisch Extremen anfällig und führte rasch zu einem Anstieg der Mitgliederzahlen dieser Parteien. Die Münchner Gerichtsvollzieher hatten im Jahr 1929 165 000 Vollstreckungen (1923: rund 25 800) und in den ersten zehn Monaten des Jahres 1930 bereits 162 000 durchzuführen. Im November 1930 bezogen 120 000 Münchner Sozialhilfe, 1931 stieg diese Zahl auf 140 000 an. Zudem verstärkten sich massiv die Auseinandersetzungen zwischen den politisch radikalen Kräften wie NSDAP, Rotfront und Reichsbanner. Die Aggressivität der NSDAP sowie ihrer Unterorganisationen nahm Anfang der 30er-Jahre weiter zu. Auf ihren Einladungsplakaten zu öffentlichen Veranstaltungen machte sie die Staatsregierung verächtlich und forderte mehr oder minder deutlich zum Widerstand gegen staatliche Maßnahmen auf. Die Polizeidirektion verbot Versammlungen, zu denen auf diese Weise eingeladen wurde. Bei erlaubten Versammlungen in geschlossenen Räumen war es bereits notwendig geworden, sowohl die Tischdekoration (Aschenbecher, Blumenschmuck, Serviettenhalter) als auch das Verabreichen von Speisen und Getränken zu verbieten, um sicherzustellen, dass bei eventuellen Saalschlachten keinerlei Wurfgeschosse greifbar waren. Diese Präventivmaßnahmen waren das eine, das Verhalten der verfeindeten politischen Lager das andere. Deren Auseinandersetzungen konnten nur mit massivstem polizeilichem Einsatz verhindert werden. Eine rasche Aburteilung festgenommener Schläger war im öffentlichen Interesse notwendig. Deshalb führte am 1. April 1931 das Amtsgericht München ein Schnellgerichtsverfahren ein.

Das Braune Haus in der Brienner Straße bei der Abriegelung durch die Polizei am 13. und 14. April 1932.

Zu einem spektakulären Einsatz rückten am 6. Juni 1931 um 03.25 Uhr Polizei und Feuerwehr aus: Der in den Jahren 1853/54 erbaute Glaspalast im Alten Botanischen Garten stand in Flammen – ebenso die sich darin befindlichen unersetzbaren Exponate der am 1. Juni 1931 eröffneten Kunstausstellung. Das Gebäude brannte innerhalb von zwei Stunden restlos aus. Die Brandursache konnte durch die Fachdienststelle ermittelt werden: Von Arbeitern weggeworfene, mit Firnis und Terpentinöl getränkte Lappen hatten sich selbst entzündet.

Zu einem besonderen Einsatz der Münchner Polizei kam es am 4. Juli 1931 zur Mittagszeit. Drei Tage zuvor hatte die Polizeidirektion das Tragen einheitlicher Kleidung oder Abzeichen im Kerngebiet der Innenstadt verboten. Dieses Verbot galt auch für die Wachposten auf dem Areal des Braunen Hauses, das die NSDAP »Parteiheim« nannte und am 26. Mai 1930 als Palais Barlow für 805 864 Goldmark erworben hatte. Demonstrativ missachtete die Partei dieses Verbot und ließ ihre Wachposten wiederholt uniformiert aufmarschieren. In einer spektakulären Aktion nahmen Beamte der Polizeidirektion 29 Wachposten fest. Das führte zu einem wahren Besucherstrom vor dem Braunen Haus, sodass allein der Bereich um die Brienner Straße und des Karolinenplatzes mit einer Hundertschaft abgesperrt werden musste.

Ein Jahr später stellte das Braune Haus eine noch viel größere Herausforderung für die Polizeidirektion dar. Am 13. April 1932, um 17.50 Uhr, lief aus Berlin beim Polizei-Funkdienst Bayerns die Eilmeldung ein, dass der Reichspräsident um 18.00 Uhr die Verordnung zur Sicherung der Staatsautorität verkünden werde und durch § 1 dieser Verordnung sämtliche militärähnlichen Organisationen der NSDAP, insbesondere der SA und SS mit allen dazugehörigen Stäben und sonstigen Einrichtungen, aufgelöst werden. Wie unverzüglich die Verordnung seitens der Polizeidirektion München umgesetzt wurde, lässt sich am Zeitpunkt der Durchsuchung der Gauleitung der NSDAP von München und Oberbayern, Barerstraße 14, ersehen, nämlich um 19.00 Uhr des 13. April. Die sichergestellten Akten wurden in die Ettstraße verbracht. Zeitgleich wurden auch die Reichsführerschule, Schwanthalerstraße 68 (Rückgebäude), durchsucht und zu Parteizwecken genutzte Räume versperrt. Türen, für die keine Schlüssel vorhanden waren, wurden versiegelt. Zeitgleich erfolgte die Durchsuchung des Braunen Hauses sowie des

1931 kam es während des Uniform-Verbots immer wieder zu Zusammenstößen zwischen Polizei und in Zivil gekleideten SA-Angehörigen wie hier in der Amalienstraße.

Drexl-Palais. Die Leitung der mit Unterstützung der Landespolizei durchgeführten Durchsuchungen oblag dem Referat VI. Nach der reichsweiten Aufhebung des SA- und SS-Verbotes am 14. Juni 1932 musste die Polizeidirektion die sichergestellten Gegenstände an die NSDAP zurückgeben.

In den letzten Monaten des Jahres 1932 kam es täglich zu Zusammenstößen zwischen den politischen Gegnern. Trotz aller polizeilichen Maßnahmen konnte dem Treiben der Nationalsozialisten, die sich immer effektiver institutionalisierten, nicht Einhalt geboten werden. Nach Hitlers Ernennung zum Reichskanzler am 30. Januar 1933 hatten die Nationalsozialisten ihr Ziel fast erreicht. Auch der neue Reichsinnenminister, Dr. Wilhelm Frick, gehörte der NSDAP an. Bei der Reichstagswahl am 5. März 1933 gelang es der NSDAP nicht, die absolute Mehrheit zu erlangen, weshalb sie auf eine Koalition mit der DNVP angewiesen war. Sie suggerierte den Bürgern jedoch, die Mehrheit der Deutschen habe sich für die NSDAP entschieden und letztlich gelang es, in den einzelnen Länderparlamenten »Nationale Kabinette« zu installieren, die nun die Macht übernehmen. Am 9. März 1933 marschierten in München starke SA-Einheiten auf, Massendemonstrationen setzten ein, Hakenkreuzfahnen wurden gehisst. Tunlichst vermieden die Nationalsozialisten Gewaltanwendungen und Zusammenstöße mit der Polizei, damit ihr Agieren nicht als Putschversuch gewertet werden konnte. Gewaltanwendung vermieden auch SA-Stabschef Ernst Röhm, NSDAP-Gauleiter Adolf Wagner, Reichsführer SS Heinrich Himmler und Franz Ritter von Epp, als am Nachmittag ihre Forderung nach Ernennung Epps zum Reichskommissar durch das Kabinett abgelehnt wurde und sie erfolglos das bayerische Außenministerium verlassen mussten. Einer vorausgegangenen Demonstration auf dem Marienplatz folgte gegen 18.30 Uhr die Erstürmung des Rathauses. Ehe die Polizeidirektion intervenieren konnte, kolportierte ein NSDAP-Mitglied vom Rathausbalkon aus der versammelten Menschenmenge, Franz Ritter von Epp sei ab sofort Reichskommissar in Bayern und Heinrich Himmler neuer Münchner Polizeipräsident. Kurze Zeit später wurden die Redaktionsräume der »Münchener Post«, der »Münchner Neuesten Nachrichten«, des »Geraden Wegs« sowie das Gewerkschaftshaus von den Nationalsozialisten erstürmt. Etwa um 20.15 Uhr erreichte den bayerischen Ministerpräsidenten ein Telegramm, in dem ihm Reichsinnenminister Frick mitteilte, dass er in Übereinstimmung mit der »Reichstagsbrandverordnung« zum Zwecke der Aufrechterhaltung der öffentlichen Sicherheit und Ordnung im Namen der Reichsregierung die Befugnisse der Obersten Bayerischen Landesbehörde übernehme. In Epp sah Frick den für Bayern geeigneten Reichskommissar, Ministerpräsident Heinrich Held (BVP) musste seine Regierungsmacht an Epp übertragen.

Als eine der ersten Amtshandlungen sandte Epp am Abend des 9. März Kommissare in die bayerischen Ministerien, NSDAP-Gauleiter Adolf Wagner wurde Kommissar im Innenministerium. Noch in derselben Nacht bzw. am Morgen des 10. März war Wagner tätig geworden. Er hatte die Bezirkspolizeibehörden angewiesen, sofort sämtliche kommunistischen Funktionäre und Reichsbannerführer im Interesse der öffentlichen Sicherheit in »Schutzhaft« zu nehmen. Wagner achtete darauf, dass dies durch gemischte Streifen, also einem Polizeibeamten und einem SA- oder SS-Mann, geschah. Die SA- bzw. SS-Angehörigen sahen sich nach ihrem Selbstverständnis über der Polizei stehend und nahmen ohne Beachtung der geltenden Gesetze willkürlich Verhaftungen vor, sodass schon nach kurzer Zeit die Gefängnisse, vor allem die Haftanstalt in der Ettstraße, überfüllt waren.

Julius Koch, der stets darauf bedacht gewesen war, die Nationalsozialisten in engen Grenzen zu halten, wurde am 9. März 1933 außer Dienst gesetzt, Reichsführer SS Heinrich Himmler übernahm das Amt des (kommissarischen) Polizeipräsidenten. Jener Himmler, der noch am 4. Februar 1932 von einem Streifenbeamten nach Verlassen der Reichsführerschule in der Schwanthalerstraße wegen eines Verstoßes gegen das Uniformverbot angezeigt worden war, bestimmte nun, was in der Landeshauptstadt Recht und Ordnung war. Auch andere Personen, gegen die Ermittlungen geführt und Strafanzeigen erstellt worden waren, zählten zu den neuen Machthabern. Sie entschieden nun, wer es verdient hatte, ein neues Amt anzutreten oder ein bisher ausgeübtes nicht mehr zu bekleiden. Polizeipräsident Julius Koch gehörte wenig überraschend zu denjenigen, die nicht mehr für ein öffentliches Amt geeignet waren.

Zum 16. April 1933 wurde er zunächst in den Ruhestand versetzt – mit Schreiben vom 29. August 1933 entließ ihn Innenminister Adolf Wagner gemäß § 4 des »Gesetzes zur Wiederherstellung des Berufsbeamtentums« mit Wirkung zum 1. September 1933 dann aus dem Staatsdienst, weil er während seiner Tätigkeit als Polizeipräsident die nationale Bewegung in maßloser Weise bekämpft habe. Himmler gab seine Funktion als Polizeipräsident am 13. April 1933 an den SA-Obergruppenführer August Schneidhuber ab, dessen Stellvertreter wurde der Oberregierungsrat Hans Lang. SS-Gruppenführer Reinhard Heydrich übernahm die Leitung der Politischen Abteilung, Polizeioberstleutnant Otto von Oelhafen wurde zum Kommandeur der Schutzpolizei bestellt. Von Oelhafen löste somit den Polizeioberst Freiherr von Imhoff ab, der am 8. November 1923 im Range eines Majors und als Angehöriger des Kommandos der Landespolizei München federführend Maßnahmen zur Niederschlagung des Hitler-Ludendorff-Putsches eingeleitet hatte. Die Nationalsozialisten hatten ihr Ziel erreicht: Die »Machtergreifung« und damit einhergehend die Errichtung der nationalistischen Diktatur!

Gerade die Weimarer Zeit zeigt deutlich, wie sehr die Polizeidirektion München von den jeweiligen politischen, gesellschaftlichen sowie sozial-wirtschaftlichen Gegebenheiten beeinflusst wurde, diese allerdings, besonders nach dem Niedergang der Räterepublik, auch selbst mitprägte. Im Rückblick betrachtet offenbaren der Aufstieg und die »Machtergreifung« durch die NSDAP eine Tragödie: Gerade die Beschreibung des »legalen Weges« (zumindest bis in den Januar 1933) und das Ausnützen aller Möglichkeiten, die ihr die Demokratie ermöglichte, war für die NSDAP-Parteileitung letzten Endes der Garant zur Erlangung ihrer Herrschaft und die einzige Möglichkeit, nicht von der Polizeidirektion behelligt zu werden. Das der Polizeidirektion zur Verfügung stehende polizeiliche Befugnisinstrumentarium zur Bekämpfung der NSDAP hatte nicht ausgereicht, um die Demokratie zu schützen. Primär wäre dies eine gesamtgesellschaftliche Aufgabe gewesen, ferner hätte die Justiz wesentlich schärfer gegen die NSDAP urteilen müssen.

DER HITLER-LUDENDORFF-PUTSCH

Autor: Walter Nickmann

Im Jahr 1923 hatte sich das politische Klima im Deutschen Reich weiter eingetrübt. Am 11. Januar 1923 waren französisch-belgische Truppen in das Ruhrgebiet einmarschiert, um sich die dort geförderte Kohle als Pfand für die ins Stocken geratenen Reparationszahlungen zu sichern. Überall lebte der Kriegsnationalismus wieder auf. Die Reichsregierung rief am 13. Januar die Bevölkerung zum »passiven Widerstand« auf. Dies hatte gravierende finanzielle Folgen, denn fortan wurden die Löhne der Streikenden vom Staat bezahlt, was die grassierende Inflation sehr stark beschleunigte. Daraufhin sah sich die Reichsregierung gezwungen, im September den »passiven Widerstand« aufzugeben, was reichsweit als Nachgeben gegenüber Frankreich empfunden wurde. Für das nationale Lager war es schlichtweg ein Verrat am Vaterland. In Sachsen und Thüringen hatten sich Sozialdemokraten und Kommunisten zu Koalitionsregierungen zusammengeschlossen. In Bayern entstand eine besondere politische Situation: Ministerpräsident Eugen von Knilling verhängte den Ausnahmezustand und berief am 26. September Gustav von Kahr zum Generalstaatskommissar. Ihm waren mit der Übertragung der Exekutivmacht quasi diktatorische Befugnisse übertragen worden. Am darauffolgenden Tag löste sich die 7. Reichswehrdivision, die General Otto von Lossow kommandierte, von der Reichswehrführung in Berlin

Solche Panzerfahrzeuge der Landespolizei kamen am 9. November 1923 zum Einsatz.

los. Kurzerhand unterstellte von Kahr diese unter bayerisches Kommando. In München selbst grassierte die Armut. Der Schuldenberg hatte die sagenhafte Höhe von 35 000 000 Billionen Mark erreicht – München war bankrott! Um der Hyperinflation Einhalt zu gebieten, erfolgte am 18. Oktober im gesamten Reichsgebiet eine Währungsreform. Die nationalen Kreise sahen ihre Zeit gekommen, um gegen die Reichsregierung vorzugehen, das rechte Lager dominierte das politische Klima.

Bereits am 24. September 1923 hatte der Geschäftsführer des von Adolf Hitler geleiteten Deutschen Kampfbundes, Dr. Max Erwin von Scheubner-Richter, seinen Vorschlag für ein Aktionsprogramm des Deutschen Kampfbundes fertiggestellt. Darin forderte er unter anderem die Ablösung des am 12. Mai 1923 ins Amt gekommenen Münchner PP Karl Mantel, um die Polizeigewalt in München, vor allem die Schutzmannschaft, wieder in die Hand zu bekommen. PP Mantel, der bestrebt war, die Polizeidirektion amtsneutral auszurichten und vom rechtsideologischen Kurs abzubringen, der unter der Amtszeit des PP Ernst Pöhner entstanden war, war den Nationalsozialisten alles andere als genehm. Adolf Hitler sah seine Chance am 8. November 1923 gekommen. An diesem Abend hielt Generalstaatskommissar Gustav von Kahr im Bürgerbräukeller am Gasteig eine programmatische Grundsatzrede. Zu den hochrangigen Gästen aus Politik, Wirtschaft und Gesellschaft gehörte auch PP Mantel mit seinen engsten Führungsbeamten.

Über Gefolgsleute und Boten erfolgte im Laufe des Tages die Aktivierung der Putschisten. Am Spätnachmittag zogen starke SA-Einheiten im Bereich des Gärtnerplatzes auf. Zwei Wachtmeister auf Fußstreifengang meldeten dies auf ihrer Wache dem Wachdienstleiter Josef Bömerl. Gegen 18.30 Uhr begab sich dieser von der Polizeiwache in der Rumfordstraße in Zivilkleidung zum Gärtnerplatz und erblickte dort eine Kompanie Nationalsozialisten unter Führung des ihm dienstlich bekannten Zigarrenhändlers Berchtold (Joseph Berchtold war von Hitler im August 1923 zum Führer des »Stoßtrupp Adolf Hitler« ernannt worden). Anschließend ging Bömerl zum Parteilokal der NSDAP in die Corneliusstraße 12, wo sich eine große Menschenmenge angesammelt hatte. Verschiedentlich hörte er, »dass es heute Nacht aufgehe«. Unverzüglich kehrte er zu seiner Wache zurück und versuchte, die Politische Abteilung telefonisch zu erreichen. Da ihm dies nicht gelang, rief er im Dienstzimmer der Polizeidirektion an. Dort sagte man ihm, dass er sich nicht sorgen müsse, denn die Nationalsozialisten seien zur Versammlung im Bürgerbräukeller eingeladen. PP Karl Mantel, der ab 19.15 Uhr in Begleitung des Präsidialsekretärs Georg Rauh sowie weiterer Führungsbeamten auf den Weg in den Bürgerbräukeller war, erreichte diese Meldung nicht. Einzig zurückgeblieben war nur Oberamtmann Dr. Wilhelm Frick, Leiter der Hauptabteilung VI (Politische Abteilung). Frick hatte so getan, als würde ihn Kahrs Rede nicht interessieren, in Wahrheit wartete er nur, dass er von den Putschisten als neuer Polizeipräsident eingesetzt werden würde.

Gegen 19.20 Uhr beratschlagten sich in den Redaktionsräumen des Völkischen Beobachters Adolf Hitler und der SA-Führer Hermann Göring über die letzten Details für den bevorstehenden Putsch. Um 20 Uhr begann Gustav von Kahr seine Rede im überfüllten Bürgerbräukeller. Währenddessen zog unter dem Kommando Görings die SA auf und umstellte den Bürger-

Die Marschroute der Putschisten vom Gasteig zum Odeonsplatz.

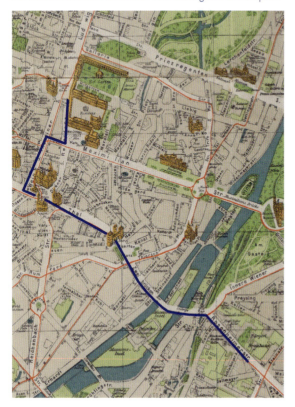

Nach dem Feuergefecht mit den Putschisten kontrollierten berittene Landespolizisten den Odeonsplatz.

bräukeller. Die SA-Männer führten Pistolen, Gewehre, Maschinenpistolen, Maschinengewehre sowie Handgranaten mit sich. Josef Gerum, Vollzugsbeamter der Polizeidirektion und glühender Anhänger der Nationalsozialisten sowie Mitglied im »Stoßtrupp Adolf Hitler«, baute im Vorraum ein Maschinengewehr auf, dessen Mündung in Richtung des Versammlungssaales zeigte. Oberkommissar Philipp Kiefer, Beamter des 15. Polizeibezirkes, legitimierte sich als Einsatzleiter und versuchte die Bewaffneten aufzuhalten, was ihm nicht gelang. Kiefer erkannte, dass er mit seinen elf Innenschutzbeamten die Situation nicht in Griff bekommen konnte und rannte zur Inspektion am Weißenburger Platz, um die Polizeidirektion zu informieren. Zwischenzeitlich drang im Bürgerbräukeller Hitler mit seinen Gefolgsleuten in den Saal ein und rief die nationale Revolution aus.

CODEWORT »GLÜCKLICH ENTBUNDEN«

Gegen 21 Uhr erhielt Frick in seinem Amtszimmer einen Anruf aus der Bürgerbräukeller-Küche, in dem ihm das Codewort »Glücklich entbunden« durchgegeben wurde. Frick glaubte nun, dass er nach geglücktem Putsch ins Amt des Münchner Polizeipräsidenten gekommen war. Der rechtmäßige PP Karl Mantel befand sich als Geisel in den Händen der Putschisten. Zeitgleich begab sich Landespolizeimajor Sigmund von Imhoff, Angehöriger des Münchner Kommandos der Landespolizei, das seinen Sitz ebenfalls in der Ettstraße hatte, wie an jedem Abend in das Zimmer des Offiziers vom Dienst, um sich über die Lage im Stadtgebiet zu informieren. Zu seinem Entsetzen erfuhr er von dem Putsch. Sofort alarmierte er die Landespolizei und leitete im Verbund mit dem Beamten vom Dienst des Generalstaatskommissariats Maßnahmen zur Niederschlagung des Putsches ein.

Um Mitternacht hielten der ehemalige PP Ernst Pöhner, der von den Putschisten als Ministerpräsident von Bayern ernannt worden war, und der »neue« PP Frick in der Bücherei der Polizeidirektion eine Pressekonferenz ab, um die Bevölkerung über die neuen politischen Verhältnisse zu informieren und um Unterstützung zu werben. In den frühen Morgenstunden des 9. November zeigte sich, dass sowohl Landespolizei als auch Reichswehr den Putsch nicht unterstützten. Gegen 3 Uhr nahmen die Landespolizeioffiziere Major von Imhoff und Oberst Banzer Frick in der Polizeidirektion fest. Als Ernst Pöhner gegen 6 Uhr persönlich bei den beiden Offizieren in der Polizeidirektion vorsprach, weil er Frick nicht erreichen konnte, nahmen diese ihn ebenfalls fest. Gegen 8.30 Uhr wurde in der Turnhalle des Direktionsgebäudes vor ca. 500 Polizeibeamten ein Rapport abgehalten. Man forderte sie zur absoluten und bedingungslosen Unterstützung der verfassungsmäßigen Regierung auf.

Als die Putschisten erkannten, dass sich das Scheitern ihres Vorhabens immer deutlicher abzeichnete, formierten sie sich zur Mittagszeit vor dem Bürgerbräukeller, um in einem Propagandazug durch die Innenstadt zu ziehen, in der Hoffnung, die Münchner Bevölkerung zur Unterstützung des Putsches zu gewinnen. Die Putschisten zogen über das Tal zum Marienplatz, bogen in die Weinstraße ein, um über die Perusastraße in die Residenzstraße zu marschieren. Auf Höhe der Feldherrnhalle kam es zum Schusswechsel zwischen den Putschisten und der Landespolizei; vier Landespolizisten, 13 Putschisten sowie ein unbeteiligter Passant starben. Zwei weitere Putschisten waren ca. eine halbe Stunde vor diesem Zusammenstoß auf Höhe des Wehrkreiskommandos (Ludwigstraße 16), dem Sitz des Bayerischen Reichswehrkommandeurs General Lossow, durch Reichswehrsoldaten erschossen worden. Nach der Niederschlagung des Propagandazuges wurden vor Ort einige Hundert Gewehre und Maschinenpistolen, über 10 000 Schuss Infanteriemunition, Handgranaten, Seitengewehre, Pistolen sowie Maschinengewehre sichergestellt.

DIE ROLLE DER POLIZEIDIREKTION BEIM PUTSCH

Welche Rolle spielte nun die Münchner Polizeidirektion beim Putschversuch? Wer unterstützte ihn, wer arbeitete dagegen? Als Institution unterstützte die Polizeidirektion den Hitler-Ludendorff-Putsch auf keinen Fall. Dies zeigt allein schon die Tatsache, dass PP Mantel sofort hätte abgelöst werden sollen, was bei einem Tolerieren bzw. einem Sympathisieren mit den Putschisten nicht der Fall gewesen wäre. Zudem darf mit Sicherheit angenommen werden, dass der Polizeipräsident bei Kenntnis der drohenden Ereignisse nicht zur Versammlung in den Bürgerbräukeller gegangen wäre – schon gar nicht in Begleitung seiner engsten Mitarbeiter. Mit den

Die Polizei musste das Gerichtsgebäude (die sog. Kriegsschule), in dem der Prozess gegen Hitler und Ludendorff stattfand, weiträumig abriegeln.

Gedenkveranstaltung am 9. November 2013 für die beim Hitler-Ludendorff-Putsch getöteten Polizisten, an der u. a. Bayerns Innenminister Herrmann, Stadträtin Schosser, Polizeipräsident Andrä und Thomas Hampel, Inspekteur der Bayerischen Polizei, teilnahmen.

Kräften der Polizeidirektion konnte der Putsch nicht niedergeschlagen werden. Diese Beamten waren Einzeldienstkräfte, im Gegensatz zu den Landespolizei- bzw. den Reichswehreinheiten nicht kaserniert, und allein aus diesem Grund nicht unmittelbar einsatzbereit; die mangelhafte Ausstattung mit Kommunikationsmitteln zu jener Zeit tat ihr Übriges. Es steht allerdings außer Frage, dass die Polizeidirektion allein durch die Koordinierung ihrer Kräfte einen entscheidenden Beitrag zur Niederschlagung des Putsches hätte leisten können. Aber gerade dies wurde durch die Geiselnahme des Polizeipräsidenten im Bürgerbräukeller verhindert.

Im Gegensatz zur Polizeidirektion als Institution verhielten sich einzelne Beamte völlig anders. Teile der Abteilung VI (Politische Abteilung), die von dem mit Pöhner im ideologischen Gleichklang stehenden Oberamtmann Dr. Frick geleitet wurde, fühlten sich nicht an Recht und Gesetz gebunden. Vor allem die »Späher« unterstützten aktiv die Putschisten und führten deren Anordnungen aus. Einige Beamte des Einwohneramtes taten sich besonders eifrig hervor, allen voran der Kanzleiassistent Josef Meisinger, der während des Putsches einen Zug des Freikorps Oberland anführte. Dass viele Beamte stramm rechts standen, war der Amtszeit von Polizeipräsident Ernst Pöhner geschuldet. Unter seiner Amtsführung war innerhalb der Behörde ein stark ausgeprägtes rechtsideologisches Denken entstanden, das in dem Begriff der »Pöhner-Polizei« deutlich zum Ausdruck kam. Die Zeit zwischen dem 12. Mai 1923 (Dienstantritt des PP Karl Mantel) und dem Putschversuch war zu kurz, um die Polizeidirektion vollständig amtsneutral auszurichten. Auch war es für Mantel schwierig, mit scharfen dienstrechtlichen Konsequenzen gegen die aktiv am Putsch beteiligten Beamten vorzugehen. Ihm war bewusst, dass der Deutsche Kampfbund und die NSDAP viele Sympathisanten in der Behörde hatten. PP Mantel entließ fünf Beamte wegen ihrer Beteiligung am Putsch, ein Beamter wurde in eine andere Stadt und einer in den Ruhestand versetzt.

1933–1945

Angehörige von SS und SA holten am 15. März 1933 die »Blutfahne« aus dem Polizeipräsidium, die von der Polizei sichergestellt worden war.

DIE ZEIT DER NS-DIKTATUR

Autor: Marcus Schreiner-Bozic

Bereits mit der Ernennung Adolf Hitlers zum Reichskanzler in Berlin am 30. Januar 1933 änderte sich das Verhalten der Polizeidirektion München. Bei einem Propaganda-Aufmarsch der SA am 5. Februar 1933 durch Giesing und Haidhausen, der von Auseinandersetzungen mit Sozialdemokraten und Kommunisten begleitet war, schritt die eingesetzte Polizei nur sehr zögerlich ein. Schließlich endete am 9. März 1933 durch die »Machtergreifung« der Nationalsozialisten auch in Bayern die Zeit der Weimarer Republik.

PERSONELLE FOLGEN FÜR DIE POLIZEIDIREKTION

Die neue nationalsozialistische Staatsregierung unter Führung des Reichsstatthalters Ritter von Epp und des Gauleiters und Innenministers Adolf Wagner berief den Reichsführer SS, Heinrich Himmler, zum neuen Polizeipräsidenten. Dieser ernannte den Chef des Sicherheitsdienstes der SS, Reinhard Heydrich, zum Leiter der Politischen Abteilung in der Polizeidirektion.

Es folgten sofort personelle Veränderungen in der Führungsspitze. Deren Beamte waren für die Nationalsozialisten aufgrund der Maßnahmen der letzten Jahre nicht tragbar, sie wurden in den Ruhestand versetzt. Jeder der weiterbeschäftigten Beamten musste eine Erklärung abgeben, in welcher die Zugehörigkeit zu politischen Organisationen, Freimaurerlogen und später auch der Nachweis der arischen Abstammung erfasst war. Die Folgen im Personalbestand waren zahlenmäßig allerdings eher gering. Nur wenige Beamte, die meisten davon in Spitzenpositionen, fielen den politischen Säuberungen zum Opfer. Entlassungen im größeren Stil sind nicht feststellbar, da augenscheinlich kaum Polizeibeamte unter die Entlassungskriterien fielen. Eine trotzdem vorgenommene größere Personalrochade innerhalb der Führungspositionen der Polizeidirektion dürfte dazu gedient haben, dass der Beamtenapparat zunächst einmal überwiegend mit sich selbst beschäftigt war. Man stellte die Weichen in personeller Hinsicht so, dass die Münchner Polizei bis zum Ende der nationalsozialistischen Herrschaft für die Machthaber ein zuverlässiges Herrschaftsinstrument blieb.

INHALTLICHE NEUAUSRICHTUNG NACH DER MACHTERGREIFUNG DER NAZIS

Heinrich Himmler blieb nur wenige Wochen bis zum 13. April 1933 Polizeipräsident. In dieser Zeit nahm er aber entscheidende Weichenstellungen für die künftige Arbeit vor. So ernannte er SA, SS und »Stahlhelm« zur Hilfspolizei. Zusammen mit der Politischen Abteilung des Polizeipräsidiums wurden Massenverhaftungen von politischen Gegnern, vor allem Kommunisten, Sozialdemokraten und Gewerkschafter, vorgenommen. Die Politische Abteilung wurde aus der Polizeidirektion ausgegliedert und bildete den Grundstock für die Bayerische Politische Polizei, aus der später die Gestapo-Leitstelle München hervorgehen sollte.

In organisatorischer Hinsicht einschneidend war die Eröffnung des Konzentrationslagers Dachau Anfang April 1933. Dieses wurde errichtet, weil nach der Verhaftungswelle die vorhandenen Gefängnisse keinen Platz mehr boten. Das Polizeigefängnis in der Ettstraße war vollkommen überfüllt, sodass Gefangene auch in der Turnhalle des Polizeipräsidiums untergebracht wurden. Die erste Wachmannschaft des KZ Dachau stellte die Bayerische Landespolizei, die aber, nachdem die Beamten nicht die von Himmler und der SS gewünschte Strenge zeigten, bald von der SS abgelöst wurde. Himmler selbst verhinderte die nach den ersten Todesfällen im KZ Dachau begonnenen Ermittlungen der Staatsanwaltschaft und der Münchner Kriminalpolizei.

Mit Heinrich Müller und Franz Josef Huber wurden zwei Mitarbeiter der Politischen Abteilung gefördert, die im weiteren Verlauf der NS-Herrschaft großen Einfluss erhielten. Müller, der vor der Machtergreifung der Nationalsozialisten der Leiter der KPD-Bekämpfung in der Politischen Abteilung war, setzte hier den Grundstein zu einer Karriere, die ihn bis zum Chef der Gestapo im Reichssicherheitshauptamt führen sollte. Huber, der vor 1933 mit der Bekämpfung des Rechtsextremismus, darunter auch der NSDAP, beschäftigt war, konnte trotz dieser Tatsache seine Karriere ungeachtet von Widerständen im Parteiapparat fortsetzen und war ab 1938 Inspekteur der Sicherheitspolizei und des SD in Wien.

DIE VERÄNDERUNGEN AN DER SPITZE DER MÜNCHNER POLIZEI BIS ZUM KRIEGSBEGINN

Für Himmler diente die Stellung als Polizeipräsident in München als Sprungbrett zur weiteren Karriere im Sicherheitsapparat des Deutschen Reiches. Im April 1933 wurde er zum Kommandeur der Bayerischen Politischen Polizei ernannt. Diese nahm im Oktober desselben Jahres ihren Sitz im Wittelsbacher Palais in der Brienner Straße. Bei vielen ihrer Tätigkeiten, wie zum Beispiel dem Erkennungsdienst und Festnahmen, arbeitete sie aber weiter eng mit der Münchner Polizei zusammen.

Neuer Polizeipräsident wurde im Sommer 1933 mit August Schneidhuber der Führer der Münchner SA. Dieser ging sofort daran, die nationalsozialistische Ausrichtung der Polizeidirektion weiter zu verstärken und zu vertiefen. Hierbei kam es zu weiteren Personalwechseln, auch wurde die Einstellung von Parteimitgliedern und vor allem SA- und SS-Männern gefördert. Schneidhuber fiel im Juni 1934 der »Röhm-Affäre« zum Opfer. Er wurde von der SS im Gefängnis in München-Stadelheim ermordet.

Sein Nachfolger, Karl Freiherr von Eberstein, war bei seiner Ernennung SS-Gruppenführer. Das Amt des Polizeipräsidenten übte er offiziell bis 1942 aus. Allerdings war er neben diesem Amt auch der Leiter der Polizeiabteilung im Bayerischen Staatsministerium des Innern, Leiter des SS-Oberabschnittes Süd und Höherer SS- und Polizeiführer für Südbayern. Mit der Schaffung des letzteren Amtes führte er also gleichzeitig sämtliche SS- und Polizeidienststellen in Südbayern, eine bemerkenswerte Machtkonzentration, die so nur selten vorkam. Er war zweifelsohne der für die Bayerische Polizei einflussreichste Mann während der NS-Zeit.

PP Heinrich Himmler
PP August Schneidhuber
PP Karl von Eberstein (v. o.)

ORGANISATORISCHE FOLGEN BEI DER SCHUTZPOLIZEI BIS ZUM KRIEGSBEGINN

Die Grundorganisation bei der Schutzpolizei ging vom Polizeipräsidenten über den Kommandeur der

Schutzpolizei zu den Abschnittskommandos, den Polizeirevieren und den Revier-Zweigstellen. Es gab vier Abschnittskommandos sowie eine unterschiedliche Anzahl von Polizeirevieren, bei Kriegsbeginn waren es insgesamt 18. Diese Grundorganisation wurde bis 1945 nicht verändert.

Die Bayerische Landespolizei, also die militärisch organisierten Verbände der Polizei, entzog man der Polizei organisatorisch sofort nach der Machtergreifung. Sie betrieb entgegen der Bestimmungen des Versailler Friedensvertrages ausschließlich militärische Ausbildung. Mit der Einführung der allgemeinen Wehrpflicht im Jahr 1935 wurde die Landespolizei in die neu gegründete Wehrmacht übernommen. Die Einführung der allgemeinen Wehrpflicht hatte auch für die übrige Schutzpolizei massive personelle Veränderungen zur Folge. Die jüngsten Jahrgänge der Beamten der Reviere und der Stäbe mussten auch zur Wehrmacht abgegeben werden, sodass eine große Anzahl freier Stellen vorhanden war, die nicht mehr besetzt werden konnten.

Auch die Vergrößerung des Stadtgebietes durch die Ende der 30er-Jahre erfolgten Eingemeindungen zahlreicher Nachbarorte wie zum Beispiel Pasing, Allach, Hadern und anderer, hatte Folgen. Die Gendarmen der kleineren Gemeinden wurden nämlich nicht in die Münchner Schutzpolizei übernommen, sodass zunächst ortsunkundige Stadtpolizisten den Dienst verrichteten. Einzig die Pasinger Schutzpolizei wurde in die Münchner Behörde übernommen.

Aufgrund der immer mehr zunehmenden Motorisierung entstanden ab 1937 Dienststellen der Schutzpolizei, die auch heute noch bestehen und teilweise in Bayern einzigartig sind, wie das Verkehrsunfallkommando und auch die Verkehrsüberwachung. Ab etwa 1937 wurde auch Verkehrserziehung betrieben, wobei hier die Schutzpolizei mit dem Nationalsozialistischen Kraftfahrkorps (NSKK) kooperierte.

Schon für die Kriegsvorbereitungen der Nationalsozialisten kam dem Bereich des Luftschutzes große Bedeutung zu. Der Polizeipräsident war in München der Leiter des Luftschutzes, und jeder der regionalen Abschnittskommandos der Schutzpolizei hatte einen hierfür verantwortlichen Luftschutzoffizier, der zusammen mit der Feuerwehr, die ab 1937 als Feuerschutzpolizei ebenfalls der Schutzpolizei unterstand, für den Luftschutz verantwortlich zeichnete.

Die nationalsozialistische bayerische Landesregierung unter Reichskommissar Ritter von Epp (2. v. l. sitzend), mit Innenminister Adolf Wagner (2. v. r. sitzend) und dem Münchner Polizeipräsidenten und Reichsführer SS Heinrich Himmler (l. stehend).

Mit der Ernennung Himmlers zum Chef der Deutschen Polizei im Jahr 1937 wurde die zunehmende Militarisierung der Polizei immer deutlicher. In München wurden zunächst wieder geschlossene Polizeiverbände aufgestellt. In die Hansa-Heime in der Dietlindenstraße zog 1937 eine Ausbildungsabteilung mit mehreren Hundertschaften ein, in denen neue Wachtmeister ausgebildet wurden. Hier wurde auch immer mehr Wert auf die militärische Ausbildung gelegt. Bis zum Kriegsbeginn stieg die Zahl der in München vorhandenen Hundertschaften auf vier Ausbildungs- und fünf Schutzpolizeihundertschaften an, die ab März 1938 oft im Einsatz waren, auch im Ausland.

Der erste Großeinsatz der Münchner Hundertschaften fand im März 1938 beim »Anschluss« Österreichs statt. Ihm folgten Einsätze beim Einmarsch ins Sudetenland im Herbst 1938 und der Besetzung der Rest-Tschechoslowakei (März 1939), wobei ab dem Herbst 1938 mindestens eine Hundertschaft ständig im Sudetenland und später dem »Protektorat Böhmen und Mähren« stationiert war. Ab Juni 1939 waren zwei Hundertschaften am Westwall eingesetzt, ein klarer Beweis dafür, dass der Kriegsbeginn am 1. September 1939 die Polizei nicht überrascht hat.

Für den Personalbestand ist in diesem Zusammenhang von entscheidender Bedeutung, dass ab dem Frühjahr 1938 der sogenannte verstärkte Polizeischutz,

Appell des Polizei-Bataillons 73 im Hof der Polizeikaserne Hansa-Heime, Dietlindenstraße 32-34, bei der Rückkehr aus einem mehrmonatigen Einsatz in Polen, Oktober 1940.

später »Polizei-Reserve«, gebildet wurde. Hierzu bildete man ungediente Männer der Jahrgänge 1900 bis 1909 an zwei Wochenenden im Monat durch die Polizei militärisch aus, damit sie im Kriegsfall die Polizei verstärken konnten. Aus ihnen sollten Einheiten zum Objektschutz gebildet werden, ferner war die Verstärkung der Reviere vorgesehen.

ORGANISATORISCHE VERÄNDERUNGEN BEI DER KRIMINALPOLIZEI BIS ZUM KRIEGSBEGINN

Nachdem die Kriminalpolizei im Jahr 1933 noch eine Abteilung der Polizeidirektion war (neben Schutzpolizei, Verwaltungspolizei und der Politischen Abteilung), wurde sie im Laufe der Zeit immer mehr von Berlin aus gesteuert, ohne hierbei aber jemals offiziell ausgegliedert zu werden. Die Grundorganisation der Kriminalpolizei ging vom Polizeipräsidenten über den Leiter der Kriminalpolizei zu den Kriminalgruppen und schließlich den Kommissariaten, dazu bestanden noch Kriminal-Reviere bei den einzelnen Schutzpolizei-Abschnittskommandos für die kleinere Kriminalität.

Das Wesen der Arbeit der Kriminalpolizei änderte sich aber unter Führung der Nationalsozialisten immer mehr. Auch wenn die normale polizeiliche Arbeit wie die Aufnahme und Bearbeitung von Anzeigen die gleiche blieb wie zur Weimarer Zeit, so änderten sich doch die Schwerpunkte und Konzeptionen deutlich. Lag der Schwerpunkt der polizeilichen Tätigkeit in der Weimarer Republik, ebenso wie heute, beim Schutz des Individuums vor der Kriminalität, so sah das NS-Konzept die Polizei als »Arzt am Volkskörper«, der »Schädlinge« zu bekämpfen hatte.

Eindringliche Beispiele hierfür sind die Maßnahmen der »Vorbeugenden Verbrechensbekämpfung«, die mit Kriminalprävention, wie wir sie heute kennen, nichts gemein hat. Ausgehend von den Rassentheorien der Nationalsozialisten wurden ganze Menschen- und Volksgruppen als kriminell deklariert und verfolgt, zum Beispiel Sinti und Roma sowie Wiederholungstäter und Arbeitslose. Diese wurden schnell zum Ziel kriminalpolizeilicher Vorbeugungshaft, was für die Betroffenen oft langjährige KZ-Haft zur Folge hatte. Auch die sich später zum Massenmord entwickelnde Verfolgung der Sinti und Roma war bis zum Ende der NS-Herrschaft in der Zuständigkeit der Kriminalpolizei, wobei Maßnahmen wie Registrierung der Sinti und Roma bis auf die Zeiten der Monarchie zurückgehen. Das Personal der bei der Münchner Kriminalpolizei eingerichteten »Dienststelle für Zigeunerfragen« bildete den personellen Grundstock für die im Oktober 1938 in Berlin gegründete »Reichszentrale zur Bekämpfung des Zigeunerunwesens«. Die Verfolgung der Sinti und Roma verschärfte sich hierdurch massiv, wobei die Zentralstelle in Berlin sich der Mitarbeit aller Dienststellen vor Ort sicher sein konnte.

Wenn er im Blutrausch war, vergaß Johann Eichhorn alles um ihn herum. Behauptete er zumindest: »Ich war damals wild wie ein Tier und weiß Einzelheiten nicht mehr.« Die Details der Verbrechensserie von Münchens vermutlich größtem Sexualstraftäter lesen sich wie ein überzogener Horrorthriller. Der 1906 in Aubing geborene Sohn eines Hilfsarbeiterehepaars beging mit 22 Jahren seine ersten Sexualdelikte. Bei zwei versuchten Vergewaltigungen kamen die Mädchen glimpflich davon, weil er jeweils keine Erektion bekam. Eichhorn entwickelte einen Fetisch für Damenhöschen und steigerte sich in brutale Sexfantasien hinein. Schließlich verging er sich regelmäßig an seinen beiden jüngeren Schwestern. Am 11. Oktober 1931 forderten seine Gewaltfantasien das erste Todesopfer. Die geschändete Leiche der 16-jährigen Katharina Schätzl warf Eichhorn einfach mit Steinen beschwert in die Isar. »Von diesem Zeitpunkt ab, also 1931 bis zu meiner Festnahme, habe ich fortlaufend jedes Jahr Sittlichkeitsverbrechen begangen«, gestand Eichhorn nach seiner Verhaftung 1939. Dabei spielte für ihn weder die Jahres- noch die Tageszeit eine Rolle: »Scharf und fähig, ein Mädchen zu überfallen, war ich eigentlich immer.« Die tatsächliche Zahl seiner Opfer kannte wohl nur er allein. Er behauptete, nur die Frauen getötet zu haben, die sich stark wehrten. 1935 heiratete er eine Frau, mit der er einvernehmlich harte sexuelle Spielarten auslebte. Sie bekamen zwei Kinder. Eichhorn vergewaltigte und mordete dennoch weiter. Seine Opfer verstümmelte er grausam. Nachbarn und Verwandte hielten Eichhorn für einen fleißigen, ordentlichen Menschen und treu sorgenden Familienvater und waren umso schockierter, als er am 29. Januar 1939 verhaftet wurde. Beim Versuch, ein 12-jähriges Mädchen zu überfallen, stellten zufällig vorbeikommende Passanten den Verbrecher. Als »Volksschädling« wurde Johann Eichhorn, pikanterweise treues Mitglied der NSDAP, wegen 90 Vergewaltigungen und fünf Morden hingerichtet. Seine Frau und die Kinder nahmen neue Namen und neue Identitäten an. *Autor: Martin Arz*

Zeugenaufruf der Polizei im Fall Johann Eichhorn.

1938 ▪ JOHANN EICHHORN – DIE BESTIE VON AUBING

Polizeialltag in der NS-Zeit: Ein Verkehrspolizist 1934 am Marienplatz (o.).

Die Verfolgung der Homosexuellen zählte ebenfalls zu den Schwerpunkten der Kriminalpolizei. Wiederholte Razzien an bekannten Treffpunkten wurden durchgeführt, verdächtige Männer von der Kriminalpolizei in Schutzhaft genommen, ins Konzentrationslager verschleppt und zur Sterilisierung gezwungen.

Auch an der Verfolgung der Juden hatte die Polizei einen großen Anteil. Wichtige Vorarbeiten erledigte die Verwaltungspolizei, die die Bürger nach ihrer Religionszugehörigkeit erfasste. So wurden die Ausweise von Juden gekennzeichnet und ein Verzeichnis über jüdische Gewerbebetriebe angelegt. Die Judenverfolgung selbst fiel zwar in die Zuständigkeit der Gestapo und somit nicht mehr in die eigentliche Zuständigkeit des Münchner Polizeipräsidiums, die Beteiligung aller Polizeidienststellen bei größeren Aktionen war aber aufgrund der wenigen Gestapo-Beamten unerlässlich. Die Beteiligung der Polizei an der Judenverfolgung zeigte sich in der Reichspogromnacht 1938 deutlich. Nachdem aus dem Alten Rathaus in München der Befehl zum Losschlagen gegen jüdische Einrichtungen ergangen war, wurde neben der Gestapo auch die Kriminalpolizei eingeschaltet. Die Polizeireviere hatten die Kripobeamten zu alarmieren, die sich in der Turnhalle des Präsidiums versammelten und von dort aus die vorbereiteten Festnahmelisten »abzuarbeiten« hatten. Die festgenommenen Juden wurden dann zunächst in das Polizeigefängnis im Präsidium gebracht und dann von dort aus ins KZ Dachau. Auch lieferten SA und SS ihre Festgenommenen direkt bei Polizeidienststellen ab. Nach einer Rechtsgrundlage für diese Festnahmen fragte fünfeinhalb Jahre nach der Machtergreifung der Nationalsozialisten niemand mehr. Die Kriminalpolizei begann zwar mit den Ermittlungen zum Mord an einem Juden in dieser Nacht, das Verfahren selbst wurde aber zu den Akten gelegt und erst in den 50er-Jahren wieder aufgenommen. Dass die dem Polizeipräsidium unterstehende Feuerlöschpolizei in jener Nacht ihrem Auftrag der Brandbekämpfung so wenig nachgekommen ist wie die Polizeibeamten ihrem gesetzlichen Auftrag, Sachbeschädigungen und andere Ausschreitungen zu verhindern, sei nur der Vollständigkeit halber erwähnt.

DER EINSATZ DER SCHUTZPOLIZEI IM »AUSWÄRTIGEN EINSATZ«

Mit der Mobilmachung des Deutschen Reiches am 26. August 1939 trat für das Polizeipräsidium der Kriegsfall ein. Zahlreiche aktive Polizeibeamte wurden sofort zur Feldgendarmerie, der Militärpolizei der Wehrmacht, abgeordnet, wo sie bis zum Kriegsende blieben. Die Polizei-Reservisten wurden zum Dienst einberufen. Zusammen mit aktiven Beamten bildeten sie Polizei-Truppenverbände, zu denen im Laufe des Krieges alle Angehörigen der Schutzpolizei, die jünger als der Jahrgang 1900 und körperlich tauglich waren, abgeordnet wurden. In den Kasernen der Münchner Schutzpolizei bildete man insgesamt sieben komplette Bataillone und mehrere Kompanien für den Einsatz in ganz Europa.

Ursprünglich für Bewachungsaufgaben in der Heimat gedacht, kamen erste Münchner Polizisten bereits im September 1939 in Polen zum Einsatz, noch während die Kämpfe andauerten. Je länger der Krieg sich hinzog, umso mehr entfernte sich der Einsatz auch von der ursprünglichen Planung. Polizeitruppen aus München waren von Norwegen bis Griechenland, von Frankreich bis zur Krim im Einsatz. Hierbei waren sie neben dem

Münchner Polizisten im Kriegseinsatz: die Zerstörung von Gottschee, Slowenien (o.), Polizeipanzer als Mitfahrgelegenheit (u.).

Bekanntmachung des Höheren SS- und Polizeiführers im Wehrkreis XVIII, dass drei slowenische Dörfer im Rahmen der Partisanenbekämpfung vernichtet wurden.

Pause beim »Auswärtigen Einsatz«: Münchner Polizeibeamte kamen ab 1939 zunächst in Polen zum Einsatz und beteiligten sich an den Gräueltaten gegen die Zivilbevölkerung.

Objektschutz auch mit der Bewachung von Gettos, der Teilnahme an der Vernichtung der Juden und anderer Minderheiten, der Bekämpfung der örtlichen Widerstandsbewegungen und auch Einsätzen direkt an der Front betraut. Münchner Polizisten beteiligten sich an Massenverbrechen wie Morden an Juden und der Zivilbevölkerung im Rahmen der Partisanenbekämpfung in ganz Europa. So waren Münchner Einheiten beispielsweise beim Aufstand im Warschauer Getto 1943 und dem Aufstand der Polnischen Heimatarmee 1944 genauso im Einsatz wie bei den deutschen Maßnahmen nach dem Attentat auf den Chef der deutschen Sicherheitspolizei, Reinhard Heydrich, in Prag im Sommer 1942.

Immer mehr Münchner Schutzpolizisten wurden zum Kriegseinsatz abgeordnet. Die genaue Zahl lässt sich nicht mehr rekonstruieren, sie dürfte aber ca. 5 000 Mann betragen. Noch im Februar 1945 wurde das letzte Polizei-Bataillon in München gebildet, das zum Einsatz an der Oderfront vor Stettin abrückte.

EINSATZ DER SCHUTZPOLIZEI IN DER HEIMAT

Im Laufe des Krieges veränderten sich die Aufgaben der in der Heimat verbliebenen Schutzpolizisten. Die Tätigkeit war immer stärker durch Kriegsaufgaben geprägt, wie zum Beispiel die Beteiligung an Deportationen, Bewachung von Zwangsarbeiterlagern, Fahndung nach Deserteuren, entwichenen Kriegsgefangenen und Zwangsarbeitern, Überwachung von Verdunkelungsvorschriften, Überwachung der Vorschriften in Bezug auf »Schwarzschlachten« und Ähnlichem. Die schweren Bombenangriffe auf die Stadt beanspruchten die Polizei in großem Umfang. Der Luftschutz unterstand dem Polizeipräsidenten, der hierzu die Feuerlöschpolizei und auch die Schutzpolizei einsetzte. Außer der Brandbekämpfung war die Polizei auch für die Räumung von Blindgängern zuständig und setzte neben den Feuerwerkern von Polizei und Wehrmacht auch Bombenräumkommandos des KZ Dachau ein.

EINSATZ DER KRIMINALPOLIZEI

Auch die Kriminalpolizei beteiligte sich massiv am auswärtigen Einsatz der Polizei. Zusammen mit der Gestapo und dem Sicherheitsdienst der SS bildete sie die maßgeblichen Dienststellen zur Bekämpfung der Widerstandsbewegungen und für Verfolgungsmaßnahmen. Diese ordneten an, welche Maßnahmen gegen welche Personen zu treffen waren. Ausführende Organe waren dann meist Schutzpolizisten. Kriminal- und Schutzpolizei arbeiteten im auswärtigen Einsatz genauso eng zusammen wie in der Heimat, um die deutsche Herrschaft zu festigen und Juden und andere Minderheiten wie Sinti und Roma zu verfolgen und zu vernichten.

Den unrühmlichen Höhepunkt bildeten hierbei die Einsatzgruppen des Reichssicherheitshauptamtes, gebildet aus Kriminalpolizei, Gestapo, SD und Polizeitruppen, die Massenmorde in der Sowjetunion, vor allem an Juden, durchführten.

PP Franz Mayr

In der Heimat trat die normale kriminalpolizeiliche Arbeit immer mehr in den Hintergrund. Neue Schwerpunkte, genauso wie bei der Schutzpolizei, waren kriegstypische Delikte wie Plünderungen aus zerbombten Häusern, Schwarzschlachten, die Verfolgung von Homosexuellen und Sinti und Roma, um nur einige Beispiele zu nennen.

Gemeinsam mit der Gestapo wurde aber auch die Widerstandsbewegung verfolgt. An der Aufklärung des Attentats im Bürgerbräukeller am 8. November 1939 war die Münchner Kripo genauso beteiligt wie an der Verfolgung der Weißen Rose, da die Gestapo für solch umfangreiche Ermittlungen gar nicht das Personal besaß.

DIE MÜNCHNER POLIZEI BEI ENDE DER NS-HERRSCHAFT

München wurde von der US-Army am 30. April 1945 besetzt. Die Polizei war zu diesem Zeitpunkt personell und materiell in einem katastrophalen Zustand. Viele Liegenschaften, darunter natürlich auch das in der Innenstadt gelegene Polizeipräsidium, waren mehr oder weniger zerstört. Polizeireviere hatten während des Krieges teilweise mehrfach aufgrund von Bombenschäden umziehen müssen, die Kasernen der Schutzpolizei waren teilweise zerstört oder mussten, wie zum Beispiel die Hansa-Heime in der Dietlindenstraße, abgegeben werden (Letztere dienten dann als Ausweichquartier für das schwer beschädigte Krankenhaus Schwabing).

Schätzungsweise 450 Angehörige von Schutz- und Kriminalpolizei sowie der Polizei-Reserve waren während des Krieges ums Leben gekommen, viele Angehörige des Polizeipräsidiums befanden sich in Kriegsgefangenschaft auf ganz Europa verstreut. Zwei Polizeibataillone beispielsweise waren bei der Kapitulation in Kärnten, und ihre Angehörigen gelangten erst im Laufe des Sommers 1945 zu Fuß wieder in die Heimat, ein drittes Bataillon befand sich in französischer Gefangenschaft oder in Internierung in der neutralen Schweiz.

Die amerikanische Militärregierung entließ die Angehörigen der Polizei-Reserve, die einen großen Teil der in der Heimat verbliebenen Männer ausgemacht hatten, da es sich bei ihnen ja lediglich um Wehrpflichtige und keine richtigen Polizisten handelte. Angehörige der SS und höhere Offiziere wurden in »automatischen Arrest« genommen, um in Lagern entnazifiziert zu werden. Der personelle Wiederaufbau gelang nur sehr langsam, wobei allerdings festzustellen ist, dass spätestens ab 1948 auch teilweise schwer belastete Beamte wieder eingestellt und auch in führenden Positionen verwendet wurden, so wie dies in der allgemeinen Verwaltung auch geschah.

Trotzdem kann man sagen, dass der Umbau von einer zentralistisch organisierten Reichsbehörde zu einer kommunalen, städtischen Polizei trotz aller Widrigkeiten und Widerstände innerhalb weniger Jahre geschafft wurde und die »neue Polizei« das Fundament für die tiefer gehenden Reformen der 60er- und 70er-Jahre legen konnte.

Ermittlungen der Justiz wegen ihrer Tätigkeit während der NS-Zeit mussten sich aber nur sehr wenige Polizisten stellen. Nur in den wenigsten Fällen kam es zu einer Anklage oder gar Verurteilung.

DIE »MACHTERGREIFUNG« INNERHALB DER POLIZEIDIREKTION MÜNCHEN

Autor: Walter Nickmann

So schnell wie die »Machtergreifung« der Nationalsozialisten am 9. März 1933 erfolgte, so rasant vollzog sie sich auch in der Polizeidirektion. Es stellt sich die zwingende Frage, wie es möglich war, dass dies den Nationalsozialisten so rasch und ohne Schwierigkeiten gelingen konnte. Mehrere Faktoren spielten eine entscheidende Rolle. Eine der Voraussetzungen war die Organisation der Polizeidirektion in Form der Stab-Linien-Führung. Dieses Führungssystem garantierte dem Polizeipräsidenten, dass seine Anordnungen mittels der nachgeordneten Vorgesetzten von allen Mitarbeiterebenen konfliktfrei umgesetzt werden konnten. Durch die Neubesetzungen der wichtigsten Führungspositionen innerhalb der Polizeidirektion gelang es problemlos, die von der NSDAP angestrebten Ziele von oben her schnell zu erreichen. In der raschen Auswechselung der Führungskräfte zeigte sich eine Analogie zur Amtsübernahme des Polizeipräsidenten Ernst Pöhner am 3. Mai 1919. Auch diesem war es in kurzer Zeit gelungen, die Polizeidirektion auf einen scharfen Rechtskurs zu bringen. Nun hatten skrupellose NSDAP-Anhänger der ersten Stunde das Sagen. Leute wie der am 9. März 1933 ins Amt gekommene Reichskommissar in Bayern, Franz Ritter von Epp, hatten bei der Niederschlagung der Räterepublik im Mai 1919 in München gezeigt, zu welcher Brutalität sie fähig waren, wenn es darum ging, politisch Andersdenkende zum Schweigen zu bringen. PP Heinrich Himmler hatte in seiner mehrjährigen Funktion als Reichsführer SS hinreichend Erfahrung gesammelt, um auch die Polizeidirektion sofort straff zu führen und seine Wirkungsmacht im Sinne der NS-Ideologie zu entfalten.

Die Umbesetzungsmaßnahmen in den Schlüsselpositionen und die Anordnungen »nach unten« waren das eine, das Verhalten der Mitarbeiter und die Umsetzung der Anweisungen etwas ganz anderes. Auch hier gibt es nicht den einen Grund für die rasche Neuentwicklung. Dies geht zum Beispiel aus einem Bericht des Polizeiobersts a. D. Paul Scharfe hervor. Er hatte von Hitler den Auftrag erhalten, die Stimmung in der Polizei (bezogen auf das gesamte Reichsgebiet) auszuloten. Seinem im Herbst 1932 verfassten Bericht an die NSDAP-Parteileitung ist für den bayerischen Bereich zu entnehmen,

Motorisierter Gendarm 1939.

dass »… das Gros der bayerischen Polizei in seiner Allgemeinheit den Eindruck einer absolut pflichtgetreuen Beamtenschaft mache, von der anzunehmen ist, dass sie ihren Dienst jeder legalen Regierung gegenüber versehen würden [sic!]«. Die Einschätzung von Paul Scharfe enthält zwei entscheidende Merkmale: legal und pflichtgetreu. Zum einen war Hitler tatsächlich auf legalem Wege Reichskanzler geworden und Wilhelm Frick, der seine Karriere 1917 in der Polizeidirektion München begonnen hatte, ebenso legal Reichsinnenminister. Dieser hatte seine Maßnahmen zur Einleitung der nationalsozialistischen Machtergreifung auf § 2 der sogenannten Reichstagsbrandverordnung gestützt und konnte als Jurist dies auf legalem Weg bzw. in einer dezidierten und formaljuristisch korrekten Form durchführen; die Beamtenschaft sah sich tatsächlich mit einer legalen Regierung konfrontiert. Frick hatte den Unrechtsstaat »legalisiert«. Ein Hinterfragen von dienstlichen Weisungen oder ein Remonstrieren im heutigen Sinne war den Beamten fremd. Zudem hatten die in der Nacht des 9. März begonnenen Festnahmen von Personen, die der NSDAP bislang auf der Straße entgegengetreten und physische Auseinandersetzungen nicht aus dem Wege gegangen waren, einen bedeutenden Effekt: Es fanden keine blutigen Auseinandersetzungen mehr statt. Auch konnte fortan der polizeiliche Kräfteeinsatz bei NSDAP-Veranstaltungen drastisch reduziert werden, die dienstliche Belastung der Vollzugsbeamten nahm deutlich ab. Die NSDAP hatte auf ihre ganz spezielle Weise für »Ruhe und Ordnung« gesorgt. Es ist naheliegend, dass dieser Zustand auch bei Beamten, die der Partei nicht zugetan waren, gewisse Sympathien hervorrief.

PARTEIMITGLIEDSCHAFT ODER REPRESSALIEN

In diesem Zusammenhang muss auch auf das Verhalten der NSDAP vor der Machtübernahme eingegangen werden. In München war der »Gausachberater für Beamtenfragen«, der 56-jährige Leonhard Blank, für die Rekrutierung neuer NSDAP-Parteimitglieder aus den Reihen der Berufsbeamten zuständig. Im Herbst 1932 führte Blank eine Aufklärungsversammlung durch, in der er behauptete, dass die Beamtenrechte in den letzten 13 Jahren von den Gewerkschaften nicht hinreichend vertreten worden seien und die NSDAP auf eine Änderung des Beförderungs- und Besoldungssystems

Plakat zum »Tag der deutschen Polizei« 1941.

hinarbeite. Überdies forderte er die Beamten auf, das Braunhemd zu tragen, denn im nationalsozialistischen Staat sei kein Platz für Parteibuchbeamte. Beamte, die der nationalsozialistischen Ideologie zusprachen, wurden bevorzugt. Wer dies nicht tat, musste gegebenenfalls Repressalien fürchten.

Ein weiterer Aspekt darf ebenfalls nicht unbeachtet bleiben: In der Amtszeit von PP Ernst Pöhner waren viele Beamte eingestellt worden, die mutmaßlich im antisemitischen und republikfeindlichen Freikorps »Marine-Brigade Ehrhardt« gedient hatten. Vor allem in der Politischen Abteilung (Abt. VI) befanden sich Mitarbeiter, die bis Anfang 1923 von Wilhelm Frick geführt worden waren und klar zur nationalsozialistischen Ideologie standen. Zwar waren unter PP Eduard Nortz, Pöhners Nachfolger, Beamte aus dem Pöhner-Zirkel entlassen worden, es wäre aber unrealistisch zu glauben, dass dies alle rechtsideologisch eingestellten Beamten getroffen hätte. So wurde zum Beispiel der Beamte Friedrich Glaser, der einst in Pöhners Passfälschungen verwickelt war, in der NS-Diktatur bis zum

Oberregierungsrat befördert. Beamten wie Glaser lag schon aus persönlichen Interessen an der Errichtung der NS-Herrschaft.

Es ist sehr wahrscheinlich, dass bereits im Jahr 1923 viele Beamte in der Polizeidirektion mit Hitlers Ideologie sympathisierten. Eine Entlassungswelle für solche Sympathisanten gab es nie. Einige wenige Beamte, die nachweislich den Hitler-Ludendorff-Putsch aktiv unterstützt hatten, waren zwar entlassen worden, die Ermittlung der Sympathisanten hatte sich jedoch schwierig gestaltet und zu keinem belegbaren Ergebnis geführt. Die Beamten erfüllten weiterhin ihre tägliche

Dienstausweis eines Oberwachtmeisters von 1937.

Pflicht bei der Polizei, was kein Beweis für die innere Distanzierung zur nationalsozialistischen Ideologie war, sondern eher die Angst vor einem Disziplinarverfahren. Den »Dienstlichen Nachrichten« (Sondernummer vom 23. Januar 1934) ist einem Nachruf des Polizeipräsidenten Schneidhuber auf den am 21. Januar 1934 verstorbenen Polizeimajor Adalbert Einsmayer zu entnehmen, dass es dem »unermüdlichen Offizier« seit dem Jahre 1920 unmöglich gewesen war, sich sichtbar national zu betätigen.

»MÜNCHNER KARRIEREN«

Symptomatisch für dieses Milieu sind die »Münchner Karrieren«. Etliche Beamte der Polizeidirektion hatten durch ihre frühe Beziehung zur NSDAP, die so ja nur in München möglich war, während der NS-Diktatur rasante Karrieren gemacht und zum Teil höchste Spitzenpositionen erreicht. So beispielsweise Josef Meisinger, genannt »Schlächter von Warschau«, der im November 1923 im Einwohneramt als Kanzleiassistent seinen Dienst verrichtete, zu jener Zeit als Zugführer dem Freikorps »Bund Oberland« angehörte, am Hitler-Ludendorff-Putsch teilnahm, nicht aus der Polizeidirektion entlassen worden war und in der NS-Zeit bis zum SS-Standartenführer befördert wurde. Neben Meisinger sind auch Franz Josef Huber sowie Heinrich Müller (»Gestapo-Müller«) zu nennen, die seit Anfang der 1920er-Jahre in der Polizeidirektion München Dienst taten und später bei der Gestapo Spitzenämter erreichten. Franz Josef Huber stieg nach dem »Anschluss« Österreichs an das Deutsche Reich zum Leiter der Gestapo in Wien sowie zum Inspekteur der Sicherheitspolizei und des Sicherheitsdienstes für die Reichsgaue Wien, Nieder- und Oberdonau auf. Heinrich Müller übernahm im Oktober 1939 die Leitung des Amtes IV (Gestapo) im Reichssicherheitshauptamt in Berlin. Er trug die Verantwortung für den vorgetäuschten Überfall »polnischer« Soldaten auf den Reichssender Gleiwitz, der Hitler als Argument zum Angriff auf Polen diente. Meisinger, Huber und Müller bezeichnete man vielsagend als »Bajuwaren-Brigade«. Nicht vergessen sollte man auch Josef Gerum. Er war Anfang der 1920er-Jahre in der Abteilung VI (Politische Abteilung) unter Dr. Wilhelm Frick als »Späher« tätig und kam dadurch früh mit Hitler bzw. der NSDAP in Kontakt. Er wurde Mitglied im »Stoßtrupp Hitler« (Vorläufer der SS) und wich bei der Ausrufung der nationalen Revolution im Bürgerbräukeller auf Bitten Hitlers nicht von dessen Seite. Während der NS-Diktatur leitete Gerum die Gestapo in Würzburg. Die Aufzählung von solchen Beamten ließe sich noch beliebig fortsetzen.

Um seine Karriere versuchte auch Polizeipräsident Julius Koch zu kämpfen. Er war von den Nationalsozialisten seines Amtes enthoben und entlassen worden, weil er die nationalsozialistische Bewegung, wie ihm schriftlich mitgeteilt wurde, in maßloser Weise bekämpft hatte. Bemerkenswerterweise legte PP Julius Koch Widerspruch ein. Er wollte also auch unter den neuen Machthabern sein Amt weiterhin ausüben. Es wäre spekulativ, Überlegungen darüber anzustellen, wie er dies getan hätte. Möglicherweise wollte sich PP Koch jene Privilegien erhalten, die er als Präsident hatte und einer ungewissen Existenz, die ihn letztlich ereilte, entgehen. Die Vermeidung von beruflichen Nachteilen dürfte auch beim Gros der Beamten eine entscheidende

Münchner Polizeibeamte posieren 1941 vor dem Werneck-Denkmal im Englischen Garten.

Rolle gespielt haben und erklären, warum diese ohne erkennbaren Widerstand im neuen Herrschaftsapparat mitarbeiteten. Flankierend kam hinzu, dass durch das paramilitärische und schnelle Agieren der Nationalsozialisten am 9. und 10. März 1933 die normative Kraft des Faktischen zum Tragen kam und die Neubesetzung der Führungspositionen mit hochrangigen Nationalsozialisten ein starkes psychologisches Signal war, das seine dienstbetriebliche Wirkung nicht verfehlte. Allein die Namen Himmler und Heydrich ließen erkennen, in welche Richtung sich der Dienstbetrieb entwickeln würde. Der »Reichsführer SS« (neuer Präsident) und der Leiter des Sicherheitsdienstes in der SS (neuer Leiter der Abteilung VI – Politische Abteilung) waren im wahrsten Sinne des Wortes über Nacht zu den bestimmenden Personen in der Polizeidirektion geworden. Eines war allen Angehörigen der Polizeidirektion klar: Wenn die Führungsriege in der Behörde problemlos ausgetauscht werden konnte, würde die Ablösung von Mitarbeitern, die sich den Anordnungen widersetzt hätten, ebenso unproblematisch sein.

Zwei tragende Säulen einer jeden Diktatur verfehlten auch hier nicht ihre Wirkung: Die Repression gegen diejenigen, die sich widersetzten, und die Privilegierung derjenigen, die bereitwillig mitmachten. Wenig verwunderlich erinnerte sich die Parteileitung der NSDAP nach der »Machtergreifung« an jene Beamte in der Polizeidirektion, die sehr früh mit der Bewegung sympathisiert hatten bzw. der NSDAP beigetreten waren: Die »Alten Kämpfer« aus der »Hauptstadt der Bewegung« konnten sich der Gunst der neuen Machthaber sicher sein.

»DIE MÜNCHNER POLIZEI UND DER NATIONALSOZIALISMUS« – DIE AUFARBEITUNG

Autor: Walter Nickmann

Die Münchner Polizei blickt auf eine lange Tradition zurück und kaum eine andere Behörde war an den Geschehnissen in der Stadt so nah beteiligt oder von diesen betroffen wie die Polizei. Die Gründung, die Frühgeschichte und der Aufstieg der NSDAP fanden in München statt. Lange war dies verdrängt und nicht aufgearbeitet worden. Im Herbst des Jahres 2008 gründete Polizeipräsident Prof. Dr. Wilhelm Schmidbauer den Arbeitskreis »Münchner Polizeigeschichte« mit mehreren Unterarbeitsgruppen (UAG). Ein besonderes Anliegen des Polizeipräsidenten war die behördeneigene polizeigeschichtliche Aufarbeitung und Darstellung der NS-Zeit, weil die Polizei ein wesentliches Herrschaftsinstrument der NS-Diktatur war. Insbesondere galt es, die Geschehnisse nach den heutigen historischen Maßstäben zu beleuchten und die vorhandenen Leerstellen der NS-Geschichte zu schließen.

PP Schmidbauer legte Wert darauf, dass die Mitarbeiter dieser UAG freiwillig und vor allem in ihrer Freizeit tätig wurden, denn die Erforschung der eigenen Geschichte stellt keine polizeiliche Aufgabe dar. Außerdem sollte sich der Mitarbeiterkreis aus der Behördenmitte rekrutieren, damit das Ergebnis durch Angehörige aller Laufbahngruppen sowie aus dem Vollzugs- und Verwaltungsbereich generiert werden konnte. Der Polizeipräsident achtete darauf, dass gerade bei diesem hoch sensiblen und exakt zu erforschenden Themenbereich von wissenschaftlicher Seite Unterstützung gegeben war, was durch eine Kooperation mit dem Kulturreferat der LH München (NS-Dokumentationszentrum) sichergestellt wurde. Folgende Punkte sollten aufgearbeitet werden: Die Münchner Polizei und der Aufstieg des Nationalsozialismus in der Weimarer Zeit, die Polizei als zentrales Herrschaftsinstrument in der NS-Diktatur sowie der Neuanfang der Münchner Polizei nach dem 8. Mai 1945.

Aufgrund des großen Engagements aller Arbeitsgruppenmitglieder sowie der Unterstützung durch das Präsidialbüro entstand ein fundiertes Arbeitsergebnis, das sich hervorragend für eine Ausstellung eignete. Deshalb legten die Mitarbeiter dem Kurator Dr. Joachim Schröder vom NS-Dokumentationszentrum München ausgesuchte Dokumente und Bilder vor. 20 Ausstellungstafeln wurden daraus gestaltet. Die Planung einer Ausstellung ist das eine, die Präsentation in der Öffentlichkeit etwas ganz anderes. Dank der engagierten Unterstützung von Frau Elstner aus der Pressestelle konnten die Ausstellungstafeln in hervorragender Qualität hergestellt werden. Am 9. November 2012 eröffnete Polizeipräsident Prof. Dr. Wilhelm Schmidbauer im historischen Rapportsaal (ehemalige Verkehrszentrale) des Polizeipräsidiums die Ausstellung und präsentierte die Ergebnisse der Arbeitsgruppe der Öffentlichkeit. Die Anwesenheit des Innenministers Joachim Herrmann und von Charlotte Knobloch (Holocaust-Überlebende, Vorsitzende der Israelitischen Kultusgemeinde München und Oberbayern) unter den 180 Ehrengästen unterstrich die Bedeutung der Ausstellung. In seiner Ansprache betonte der Innenminister die Wichtigkeit der Erforschung sowie die konsequente Aufarbeitung der eigenen Geschichte und mahnte, wachsam zu sein und die Demokratie vor jeder Art von Extremismus zu schützen. Die Medien berichteten ausführlich über die Ausstellung. Das ehrliche Bemühen des PP München, seine eigene Geschichte vorbehaltlos aufzuarbeiten, trug Früchte: Mehr als 6 000 interessierte Bürger besuchten die Ausstellung, die wegen des großen Andrangs vom 30. Dezember 2012 bis zum 6. Januar 2013 verlängert wurde.

Ab dem 10. Januar 2013 erfolgte die Ausstellungspräsentation in der VII. Bereitschaftspolizeiabteilung in Sulzbach-Rosenberg, um nachfolgend als Wanderausstellung in allen weiteren Bereitschaftspolizeiabteilungen gezeigt zu werden. Dahinter stand der Gedanke, dass sich die Beamten in der Ausbildung mit den Vorgängen in jener Zeit auseinandersetzen und dabei erkennen können, wie verletzlich die demokratische Ordnung ist und wie wichtig daher deren Schutz.

Aufgrund der positiven Resonanz regte das Kulturreferat der LH München an, die Ausstellung erneut einer breiten Öffentlichkeit zu zeigen. Deshalb machte sie vom 24. April bis zum 15. Mai 2014 im Kulturzentrum Am Gasteig Station. Zudem gab es ein umfangreiches Begleitprogramm mit Vorträgen, Führungen und Workshops. Das zur Ausstellung erschienene Buch »Die Münchner Polizei und der Nationalsozialismus« stieß auf rege Nachfrage.

Eine besondere Ehre wurde der Ausstellung am 1. Dezember 2014 zuteil, als sie im Rahmen einer Stolperstein-Verlegung zum zweiten Mal in der III. Bereitschaftspolizeiabteilung in Würzburg gezeigt wurde: Dr. Josef Schuster war einen Tag zuvor am 30. November 2014 zum Präsidenten des Zentralrats der Juden in Deutschland gewählt worden, und seine erste offizielle Mission im neuen Amt führte ihn in unsere Ausstellung.

Im Rückblick auf die Entstehung und Präsentation der Ausstellung »Die Münchner Polizei und der Nationalsozialismus« zeigt sich, dass hier etwas Außergewöhnliches geschaffen worden war. Überdies konnte das durch die Arbeitsgruppenmitglieder generierte Wissen zu den historischen Polizeiverhältnissen auch von den wissenschaftlichen Mitarbeitern des Münchner NS-Dokumentationszentrums genutzt werden.

Am 18. Juli 2015 übernahm die Fachhochschule für öffentliche Verwaltung und Rechtspflege in Bayern – Fachbereich Polizei, ansässig im Kloster Fürstenfeld (Lkr. Fürstenfeldbruck), die Ausstellungstafeln, um sie als Dauerausstellung zu präsentieren.

Die Aufarbeitung der eigenen NS-Geschichte führte auch zu einer Optimierung der Erinnerungsarbeit zum Nationalsozialismus: Seit dem Jahr 2010 beteiligen sich Beschäftigte des PP München an der jährlich stattfindenden »Namenslesung«. Erstmalig nahmen am 9. November 2010 Bedienstete des Polizeipräsidiums an der öffentlichen Namenslesung am Gedenkstein der ehemaligen Hauptsynagoge in der Herzog-Max-Straße teil. Anschließend lasen die Mitglieder der Arbeitsgruppe während der Gedenkstunde für die Münchner Holocaust-Opfer im Saal des Alten Rathauses Auszüge der am 9./10. November 1938 (Reichspogromnacht) in München gesendeten Polizeifunksprüche vor.

Hoher Besuch in der Ausstellung (v.l.): Walter Nickmann, der Präsident der Bayerischen Bereitschaftspolizei Wolfgang Sommer, der Vorsitzende des Zentralrats der Juden in Deutschland Dr. Josef Schuster, Marcus Schreiner-Bozic, Dr. Jürgen Brandl.

1945–1975

Verkehrspolizist am Marienplatz in den 50er-Jahren.

KRIEGSENDE UND NEUBEGINN IN MÜNCHEN

Autoren: Arved Semerak, Dr. Josef Boiger

Am 30. April 1945 erreichten Truppen der 3. und 7. US Army München. Morgens gegen zwei Uhr fuhr ein amerikanischer Stoßtrupp durch die Ismaninger Straße zum Prinzregentenplatz, um in der Privatwohnung Hitlers einen Gefechtsstand einzurichten. Andere Einheiten errichteten in den Kellerräumen des Hofbräuhauses eine Befehlsstelle. In den Vormittagsstunden wurde die Stadt nahezu kampflos besetzt. Die 3., die 42. und die 45. Division der 7. US Army näherten sich auf den Autobahnen von Ingolstadt und Augsburg. Vereinzelten Widerstand gab es nur in Feldmoching, wo sich eine SS-Einheit mit Sturmgeschützen verschanzte, bei Schleißheim und Freimann.

Die Stadt war überall mit weißen und weißblauen Fahnen bestückt. Der amerikanische Propagandaoffizier Ernest Langendorf erreichte als Erster den Marienplatz. Neugierig versammelten sich Münchner um seinen Jeep. Endlich ein Ende der Bombennächte und Alarme. München begrüßte die amerikanischen Soldaten als Befreier. Ernest Langendorf war es, der die ersten Lizenzen für Zeitungen im Namen der Militärregierung vergab. Als symbolischen Akt für einen Neuanfang wurden die Bleilettern von Hitlers »Mein Kampf« eingeschmolzen, daraus goss man neue Buchstaben, mit denen dann die erste Ausgabe der Süddeutschen Zeitung gedruckt wurde.

Aus den Statistiken des Münchner Polizeipräsidium lässt sich ablesen, wie stark München gelitten hatte: Es gab 240 Fliegeralarme mit 73 Fliegerangriffen, 6 242 Menschen starben, 15 801 wurden verletzt. 1939 hatte München 829 318 Einwohner, 1945 nur noch 539 313. Ungeheure Mengen an Bomben, allein 3 315 300 Stabbrandbomben, 142 514 Phosphorbomben und 60 766 Sprengbomben hatten 12 507 Gebäude zerstört, sodass lediglich 64 439 Gebäude übrig geblieben waren. Nach 2 074 schrecklichen Tagen und noch schrecklicheren Nächten war der Krieg zu Ende.

Die Amerikaner fanden nur noch Reste des ehemals zentralisierten NS-Polizeiapparates vor. Das Kommando übernahmen die örtlichen »Public Safety«-Offiziere der US-Truppen. Die verbliebenen deutschen Schutzpolizisten wurden entwaffnet und meist nach wenigen Tagen wieder auf Streife geschickt. Zum Teil trugen sie weiterhin ihre alten Uniformen, zum Teil waren sie in Zivilkleidung mit Armbinden im Einsatz (MG-Police oder MR-Polizei). Vor allem amerikanische Militärpolizisten sorgten für Sicherheit und Ordnung. Ohne Unterstützung der Militärpolizei hatten die deutschen Polizisten kaum eine Chance, sich gegen Plünderer durchzusetzen: Sie besaßen nur Stöcke, die oft schon beim ersten Schlag brachen. Das Misstrauen der Amerikaner gegenüber bewaffneten Deutschen hielt sich monatelang. Als ab dem 30. Oktober 1945 wieder Schusswaffen an die Münchner Polizei ausgegeben wurden, mussten sich bis zu zehn Polizisten einen Revolver teilen. In etlichen Fällen setzten die Besatzungsoffiziere bei Bedarf auch völlig neue Kräfte ohne jegliche Polizeiausbildung ein. Erst ab Juni 1945 entstanden in Bayern und vor allem in München nach amerikanischem Vorbild dauerhaft neue Polizeistrukturen gemäß den vier Prinzipien: Dezentralisierung, Demilitarisierung, Denazifizierung, Demokratisierung.

Die Polizei sollte wieder Sache der Länder und Kommunen werden. Am 4. Mai 1945 wurde Karl Scharnagl von den Amerikanern als Oberbürgermeister eingesetzt

Amerikanische MP und Münchner Polizisten gingen gemeinsam auf Streife.

NEUE AMTSBEZEICHNUNGEN

Unter dem Eindruck der engen Verstrickung in den Nationalsozialismus untersagten die Amerikaner politische Polizeidienststellen, truppenmäßige Polizeiformationen sowie militärische Dienstgrade und Symbole. So wurden die Zerstörung des deutschen Militarismus und Nazismus sowie die Entfernung jedes nationalsozialistischen und militaristischen Einflusses aus öffentlichen Stellen gefordert und gefördert. Bei der Münchner Polizei mussten alle Titel gestrichen werden, die an die militärische Ausrichtung des Dritten Reichs erinnerten. Man führte Amtsbezeichnungen ein, aus denen die Bevölkerung gleich auf die Amtsbefugnisse des Trägers schließen konnte. Diese Titel sollten praktisch sein und nicht die Eitelkeiten Einzelner befriedigen. Im Bereich der Schutzmannschaft wurden daher am 25. Oktober 1945 von Polizeipräsident Pitzer folgende Amtsbezeichnungen eingeführt:

- »Sicherheitswachtmeister« für sämtliche Beamte, die bisher als Wachtmeister aller Rangstufen eingeteilt waren
- »Sicherheitskommissär« für alle Meister, Revieroffiziere und Offiziere im Range eines Leutnants oder Oberleutnants
- »Sicherheitsinspektor« für Beamte, die Dienstaufgaben gehobener Art zu erfüllen hatten; sie wurden namentlich ernannt
- »Sicherheitsamtmann« für Beamte, die mit Dienstaufgaben betraut waren, die ein besonderes Können und Wissen erforderten
- »Sicherheitsoberamtmann« für den Stellvertreter des Sicherheitsdirektors
- »Sicherheitsdirektor« für den Chef der Schutzpolizei

Die Einführung der neuen Bezeichnungen hatte keinen Einfluss auf die Bezahlung. Sämtliche Beamte behielten ihre bisherige Besoldung auf Grund der Reichsbesoldungsordnung bei, bis eine neue Ordnung eingeführt werden sollte. Zur Änderung der Dienstausweise und der Amtsbezeichnungen für die Beamten der Kriminaluntersuchungsabteilung und des Verwaltungsdienstes ergingen später gesonderte Verfügungen. Die Kriminalpolizei wurde wieder mit der uniformierten Schutzpolizei verbunden.

Bereits am 15. August 1945 war der damals 61-jährige Schreinermeister und Parteipolitiker Franz Xaver Pitzer von der amerikanischen Militärregierung als

und die Polizei in München nach amerikanischem Vorbild städtisch. Mit nur acht Beamten begann der spätere Kriminaldirektor Andreas Grasmüller den Aufbau der Kriminalpolizei. Beinahe alle Arbeitsmittel waren zerstört, Sammlungen verschwunden oder vernichtet, die öffentlichen Einrichtungen de facto nicht vorhanden. Arbeitszeiten von 14 Stunden und mehr in provisorischen Büros mit notdürftigen Hilfsmitteln waren an der Tagesordnung. Man begann bei null. Mord und Raubüberfälle waren an der Tagesordnung. Der Schwarzmarkt blühte.

Die Besatzungsmacht begnügte sich nicht mit der Wiederherstellung einer rechtsstaatlichen Polizei, sondern sie vollzog im Februar 1946 eine radikale Trennung von Polizei und Verwaltung. Sie »entpolizeilichte« die Verwaltung, indem sie als Polizei nur mehr die Vollzugspolizei und ihre Tätigkeit gelten ließ.

Ab Mitte 1945 bildeten deutsche und amerikanische Polizisten ein gemeinsames Überfallkommando, um den marodierenden Banden, viele aus Osteuropa, Herr zu werden. Die vom Krieg verrohten Männer machten hemmungslos von der Schusswaffe Gebrauch, viele Polizeibeamte verloren im Dienst ihr Leben. In München registrierte man 237 Tötungsdelikte und 1 578 Fälle von Raub und Plünderungen. Dazu kamen noch ca. 30 000 Diebstähle. Allein in München wurden 1946 fünf deutsche Polizeibeamte erschossen und elf schwer verletzt.

Motorradstreife Anfang der 50er-Jahre.

Polizeipräsident eingesetzt worden. Das Public Safety Office verlautbarte dazu: »Der Vorstand des Münchner Polizeiressorts ist Franz Xaver Pitzer, ein wegen seiner antinationalistischen Gefühle und Taten gut bekannter Mann. Er war ehemals ein Mitglied des Ressorts, trat aber 1919 wegen eines Meinungsstreits, der sich auf die Bildung einer Polizei – von, durch und für das Volk – bezog, zurück. Er wurde nach einem sorgfältigen Studium aller für dieses Amt in Frage kommenden Kandidaten zurückgerufen und erhielt den Posten des Polizeipräsidenten mit dem Auftrag und der Verantwortung zur Reorganisation des Ressorts auf unmilitärischer Linie und Entlassung von Belegschaftsmitgliedern, die in Übereinstimmung mit den bestehenden Direktiven unvermeidlich sind.«

Pitzer hatte schon einmal zu Umsturzzeiten eine Rolle gespielt, als er vom 15. November 1918 bis 1. August 1919 die Leitung der »Zivilen Sicherheitswache« innehatte. Als Münchner Polizeipräsident sollte er in der Folgezeit nicht immer eine glückliche Hand gehabt haben. Als er im Jahre 1949 in den »Goldschieberprozess« verwickelt war und angeklagt wurde, setzte ihn die Stadtverwaltung am 12. Dezember 1949 außer Dienst. In einem aufsehenerregenden Prozess wurde Pitzer von der Anklage der passiven Bestechung infolge erwiesener Unschuld mangels Beweises freigesprochen. Seine Ruhestandsversetzung erfolgte am 1. Januar 1951. Verbittert starb er am 22. Oktober 1952 in München.

VERTRAUENSRAT DER STADTPOLIZEI

Auf Geheiß der Militärregierung wurde ein Vertrauensrat für die Stadtpolizei München gewählt, der die Aufgabe hatte, die Wiedereinstellungsgesuche von entlassenen Behördenangehörigen zu überprüfen. An den Sitzungen der Vertrauensleute nahmen außerdem Vertreter der politischen Parteien teil, und zwar die Stadträte Hirsch (KPD), Branz (SPD) und Strauß (CSU). Polizeipräsident Pitzer erließ dazu am 9. November 1945 eine Verfügung, nach der die gewählten Vertrauensleute gewährleisten mussten, dass sie ihre verantwortungsvolle Aufgabe nach bestem Wissen und Gewissen, frei von Voreingenommenheit, nach strengen, aber gerechten Maßstäben erfüllen würden. Pitzer erwarte, dass anonyme Anzeigen von nun an zu unterbleiben hatten. Wer gegen einen Angehörigen des Polizeipräsidiums in politischer Hinsicht etwas vorzubringen hatte, musste dies unter voller Namensangabe beim Personalrat melden. Gegen verantwortungslose anonyme Denunzianten wollte er mit aller Strenge vorgehen.

Für die Wiedereinstellungsgesuche galten folgende Richtlinien: Ehemalige Parteigenossen, die vor dem 1. Mai 1937 der Partei beigetreten waren oder während des nationalsozialistischen Regimes den Rang eines Oberstleutnant oder höher hatten, durften vorerst nicht wieder eingestellt werden. Derartige Gesuche legte man dem Vertrauensrat bis auf Weiteres gar nicht erst vor. Von den Parteigenossen mit Parteibeitritt ab 1. Mai 1937 waren nicht nur Aktivisten, Propagandisten und Denunzianten abzulehnen, sondern auch Personen, die derart gläubige und überzeugte Anhänger des Nazisystems gewesen waren, dass sie zu einer vernünftigen Beurteilung und Unterhaltung über die politische Lage in Deutschland unfähig waren. Für eine Befürwortung durch den Vertrauensrat kam demnach nur infrage, wer seinen Parteieintritt unter Druck oder Zwang vollzogen und nachweislich dem Nationalsozialismus ablehnend gegenübergestanden hatte. Dienstliche oder persönliche Gesichtspunkte zählten bei diesem Prüfungsverfahren nicht. Maßgeblich war allein die politische Beurteilung. Bei der Wiedereinstellung ehemaliger Polizeibeamter musste geklärt werden, ob sie als politisch nicht oder nur unwesentlich belastet galten. Dazu waren in einem Fragebogen 145 Fragen zu beantworten. Wer keinen völlig »weißen Fragebogen« aufzuweisen hatte (Fragebogen des Military Gouvernement of Germany), konnte nicht

Polizeieinsatz auf dem Schwarzmarkt in der Möhlstraße, Bogenhausen.

mit der Einstellungsgenehmigung der Militärregierung rechnen. Für Personen, die der Vertrauensrat befürwortete, wurde bei der Militärregierung (Sonderabteilung) Antrag auf Wiedereinstellung gestellt. Der Vertrauensrat hatte auch die Aufgabe, politische Vorwürfe gegen bereits bestätigte Beamte auf ihre Stichhaltigkeit zu überprüfen und gegebenenfalls geeignete Maßnahmen vorzuschlagen. In den Vertrauensrat wurden gewählt:

1. Verwaltungsabteilung: POI Graedler, PS Kammermaier, Betr.Ass. Marschall, Angestellter März und Hausmeister Pöttinger
2. Kriminaluntersuchungsabteilung: POI Grasmüller, KOS Gehrung, KS Kusterer und Angestellter Pacholek
3. Sicherheitspolizei: Si.Komm. Ohneberg, Si.Komm. Gebhardt und Si.Komm. Zeller

DER SCHWARZMARKT BLÜHT

Zwischenzeitlich hatte im September 1945 der US-Oberst Eugene Keller das Amt des amerikanischen Stadtkommandanten in München übernommen. In vollster Blüte stand der Schwarzmarkt oder Schwarzhandel mit geraubten, gestohlenen, geplünderten, kurz auf illegale Weise erworbenen Gütern des täglichen Bedarfs. Seine Bekämpfung war neben der Verfolgung von Plünderern eine der Hauptaufgaben der Münchner Polizei. Schon bald griff die Militärregierung gemeinsam mit Kriminalpolizei und Schutzmannschaft hart durch. Da mit dem Einmarsch der amerikanischen Truppen auch sämtliche Gerichte ausgeschaltet worden waren, traten an ihre Stelle die amerikanischen Militärgerichte. Es wurde je ein Höheres, Mittleres und Unteres Militärgericht gebildet, denen zur Aburteilung kleinerer Fälle ein amerikanisches Schnellgericht mit Sitz im Polizeipräsidium folgte.

Der Schwarzhandel fand nicht nur im Englischen Garten und in der Möhlstraße in Bogenhausen statt. Regelrechte »Spezialmärkte« entstanden. Wer etwa Schuhe benötigte, begab sich zur Brücke am Deutschen Museum. Zum Teil wurden diese Schwarzmärkte von der Militärregierung geduldet, wie etwa am Pasinger Bahnhof oder an der Corneliusbrücke. Die Preise waren horrend. Ein Pfund Butter oder Zucker kostete 120 Mark im Jahr 1945 und ein Jahr später bereits 200 Mark, eine Tafel Schokolade war nicht unter 100 Mark zu bekommen. Am wertvollsten waren »Amizigaretten« wie Lucky Strike, Chesterfield und Camel. Die Schwarzmarktzeit dauerte immerhin von 1945 bis zur Währungsreform 1948.

NEUORGANISATION DER STADTPOLIZEI

Das Hauptquartier der Militärregierung in München erließ am 11. Juni 1945 eine wichtige Direktive, die die Wiedereinsetzung der Münchner Stadtpolizei betraf. Man schlug folgende Organisation vor:
- Polizeipräsident: Leitung der Geschäfte
- Vizepräsident: Ständiger Stellvertreter des Polizeipräsidenten und Leiter der Verwaltungsabteilung

- Personal- und Organisationsamt: geleitet von einem Beamten des gehobenen Dienstes
- Ausbildungsabteilung: Aus- und Weiterbildung der Beamten und Bibliothek
- Verwaltungsabteilung: geleitet vom Vizepräsidenten
- Kanzlei und Expedition: Bearbeitung aller eingehenden Schriftstücke, Vervielfältigungen
- Kasse: Ein- und Auszahlungen, Berechnung der Beamtengehälter u. a.
- Bekleidung, Ausrüstung, Geräte, Material: Beschaffungen von Waffen, Uniformen u. a.
- Melde- und Passamt: alle Meldeangelegenheiten und Fundamt
- Aktenverwaltung, Karteien des Erkennungsdienstes, Suchkartei: Fingerabdruckkartei u. a.
- Zulassungsstelle für Kraftfahrzeuge: Führerscheine, Kfz-Scheine, Droschken u. a.
- Polizeigefängnis, Polizeiarzt: Verwahrung der Festgenommenen, ärztliche Betreuung
- Kriminaluntersuchungsabteilung: Hilfsorgane der Staatsanwaltschaft, sechs Unterabteilungen
- Chef der Schutzmannschaft mit Arbeitsstab: Leiter dem PP verantwortlich
- Überwachung und Regelung des Straßenverkehrs: Verkehrsposten, Streifen u. a.
- Motorisierte Verkehrsüberwachung: motorisierte Verkehrsstreifen, Verkehrserziehung u. a.
- Kraftfahrbereitschaft, Verkehrsunfallbearbeitung, Nachrichtenbetriebsabteilung
- Diensthunde: Abrichteanstalt und Hundezwinger u. a.
- Berittene Schutzmannschaft: Flurstreifen, Polizeifuhrpark u. a.
- Polizeiämter: unterstehen unmittelbar dem Polizeipräsidenten; vier Polizeiämter (Nord, Süd, Ost und West)
- Polizeireviere: 32 Reviere plus Wache Hauptbahnhof als unterste Vollzugstellen

Eine Pressestelle wurde am 27. November 1945 errichtet und der Kriminalpolizei unterstellt. Kurz danach, am 1. Dezember 1945, wurde in der Fahndungskarteiabteilung ein Dauerdienst eingerichtet. Schon sechs Tage später rief man die Wirtschaftsabteilung ins Leben, die dem Polizeivizepräsidenten unterstand. Gleichzeitig wurde die Verwaltungsabteilung umorganisiert und dem Rechtsrat Dr. Günter Mayer übertragen. Der Leiter der Schutzpolizei, Siegfried Herrmann, und der Leiter der Kriminalpolizei, Andreas Grasmüller, ernannte man zu Direktoren auf Lebenszeit. Die Tätigkeit der Polizei der Stadt München erstreckte sich ausschließlich auf das Stadtgebiet. Ende des Jahres hatte das Polizeipräsidium München einen Beamtenstand von 1 488 Schutzleuten, 172 Kriminalisten und 154 Verwaltungspolizisten.

Am 24. November 1945 ernannte man den Leiter der Rechts- und Organisationsabteilung Felix Brandl zum Polizeivizepräsidenten. Er schied am 2. Juli 1946 wieder aus. Sein Nachfolger wurde Dr. Ludwig Weitmann. Er leitete das Polizeipräsidium als Vizepräsident ab 12. Dezember 1949 bis zur Ernennung von Anton Heigl am 16. Juni 1952.

Auf Weisung der Militärregierung übernahm im Januar 1946 die städtische Branddirektion die Durchführung aller anfallenden Sprengarbeiten und die Aufgaben der allgemeinen feuerpolizeilichen Bestimmungen. Am 1. April 1946 wurde auf Anordnung des Headquarters US Forces European Theater auch eine »Bewachungspolizei« eingerichtet. Dabei handelte es sich um private Wachleute, die man der Schutzmannschaft unterstellte, von der sie auch ausgewählt, ausgebildet, beaufsichtigt und verwaltet wurden. Die privaten Bewachungsunternehmer entrichteten die Entlohnungsgelder an die Polizeiverwaltung München. Die Bewachungspolizei hatte

Wegen eines antijüdischen Leserbriefs kam es in der Möhlstraße zu Ausschreitungen, bei denen ein Polizeiwagen in Brand gesteckt und mit einem Hakenkreuz beschmiert wurde.

am 1. April 1946 eine Stärke von 110 Mann. Sie wurde in der Hauptsache von den amerikanischen Militärdienststellen und zur Bewachung von Privatunternehmen herangezogen. Die Wächter waren mit Karabinern bewaffnet. Wegen der Uniformknappheit verrichteten sie den Dienst in Zivil, trugen aber eine blaue Mütze mit der Aufschrift »Polizei« und dazu eine weiße Armbinde mit der Aufschrift »MP«, wenn sie bei Militärdienststellen, und »CG« (Civilian Guards), wenn sie bei Privatfirmen eingesetzt waren.

Am 4. und 5. März 1946 fand die erste Wahl zu einer Personalvertretung im Polizeipräsidium statt, an der sich aber nur 54 % der Belegschaft beteiligten. Gewählt wurden: Georg Zwack, Georg Boß, Georg Gebhardt, Josef Ohneberg, Josef Hastetter, Josef Zeller, Oskar Neumann und Lorenz Seiler.

Im Mai 1947 wurden bei den vier Polizeiämtern Kriminalaußenstellen errichtet und mit je vier bis acht Beamten besetzt. Im gleichen Monat kam im Richard Pflaum Verlag erstmals die Fachzeitschrift »Die Neue Polizei« heraus, und beim Polizeipräsidium München veröffentlichte Rechtsrat Dr. E. G. Mayer den »Leitfaden für Polizeibeamte«. Das Buch erschien rechtzeitig vor dem 24. September 1947, denn dann begann der Schulbetrieb an der Stadtpolizeischule in der Barbarastraße 6 mit einem nebendienstlichen Lehrgang. Am Ende des Jahres hatte das Polizeipräsidium einen Personalbestand von 1 554 Beamten der Schutzmannschaft, 300 Kriminalpolizisten und 261 Verwaltungsbeamten. Die Schutzmannschaft war mit Revolvern und der neuen Dienstkleidung ausgerüstet worden, bei der die Silber- und Goldstreifen als Dienstgradabzeichen die bisherigen Sterne am Rockkragen ablösten. Die berittene Abteilung hatte 59 Pferde und die Diensthundeabteilung verfügte über 28 Hunde. Die Bewachungspolizei war 713 Mann stark.

PP Franz Pitzer

DIE WÄHRUNGSREFORM UND IHRE FOLGEN

Mit der Währungsreform am 20. Juni 1948 stiegen Anzahlungs- und Darlehensbetrug sowie Geld-, Scheck- und Wechselfälschungen rasant an. Schwindelfirmen versuchten sich zu bereichern. Unter anderem konnte man endlich den Betrüger Eduard Frenkel festnehmen und zu 14 Monaten Gefängnis verurteilen, der sich im Jahre 1945 als »Polizeivizepräsident« ausgegeben hatte. Für erhebliche Unruhe in der Bevölkerung sorgten auch ein Kleiderzerschneider, ein Frauenauspeitscher und ein Schreckanrufer.

Die Abteilung für politische Verbrechen und Vergehen hatte inzwischen 4 152 Fälle bearbeitet und die Schwarzhandelsabteilung konnte Schiebereien mit Schwerem Wasser, Insulin und Radium aufklären. Die Zusammenarbeit der Schutz- und Kriminalpolizei mit den amerikanischen Dienststellen klappte hervorragend.

Am 9. März 1949 hob man die bisher für die Polizei geltende »bayerische Generalklausel« des Artikels 102 Abs. 1 des Ausführungsgesetzes zur Strafprozessordnung auf. Erst fünf Jahre später wurde das Bayerische Polizeiaufgabengesetz erlassen, das für die Polizei dann genaue enumerative Bestimmungen enthielt.

Nach mehrmonatigen Versuchen richtete man am 1. Juni die »Streifen-Wagen-Abteilung« ein – die spätere Funkstreife. Im Testlauf waren seit 1947 zwei Radio-Streifen-Wagen, bestückt mit dem zwei Zentner schweren Polizeifunkgerät »Typ München«, unterwegs gewesen. Bis allerdings alle Genehmigungen und die Funkausrüstung vorlagen, verging noch einige Zeit. Erst 1949 erfolgte die Betriebsgenehmigung durch die Post, und die Funkgeräte konnten bei der Firma Lorenz abgeholt werden. Die Funkstreife startete ihren Dienst mit fünf »Radio-Streifen-Wagen« Mercedes Typ 170 V und wurde dem Chef der Schutzpolizei unterstellt. Der Polizeipräsident fuhr bei der Jungfernfahrt mit und sprach über Funk mit dem Innenminister und Oberbürgermeister Wimmer. Die Fernsprechnummer der Funkstreife lautete damals 22224, heute die 110.

Die Funkstreife hatte allerdings eine noch längere Vorgeschichte: Als eigentliche Väter der Funkstreife galten Oberamtmann Fritz Sutter und Amtmann Konrad Herlitz. Bereits im Jahr 1944 hatten die beiden probeweise den ersten Funkwagen entwickelt und ihn »Fritz-Konrad I« genannt. Es hatte sich dabei um den Privatwagen

Auf dem Weg zum Einsatz als »Radio-Streifen-Wagen«: Mercedes-Limousine vom Typ 170 V.

eines Polizeihauptmanns gehandelt. Sie hatten einfach einen Funkapparat in dieses Fahrzeug gestellt und die Antennenleitung durchs Fenster nach außen geführt, weil sie die Karosserie nicht durchbohren durften. Gesendet werden konnte nur, wenn das Fahrzeug stand.

DAS AMT FÜR ÖFFENTLICHE ORDNUNG

Am 20. Juni 1949 wurden die Verwaltungsdienststellen des Polizeipräsidiums München abgetrennt, im »Amt für öffentliche Ordnung« (AföO) zusammengefasst und dem Referat für Kreisverwaltung und öffentliche Ordnung der Stadtverwaltung unterstellt. Dr. Günter Mayer, bislang schon Leiter der Abteilung, wurde zum Direktor des AfÖO ernannt. Das neu gebildete Amt umfasste drei große Abteilungen:

1. die Verkehrsabteilung mit den Dienststellen Kraftfahrzeugzulassungsstelle, gewerblicher Kraftverkehr, Führerscheine, Verkehrsordnung
2. die Abteilung für das Meldewesen mit den Dienststellen Einwohnermeldeamt mit Außenstellen, Leumundsamt sowie Pass- und Ausländeramt
3. die Abteilung für sonstige öffentliche Angelegenheiten mit den Dienststellen Vereine, Waffen- und Sprengstoffwesen, Vergnügungswesen, Sammlungen, Ausspielungen, Spielgeräte, Sperrstunde, Prüfstelle für Filmvorführer und für technische Bühnenvorstände, Fundamt, Landfahrer, Polizeiaufsicht, Unterkommensaufträge, Verfassungsschutz, Presse, Plakat- und Versammlungswesen

Das Personalamt des Polizeipräsidiums wurde als Abteilung VI in das Personalreferat der Stadtverwaltung eingegliedert.

Im Jahre 1949 konnte die Münchner Bevölkerung nach den bescheidenen Herbstfesten der Nachkriegszeit erstmals wieder ein richtiges Oktoberfest feiern, dem ein richtiger Trachtenzug voranging. Der Münchner Festkreis hatte ihn – unterstützt vom Trachtenverband »Isargau« – mühevoll organisiert und die fünf großen Gruppen, die mitwirkten, zogen noch an den Ruinen der Innenstadt vorbei. Die Stadtpolizei konnte größere Störungen verhindern.

Ein besonderer Coup gelang, als unter persönlicher Leitung des Kriminaldirektors der Münchner Kriminalpolizei in Zusammenarbeit mit der Bank deutscher Länder und der französischen Kriminalpolizei die Aushebung von zwei großen Falschgelddruckereien in der Nähe von Paris gelang und erhebliche Mengen Falschgeld in deutscher und amerikanischer Währung beschlagnahmt werden konnten.

Im Januar 1950 erschien erstmals wieder ein Stadtadressbuch. Im Februar begann die Ausbildung aller uniformierten Polizeivollzugsbeamten im geschlossenen Einsatz. Außerdem machte der erheblich angestiegene Straßenverkehr eine Verstärkung der Verkehrspolizei notwendig. Die ständig wachsende Zahl von Verkehrsdelikten veranlasste das Polizeipräsidium zur Einfüh-

Deutsch-amerikanische Polizeibesatzung in einem Wagen der Military Police in der Goethestraße.

rung des sonntäglichen Verkehrsunterrichts. Die Verwaltungsaufgaben auf dem Gebiet des Straßenverkehrs übernahm das AföO.

Im September 1950 wurde das Verbot der gewerkschaftlichen Betätigung für Polizeibeamte aufgehoben. Mitte Dezember fand an der Stadtpolizeischule in München die erste Anstellungsprüfung für den gehobenen Polizeivollzugsdienst statt, an der 123 Beamte teilnahmen. Die allgemeine Sicherheitslage in München hatte sich deutlich verbessert, auch wenn die Polizei in 29 Fällen von der Schusswaffe Gebrauch machen musste, wobei zwei Straftäter erschossen und sieben verletzt worden waren. Das Überfallkommando war in 117 Fällen ausgerückt. Im Vorjahr waren es noch 213 Fälle. Den Rückgang führte man auf den erfolgreichen Einsatz der Funkstreifenwagen zurück. 110 Beamten taten bei der Funkstreife Dienst, die bei 20 604 Einsätzen 2 972 Straftäter festgenommen hatten. Dagegen hatte sich die Stärke der Bewachungspolizei auf 266 Mann reduziert.

GRÜNDUNG DER BAYERISCHEN BEREITSCHAFTSPOLIZEI

Das Jahr 1951 begann in Bayern mit der Errichtung der Bayerischen Bereitschaftspolizei. Ihr erster Leiter war Josef Remold. Die Münchner Abteilung zog in die Rosenheimer Straße. Die endgültige Neuordnung und Organisation der Polizei in Bayern erfolgte schließlich im Polizeiorganisationsgesetz (POG) vom 28. Oktober 1952. Dieses Gesetz löste die Einzelreglementierung durch das Besatzungsrecht ab. Es bestimmte den Staat und die Gemeinden als Träger der Polizei. Da in Artikel 83 Abs. 1 der Bayerischen Verfassung den Gemeinden das unentziehbare Recht auf eigene Polizei zugesichert war, gab es in der Folgezeit in Bayern die staatliche und die gemeindliche Polizei.

In der Zwischenzeit war beim Polizeipräsidium München mit Verfügung vom 6. Juli 1951 der Kriminalpo-

Geschwindigkeitskontrolle mit Radar führte zunächst die amerikanische MP durch.

lizeiliche Meldedienst (KPMD) wieder eingeführt und die kriminalpolizeiliche Lehrmittelsammlung aufgebaut worden.

In der Zeit vom 13. bis 17. September 1951 fand das Bundestreffen der Schlesier am Königsplatz mit 30 000 Teilnehmern statt. Erstmals kamen dabei geschlossene Polizeieinheiten mit Stahlhelm und Karabiner zum Einsatz. Im gleichen Monat wurde das erste Polizeisportfest nach dem Krieg im Dantestadion veranstaltet, das von Vorführungen der berittenen Abteilung und der Kraftfahrabteilung umrahmt war.

Als der bisherige Sicherheitsdirektor und Chef der Schutzmannschaft Siegfried Herrmann mit Ablauf des Februar 1952 in den Ruhestand trat, wurde am 1. März der Sicherheitsamtmann Ludwig Hecht zum Sicherheitsdirektor und Chef der Schutzmannschaft ernannt.

Am 27. März 1952 ereignete sich einer der spektakulärsten Fälle des Jahres: Ein unbekannter Mann übergab zwei Buben vor dem Hauptbahnhof ein Paket mit dem Auftrag, es im Postamt an der Leopoldstraße aufzugeben. Die Buben schöpften aber Verdacht und übergaben des Paket einem Verkehrsschutzmann. Er rief die Funkstreife. Brandmeister Karl Reichert von der Münchner Berufsfeuerwehr öffnete das an Bundeskanzler Konrad Adenauer adressierte Paket im ehemaligen Luftschutzkeller des Präsidiums. Es kam zu einer Explosion, durch die Reichert getötet und zwei Funkstreifenbeamte verletzt wurden (siehe S. 197).

Als neuen Polizeipräsidenten ernannte man am 16. Juni 1952 den vormaligen Oberstaatsanwalt Anton Heigl. Im selben Jahr wurde auch die »International Police Association« (IPA) geschaffen, in der sich 50 000 Polizeibeamte aus 42 Ländern der westlichen und neutral orientierten Welt zusammenschlossen. Seitdem besteht auch im Polizeipräsidium eine Verbindungsstelle der IPA.

Ebenfalls 1952 fasste die Chefdienststelle der Schutzmannschaft die Sach- und Aufgabengebiete neu: I (Organisation und Personalfragen), II (Sicherheit), III (Verkehr) und IV (Gewerbe). Gleichzeitig erfolgte eine Umbenennung der Sonderdienststellen. Die Kriminalpolizei wurde ab 1. April 1953 neu organisiert. Die bisherige Kriminaluntersuchungsabteilung hieß fortan Kriminalpolizei. Sie gliederte sich nun in die Kriminaldirektion mit ihren Arbeitsgebieten KD 1 und KD 2 sowie in die sechs Kriminalinspektionen mit insgesamt 25 Dienststellen. Als neues Aufgabengebiet kam

Bei den Ladenschlusskrawallen setzte die Polizei auch Wasserwerfer gegen Demonstranten ein.

nun die Bearbeitung des Sprengstoffwesens hinzu, das bislang der Branddirektion unterstellt war.

DIE LADENSCHLUSSKRAWALLE

Die Demonstrationen vom 13. und 20. Juni 1953 in der Neuhauser und Kaufingerstraße, die sich gegen die Einführung eines verkaufsoffenen Samstagnachmittags richteten, stellten eine besondere Herausforderung für die Polizei dar. Es kam zu gewalttätigen Ausschreitungen gegen die Schutzpolizei, sodass das Bayerische Innenministerium vier Hundertschaften Bereitschaftspolizei zur Wiederherstellung von Sicherheit und Ordnung einsetzte. 70 Personen wurden festgenommen. Die äußere Erscheinung der Bereitschaftspolizei, ausgestattet mit Stahlhelm und Karabiner, war so eine Sache und trug nicht gerade zur Deeskalation bei. Weitere Demonstrationen folgten, bei der auch Einsatzbereitschaften der Schutzpolizei zugezogen wurden. Erst als sich die Gewerkschaften mit genehmigten Massenprotesten einmischten, endeten die Ausschreitungen und die Lage beruhigte sich ab April 1954.

Im Sommer des Jahres 1954 gab es zweimal Grund zu feiern: Zum einen war das Ziel der 9. Internationalen

Das martialische Auftreten der Polizei bei den Ladenschlusskrawallen 1953 sorgte für Zündstoff.

Polizeisternfahrt am 3. Juli München. Ein festlicher Autokorso mit den Besatzungen, die Uniformen aus allen Ländern trugen, fuhr durch die Straßen. Zwei Tage später traf die deutsche Fußballnationalmannschaft – als Weltmeister aus Bern kommend – in München ein. Die Münchner bereiteten ihr bei ihrer Fahrt durch die von der Schutzpolizei abgesperrten Straßen einen begeisterten Empfang.

Am 21. Oktober 1954 wurde im Bayerischen Gesetz- und Verordnungsblatt das am 16. Oktober 1954 ausgefertigte Gesetz über die Aufgaben und Befugnisse der Polizei in Bayern (PAG) sowie die Neufassung des Gesetzes über die Organisation der Polizei in Bayern (POG) veröffentlicht. Das PAG stellte die erste Kodifikation des Polizeirechts in Bayern dar.

Das Bayerische Staatsministerium des Innern verfügte am 4. November 1954 die Auflösung der Bewachungspolizei, deren Angehörige zum Jahresende entlassen wurden. Die Aufgaben übernahm zum Teil die Schutzpolizei. Inzwischen hatte die Schutzpolizei 2 149 Beamte, die Kriminalpolizei 383 Beamte und 84 Angestellte. Das Arbeitsgebiet »Sprengstoffwesen« war der Raub- und Branddienststelle zugeteilt worden. Auch der Aufbau der Kriminaldienststellen hatte sich bewährt. Beim Erkennungsdienst am Tatort und im Gerichtsmedizinischen Institut hielt nun die Farbfotografie Einzug.

Weltweites Aufsehen erregte am 5. Juli 1955 ein Sprengstoffattentat. An diesem Tag holte der Exilpolitiker Matus Czermak beim Postamt München 13 an der Agnesstraße seine Post ab. Als er in der Schalterhalle ein in Frankfurt/Main zur Post gebrachtes Päckchen öffnete, kam es zu einer Explosion. Czermak und zwei weitere Personen starben, 20 weitere Postkunden wurden zum Teil schwer verletzt, und die Schalterhalle des Postamts wurde schwer beschädigt Das Attentat konnte nie geklärt werden.

Der Chef der Sicherheitspolizei, Ludwig Hecht, trat am 11. Oktober 1956 zurück, als sein Nachfolger wurde der städtische Oberamtmann Dr. Heinrich Martin zum neuen Sicherheitsdirektor ernannt. Dr. Heinrich Martin, geboren 1910, war seit 1930 bei der Stadtverwaltung tätig. Er promovierte in München über das Gewerberecht und war bis zu seiner Ernennung im Kreisverwaltungsreferat tätig. Etliche Jahre später wurde er Präsident der Bayerischen Bereitschaftspolizei.

Am 15. November 1956 wurde anstelle der bisherigen Kriminalwache eine ständige Kriminalbereitschaft mit drei Schichten eingerichtet, die den ersten Zugriff bei Verbrechen und Vergehen zu führen und außerhalb der allgemeinen Dienstzeit alle anfallenden Aufgaben der Kriminalpolizei wahrzunehmen hatte. Ende 1956 hatte die Schutzmannschaft eine Stärke von 2 262 Beamten, davon 181 Mann bei der Funkstreife.

Die verunglückte Maschine der British Airways, in der 21 Passagiere starben.

Am 6. Februar 1958 herrschte in München heftiges Schneetreiben und nasskaltes Winterwetter, was sich im Laufe des Tages ständig verschlechterte. An diesem Tag landete gegen 12.30 Uhr eine Propellermaschine der British European Airways, Flug-Nr. 609, Typ Airspeed Ambassador, auf dem Flughafen München-Riem. An Bord befand sich die damalige europäische Spitzenmannschaft von Manchester United nach einem Spiel bei Roter Stern Belgrad nebst Begleitpersonal, Fans und Sportjournalisten – insgesamt 44 Personen. Es handelte sich um einen geplanten Auftankstopp, nach dem die zweimotorige Maschine nach Manchester weiterfliegen sollte. Zwei Startversuche wurden wegen unzureichenden Ladedrucks abgebrochen. Gegen 15.03 Uhr begann der dritte Startversuch. Da die notwendige Startgeschwindigkeit nicht erreicht wurde, die Maschine für einen Startabbruch aber zu schnell war, rutschte sie über die Startbahn hinaus auf den nicht geräumten Teil und durchbrach den Begrenzungszaun. Das Flugzeug streifte mit der linken Tragfläche ein Wohnhaus, das daraufhin in Brand geriet, und mit dem Rumpf eine Holzgarage, in der u. a. Benzin gelagert wurde, das explodierte und den Brand verstärkte. Aus den Trümmern wurden 21 Tote geborgen. Die übrigen 23 Insassen wurden mehr oder weniger schwer verletzt in den örtlichen Krankenhäusern behandelt, zwei von ihnen waren trotzdem nicht zu retten. Unter den Überlebenden war auch der damals 20-jährige Bobby Charlton, der 1966 mit der englischen Nationalmannschaft Fußballweltmeister und 1994 zum »Sir« geadelt wurde. Als Unfallursache wurde von den Sachverständigen lange Zeit eine ungenügende Enteisung der Tragflächen angenommen. Diese Einschätzung musste man 1969 nach neuen aerodynamischen Erkenntnissen revidieren. Es gilt als wahrscheinlich, der Schneematsch auf der Startbahn habe das Erreichen einer sicheren Startgeschwindigkeit unmöglich gemacht.

Autor: Dr. Josef Boiger

1958 · FLUGZEUGABSTURZ IN MÜNCHEN-RIEM

Die Polizei bildete 1958 die ersten Münchner Schülerlotsen aus.

VON DER SCHUTZMANNSCHAFT ZUR SCHUTZPOLIZEI

Das Jahr 1957 brachte zwei einschneidende Namensänderungen mit sich. Ab dem 23. Mai hieß die Schutzmannschaft fortan Schutzpolizei und der Sicherheitswachtmeister Polizeiwachtmeister. Anlässlich des 30-jährigen Bestehens des Polizeisportvereins München fand am 8. September 1957 im Dantestadion eine viel besuchte Polizeischau statt. Quasi als Visitenkarte für die Polizeiarbeit veranstaltete man im Oktober erstmals einen »Tag der offenen Tür«, bei dem jeder Bürger die Möglichkeit hatte, die Einrichtungen der Münchner Polizei zu besichtigen. Dieser »Tag der offenen Tür« wurde inzwischen zu einer beliebten Dauereinrichtung. In jenem Jahr gelang München auch der Sprung in die Riege der Millionenstädte, denn Ende 1957 erblickte der einmillionste Münchner das Licht der Welt.

Am 12. Juni 1958 begannen die Festlichkeiten zur 800-Jahr-Feier der Stadt München. Der nächtliche Festzug am 13. Juni, die Hauptveranstaltung am Marienplatz, der Festakt im Kongresssaal des Deutschen Museums und die Eröffnung des Cuvilliés-Theaters am 14. Juni zählten zu den Höhepunkten der über 30 Veranstaltungen. Die Feierlichkeiten endeten mit dem Deutschen Turnerfest im Juli. Der reibungslose Ablauf der Großveranstaltungen gelang nur durch die Unterstützung der Bereitschaftspolizei mit ca. 2 500 Beamten. Die in dieser Zeit bei der Direktion der Schutzpolizei neu eingerichtete Hauptzentrale für Verkehrslichtsignalanlagen bestand dabei ihre Feuerprobe.

Das Polizeipräsidium richtete im Oktober 1958 eine Pressestelle ein, die auch außerhalb der allgemeinen Dienststunden von Beamten des gehobenen Dienstes besetzt war. Zur gleichen Zeit wurde der Schülerlotsendienst geschaffen. Dabei unterstützte das Verkehrsparlament der Süddeutschen Zeitung die Stadtpolizei, und das Amt für öffentliche Ordnung legte Schülerübergänge vor den Schulen an. Die Schülerlotsen wurden von der Schutzpolizei ausgebildet und zunächst begleitet. Schon bald zeigte sich, dass diese Maßnahme entscheidend zur Sicherheit der kleineren Kinder beitrug.

Beim Übergang zum Jahr 1959 hatte die Schutzpolizei eine Stärke von 2 301 Beamten, 50 Angestellten und 79 Arbeitern. Die Beamten verrichteten in vier Polizeiämtern, einem Großraumrevier, elf Leitrevieren, 19 Polizeirevieren, 14 Revierposten, vier Sonderwachen und acht Sonderdienststellen ihren Dienst. Die Kriminalpolizei wies eine Stärke von 420 Kriminalbeamten und 12 Kriminalbeamtinnen, sechs Verwaltungsbeamten und 90 Angestellten auf.

ZEHN JAHRE FUNKSTREIFE

Am 1. Juni 1959 feierte die Funkstreife ihr 10-jähriges Jubiläum. Was mit fünf Mercedes Typ 170 V begonnen hatte, genoss mittlerweile hohes Ansehen in der Bevöl-

Der legendäre »Barockengel« von BMW kam ab 1954 zum Einsatz.

kerung und war über die Jahre konsequent ausgebaut worden. Im Juli 1956 gab es bereits 14 Funkstreifenwagen, nun BMW statt Mercedes, und 1959 schon 30. Die legendäre Funkstreife wurde zum unentbehrlichen Helfer in der Not. Die neue Funkzentrale wurde am 25. Juli 1960 im 1. Stockwerk des PP eingeweiht.

Im gleichen Jahr wartete erneut die Herausforderung einer Großveranstaltung auf die Polizei. Vom 31. Juli bis 7. August 1960 fand in München der Eucharistische Weltkongress statt. Die Stadtpolizei erhielt dabei Unterstützung vom Bundesgrenzschutz, der Bayerischen Bereitschafts- und Landpolizei, der staatlichen Polizeischule Fürstenfeldbruck sowie Beamten aus Nürnberg, Augsburg, Würzburg und Regensburg. Bei der Schlusskundgebung auf der Theresienwiese versammelten sich über eine Million Menschen. Um einen optimalen Einsatz zu gewährleisten, wurde aus juristischen Gründen erstmalig ein öffentlicher Notstand im Sinne von § 58 des Polizeiorganisationsgesetzes festgestellt. Der Münchner Polizeipräsident war zum Leiter des Notstandseinsatzes ernannt worden. Dem Leiter der Schutzpolizei Dr. Martin stand zum ersten Mal Manfred Schreiber als neuer Leiter der Münchner Kriminalpolizei zur Seite.

MANFRED SCHREIBER WIRD POLIZEIPRÄSIDENT

Der Münchner Stadtrat wählte am 4. November 1963 Kriminaldirektor Dr. Manfred Schreiber, der seit dem Tode Anton Heigls die Geschäfte des Polizeipräsidenten wahrgenommen hatte, einstimmig zum neuen Polizeipräsidenten. Er wurde Beamter auf Lebenszeit und nicht wie seine Vorgänger Wahlbeamter, der alle sechs Jahre gewählt werden musste. Wie kein anderer hat Schreiber in seinen 20 Dienstjahren die Geschicke des PP München geleitet und Maßstäbe gesetzt. Mit ihm begann

Eine Funkstreife beim Einsatz 1960: Verkehrsunfall an der Theresien-, Ecke Amalienstraße.

Dr. Manfred Schreiber beim Einsatz am Lautsprecherwagen anlässlich der Schwabinger Krawalle.

eine Modernisierung der Stadtpolizei München. So präsentierte er im Januar 1964 der erstaunten Öffentlichkeit erstmals einen Polizeipsychologen, den 37-jährigen Dr. Rolf Umbach. Zu seinen Aufgaben zählte die Beratung des Polizeipräsidenten in allen Fragen der zwischenmenschlichen Beziehungen, Unterricht an der Polizeischule sowie in den Schutz- und Kriminalpolizeiklassen, die Kontaktpflege mit den Schulen und Jugendorganisationen sowie die Beratung der Kriminalpolizei in schwierigen Fällen, z. B. zur Motiverhellung.

Apropos Kriminalpolizei: Ende Februar 1964 führte man die ovale Metallmarke als neue Erkennungsmarke der Kriminalpolizei anstelle der alten herzförmigen Messingmarke ein. Neuer Leiter der Kriminalpolizei wurde im Mai der bisherige stellvertretende Vorstand der Straf- und Untersuchungsgefängnisse München, Regierungsrat Hermann Häring.

Dr. Schreiber forcierte den Einsatz von mehr Fußstreifen, um das Sicherheitsgefühl der Bevölkerung durch mehr Präsenz auf den Straßen zu fördern. Da München mehr Polizeibeamte benötigte (ca. 200 Planstellen waren unbesetzt), suchte das Präsidium durch Direktwerbung weiteres Personal für die Stadtpolizei. Man warb um Männer (noch keine Frauen) zwischen 25 und 35 Jahren, die als »Altbewerber« in einer verkürzten Ausbildung den Personalmangel ausgleichen sollten. Das Bayerische Innenministerium hatte zwar bereits im Jahr 1961 die Anwerbung genehmigt, aber es hatte drei Jahre gedauert, bis das Personalreferat der Stadtverwaltung das auch umsetzte.

Der Verfassungsausschuss des Landtages lehnte am 22. Oktober 1964 den Antrag der FDP auf Einführung von Kennzeichen für uniformierte Polizisten ab, der als Folge der Schwabinger Krawalle eingereicht worden war.

1965 wurden die ersten beiden Einsatzzüge aufgestellt, die den Grundstock für die späteren Einsatzhundertschaften bildeten. Sie wurden in dem Ledigenheim an der Mauerkircherstraße 53 und in einem Teil des Neubaus des Polizeiamts Ost an der Bad-Schachener-Straße 4 untergebracht. Die Züge setzten sich aus jungen Beamten mit abgeschlossenem Einstellungslehrgang zusammen, die in der Regel nach einem Jahr Zugehörigkeit zu einem geschlossenen Verband als vollwertige Einzeldienstbeamte zu den Polizeirevieren versetzt werden sollten. Die Stadtpolizeischule stellte darüber hinaus weiterhin eine Einsatzbereitschaft in Zugstärke.

Als sich in den Märztagen des Jahres 1965 mehrere spektakuläre Morde ereigneten, entsprach Innenminister Heinrich Junker der Bitte der Stadt, die unter Personalmangel leidende Stadtpolizei durch Bereitschaftspolizisten bei den nächtlichen Streifen zu verstärken.

DIE ERSTEN POLITESSEN

Am 24. Mai 1965 wurde eine Verkehrspuppenbühne zum verkehrskundlichen Unterricht an den Volksschule geschaffen und der »Verkehrskasperl« eingeführt.

Und noch ein absolutes Novum in Sachen Straßenverkehr ereignete sich in diesem Jahr: Ab dem 16. August versahen erstmalig 25 weibliche Angestellte ihren Dienst zur Überwachung des ruhenden Verkehrs. Für sie bürgerte sich bald die Bezeichnung Polizeihostessen oder Politessen ein. Zunächst arbeiteten sie noch in Begleitung männlicher Beamter, ab dem 8. September sah man sie alleine in Uniform ihren Dienst verrichten.

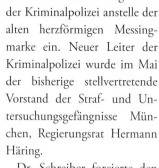

Die ovale Erkennungsmarke der Kriminalpolizei wurde 1964 eingeführt.

Die ausgebrannte Straßenbahn an der Martin-Greif-Straße.

Mitten in der Vorweihnachtszeit des Jahres 1960, am dritten verkaufsoffenen Adventssamstag, kam es in München zu einer der größten Katastrophen der Luftfahrtgeschichte. Während die Münchner in hektischer Betriebsamkeit ihre Weihnachtseinkäufe erledigten, startete am 17. Dezember am Flughafen München-Riem gegen 14 Uhr eine vollgetankte, zweimotorige amerikanische Militärmaschine Typ Convair C-131D mit sieben Besatzungsmitgliedern und 13 Passagieren an Bord Richtung England. Schon während des Starts fiel einer der Kolbenmotoren aus. Die späteren Ermittlungen ergaben als Ursache für den Ausfall des Triebwerks Wasser in der Kraftstoffpumpe. Der Pilot erkannte die Gefahr und versuchte, mit einer Schleife zum Flughafen zurückzukehren. Bei diesem Manöver streifte die Transportmaschine die Spitze des 97 m hohen Hauptturms der Paulskirche und stürzte unter Verlust der rechten Tragfläche in der Martin-Greif-Straße auf eine voll besetzte Straßenbahn der Linie 10. Neben sämtlichen 20 Flugzeuginsassen kamen am Boden noch 32 Straßenbahn-Fahrgäste bzw. Passanten ums Leben, 20 Personen wurden verletzt.

Der damalige Polizeiobermeister und spätere Polizeidirektor Heinrich Munzert und sein Kollege waren als erste Polizeistreife vor Ort. Sie erwarteten eine Tankstellenexplosion, wie ihnen über Funk mitgeteilt worden war. Vor Ort standen sie nach ihrer Schilderung zunächst vor einer riesigen schwarzen Rauchwand und erkannten dahinter einen völlig zerstörten, lichterloh brennenden Straßenbahnwagen sowie das Heckleitwerk eines Flugzeugs in der Nähe. Schlagartig wurden ihnen die Zusammenhänge klar. Heinrich Munzert und sein Kollege fuhren zunächst einen Schwerverletzten in die nahe gelegene chirurgische Uniklinik und beteiligten sich dann an den Absperrmaßnahmen, vor allem zum Fernhalten von zahllosen Schaulustigen, die durch Radiomeldungen angelockt wurden.

Autor: Dr. Josef Boiger

Die ersten Münchner Polizeihostessen im Einsatz.

Das Wappen der Stadtpolizei ab 1960.

Polizeihauptwachtmeister Arved Semerak im Jahr 1962.

Konzert der Beatles am 24. Juni 1966 im Circus Krone Bau. Die Pilzköpfe gaben zwei Konzerte. In vielen anderen Städten war es bei den Konzerten zu erheblichen Störungen gekommen – nicht in München. Etwa 250, zumeist junge Polizeibeamte, recht leger nur mit Polizeihemd und Diensthose bekleidet, sorgten für den harmonischen Ablauf. Um tagsüber keine Massenaufläufe zu provozieren, hatten die Beatles den ganzen Tag im Hotel verbracht.

Weniger ruhig verlief eine Anti-Vietnam-Demonstration Anfang Juli vor dem Amerikanischen Generalkonsulat. Es kam zu heftigen Gewalttaten gegen Polizeibeamte. Die Münchner Polizei filmte und fotografierte, um die militanten Störer feststellen zu können. Diese Vorgehensweise erwies sich in den Folgejahren als sehr erfolgreich. Alle Dienststellen der Schutzpolizei erhielten daraufhin zur Sicherung von Tatbeweisen Fotoapparate zugeteilt.

DAS MÜNCHNER KINDL MUSS WEICHEN

Probeweise wurde dann im Oktober die Einmannstreife für die Funkstreife eingeführt und nach einer Erprobungszeit Mitte November vom Straßenverkehrs- und Polizeiausschuss genehmigt. Die Schutzpolizei wies am Ende des Jahres 1965 eine Stärke von 2 729 Vollzugs-, 20 Verwaltungsbeamten, 82 Angestellten, 34 Politessen und 90 Arbeitern auf. Die Kriminalpolizei hatte 550 Kriminalbeamte, 26 Kriminalbeamtinnen, zwei Verwaltungsbeamte, 45 männliche und 65 weibliche Angestellte. Zentralkartei und Lochkartenstelle waren errichtet.

Anfang Februar des Folgejahres begann man mit dem Aufbau der weitgehend automatisierten neuen Verkehrszentrale. Gerade noch rechtzeitig, denn im April fiel die Entscheidung, dass München die Olympischen Sommerspiele 1972 austragen werde. Dies war vor allem ein Verdienst des Oberbürgermeisters Dr. Hans-Jochen Vogel, der München als Bewerberin in Rom mit großem Engagement vorgestellt hatte. Die Stadt und vor allem die Polizei begann mit ihren Vorbereitungen. Polizeirat Anton Bleimhofer wurde beim Polizeipräsidium München zum Sonderbeauftragten für die Vorbereitung der Olympischen Spiele bestimmt. Er leistete wertvolle Vorarbeit.

Wie erfolgreich sich inzwischen die Mitarbeit eines Polizeipsychologen etabliert hatte, zeigte sich beim

Für ziemlichen Unmut sorgten einige Änderungen an der Uniform der Stadtpolizei im September 1966. Besonders ärgerten sich die Münchner darüber, dass an der Dienstmütze das Münchner Kindl durch den Polizeistern ersetzt wurde. Außerdem wurden eine Kordel angebracht und neue Rangabzeichen eingeführt. Anstelle der eher unauffälligen Streifen am Ärmel der Uniformjacke brachte man nun militärähnliche Rangabzeichen als Spiegel an den Rockaufschlägen an, die über den Rang der Beamten Aufschluss gaben.

Das Jahr 1967 brachte einen Wechsel in der Leitung der Schutzpolizei, denn deren Direktor Ernst Krack wurde als Leiter einer deutschen Delegation nach Ruanda entsandt, um dort beim Aufbau der Polizei mitzuhelfen. Als Nachfolger berief man den bisherigen Leiter der Personalabteilung im Landesamt der Bayerischen Bereitschaftspolizei,

Regierungsdirektor Dr. Georg Wolf. Er wurde zugleich auch zum Polizeivizepräsidenten ernannt.

Am 10. Februar 1967 wurde unter Leitung des Kriminalhauptmeisters Ludwig Herzing die neu aufgebaute Lehrmittelsammlung des Polizeipräsidiums eröffnet. Im gleichen Monat wurde im Polizeipräsidium eine Hauswache zur Sicherung des Polizeipräsidiums gebildet und der Hauptwache angegliedert. Ende März erschien ein kraftfahrtechnischer Leitfaden zur Schulung der Polizeibeamten. Gerade rechtzeitig, denn am 13. April 1967 gingen die neue Verkehrsleit- und Kontrollzentrale sowie das elektronische Verkehrsrechenzentrum in Betrieb. Eine weitere Neuerung des Jahres: Die gebührenpflichtige Verwarnung, die nur bei leichten Übertretungen zum Einsatz kam, wurde neue geregelt. Damals gab es noch eine Dreiteilung der Strafen, und zwar Verbrechen, Vergehen und Übertretungen.

Anders als in Berlin und anderen Städten kam es beim Besuch des persischen Kaiserpaares in der Zeit vom 31. Mai bis 2. Juni 1967 in München nur zu kleineren Störungen. Hier zeigte sich, wie gut die Münchner Linie funktionierte. Der Polizeipräsident stellte noch einmal klar: »Nicht das Prügeln oder Schlagen, sondern das Überzeugen und Tragen, das Führen und Lenken steht heute im Vordergrund. Die Einsatztaktik richtet sich aus an der Taktik der Demonstranten, den Erkenntnissen der modernen Massenpsychologie, den Umweltverhältnissen und der polizeilichen Aufgabe. Wichtig ist, welche Erkenntnisse liegen vor.« Vizepräsident Dr. Wolf erläuterte in englischer Sprache schriftlich auswärtigen Polizeidienststellen die Münchner Linie.

Das Jahr 1967 brachte auch die Neuordnung der Aufgaben des Überfallkommandos. Ab 1. Juni 1967 stellten die Polizeiämter je einen mit drei Beamten besetzten Funkstreifenwagen als Überfallkommando. Als sehr effektiv erwies sich dann die Einrichtung des Amtmannes vom Dienst (AvD), des Beamten vom Direktionsdienst (BvD) sowie des Inspektors vom Dienst (IvD), ein gehobener Beamter der Funkstreife bzw. der Polizeiämter, der bei plötzlich auftretenden Ereignissen zur sofortigen Übernahme der Einsatzleitung mehrerer Streifenwagen und Überfallkommandos eingeteilt war. Zur gleichen Zeit wurde auch der Verkehrsinspektor vom Dienst ins Leben gerufen, der die ähnlichen Aufgaben auf dem Verkehrssektor hatte.

Ende des Jahres hieß es Stühle rücken, es gab mehrere Umzüge: Am 20. November erfolgte die Aufstellung des vierten Einsatzzuges der Schutzpolizei, die erste Einsatzhundertschaft zog in das Dienstgebäude an der Freiligrathstraße 81. Die Funkstreife zog am 14. Dezember 1967 in die Räume der städtischen Zentralwäscherei an der Dachauer Straße 164, da im Präsidium zu großer Platzmangel entstanden war. Das Polizeiamt Ergänzungsdienste wurde nun in der Zenettistraße und das Polizeiamt Verkehr in der Karlstraße 40 untergebracht. Auch die Verwahrstelle für sichergestellte und beschlagnahmte Kraftfahrzeuge zog um, von der Lilienthalstraße in die Gneisenaustraße 41.

DIE OSTERUNRUHEN 1968

Mit Abschluss des Jahres 1967 wurde der Polizeipsychologe Dr. Rolf Umbach verabschiedet. Ihm folgte im

Bei den Osterunruhen kamen an der Schellingstraße auch Wasserwerfer zum Einsatz gegen die Demonstranten.

Auf Konfrontationskurs: Polizeikräfte und Demonstranten im Jahr 1968.

März 1968 der Diplompsychologe Georg Sieber. Er war Leiter der Münchner Studiengruppe für politologische Psychologie und Kommunikationsforschung (POKO). Eine gute Entscheidung des PP, da sodann der »heiße Sommer« 1968 begann und auf die Polizei neue Aufgaben zukamen.

Nach dem Mordversuch an Rudi Dutschke in Berlin am 11. April 1968 begannen die Studentenunruhen in München. Am Ostermontag, 15. April 1968, kam es zur Belagerung des Buchgewerbehauses an der Schellingstraße. Dabei erlitten der 38-jährige Fotoreporter Klaus Jürgen Frings und der 28-jährige Student Rüdiger Schreck durch Stein- und Bohlenwürfe tödliche Verletzungen. Polizeiobermeister Arved Semerak vom Revier 25 musste die Todesnachricht der Familie Schreck überbringen und konnte sich nach der Mitteilung nur durch eilige Flucht aus dem Treppenhaus in Sicherheit bringen, da man der Polizei die Schuld am Tode des Sohnes gab. Die Ermittlungen der Mordkommission ergaben aber einwandfrei, dass die Wurfgeschosse aus den Reihen der Demonstranten gekommen waren. Leider konnten die Täter nicht ermittelt werden.

In diesem Jahr fanden zahlreiche weitere Demonstrationen statt, die die Polizei enorm forderten. Zum einen gingen viele aufgebrachte Bürger gegen die Notstandsgesetze auf die Straße, es kam immer wieder zu Verkehrsblockaden. Dann fand am Samstag, den 22. Juni 1968, das »Europatreffen gegen Neonazismus und Faschismus« seinen Höhepunkt, an dem zahlreiche Delegationen aus anderen Ländern teilnahmen. Die drei Alarmbereitschaften wurden im Juni 1968 in »Aufrufhundertschaften« umbenannt und neu gegliedert. Ende des Jahres stellte man einen fünften Einsatzzug auf und bereitete einen sechsten vor.

Inzwischen machte sich auch bei der Stadt Unmut breit, dass die staatlichen Zuschüsse des Freistaats Bay-

»Brunnenbuberl« nannte man intern den Wasserwerfer, der ab 1968 zum Einsatz kam.

Warten auf den Demo-Einsatz: Die Helme für die Einsatzkräfte liegen griffbereit auf den Treppen des Justizpalasts 1968.

ern zum Unterhalt der gemeindlichen Polizeien viel zu gering seien. So erhielt München damals pro Vollzugsbeamten lediglich 6 588 DM, während es in Frankfurt pro Vollzugsbeamten 8 600 DM und in Stuttgart sogar 11 500 DM waren. Außerdem begann der Freistaat Bayern immer mehr Einfluss auf die Verstaatlichung der Polizeien der kreisfreien Gemeinden zu nehmen.

Am 6. Oktober 1968 verübte der stellvertretende Leiter des Bundesnachrichtendienstes, Generalmajor Horst Wendland, in seinem Büro in München-Solln Selbstmord durch Erschießen. Auf Weisung des Innenministeriums leitete PP Dr. Manfred Schreiber den ersten Zugriff, danach übernahm das LKA unter Leitung seines Präsidenten Hans Schneider die weiteren Ermittlungen.

Das Jahr 1969 begann wieder mit Studentenunruhen. Am 30. Januar versuchten Studenten gewaltsam die Öffnung von Sitzungen der Hochschulgremien zu erreichen. Ein starkes Polizeiaufgebot musste in der Nacht vom 19. Februar auf Ersuchen des Rektors des Zeitungswissenschaftlichen Instituts das Haus räumen und 43 Personen zur Feststellung der Personalien vorübergehend festnehmen. Studenten verwüsteten die Münchner Kunstakademie, es kam zu 130 Festnahmen. Unter den Straftätern befanden sich die amtsbekannten APO Aktivisten Fritz Teufel, Reinhard Wetter, Manfred Koderer und Alois Aschenbrenner.

BOMBENATTENTATE UND DEMONSTRATIONEN

Um die Treffsicherheit der Beamten an beweglichen Zielen zu verbessern, wurde ein Schießkino im Keller des Polizeipräsidiums eingerichtet, das Anfang April 1969 eröffnete.

Kurz danach, am 21. Mai, übernahm der Oberbürgermeisters die offizielle Einweihung des Polizei-Ledigenwohnheims an der Skagerrakstraße 4.

Unbekannte Täter verübten am 23. Juli 1969 ein Bombenattentat auf den Münchner Oberstaatsanwalt Lossos von der Staatsanwaltschaft München I. Es folgten weitere Bombenattentate in München.

Am 26. August legte Eduard Zimmermann, Gründer der »Aktenzeichen XY«-Sendungen, einen Rechenschaftsbericht bei einer Pressekonferenz im Hause des Südwestfunks vor, in dem er über die bisher veröffentlichten Fälle und die internationale Bildschirmfahndung berichtete. Zimmermann musste in den Anfangsjahren seiner erfolgreichen Idee der Fernsehfahndung jede Menge Kritik einstecken. Der Erfolg gab ihm aber letztlich recht.

Am 25. September 1969 teile der Polizeipräsident auf einer Pressekonferenz mit, dass sich die im Jahr 1961 beim Polizeipräsidium eingerichtete Lochkartenstelle zur Datenzentrale für den Ballungsraum München entwi-

Motorradeskorte für die Demo am 7. November 1969, die sich gegen das neue Fachhochschulgesetz richtete, am Odeonsplatz.

ckelt hatte, die den Bereich der Stadtpolizei München, der Landespolizeidirektion Oberbayern, der kommunalen Polizeien in Oberbayern und des Fahndungsdienstes der Bundesbahndirektion München umfasste. Dort bearbeitete man die mechanische und elektronische Erfassung und Auswertung von Straftätern sowie deren Arbeitsmethoden, von Strafanzeigen mit unbekannten Tätern, die Sachfahndung, die Kriminalstatistik, die daktyloskopische Erfassung von Spurenlegern und die Personaldatei.

Ab 3. November kam es wieder zu zahlreichen größeren Demonstrationen. Die Studierenden des Oskar-von-Miller-Polytechnikums protestierten gegen den Entwurf von Kultusminister Ludwig Huber zu einem bayerischen Fachhochschulgesetz. Der Verkehr in der Innenstadt brach völlig zusammen. Bei einem dieser Demonstrationen gelang es Polizeioberinspektor Rudolf Mayer, die Protestierenden in der ersten Reihe zu lenken. Es kam zum Anti-Huber-Tag mit einer sehr großen Kundgebung, aber aufgrund der Taktik der Münchner Polizei blieben ernsthafte Störungen aus. Die Münchner Linie hatte sich bewährt und von höchster Stelle kam Anerkennung: Bundespräsident Gustav Heinemann sprach bei seinem Besuch in München der Münchner Polizei Dank und Anerkennung aus.

Am Jahresende 1969 wies die Schutzpolizei eine Stärke von 2 881 Vollzugsbeamten, elf Verwaltungsbeamten, 77 Angestellten, 52 Arbeitern, 44 Polizeihostessen, 105 Polizeiwachtmeistern im Anstellungslehrgang und 66 Altanwärtern auf. Interessant ist, dass die 527 Kraftfahrzeuge der Münchner Polizei in diesem Jahr 1 215 034 Liter Benzin, 20 367 Liter Dieselkraftstoff und 11 640 Liter Motorenöl verbraucht hatten. Die berittene Abteilung verfügte über einen Bestand von 38 Dienstpferden und es gab 31 Diensthunde. Als Folge der vorangegangenen Ereignisse hatte die Münchner Polizei Dokumentations- und Strafverfolgungskommandos (DUS-Kdo.) gebildet, die von sogenannten Klettenzügen ergänzt wurden. Die Kriminalpolizei hatte zum Jahresende eine Stärke von 668 Kriminalbeamten und 36 Anwärtern, drei Verwaltungsbeamten und 46 männlichen und 73 weiblichen Angestellten.

EINE SERIE VON FLUGZEUGENTFÜHRUNGEN

Das Jahr 1970 beschäftigte die Münchner Polizei u. a. mit zwei Flugzeugabstürzen, dem Absturz einer zweimotorigen Beechcraft auf dem Flughafen München-

Riem am 17. Januar, der für die beiden Insassen tödlich endete, und dem Absturz einer Comet 4C mit 23 Insassen am 9. Februar auf einem Acker in Kirchtrudering ohne tödlichen Ausgang.

Der Nahostkonflikt, der mit dem 7-Tage-Krieg 1967 einen neuen Höhepunkt erreicht hatte und anschließend verstärkt in alle Welt getragen wurde, verschonte auch München nicht: Am 10. Februar kam es im Rahmen einer versuchten Flugzeugentführung zu einem Anschlag auf die Insassen einer israelischen Linienmaschine auf dem Flughafen München-Riem mit einem Toten und mehreren Schwerverletzten. Dabei war den Attentätern nicht bewusst, dass sich der Sohn des damaligen israelischen Verteidigungsministers, der Schauspieler Assaf Dayan, unter den Passagieren befand.

Am 17. Februar landete eine auf dem Flug von Paris nach Belgrad von drei mit Pistolen bewaffneten Arabern entführte JU 241 in München. Die Entführer konnten festgenommen werden. Da in diesen Wochen und Monaten weitere Flugzeugentführungen in Euro-

Im Konfettiregen standen die Polizisten, die am 13. März 1969 eine Demo für Kinderbetreuungsplätze an der Uni begleiteten.

Im zeitlichen und politischen Umfeld der 68er-Bewegung, einer vorwiegend links gerichteten Studenten- und Bürgerrechtsbewegung der 60er-Jahre in den USA und Europa einschließlich des Ostblocks (»Prager Frühling«), die auch in Deutschland Gesellschaft und Staat darüber hinaus weitere Jahrzehnte beschäftigen sollte, kam Ende 1968 die gelernte Kindergärtnerin Margit Czenki aus der schwäbischen Provinz nach München. Sie plante, Politik zu studieren. Unterrichtet in katholischen Klosterschulen hatte sie als Kind noch Nonne werden wollen, jetzt erlebte sie in München die heiße Phase der Demonstrationen der Studentenrevolte. Sie wohnte u. a. in der »Highfish-Kommune«, gründete den ersten antiautoritären Kinderladen Münchens und schloss sich den Tupamaros München (TM) an, die ihren Namen von den Tupamaros in Uruguay entlehnten. Die TM agierten als militante linksradikale Gruppe, die nach dem Vorbild der Stadtguerilla staatliche Einrichtungen ins Visier nahm und u. a. kleinere Sprengstoff- und Brandanschläge gegen die Universität, das Amtsgericht in der Maxburg und Polizeieinrichtungen verübte. Da das Geld knapp war, überfielen die damals 30-jährige Margit Czenki, der 22-jährige Rolf Heißler, der 20-jährige Roland Otto und der 19-jährige Karl-Heinz Kuhn am Osterdienstag, den 13. April 1971, die Zweigstelle der Bayerischen Hypotheken- und Wechselbank am Frankfurter Ring. Sie erbeuteten ca. 50 000 DM. Otto und Kuhn wurden nach kurzer Verfolgung verhaftet, da ein ziviler Polizeibeamter, der die Bank just zu diesem Zeitpunkt über Maßnahmen gegen Banküberfälle beraten wollte, Zeuge des Überfalls war und die Verfolgung aufnahm. Czenki und Heißler, der später als RAF-Mitglied noch zweifelhaftere Berühmtheit erlangen sollte, konnten zunächst mit der Beute entkommen. Sie wurden knapp acht Wochen später verhaftet und 1972 vor Gericht gestellt. Die beiden mussten sich vor der 16. Strafkammer des Landgerichts München I verantworten, die anderen vor dem Jugendgericht. Czenki wurde zu sechseinhalb, Heißler zu acht, Otto und Kuhn zu vier Jahren und acht bzw. zu vier Jahren und vier Monaten Gefängnis verurteilt. Mit diesem Überfall ging Margit Czenki als »Banklady« in die Kriminalgeschichte ein, da sie die tradierten Geschlechterrollen sprengte.

Autor: Dr. Josef Boiger

1971 · DIE BANKRÄUBERIN MARGIT CZENKI

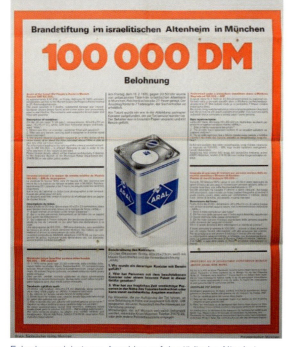

Fahndungsplakat zum Anschlag auf das jüdische Altenheim.

pa stattfanden, wurde auf dem Flughafen München-Riem eine ständige Sicherheitswache mit verstärkten lückenlosen Kontrollen von Passagieren und Gepäck eingerichtet.

Zwischenzeitlich hatten unbekannte Täter am 13. Februar einen Brandanschlag mit sieben Todesopfern auf das Altenheim der israelitischen Kultusgemeinde in der Reichenbachstraße 27 verübt. Brandanschläge mit linksradikalem Hintergrund und im Zusammenhang mit den Aktivitäten der Baader-Meinhof-Bande sowie der »Tupamaros«, einer »Stadt-Guerilla« Westberlins, trafen die Wohnungen des Oberstaatsanwalts Lossos (1969) und des Amtsgerichtsrats Dr. Weitl (23. September 1970) wie auch das Amtsgericht München selbst (10. März 1970). In den folgenden Monaten ereigneten sich weitere Brandanschläge auch auf die Firma Siemens, ein ehemaliges Amtsgerichtsgebäude, einen US-PX-Laden, das Justizgebäude an der Wagmüllerstraße 12 und im September 1970 an verschiedenen Stellen in der Innenstadt.

Die Entführung einer zweistrahligen Düsenmaschine am 14. Februar auf dem Flug von Budapest nach Prag mit Landung in München-Riem entpuppte sich als Flucht in den Westen. Ein Bombenanschlag auf das 8. Polizeirevier zerstörte einen Polizei-VW-Bus.

Neben den üblichen Verbrechen und Vergehen war das PP München im Dezember mit einer erpresserischen Kindesentführung konfrontiert, der des fünfjährigen Stefan Arnold, die erst einige Monate später aufgeklärt werden konnte nach der Entführung des siebenjährigen Michael Luhmer aus Wachtberg-Niederbachem bei Bonn, die ebenfalls in München mit einer Lösegeldzahlung und Freigabe des Kindes endete.

Im Januar 1971 kam es außerdem zu der damals aufsehenerregenden »Entführung« der »Blutenburger Madonna« im Rahmen eines Einbruchs in die Blutenburger Schlosskirche. Die Rückgabe ging ohne Lösegeldzahlung vonstatten, der 1990 ermordete Volksschauspieler Walter Sedlmayr hatte damals den Dieben gestattet, das Diebesgut auf dem Dachboden seines Hauses in Feldmoching zu deponieren, ohne dass er dessen Inhalt und Herkunft kannte.

War die Münchner Polizei 1970 überdurchschnittlich oft mit Flugzeugentführungen und -abstürzen beschäftigt, so hatte sie es 1971 vermehrt mit weiteren Brand- und Sprengstoffanschlägen sowie Banküberfällen zu tun. Anschläge und Brandstiftungen trafen u. a. im Januar das 10. Revier in der Rauchstraße, die US-Siedlung am Perlacher Forst, das 6. Revier in der Destouchesstraße, das Amerika-Haus, die Dresdner Bank in der Königinstraße, das Justizgebäude in der Maxburg, das Grünwalder Stadion und im Februar mehrfach die Ludwig-Maximilians-Universität und den Beichtstuhl der Mariahilfkirche.

Aus der langen Reihe der Banküberfälle waren zwei von besonderer Qualität: Am 13. April überfiel die 30-jährige Kindergärtnerin Margit Czenki mit drei Komplizen die Zweigstelle der Bayerischen Hypotheken- und Wechselbank am Frankfurter Ring (siehe S. 93). Und am 4. August überfielen Hans-Georg Rammelmayr und Dimitr T. die Deutsche Bank in der Prinzregentenstraße 70 und nahmen die anwesenden Kunden als Geisel – erstmals in der deutschen Rechtsgeschichte (siehe S. 95).

Organisatorisch war am 11. Januar die Inbetriebnahme der neuen Notrufzentrale erfolgt und am 4. März eine Neugliederung der Kriminalpolizei mit Aufwertung der Rauschgiftabteilung und der Sonderfahndung.

Der Bankkassierer bringt Geldsäcke zum Fluchtfahrzeug, während eine Geisel vor der Eingangstür steht.

Am 4. August 1971 drängten sich auf der Terrasse des Restaurants von Feinkost Käfer an der Prinzregenten-/Ecke Trogerstraße die Menschen. Es gab was zu sehen: Gegenüber in der Bank hielten seit 16 Uhr bewaffnete und maskierte Täter sechs Menschen fest; das Wort »Geiselnahme« war noch unbekannt. Das wollte sich keiner entgehen lassen. Das Bayerische Fernsehen übertrug live. Bei der Polizei brach Hektik aus. Niemand wusste, wie man mit dieser völlig neuen Art von Verbrechen umgehen sollte. In Europa hatte es erst wenige Monate zuvor ein einziges Mal eine Geiselnahme in einer Bank in Toulouse gegeben. Tatsächlich hatte das Verbrechen in Toulouse die Münchner Kleinkriminellen Hans Georg Rammelmayr (31) und Dimitri T. (24) inspiriert. Sie parkten vor der Tür der Bank einen gestohlenen BMW mit falschem Kennzeichen, der ihnen als Fluchtfahrzeug dienen sollte, nahmen die Geiseln und forderten 2 Millionen Mark.

Bei den Behörden begann ein leidiges Kompetenzgerangel. Polizeipräsident Dr. Manfred Schreiber und Oberstaatsanwalt Dr. Erich Sechser stritten erbittert darum, wer das Sagen hatte, bis Sechser sich durchsetzte. Nun sollten Scharfschützen in Position gebracht werden. Das Problem: die Münchner Polizei hatte damals noch keine! Also wurden drei Beamte ausgewählt, die in ihrer Freizeit Jäger waren. Sie bezogen Stellung rings um die Bank, während auf der Straße bei den Gaffern fast Volksfeststimmung herrschte. Schließlich stand das Lösegeld zur Verfügung. Kriminaldirektor Reinhard Rupprecht übernahm die Rolle des Geldboten und trug kurz vor Mitternacht die Tasche vor die Tür der Bank. Ein Täter kam mit einer Geisel heraus und setzte sich ins Fluchtauto. Plötzlich begann eine wilde Schießerei. Der schwer verwundete Hans Georg Rammelmayr schoss daraufhin im Todeskampf unkontrolliert um sich und tötete dabei seine Geisel.

Währenddessen versuchten Polizeikräfte, die Hintertür der Bank aufzubrechen, was sich als schwierig entpuppte, da man nicht das passende Gerät hatte. Schließlich ergab sich der zweite Täter Dimitri T. den Beamten. Die Staatsorgane standen nach dem Vorfall unter heftiger Kritik. Als Reaktion wurden Sondereinsatzkommandos (SEK) gegründet und ausgebildet.

Dimitri T. wurde zu 15 Jahren Haft verurteilt und 1993 vorzeitig entlassen. Er lebt heute in München.

Autor: Martin Arz

1971 ▪ ERSTER BANKÜBERFALL MIT GEISELNAHME

Alles so schön bunt hier: Die »Uniformen« der Münchner Polizeibeamten, die unmittelbar im Olympia-Einsatz waren.

DIE OLYMPISCHEN SPIELE 1972

Das Olympiajahr 1972 stand ganz im Zeichen der Olympischen Spiele und des dabei erfolgten Attentats (siehe S. 200 f.), das die Notwendigkeit der Ausbildung von Präzisionsschützen dringlicher machte und im Folgejahr zur Aufstellung der Spezialeinheiten zur Terrorbekämpfung und zur Installation des Lagezentrums im Innenministerium führte. Neben der Vorbereitung auf die Herkulesaufgabe Olympische Spiele mit diversen Testveranstaltungen gehörten aber weitere Banküberfälle und Bombenattentate zum Tagesgeschäft der Münchner Polizei, u. a. der Bombenanschlag auf dem Parkplatz des LKA am 12. Mai mit beträchtlichem Sachschaden (siehe S. 199).

Erwähnenswert erscheinen ferner der erste Selbstmord im U-Bahn-Bereich am 7. Februar zwischen Odeons- und Marienplatz sowie der erste Selbstmord durch Sprung vom Fernsehturm am 24. Februar. Im März wurden zur Vorbereitung auf die Olympischen Spiele per Verordnung Dirnensperrkreise in der Innenstadt und im Westfriedhofviertel eingerichtet, deren Durchsetzung und Überwachung personalintensive Polizeiaktionen erforderten.

Die seit den 1960ern üblichen Studentenunruhen erreichten 1973 mit Demonstrationen vor allem gegen den Vietnamkrieg einen neuen Höhepunkt. Brandanschläge auf Kaufhäuser und Banken hielten die Münchner Polizei weiter in Atem. Daneben machten zunehmend die kriminellen Aktivitäten von Rockerbanden von sich reden.

Die seit Anfang des 20. Jh. zunächst als Polizeipflegerinnen zur Fürsorge für Kinder und sittlich gefährdete Frauen eingestellten Frauen mit polizeilicher Zusatzausbildung bei der Dienststelle der weiblichen Kriminalpolizei (WKP) wurden erstmals 1973 mit Waffen ausgerüstet. Die WKP wurde schließlich am 1. Oktober 1974 aufgelöst und die Mitglieder auf die Dienststellen verteilt. Es dauerte dann bis 1991, bis die Polizistinnen auch Uniform tragen durften.

Ende 1973 gehörte die Überwachung des durch die Ölkrise bedingten Sonntagsfahrverbots zu den zusätzlichen Aufgaben der Münchner Polizei.

1974 wurde dem Münchner Oberpolizeidirektor Ernst Krack für drei Jahre der Aufbau der Polizei Afghanistans in Kabul übertragen, wobei Krack bereits in den Jahren 1967 bis 1971 die Polizei Ruandas aufgebaut hatte. Ebenfalls 1974 kam es am 16. Februar bei der Besetzung des leer stehenden Altenheims am Gasteig und dessen Räumung zum ersten Einsatz des 1973 gegründeten Spezialeinsatzkommandos (SEK).

DIE VERSTAATLICHUNG DER POLIZEI

Das Jahr 1975 stand ganz im Zeichen der Verstaatlichung der Münchner Polizei.

Die Verstaatlichung der seit Kriegsende existierenden kommunalen Polizeien in den kreisfreien Gemeinden war schon immer ein Anliegen der Staatsregierungen. Im September 1966 waren auf sanften Druck der Staatsregierung die staatlichen Mützensterne anstelle des Münchner Kindls an den Dienstmützen sowie die staatlichen Rangabzeichen eingeführt worden. Ein gutes Jahr später hatte die Presse auf die geplante Änderung des POG aufmerksam gemacht, wonach

Polizist in Olympia-Uniform und Motorrad-Streife 1972 auf dem Olympiagelände.

die kommunalen Kriminalpolizeien einschließlich der Verfolgung von Staatsschutzdelikten dem Bayerischen LKA unterstellt werden sollten. Darüber hinaus wollte sich der Staat die Verfügungsgewalt auch über die örtlichen Polizeikräfte bei erheblicher Störung der öffentlichen Sicherheit und Ordnung sichern. Zudem wurde die finanzielle staatliche Zuwendung für die Münchner Vollzugsbeamten in der Landeshauptstadt als unzureichend und als Mittel empfunden, die Münchner Polizei in die Arme des Staates zu bugsieren, sie betrug z. B. 6 588 DM im Jahr 1968, als Stuttgart vergleichsweise 11 500 DM und Frankfurt 8 600 DM erhielten. Dass diese Befürchtung nicht weit hergeholt war, zeigten die Äußerungen des damaligen Innenministers Merk, der auf einer Pressekonferenz Anfang 1971 kurz nach der Diskussion des Bayerischen Städteverbandes über die staatlichen Polizeikostenzuschüsse einen Stufenplan zur Verstaatlichung der kommunalen Polizeien bis 1974 oder 1975 vorgelegt hatte. Zur Vorbereitung der Verstaatlichung wurde Ende 1973 eine gemeinsame Arbeitsgruppe (AGVM) unter Leitung von Ministerialrat Häring gebildet, die die Verstaatlichung der Münchner Stadtpolizei zum 1. Oktober 1975 vorbereitete. Diese Problematik nahm auch in der Regierungserklärung des bayerischen Ministerpräsidenten Alfons Goppel vom 10. Dezember 1974 einen breiten Raum ein. Im Sommer 1975 wurden dann die künftigen Sollstärken, Aufgaben, Ausstattung, Bewertung und Besetzung der Dienstposten festgesetzt. Als Abschiedsgeschenk des scheidenden Dienstherrn erhielt jeder Münchner Polizeibedienstete einen Bierkrug mit Stadtwappen und Zinndeckel.

1975–2015

Der Eingang zum Polizeipräsidium in der Ettstraße.

VON DER STÄDTISCHEN ZUR STAATLICHEN POLIZEI

Autoren: Peter Gloël, Dr. Josef Boiger

Am 1. Oktober 1975 trat in zweifacher Hinsicht eine Zäsur ein. An diesem Tag wurde als letzte Gemeindepolizei im gesamten Bundesgebiet die Stadtpolizei München in einen staatlichen Polizeiverband überführt. Zugleich wurde auf dieser Grundlage die gesamte Polizei des Freistaats Bayern umorganisiert und in neue Bahnen gelenkt. Bayern verfügte nun über eine einheitliche staatliche Polizei. Dies war das Ende der von der amerikanischen Besatzungsmacht nach dem Zweiten Weltkrieg erfolgten Dezentralisierung der Polizei in Bayern. Die Umstellung auf die neue Organisationsform war schrittweise erfolgt.

Am 1. Oktober 1976 trat ein neues Polizeiorganisationsgesetz (POG) in Kraft, mit dem das alte Gesetz aus dem Jahre 1952 abgelöst wurde. Das POG 1952 hatte die Möglichkeit geboten, dass kreisangehörige Gemeinden auf Antrag ihre Polizeien dem Staat übertragen konnten. Im Jahre 1968 dehnte man dies auf kreisfreie Gemeinden aus. Vier Jahre später war die Verstaatlichung aller kommunalen Polizeien beschlossen worden. Im Ergebnis umfasste die Allgemeine Aufbauorganisation der Bayerischen Polizei Mitte der 70er-Jahre nun die vier Ebenen:

- Bayer. Staatsministerium des Innern (als oberste Führungsstelle der Polizei)
- Acht (seit 1. April 1978 sieben) Polizeipräsidien der Landespolizei, ein Präsidium der Bayer. Grenzpolizei, ein Präsidium der Bayer. Bereitschaftspolizei, das Bayer. Landeskriminalamt und das Bayer. Verwaltungsamt
- Polizeidirektionen
- Polizeiinspektionen (ggf. mit unterstellten Polizeistationen als nicht ständig besetzte Dienststellen mit räumlicher Zuständigkeit)

Mit der organisatorischen Umstellung ging eine Umwandlung der Landespolizeidirektionen in Polizeipräsidien einher. Das Stadtgebiet und der Landkreis München wurden mit der Verstaatlichung in einem Präsidium zusammengefasst, das gegenüber den anderen Polizeipräsidien eine geringfügig abweichende Organisationsform aufwies. So verblieb beispielsweise die Steuerung der Einsätze bei der Einsatzzentrale des Präsidiums und wurde nicht – wie bei allen Flächenpräsidien – von den Polizeidirektionen vorgenommen. Zu diesem Zeitpunkt hatte man erkannt, dass es um die Städte herum Bereiche gibt, in denen mehr als 90 % aller Straftaten von in diesen Gebieten ansässigen Tätern begangen werden. München titulierte man daher als Ballungsbereich (später Ballungsraum). Das Polizeipräsidium München wurde in die Abteilungen Personal, Einsatz und Versorgung untergliedert.

NEUORDNUNG DER ZUSTÄNDIGKEITEN

Ein Grundgedanke der Umorganisation war die Aufteilung des Staatsgebietes in sogenannte Schutzbereiche. Der Zuständigkeitsbereich des Polizeipräsidiums München wurde in vier regionale Polizeidirektionen (PD) unterteilt: PD München-Nord, PD München-West, PD München-Ost und PD München-Süd. Der PD als Führungsdienststelle unterstanden alle Bereiche des Polizeivollzugsdienstes und damit die Schutz-, Kriminal- und Verkehrspolizei. Dies galt nicht uneingeschränkt für München. Den Sektor Verkehr deckte eine eigene PD ab. In München wurden zudem – anders als in allen an-

2008 wurde die bislang jüngste Polizeiinspektion in Riem eröffnet (v. l.: Polizeipräsident Schmidbauer, Landtagsabgeordneter Traublinger, Innenminister Herrmann und Dienststellenleiter Polizeirat Schweinberger.

deren Präsidien – vier Kriminalpolizeidirektionen (KD) eingerichtet: KD 1 (höchstpersönliche Rechtsgüterverletzungen und Staatsschutz), KD 2 (Eigentums- und Vermögensdelikte), KD 3 (Zentrale Dienste der Kriminalpolizei) und KD 4 (örtliche Kriminalpolizeiinspektionen). Die KD 4 wurde im Lauf der Zeit aufgelöst und ihre Kriminalpolizeiinspektionen in die vier regionalen PD eingegliedert. Die PD waren in die Bereiche Direktionsbüro, Sachgebiet Einsatz und Sachgebiet Technik unterteilt, wobei das Sachgebiet Einsatz die eigentliche Führungsdienststelle darstellte. Ihr Leiter war zugleich der Vertreter des Leiters der PD.

2003 kündigten sich die bislang letzten tief greifenden Änderungen an: »[...] Wir werden die Polizeiorganisation massiv straffen und die Verwaltungsabläufe auf drei Stufen konzentrieren. Der Verwaltungsaufwand wird um 25 % reduziert.« Mit dieser Verlautbarung in der Regierungserklärung des damaligen Ministerpräsidenten Dr. Edmund Stoiber vom 6. November 2003 wurde ein Reformprozess angestoßen, der sich auf die gesamte Bayerische Polizei erheblich auswirkte und im Ergebnis – durch den Wegfall der Ebene Direktion – zu einem dreistufigen Organisationsaufbau führte.

Für das Polizeipräsidium München ergaben sich zum 1. Januar 2008 im Wesentlichen folgende Änderungen:

- Auflösung der vier regionalen und sechs funktionalen Direktionen
- Bildung und Integration von drei regionalen Abschnitten (Mitte, Ost, West) und von drei funktionalen Abschnitten (Ergänzungsdienste, Verkehr, Kriminalpolizei) in die Abteilung Einsatz des Präsidiums. Damit mussten beim Polizeipräsidium München, anders als bei den Flächenpräsidien, keine zusätzlichen Maßnahmen getroffen werden, um die bereits gut ausgeprägte Führungs- und Einsatzkompetenz weiter zu stärken
- Einführung eines »Höheren Beamten vom Dienst« (HvD), der mit einem Streifenfahrzeug rund um die Uhr im Außendienst präsent ist. Dem HvD ist ein Mitarbeiter fest zugeordnet. Außerhalb der Regeldienstzeit vertritt der HvD als ranghöchster Führungsbeamter das Polizeipräsidium nach innen und außen. Seine Aufgabe ist es insbesondere, gegebenenfalls die vorläufige Einsatzleitung bei größeren Sicherheitsstörungen oder besonderen Ereignissen zu übernehmen
- Errichtung einer neuen Polizeiinspektion, der PI 25 Trudering-Riem, die auf dem Gelände des ehemaligen Flughafens München-Riem entstand. Damit wurde in München nach über 55 Jahren, damals mit der Einrichtung des Polizeireviers Ludwigsfeld am 1. September 1952, eine neue Polizeidienststelle in Betrieb genommen.

Am 14. Dezember 1976 verließ Richard Oetker, Sohn aus der berühmten Lebensmittel-Dynastie, gegen 18 Uhr 45 eine Botanikvorlesung der Universität Weihenstephan in Freising. Auf dem Parkplatz überfiel ein maskierter Mann den 25-jährigen Studenten und zwang ihn, sich in eine Holzkiste auf der Ladefläche eines Kastenwagens zu legen. Der 1,96 m große Oetker fand in der 1,46 m langen, 80 cm hohen und 70 cm breiten Kiste kaum Platz. Sein Entführer fesselte ihn mit Handschellen, die über Kabel mit einem perfiden Folterinstrument verbunden waren: einem Gerät, das dafür sorgte, dass ein Stromstoß durch den Körper Oetkers gejagt würde, sobald der schreien sollte. Der Täter forderte von der Oetker-Familie nun 21 Millionen DM. Den Kastenwagen parkte er in einer Pasinger Garage.

Als der Entführer am nächsten Morgen zurückkam, berührte das sich öffnende Garagentor versehentlich die Antenne auf dem Dach des Kastenwagens. Das Geräusch löste die Stromfolter aus. Da Oetker sich in der Kiste nicht bewegen konnte, brach er sich durch die eigene Muskelkraft zwei Wirbel und beide Hüften.

Wegen der schwersten Verletzungen seines Opfers beschleunigte der Täter die Lösegeldübergabe. Richards Bruder August Oetker machte den Geldboten. Im Stachusuntergeschoss gelang es dem Entführer schließlich, den Geldkoffer an sich zu bringen und zu verschwinden. Richard Oetker fand man im Kreuzlinger Forst. Nach 49 Stunden war die Entführung zu Ende. Sofort begann die Polizei mit einer umfassenden Fahndung. Im April 1977 wurde eine Sonderkommission gegründet, doch die Erfolge blieben lange aus, obwohl erstmals in der Geschichte der Bundesrepublik eine Sondertelefonnummer eingerichtet wurde, bei der jeder die Stimme des Entführers abhören konnte.

Zwei Jahre nach der Entführung gelang es einem gewissen Dieter Z., sechs Beute-Tausender in einer Wechselstube in Kufstein in Schilling umzutauschen. Kurz danach versuchte Dieter Z. bei einer Münchner Bank einen Beute-Tausender auf sein Konto einzuzahlen – und wurde fortan überwacht, denn die Polizei ging von mehr als einem Täter aus. Letztlich wurde er verhaftet. Er leugnete die Tat und wurde in einem aufsehenerregenden Indizienprozess am 9. Juni 1980 zu 15 Jahren

Richard Oetker auf dem Weg zur Gerichtsverhandlung gegen seinen Entführer.

Gefängnis wegen erpresserischen Menschenraubs verurteilt. Nach seiner Entlassung und nachdem 1996 die Entführung verjährt war, gestand Dieter Z., der Täter zu sein.

Im Mai 1997 verhaftete ihn die Polizei in London, als er versuchte, rund 12,4 Millionen DM aus der Lösegeldsumme in Pfund umzutauschen. Das restliche Geld ist bis heute verschwunden. Dieter Z. saß in London zwei Jahre wegen versuchter Geldwäsche und vollendeten Betrugs. Er lebt heute in München.

Autor: Martin Arz

1976 ▪ DIE ENTFÜHRUNG VON RICHARD OETKER

BESONDERE DIENSTSTELLEN DER POLIZEI

SPEZIALKRÄFTE

Autor: Walter Nickmann

Im Allgemeinen wird der Begriff »Spezialkräfte« nahezu ausschließlich mit dem Spezialeinsatzkommando (SEK) verbunden. Diese Assoziation ist jedoch deutlich zu kurz gegriffen, denn zu den Spezialkräften gehören heutzutage auch das Mobile Einsatzkommando (MEK) sowie das Technische Einsatzkommando (TEK). Diese drei Kommandos bilden die Polizeiinspektion Spezialeinheiten. Die Beamten der Münchner PI Spezialeinheiten werden auf Anforderung durch die jeweiligen Polizeipräsidien in ganz Südbayern eingesetzt. Ferner zählt auch die 3. Einsatzhundertschaft, das Unterstützungskommando (USK), zu den Spezialkräften. Das Wort Spezialkräfte definiert bereits, dass diese Einheiten für besondere Einsätze bzw. Einsatzlagen, die über die Regelausbildung des allgemeinen Polizeivollzugsdienstes weit hinausgehen, herangezogen werden. Aus verständlichen Gründen unterliegen sowohl die Angehörigen als auch die Dienststelle einem Anonymitätsschutz, weshalb nachstehend nicht auf Strukturen, Einsatzkonzepte und dergleichen eingegangen wird.

Die Ausrüstung des SEK sah Anfang der 1980er noch nicht sehr nach Hightech aus.

Die Notwendigkeit zur Gründung der Spezialeinheiten zeigte sich erstmals am 4. August 1971 bei dem Überfall auf die Deutsche Bank-Filiale in der Prinzregentenstraße 70. Hier trat ein Verbrechensphänomen zutage, das es vorher in der Bundesrepublik noch nie gegeben hatte: Die Geiselnahme von 18 Personen zur Durchsetzung einer Lösegeldforderung in Millionenhöhe. Während der XX. Olympischen Spiele kam es am 5. September 1972 zu einer erneuten Geiselnahme. Elf Mitglieder der israelischen Olympiamannschaft wurden von Tätern einer palästinensischen Terroristenorganisation als Geiseln genommen. Bei der Befreiungsaktion kam es zu einem Desaster: Keine einzige Geisel konnte durch die Polizei gerettet werden, zudem verstarb ein Münchner Polizeiobermeister durch einen Querschläger. Am 1. Februar 1973 nahmen in Bayern die Spezialeinheiten ihren Dienst auf, um bei besonderen Einsatzlagen wie z. B. Geiselnahmen, Entführungen oder der Terrorismusbekämpfung eingesetzt zu werden. Diese Dienststellen wurden bei den Polizeipräsidien Mittelfranken und München angesiedelt, um den nord- bzw. südbayerischen Raum abzudecken. Im Februar 1974 führte ein Beschluss der Innenministerkonferenz zu einer Umstrukturierung des SEK. Eine Modifizierung dieses Konzeptes sowie der Struktur der Spezialkräfte ergab sich am 30. April 1979 infolge einer in Landshut stattgefundenen Geiselnahme. Ähnlich des Überfalles auf die Deutsche Bank-Filiale im Jahre 1971 hatte ein 27-jähriger Metzger eine Bank überfallen und 15 Personen in seine Gewalt gebracht, um seiner Geldforderung Nachdruck zu verleihen. Das brutale Vorgehen des Täters erforderte den raschen Zugriff der Spezialkräfte. Alle Geiseln konnten körperlich unversehrt befreit werden, der Geiselnehmer erlitt tödliche Verletzungen. Gerade bei diesem Einsatz zeigte sich, dass Großgruppen nötig waren, die Tag und Nacht einsatzbereit sein müssen. Dies führte zur Zusammenlegung der Spezialeinheiten zu einer Gesamtorganisationseinheit.

SEK-Kräfte beim Einsatztraining.

Als Folge der dramatischen Geiselnahme am 16. August 1988 in Gladbeck (Nordrhein-Westfalen) kam es im Jahre 1991 zu einer erneuten Umstrukturierung der Spezialkräfte. Auch die im November 2007 in München vollzogene Polizeireform führte zu einer Organisationsanpassung. Aus der bisherigen »Polizeidirektion Spezialeinheiten« wurde die neue »Polizeiinspektion Spezialeinheiten«, in der SEK, MEK sowie TEK integriert sind. Auswahl, Ausbildung und Training der Beamten orientieren sich an den sich ständig verändernden oder neuen Verbrechensphänomenen. Exemplarisch sind hier Razzien im Rockermilieu, Einsätze zur Bekämpfung der Organisierten Kriminalität oder die Bewältigung von Amoklagen zu nennen. Zudem unterstützen die SEK-Kräfte die Kollegen des Streifendienstes bei laufenden Einsätzen, vor allem, wenn dabei die Täter Waffen, Brand-/Sprengmittel oder Ähnliches einsetzen könnten oder bereits einsetzten.

Primäre Einsatzziele aller SEK-Beamten sind Schutz und Rettung von Menschenleben. Die Opferrettung hat immer Vorrang vor der Festnahme des Rechtsbrechers. Im Extremfall kann dies bis zum finalen Rettungsschuss führen. SEK-Beamte sind bei ihren Einsätzen einer deutlich erhöhten Gefahr ausgesetzt und stehen aufgrund der exponierten Einsatzlagen im besonderen Blick der Öffentlichkeit. Eine Fehlleistung der Spezialkräfte, aus welchen Gründen auch immer, bedeutet in der heutigen Zeit, in der die Medien live vom Einsatzort und in der Einsatznachbetrachtung durchaus kritisch berichten, neben den möglicherweise gravierenden Folgen für Leib oder Leben von Menschen auch einen enormen Imageverlust für die Bayerische Polizei. Deshalb erfordert die Rekrutierung von Beamten für den SEK-Dienst ein besonders strenges Auswahlverfahren. Jeder Bewerber muss mindestens 24 Jahre alt sein und eine mehrjährige Einzeldiensterfahrung nachweisen können. Daneben haben die Bewerber in einem Sporttest sowie einem psychologischen Prüfungsverfahren ihre persönliche Eignung zu zeigen. Besondere Wesensmerkmale aller Beamten sind starke Stressresistenz, Sportlichkeit, kognitive Flexibilität, hohe Teamfähigkeit und ein großes Maß an Besonnenheit, denn Draufgänger oder Rambo-Typen eignen sich höchstens für Actionfilme, aber nicht für das SEK. Das permanente Training aller denkbaren Szenarien ist fester Bestandteil der Aus- und Fortbildung. Die Einsätze sind in

Sprengen, Schießen, Häuser stürmen – hartes Training gehört zum Alltag der SEK-Beamten.

jeder Hinsicht fordernd. Allein die Schutzausrüstung, die dem jeweilgen Einsatzerfordernis entspricht, wiegt durchschnittlich 20 Kilogramm. Die Stärke des SEK-Teams besteht im Verbund des Zusammenwirkens der einzelnen Gruppenmitglieder, die sich durch ihre jeweiligen Spezialausbildungen optimal ergänzen.

Im Gegensatz zu den SEK-Kräften agieren die Beamten des MEK fast ausschließlich im verdeckten Observationseinsatz. Das MEK agiert gegebenenfalls auch über die bayerische Staatsgrenze hinaus. Unauffälligkeit ist das entscheidende Merkmal für die Arbeit des MEK. Auch das MEK wird nur in bestimmten Fällen eingesetzt. Die MEK-Beamten sind bei ihren Einsätzen einem erhöhten Risiko ausgesetzt, sie agieren meist aus der Bewegung, d. h. aus einer mobilen Lage heraus. Aus diesem Grunde absolvieren diese Beamten regelmäßig ein spezielles Fahrtraining, weil sie in manchen Einsatzlagen in den fahrerischen Grenzbereich kommen, vor allem bei mobilen Geisellagen. Die Hauptaufgabe des MEK ist jedoch in erster Linie Erkenntnisgewinnung, um Straftaten aufzuklären und den ermittelnden Kollegen die Möglichkeit zur Festnahme der Straftäter zu eröffnen. Dazu wird auch modernste Technik eingesetzt. Die staatlicherseits durchgeführte Observation einer Person oder Personengruppe sowie die Verwendung technischer Mittel müssen immer rechtskonform erfolgen und sind im Polizeiaufgabengesetz sowie in der Strafprozessordnung geregelt. Das MEK hat bei seinen Einsätzen das rechtsstaatliche Trennungsgebot strikt zu beachten und darf deshalb nicht mit Nachrichtendiensten zusammenarbeiten.

Das Technische Einsatzkommando TEK ist für die technische Unterstützung der vorgenannten Kräfte zuständig. Die TEK-Beamten müssen angesichts der

1985 ▪ DER MORDFALL MICHAELA EISCH

Am 17. Mai 1985 war ein großer Tag für die kleine Michaela, von ihrer Mutter Helga Eisch liebevoll »Mickymäuschen« genannt: Das 8-jährige Kind durfte das erste Mal alleine U-Bahn fahren. Sie sollte ihre Mutter um 12 Uhr von der Arbeit abholen. Helga Eisch arbeitete als Kellnerin im Alpenhotel in der Kolpingstraße. Michaela fuhr mit der U-Bahn vom Innsbrucker Ring zum Hauptbahnhof, doch sie verpasste ihre Mutter knapp. Nachmittags wurde das Kind von mehreren Zeugen nahe der U-Bahnstation Josephsburg gesehen. Gegen Abend wurde beobachtet, dass ein Mann (ca. 30 Jahre alt, 1,85 m groß, schlank, dunkelblond) mit diesem Mädchen am Kiosk an der Wittelsbacherbrücke stand. Später sah ein Zeuge, wie der Mann mit dem Kind über den Zaun ins dicht bewachsene Gelände unterhalb der Braunauer Eisenbahnbrücke stieg. Am 14. Juni rief ein Arbeiter die Polizei, denn auf dem Gelände hing starker Verwesungsgeruch in der Luft. Man vermutete ein verendetes Reh. Doch die herbeigerufenen Beamten fanden im dichten Unkraut kein Reh, sondern die stark verweste Leiche von Michaela. Der Unbekannte hatte das Kind vergewaltigt und mit seinem eigenen Höschen erwürgt. Sieben Jahre nach dem Tod ihrer Tochter verstarb Helga Eisch an einem Asthma-Anfall. Fast 26 Jahre später, im Juli 2011, startete die Polizei das erste DNS-Massenscreening Münchens. 3000 Männer, die damals in der Nähe von Michaelas Wohnort gewohnt hatten, wurden zur Speichelprobe gebeten. Ohne Erfolg. Auch ein 2013 gesendeter Beitrag in »Aktenzeichen XY ... ungelöst« brachte nicht das erwünschte Ergebnis. Der Mörder von »Mickymäuschen« ist bis heute nicht gefasst.

Autor: Martin Arz

Bis heute wird nahe des Fundortes der Leiche ein Gedenkstein für Michaela Eisch geschmückt.

Motorradfahren in unwegsamem Gelände und Abseilen vom Hubschrauber gehören zum Pflichtprogramm der SEKler.

rasanten technischen Entwicklung (z. B. Drohnen, Videobeobachtung, Ortung etc.) stets auf dem aktuellsten Stand sein, denn nur mit der optimalen Sachausstattung können die Spezialkräfte den Einsatzerfolg gewährleisten. Aus Geheimhaltungsgründen kann hier auf die technischen Möglichkeiten nicht näher eingegangen werden. Bei der 40-Jahr-Feier der Bayerischen Spezialkräfte am 29. April 2013 hob der Bayerische Innenminister Joachim Herrmann die Verdienste der Beamten für die Sicherheit der Bürger des Freistaates besonders hervor. In seiner Rede betonte er, dass für das nord- und südbayerische SEK zusammen jährlich bis zu 900 Einsätze mit ca. 170 000 Stunden anfallen.

EIN POLIZIST WIRD PLÖTZLICH ZUR GEISEL

Autor: Walter Nickmann

Der Polizeidienst beinhaltet zuweilen Geschehnisse, die von Außenstehenden als eher unwahrscheinlich oder gar übertrieben eingeschätzt werden würden. Und doch: Die beiden nachfolgend geschilderten Einsätze zeigen, dass aus polizeilicher Sicht zu jeder Zeit an jedem Ort mit jeder Einsatzlage zu rechnen ist und die »Dramaturgie« oftmals das polizeiliche Gegenüber, also der Täter, einleitet:

Donnerstag, 7. Dezember 1995, 16.00 Uhr, Einsteinstraße 1: Ein bewaffneter und maskierter Täter betritt die Sparkassenfiliale. Der 53-jährige Münchner nimmt zwei Angestellte und vier Kunden als Geiseln. Er fordert vier Millionen Mark, ein Fluchtfahrzeug und »keine Tricks«. Der Polizeipräsident, Psychologen des Zentralen Psychologischen Dienstes der Bayerischen Polizei, das SEK sowie Polizeibeamte, Notarztteams und ein Löschzug der Berufsfeuerwehr sind vor Ort. Der Leiter der Polizeidirektion Ost (PD Ost) übernimmt die Einsatzleitung. Die Beamten der Verhandlungsgruppe beginnen ihre Gesprächsführung mit dem Täter. Dieser ist sehr nervös, die Geiseln sind extrem angespannt. Um 19.00 Uhr lässt der Täter eine Geisel frei, die Anzeichen eines Herzanfalles zeigt. Den SEK-Beamten gelingt es, zwei Kunden in Sicherheit zu bringen. Aufgrund eines Schwächeanfalles lässt der Täter eine weitere Geisel frei. Als die Gespräche der Verhandlungsgruppe mit dem Täter zu keinem Ergebnis führen sowie alle Risiken abgewogen sind, stürmt um 22.07 Uhr das SEK in den Schalterraum, überwältigt den Täter und befreit die verbliebenen Geiseln. Alle eingesetzten Beamten sind über den unblutigen Ausgang der Geiselnahme erleichtert. Im Nachgang übernehmen die Beamten des K 111 (Mordkommission) die Sachbearbeitung, die Beamten des Führungsstabs vervollständigen die letzten Aufzeichnungen in den Einsatzprotokollen. Sukzessive kehren die eingesetzten Kräfte zu ihren jeweiligen Dienststellen zurück. Auch der Einsatzleiter fährt mit den Beamten des Führungsstabes zur Polizeidirektion Ost zurück. Sofort beginnt die Einsatznachbereitung. Niemand ahnt, dass in den nächsten Stunden erneut eine Geiselnahme im Zuständigkeitsbereich der PD Ost zu bewältigen sein wird.

Um 02.00 Uhr geht ein Anruf in der Einsatzzentrale ein. Ein 36-jähriger Mann teilt mit, dass er seine 33-jährige Lebensgefährtin in seiner Gewalt hat und über Schusswaffen verfügt, was er mit einem Schuss untermauert. Sofort entsendet die Einsatzzentrale Streifenfahrzeuge in die Arminiusstraße. Bereits kurze Zeit später trifft die erste Streife am Einsatzort ein. Die Beamten parken ihren Streifenwagen etwas abgesetzt vom Objekt und begeben sich durch einen Durchgang in den Innenhof der Wohnanlage. In dem Moment, als sie den Innenhof betreten, peitschen die ersten Schüsse – nach Meinung der Kollegen aus einer Langwaffe – in Richtung der Beamten. Später stellt sich heraus, dass der Täter mit einer »Pumpgun« und einer Pistole schoss. Sofort ziehen sich die Beamten zurück und fordern per Funk eilige Unterstützung an. Die Einsatzlage ist ungeklärt. Niemand weiß, was der Täter als Nächstes tun wird. Wie geht es der Geisel? Steht eventuell ein Amoklauf bevor? Eines ist jedoch klar: Ein bewaffneter und zu allem entschlossener Täter hat eine Frau, die es zu befreien gilt, in seiner Gewalt. Der Schutz der Hausbewohner hat ebenfalls oberste Priorität.

Der Leiter der PD Ost übernimmt die Einsatzleitung und rückt sofort aus. Zeitgleich erfolgen die Alarmierung der Bereitschaftsgruppe des SEK, der Aufruf der Verhandlungsgruppe sowie die Anforderung weiterer Kräfte. Nach und nach treffen die Einheiten ein. Erneut wird eine »Besondere Aufbauorganisation« gebildet. Zwischenzeitlich gelingt der Lebensgefährtin die Flucht aus der im zweiten Stock gelegenen Wohnung. Als der Täter dies bemerkt, flüchtet er in die Tiefgarage des Anwesens, wo er sich verschanzt. Argumenten ist der hochgefährliche Täter nicht zugänglich. Um eine Gefährdung der SEK-Beamten zu vermeiden und auch den Täter nicht durch einen polizeilichen Schusswaffengebrauch zu verletzen oder gar zu töten, kommt ein Hund des SEK zum Einsatz. Der Hund beißt den Täter tatsächlich in die rechte Hand. Dieser ist jedoch Linkshänder und erschießt den Hund. Der Biss führt zwar zu einer blutenden Wunde, eine Beeinträchtigung oder gar Aufgabe des Täters bewirkt er nicht. Der zu allem entschlossene Mann erkennt, dass er nur durch eine Flucht aus der Tiefgarage eine Chance hat, zu entkommen. Dabei kommen ihm seine Ortskenntnisse zugute. Über einen Ausgang zum Nebengebäude flieht er aus der Tiefgarage. Noch bevor jemand reagieren kann, geschieht etwas, mit dem niemand rechnete: Der Täter steht unvermittelt dem Leiter der Verhandlungsgruppe gegenüber. Kurzerhand hält der Täter dem Beamten einen Revolver an die linke Körperseite und zwingt ihn, mit ihm zu gehen.

Der weitere Fortgang der Ereignisse ergibt sich aus dem nachfolgenden Interview, das ich mit dem damaligen Verhandlungsgruppenführer im Dezember 2014 führte:

Was muss man sich unter der Aufgabe eines Verhandlungsgruppenleiters vorstellen?
Bei bestimmten Fällen der Schwerstkriminalität, insbesondere bei Geiselnahmen, werden bei der Bayerischen Polizei Verhandlungsgruppen eingesetzt, um mit dem Täter die Situation auf dem Verhandlungswege, also durch Gespräche, zu lösen. Jede Verhandlungsgruppe hat einen Leiter, der die Abläufe in der Verhandlungsgruppe koordiniert, der aber auch dafür sorgt, dass die notwendigen Informationen vom Polizeiführungsstab an die Verhandlungsgruppenmitglieder weitergegeben werden. Ebenso auch umgekehrt, also die Forderungen des Täters dem Polizeiführer übermittelt werden. Zudem stimmt der Verhandlungsgruppenleiter sich mit dem SEK, anwesenden Psychologen usw. ab, um das Ziel des Einsatzleiters vor Ort zu erreichen.

Wie lief in jener Nacht der konkrete Einsatz als Verhandlungsgruppenführer ab?
Ich wurde in jener Nacht von einem Beamten der Einsatzzentrale zu Hause angerufen, Einsatzgrund sowie Einsatzort wurden mir kurz mitgeteilt. Nach einer guten halben Stunde war ich in der Arminiusstraße angekommen.

Wie stellte sich die Situation vor Ort dar?

Es waren viele Schutzpolizisten vor Ort anwesend, der Führungsstab hatte seine Arbeit aufgenommen. Ich besprach mich mit dem Einsatzleiter, dies war der Leiter der PD Ost. Von ihm erhielt ich eine kurze Lageeinweisung. Ich stimmte mich dann mit den Mitgliedern der Verhandlungsgruppe ab, ebenso sprach ich mit dem SEK-Leiter und mit einem Psychologen des Zentralen Psychologischen Dienstes (ZPD). Zu diesem Zeitpunkt wusste man nicht, wo sich der Täter aufhielt. Es stellte sich dann aber heraus, dass der Täter sich in der Tiefgarage des Anwesens verschanzt hatte. Seitens des SEK wollte man mit einem gepanzerten Fahrzeug in die Tiefgarage hinunterfahren, dies musste aber aus verschiedenen Gründen verworfen werden. Stattdessen setzte das SEK Pyrotechnik ein, die aber auch keinen Erfolg zeigte – der Täter gab nicht auf. Daraufhin gingen SEK-Beamte mit einem Hund in die Tiefgarage. Der Hund lief auf den Täter zu und biss ihn in den rechten Arm/Hand. Der Täter war Linkshänder und erschoss den Hund. Anschließend schoss er mehrmals auf die SEK-Kräfte. Kurz darauf bekam ich die Information, es sei möglich, den Täter anzusprechen. Ich sprach mich mit dem Psychologen des ZPD ab, dieser ging dann in Richtung der Tiefgarageneinfahrt und sprach mit einem Megafon den Täter an. Der Täter zeigte aber keinerlei Reaktion.

Wie kam es zu Ihrer Geiselnahme?

Ich selbst stand in Zivilkleidung mit einem Handfunkgerät im Innenhof des Anwesens. Plötzlich spürte ich, dass mir jemand eine Waffe an die linke Körperseite drückte und mich zum Ablegen des Funkgerätes aufforderte. Dem Täter muss aufgrund des Funkgerätes klar gewesen sein, dass ich ein Polizeibeamter war. Er dirigierte mich auf die Straße, wir gingen an dem Fahrzeug des Führungsstabes vorbei. Der Täter ging mit mir zu einem Einsatzgruppenfahrzeug und forderte mich auf, mit ihm in diesem Fahrzeug wegzufahren. Ich sagte, dass ich keinen Führerschein für dieses Fahrzeug habe und es allein aufgrund der Größe nicht fahren kann. Der Täter glaubte dies und ich bemerkte hierbei, wie hochgradig er unter Stress stand. Er ging dann mit mir zu einem geparkten Streifenfahrzeug, um mit mir in dieses einzusteigen. Er wollte dieses Fahrzeug selbst fahren. Der Streifenwagen war aber abgesperrt, sodass er mit mir nicht wegfahren konnte. Er sagte dann zu mir, er werde mit mir jetzt in die Isaranlagen gehen [Tatortnähe]. Als wir relativ langsam Richtung Isar gingen, sagte er zu mir, dass er heute sterben möchte.

Konnten Sie mit dem Täter ein Gespräch beginnen?

Ja, auf dem Weg zur Isar kamen wir in ein Gespräch, ich sprach mit dem Täter über die bevorstehende Weihnachtszeit. Ich fragte ihn, ob er Kinder habe und wenn ja, ob er für diese schon Geschenke eingekauft hat. Ich muss sagen, dass ich um mich selbst nicht so sehr in Sorge war. Viel wichtiger war mir die Frage, wie es mit meiner Familie weitergehen würde, wenn mich der Täter erschießt.

Hatten Sie für sich eine Vorstellung, wie Sie am besten aus Ihrer Lage herauskommen könnten?

Zunächst hatte ich schon überlegt, den Täter körperlich anzugehen. Ich kam aber von dieser Idee schnell wieder ab, denn ich hatte bemerkt, dass ihn die blutende Verletzung am rechten Arm/Hand überhaupt nicht interessierte. Er zeigte keinerlei Schmerzempfinden, und mir war trotz meines eigenen Stresses klar, dass er bei einem Angriff auf ihn keinerlei Schmerzen empfinden würde. Deshalb war ich weiterhin bemüht, mit ihm in einem Gespräch zu bleiben. Dies gelang mir auch.

War es Ihnen möglich, in gewisser Weise das weitere Vorgehen des Täters zu beeinflussen?

Wir waren so ca. zwei- bis dreihundert Meter in den Isaranlagen gegangen, als wir an eine Gabelung kamen. Ich muss sagen, dass die von uns begangenen Wege sehr schlecht waren, teilweise standen Wurzeln heraus, zudem waren sie etwas vereist und es herrschte ja Dunkelheit. An dieser Gabelung merkte ich, dass der Täter kurz zögerte. Er wiederholte, dass er heute sterben möchte, und wenn es sein muss, nähme er mich mit. Der Täter überlegte, ob er mit mir links oder rechts gehen sollte. Ich erkannte aber, dass wir, wenn wir nach links gehen würden, in die Dunkelheit gegangen wären. Ich sagte relativ schnell und bestimmt, dass wir nach rechts gehen, denn ich hatte aufgrund der in einiger Entfernung sichtbaren Straßenbeleuchtung erkannt, dass dort der Mittlere Ring sein musste. Meine Überlegung war, dass wir dort wieder an Licht kommen, denn ich war mir absolut sicher, dass die SEK-Kollegen uns nachgingen. Ich dachte mir, dass die Ein- bzw. Zugriffsmöglichkeiten für das SEK in der relativen Helligkeit wesentlich besser sind als in der Dunkelheit.

Wie verhielt sich der Täter?

Der Täter ließ mich, als wir so dahingingen, mehrmals niederknien und hielt mir dabei seine .357er Magnum an den Kopf. Ich muss nun anmerken, dass ich dies selbst gar nicht bemerkt hatte, dies wurde mir erst hinterher von den Kollegen, die uns nachgingen, gesagt. Die SEK-Beamten hatten damals aufgrund dieses Verhaltens des Täters erkannt, dass die Situation für mich immer gefährlicher wurde. Wir kamen dann recht nahe an den Mittleren Ring. Wir standen im Licht der Straßenbeleuchtung des Rings, und der Täter drehte sich zu den SEK-Beamten, die in einem deutlichen Abstand nachrückten, um und schoss mit seinem großkalibrigen Revolver auf diese. Der Täter hatte mich bis zu diesem Zeitpunkt immer sehr eng umschlungen und als seine Deckung benutzt. Als er auf die SEK-Kräfte, wie vorher beschrieben, schoss, hatte er mich etwas losgelassen, sodass ich ihm keine direkte Deckung mehr bot. In diesem Moment nahm ich instinktiv meinen Kopf zur Seite und plötzlich sackte der Täter nach unten. Er war durch einen finalen Rettungsschuss zu Tode gekommen. Ich drehte mich dann um und sah in einiger Entfernung die SEK-Beamten aus der Dunkelheit auf mich zukommen.

Wie ging es Ihnen nach dem Rettungsschuss durch das SEK?

Ich wurde dann gleich in einem Rettungswagen auf eine Trage gelegt. Ich begann völlig unkontrolliert am ganzen Körper zu zittern. Dies dauerte einige Minuten. Später wurde mir gesagt, dass dies der Abbau des angestauten Adrenalins war. Als ich dann wieder einigermaßen stabil war, ging ich zum Fahrzeug der Einsatzleitung. Dort sprach ich kurz mit Herrn Dr. Koller [Polizeipräsident] und wurde anschließend zum Dezernat 11, das für Geiselnahmen sachlich zuständig war, gefahren und dort als Zeuge vernommen. Ich rief dann meine Ehefrau an, denn sie hatte in der Nacht ja mitbekommen, dass ich als Verhandlungsgruppenleiter zu einem Einsatz gefahren war. Und sie hatte auch mit Sicherheit durch die Medien erfahren, dass ein Polizeibeamter als Geisel genommen worden war. Ich teilte ihr mit, dass ich derjenige war, den der Täter als Geisel genommen hatte. Dann fuhr ich nach Hause. Nach dem Wochenende ging ich wieder ganz normal in meinen Dienst und nach einem halben Jahr stellte ich mich aus eigenem Antrieb wieder als Verhandlungsgruppenleiter zu Verfügung.

Nach ca. drei Jahren stellte ich fest, dass ich beim Aufenthalt in größeren Menschenmengen oder bei Fernsehfilmen, in denen Gewaltszenen gezeigt wurden, unruhig wurde und leicht zu schwitzen begann. Ich wendete mich an unseren Zentralen Psychologischen Dienst, der mir bereits unmittelbar nach der Geiselnahme Hilfe angeboten hatte. Ich erhielt den Rat, professionelle Hilfe in Anspruch zu nehmen, dies tat ich auch für einen Zeitraum von einem guten halben Jahr – dies

---

Artikel 66, Absatz 2, Satz 2 des Bayerischen Polizeiaufgabengesetzes (BayPAG) bestimmt den gezielten tödlichen Einsatz von Schusswaffen durch die Polizei nur dann als »zulässig, wenn er das einzige Mittel zur Abwehr einer gegenwärtigen Lebensgefahr oder der gegenwärtigen Gefahr einer schwerwiegenden Verletzung der körperlichen Unversehrtheit ist«. Der finale Rettungsschuss kam in Deutschland erstmals am 18. April 1974 bei einem Banküberfall in Hamburg zum Einsatz, bei dem der Bankräuber zuvor einen Polizisten erschossen hatte. Im Oktober 1986 kam es in Bayern erstmals zur Anwendung des Art. 66 II, 2 BayPAG. Der arbeitslose 45-jährige Heizungsinstallateur Werner B. bedrohte und entführte im Rahmen einer »letzten Aussprache« seine ehemalige Freundin, die 23-jährige kaufmännische Angestellte Petra Hofmeier, in seine Parterrewohnung in der Winzererstraße 178 und nahm sie als Geisel. Das Drama dauerte über 36 Stunden an, währenddessen die Geisel ständig bedroht und am Verlassen der Wohnung gehindert wurde. Der Täter vermied es, sich am Fenster zu zeigen und ein Ziel zu bieten. Erst als er einmal ungeduldig auf sein Frühstück wartete und sich kurz am Fenster zeigte, wurde er von einem Polizeischarfschützen von einer nahe gelegenen Wohnung aus 40 m Entfernung erschossen und die Geisel befreit.

Autor: Dr. Josef Boiger

tat mir gut. Ich hatte keine Beschwerden mehr und konnte auch an der Fachhochschule – Fachbereich Polizei – sowie an der Hochschule der Polizei in Münster Vorträge über den Einsatz und meine Erfahrungen als Geisel halten und meine Erfahrungen weitergeben.

Wie waren Sie insgesamt mit Ihrer Betreuung durch den Dienstherrn zufrieden?

Die Betreuung zu jener Zeit, also 1995, war nicht so professionell, wie sie heute ist. Ich merkte, dass sowohl meine unmittelbaren Kollegen als auch meine Vorgesetzten nicht genau wussten, wie sie nun mit mir umgehen sollten. Dies meine ich allerdings nicht als Vorwurf, sondern als mein erlebtes Gefühl. So eine Situation, dass ein Kollege als Geisel genommen worden war, hatte es noch nie gegeben. Ich kann aber sagen, dass sowohl meine Kollegen, mein Direktionsleiter und auch Herr Dr. Koller mir menschlichen Zuspruch und Unterstützung gaben und bemüht waren, mir zu helfen.

Was ich damals als sehr befremdend erlebte, war der Umstand, dass sich seitens der Polizeiabteilung im Innenministerium niemand unmittelbar bei mir erkundigte, wie es mir ging. Damals war es für mich auch sehr schlimm, dass meine Beschwerden nicht auf die Geiselnahme zurückgeführt wurden und somit ein Dienstunfall abgelehnt wurde. Die mir entstandenen Kosten wurden seitens des Dienstherrn nicht übernommen. Ich musste auf eigene Kosten ein Gutachten erstellen lassen. Dieses wurde nicht akzeptiert. Ich nahm mir anwaltschaftliche Hilfe, es wurde ein »Obergutachten« erstellt, das dann dazu führte, dass mir zumindest Teile der entstandenen Kosten erstattet wurden. Dies alles war für mich sehr, sehr verletzend, denn man hält im wahrsten Wortsinn seinen Kopf hin und wird dann mit solchen Dingen konfrontiert. Mittlerweile ist dies aber für mich auch emotional abgeschlossen.

Hat Sie dieses damalige Ereignis verändert?

Ja. Im Hinblick auf das, was ich in jener Nacht erleben musste, waren alle anderen negativen Dinge nachrangig. Ich wurde gelassener. Auch vollzog sich bei mir eine weltanschauliche Veränderung. Ich habe einen anderen Bezug zum Leben und zu Lebewesen, auch im weitesten Sinne, erhalten. Es mag für manchen komisch klingen, aber ich vermeide es, selbst eine kleine Fliege, die einen stört, zu töten. Diese Einstellung hatte ich vorher nicht, ich führe diese Einstellung zum Leben auf meine damalige Geiselnahme zurück.

DAS UNTERSTÜTZUNGS-KOMMANDO (USK)

Autor: Walter Nickmann

Mit der am 1. April 1967 aufgestellten 1. Einsatzhundertschaft (EH) sowie der am 1. Juni 1969 in Dienst gestellten 2. EH (als vollständige Hundertschaft) gab es beim PP München zwei Dienststellen, die rund um die Uhr ad hoc in Zugstärke zur Verfügung standen. Beide Dienststellen hatten sich bestens bewährt. Vor dem Hintergrund der zunehmenden Einsatzbelastung war absehbar, dass eine dritte EH nur noch eine Frage der Zeit sein würde. Sie wurde 1987 aufgestellt. Diese Einsatzhundertschaft sollte jedoch eine gänzlich andere Konzeption erhalten. Hintergrund waren zwei Ereignisse: Die gewalttätigen Ausschreitungen um die Wiederaufbereitungsanlage in Wackersdorf sowie die Pistolenschüsse auf hessische Bereitschaftspolizisten während einer Demonstration um die Startbahn West des Frankfurter Flughafens am 2. November 1987. Bei diesem Gewaltexzess kamen zwei Beamte ums Leben, sieben wurden schwer verletzt. Vier Tage nach diesen Morden ordnete der bayerische Innenstaatssekretär Dr. Peter Gauweiler die Aufstellung von Unterstützungskommandos für Bayern an. Da auch in München ein Kommando aufzustellen war, bot sich hierfür die 3. EH als »USK München« an.

Peter Gauweiler, damals Staatssekretär im Innenministerium, im Dezember 1987 mit dem ersten USK-Führer.

Übung für den Ernstfall: USK-Beamte beim realitätsnahen Training einer gewalttätigen Demonstration.

Das USK München sollte auf der Grundlage des USK-Konzeptes bei Versammlungen bzw. Demonstrationen und Großveranstaltungen, wie z. B. Fußballspielen mit gewalttätigem Störerpotenzial, rechtskonform zur schnellen Bereinigung dieser Einsatzlagen eingesetzt werden können und eine gerichtsverwertbare Beweissicherung sicherstellen. Doch die Verwendung des USK zur Verhütung bzw. Unterbindung gewalttätiger Ausschreitungen schloss den Einsatz als »normale« EH nicht aus. USK-Beamte verfügen zwar über eine spezielle Ausbildung und Ausstattung, sie sind aber kein »SEK-light«. Ihre Einsätze liegen grundsätzlich unterhalb der Schwelle, bei der das SEK eingesetzt wird. Im Gegensatz zur 1. und 2. EH, die reine Ausbildungsdienststellen für neu nach München gekommene Vollzugsbeamte darstellen, wurde das Personal für die 3. EH (USK) völlig anders rekrutiert. Jeder USK-Bewerber muss bis heute einen Einstellungstest absolvieren, dann folgt eine spezielle Ausbildung, deren Schwerpunkte die Zugriffstechniken und die Einsatzkommunikation bilden. Schnell zeigten sich die Kernkompetenzen des USK: Insbesondere bei Demonstrationen, den wöchentlichen Fußballeinsätzen, Razzien im kriminellen Milieu, Wohnungsdurchsuchungen bei gewaltgeneigten Personen, speziellen Gefangenentransporten usw.

war das USK permanent präsent. Die USK-Beamten kamen und kommen häufig in höchst konfliktträchtigen Situationen zum Einsatz. Auch dadurch geriet das USK in die Kritik. Besonders deutlich wurde dies anlässlich des sog. Münchner Kessels am Vormittag des 6. Juli 1992 während des Münchner Wirtschaftsgipfels. Auch nach einigen Fußballeinsätzen kam es immer wieder zu Anschuldigungen gegen USK-Beamte. In der Tat zeigt das USK allein durch seine Ausrüstung, das strukturierte Auftreten in Gruppen-, Zug- oder Hun-

USK-Einsatz bei einer Demo.

München im Blick: Polizeireiter im Englischen Garten vor der Skyline der Altstadt.

dertschaftsstärke sowie die Anwendung der Zugriffstechniken beim polizeilichen Gegenüber Wirkung. Sein Einsatzwert liegt aber auch und gerade in der Möglichkeit des offensiven und zielgerichteten Vorgehens gegen gewaltbereite Störer. Bereits seit dem Jahre 2005 tragen die USK-Beamten dunkelblaue (»parisblue«) Einsatzoveralls mit dem »Greif« als Einheitsabzeichen. Gerade die Doppelfunktion als Einheit für besondere Aufgaben sowie als konventionelle 3. Einsatzhundertschaft macht das USK zu einer nicht mehr wegzudenkenden Dienststelle im Bereich des PP München mit stetig steigendem Aufgabenspektrum.

DIE REITERSTAFFEL

Autor: Walter Nickmann

Nahezu keine andere Dienststelle des Polizeipräsidiums kann auf eine so lange Tradition zurückblicken wie die Reiterstaffel. Am 25. Januar 1824 nahm in München die »Kgl. Gendarmerie-Stadt-Kompanie«, die aus der »Münchner Policey-Wache« hervorgegangen war, ihren Dienst auf. Die Kompanie umfasste zwei Offiziere, einen Feldwebel, einen Brigadier zu Pferd, 60 Brigadiers zu Fuß, 60 Gendarmen zu Fuß und zehn Gendarmen zu Pferd. Ab dem 1. Oktober 1898, dem Gründungstag der »Königlichen Schutzmannschaft für die Haupt- und Residenzstadt München«, gehörten 34 Berittene der Münchner Schutzmannschaft an. Stationiert waren diese in einem Gebäudetrakt der Schweren-Reiter-Kaserne nächst der Kohlstraße. Damals waren die Polizeireiter auch die Eigentümer der Pferde.

Nach dem Ersten Weltkrieg und der Revolution in Bayern erfolgte im Zuge der Restrukturierung der Polizeidirektion München unter PP Ernst Pöhner im August 1920 auch bei der Berittenen Schutzmannschaft eine Neuausrichtung: Nun stellte der Dienstherr den Reitern die Pferde zur Verfügung, die Ausrüstung wurde umfassend modifiziert und die Bewaffnung durch Säbel, Browningpistole sowie Gummischlagstock ergänzt. In der Weimarer Zeit sollte der Dienst für die Reiter nicht einfacher werden. Aufgrund ihres konsequenten Vorgehens gegen die Sympathisanten, die sich am 1. April 1924 in der Blutenburgstraße anlässlich der Urteilsverkündung im Hitler-Putsch-Prozess versam-

melt hatten, war die Berittene Schutzmannschaft seitens des nationalen Lagers heftigster Kritik ausgesetzt.

Im Mai des Jahres 1929 erfolgte der Umzug in die an der Dachauer Straße 161 gelegenen Max-II-Kaserne. Hier war auch die neu gegründete Polizeireitschule München angesiedelt, die fortan für die gesamtbayerische Polizeireitausbildung zuständig war. Zum Ende der Weimarer Zeit war das politische Klima immer rauer geworden. In den letzten Monaten des Jahres 1932 kam es täglich zu Zusammenstößen zwischen Kommunisten und Nationalsozialisten. Die ständige Bereitschaft der Schutzmannschaft gehörte längst zum Alltag. In den Stallungen standen die gesattelten Pferde auch zur Nachtzeit bereit. Am 1. Dezember 1938 umfasste die Sollstärke der Reiterstaffel einen Offizier, einen Verwaltungsbeamten sowie 63 Mann mit 60 Reit- und vier Zugpferden. Die Verwendungsstärke betrug einen Offizier, einen Verwaltungsbeamten und 42 Mann mit 56 Reitpferden. Zum Teil nahmen die Beamten an Reitturnieren teil.

Ab Mitte September 1939 gingen die Berittenen in den Kriegseinsatz. Zunächst waren sie dem Polizei-Regiment in Krakau unterstellt und mit Besatzungsaufgaben in Polen betraut. Im November 1940 kehrten sie für ein Jahr nach München zurück und kamen anschließend wieder in Polen zum Einsatz. Nun gehörten sie zur Polizei-Reiter-Abteilung III, die im östlichen Polen mit den verschiedensten Aufgaben befasst war. Neben der Partisanenbekämpfung diente die Abteilung vor allem einem Zweck: Der systematischen Ermordung der jüdischen Bevölkerung. Die Beamten ritten durch Wälder, um nach versteckten Juden zu suchen. Diese wurden dann meist vor Ort getötet oder der Sicherheitspolizei übergeben. Als im Vernichtungslager Sobibor (Polen) Juden aus Verzweiflung einen Aufstand wagten, suchten die Reiter im umliegenden Bereich nach Geflüchteten. Des Weiteren waren sie an der »Aktion Reinhardt« (ein Tarnname für die systematische Ermordung von Juden und Roma in Polen sowie der Ukraine) im November 1943 beteiligt.

Sehr viele Reiter fielen im Kriegseinsatz. Zum Kriegsende mussten die in München verbliebenen Pferde aus der Stadt evakuiert werden. Nach der Befreiung Münchens durch die US-Streitkräfte brachte man die Tiere wieder in die Stadt zurück. Sie wurden in zwei Bauernhöfen in Perlach und Ramersdorf untergestellt, da

Parade der Reiterstaffel im Jahr 1925 vor der heutigen Staatlichen Antikensammlung am Königsplatz.

Hauptwachtmeister der berittenen Abteilung mit dunkelblauem Rock und schwarzer Hose.

Rottmeister der berittenen Abteilung mit stahlgrünem Rock, stahlgrüner Hose und Busch.

Kommissär der berittenen Abteilung mit dunkelblauem Rock, schwarzer Hose und schwarzem Busch.

Stolz präsentiert 1920 ein Polizeireiter ein neugeborenes Fohlen. Damals züchtete die Polizei noch selbst ihre Pferde.

Warmblut abstammen, werden in einem Alter zwischen drei und fünf Jahren erworben. Sie können bis zu 20 Jahre eingesetzt werden. Sowohl der Ausbildungsleiter als auch dessen Stellvertreter sind geprüfte Reitlehrer.

Es verwundert nicht, dass die Reiterstaffel auch international einen ausgezeichneten Ruf genießt. Beispielsweise war sie 2007 bei der Beratung ihrer schweizerischen Kollegen im Vorfeld der Fußballeuropameisterschaft 2008 federführend tätig, denn seit Jahrzehnten verfügt die Reiterstaffel über Erfahrungswerte bei Fußball- und Eishockeyspielen sowie sonstigen Massenveranstaltungen. Aus der erhöhten Position der Polizeireiter sind bei Großeinsätzen Brennpunkte leichter zu erkennen.

Gerade bei der Überwachung großflächiger Areale wie zum Beispiel des Englischen Gartens mit seinen 375 ha oder den Isarauen zeigt sich deutlich die Effizienz des Polizeipferdes. Hier hat ein Polizeireiter den Einsatzwert von ca. zehn zu Fuß gehenden Beamten. Zudem sind die Reiterstreifen von Jung und Alt gerne gesehen, was einen nicht zu unterschätzenden Imagegewinn für die Institution Polizei darstellt. Bei ihren Streifen nehmen die Reiter grundsätzlich alle schutzpolizeilichen Aufgaben wahr. Sofern erforderlich, wird die Reiterstaf-

es für sie keine andere artgerechte Unterbringungsmöglichkeit gab. Mit dem ab Juni 1945 beginnenden Neuaufbau der nun städtischen Polizei hieß die Reiterstaffel fortan »Berittene Schutzmannschaft S 7«. Anfang 1946 konnten alle Tiere in den Stallungen der auf dem Oberwiesenfeld gelegenen Tierklinik untergestellt werden. Ende 1947 standen den Berittenen 59 Pferde zur Verfügung. Im Dezember 1948 zog die Dienststelle in das Polizeiareal an der Barbarastraße 6 ein, in dem sie bis zum 23. August 1973 blieb. Am darauffolgenden Tag erfolgte der Umzug in den sogenannten Hufeisenstall in der Schichtlstraße 46. Diese Liegenschaft in Riem auf dem ehemaligen Olympia-Reitgelände war für die Unterbringung der Reiterstaffel geradezu prädestiniert und ist auch heute noch der Dienststellensitz.

Im Zuge der Verstaatlichung der Münchner Polizei am 1. Oktober 1975 wurde die Reiterstaffel in das zur Polizeidirektion Zentrale Dienste gehörende »Dezernat Sonderdienste« integriert und hieß nun DS 4. Im Januar 1984 erfolgte die Umbenennung in ZD 4. Die Reiterstaffel führt in eigener Zuständigkeit die Aus- und Fortbildung sowohl der Reiter als auch der Pferde durch. Ausschließlich Wallache, die zumeist vom Bayerischen

Polizeireiter nahmen immer wieder an Reitveranstaltungen teil.

Berittene Polizisten gehören im Englischen Garten immer wieder zu den beliebten Fotomotiven.

fel im gesamten bayerischen Staatsgebiet eingesetzt. Der hohe Einsatzwert des Pferdes bei Großveranstaltungen gibt vorrangig die Dienstzeiten für die Reiter vor. Überwiegend an den Wochenenden sind diese bei den verschiedensten Einsätzen im Dienst. Aber auch unter der Woche sind die Reiter ganzjährig bei Wind und Wetter unterwegs; die durchschnittliche Reitzeit bei den regulären Streifen beträgt ca. vier Stunden. Hinzu kommen noch die Zeiten des Pferdetransportes sowie die Pflege der Tiere. Der Personalkörper der Reiterstaffel umfasst 36 Beamte (16 sind weiblich) und acht Angestellte, von denen allein sieben zum Pferdepflegerteam gehören, das von einer Stallmeisterin geleitet wird. In den Stallungen stehen 41 Pferde. Der Fuhrpark besteht aus acht Lkw, in denen je zwei Pferde transportiert werden können. Eine Reithalle, Koppeln, eine Führanlage sowie eine Schmiede sind auf dem Dienstareal ebenfalls vorhanden.

Die im November 2007 durchgeführte Polizeireform brachte der Dienststelle einen neuen Namen: PI ED 4. Zwei weitere Besonderheiten dieser Dienststelle sollen nicht unerwähnt bleiben: Seit 1975 gibt es in der Reiterstaffel eine in der Öffentlichkeit gerne gesehene Jagdhornbläsergruppe. Außerdem sorgen zwei fleißige Dienstkatzen dafür, dass die vorgehaltenen Futtermittel ausschließlich durch die Pferde und nicht von den Mäusen verzehrt werden.

DIE DIENSTHUNDESTAFFEL

Autor: Walter Nickmann

Im Jahr 1908 kamen die ersten Diensthunde bei der »Polizei-Diensthunde-Abteilung« zum Einsatz. Sie verfügte über zwölf Diensthunde/-führer und wurde von Sicherheitskommissar Kolb geleitet. Die sehr guten Erfahrungen mit den ersten Hunden führten zu einem raschen Ausbau der neuen Dienststelle. Bereits im Jahr 1911 nahm in der Erhardtstraße auf dem Areal des heutigen Deutschen Patentamtes die erste Polizeihundeschule Bayerns den Betrieb auf. Sukzessive entwickelte sich diese zu einer Zucht-, Lehr- sowie Versuchsanstalt mit hohem Ansehen. Die Diensthundeführer und deren Tiere kamen bereits damals auch außerhalb Münchens zum Einsatz: Als am 4. April 1922 der leitende Mordermittlungsbeamte Oberinspektor Georg Reingruber

Den Einsatzkräften bot sich ein Bild des Schreckens an der Absturzstelle in Trudering.

Eigentlich handelte es sich um einen Übungsflug des Piloten und Flugschülers Hans-Joachim T. mit dem Ziel, die Alleinflugberechtigung zu erwerben, als er am 11. August 1987 mit der zweimotorigen Piper PA-31T (Cheyenne II) in München-Riem startete. Mit an Bord waren ein Prüfer sowie eine Sekretärin des Luftfahrtamtes Südbayern. Der Flugschüler sollte u. a. zeigen, dass er die Maschine auch bei Ausfall eines Triebwerks landen konnte. Zu diesem Zweck drosselte der Prüfer während des Flugs bei einer Flughöhe von ca. 60 m, wie die spätere Untersuchung ergab, einen der beiden Motoren, um einen Triebwerksausfall zu simulieren. Die Maschine geriet sofort ins Trudeln. Sie stürzte im Bereich Truderinger Straße/Wasserburger Landstraße auf einen Bus der Linie 192, der unmittelbar zuvor die Kreuzung überquert hatte, und schob diesen in ein nahes Schnellrestaurant. Augenzeugen schilderten die Kerosinfeuerhölle wie einen Atompilz. Die drei Flugzeuginsassen waren auf der Stelle tot. Weitere sechs Personen – Gäste des Schnellrestaurants, Fahrgäste des Busses und eine Radfahrerin, die von einer Tragfläche enthauptet wurde – starben noch am Unfallort bzw. erlagen später ihren schweren Verletzungen, 30 Personen überlebten zum Teil schwer verletzt. Die von Polizeihubschraubern gemachten Luftaufnahmen blieben 20 Jahre unter Verschluss, die Pressefotografen waren darauf angewiesen, ihre Fotos von den Drehleitern der Feuerwehr zu schießen. Das Schnellrestaurant erhielt bald die makabren Spitznamen »McFly« bzw. »Fly in«.

Autor: Dr. Josef Boiger

1987 · FLUGZEUGABSTURZ IN TRUDERING

mit drei weiteren Beamten von der Ettstraße aus nach Hinterkaifeck (sechsfacher Mord im dortigen Einödhof, siehe S. 264 ff.) fuhr, nahm er die Diensthundeführer Ohlein und Schering mit an den Tatort, um die Hunde nach Spuren suchen zu lassen.

Die Dienststelle zog bis zum Ende des Zweiten Weltkrieges zweimal um: von der Erhardt- in die Schönstraße und von dort in die Schwanseestraße. Nach Kriegsende bestand die Diensthunde- und Diensthundeführerschule weiterhin, sie gehörte nun zur Stadtpolizei München. Man züchtete jedoch keine Hunde mehr selbst. 1948 zählte die Staffel 32 ausgebildete Hunde und 12 Jungtiere. 1956 waren schon 51 Hunde einsetzbar.

Ab dem Jahr 1966 wurde die zentrale Schutzhundeausbildung bei der Hundeschule des Zolls in Neuendettelsau (Lkr. Ansbach) durchgeführt. Die dezentrale Spezialhundeausbildung erfolgte in München. Im Jahr 1967 erwarb die Landeshauptstadt München in Allach ein 10 439 qm großes Grundstück, um der Diensthundestaffel eine neue Heimat zu geben. Am 28. September 1967 zogen die Beamten mit ihren Hunden in die – wie sie damals umgangssprachlich genannt wurde – »Polizeihunde-Abrichtungsanstalt« ein. Bis heute hat die Dienststelle ihren Sitz in der Angerlohstraße 111.

Die Verstaatlichung der Münchner Polizei im Oktober 1975 brachte der Diensthundestaffel einen organisatorischen Neubeginn. War sie bis zu diesem Zeitpunkt mit der Reiterstaffel (S I/3 a) unter der Bezeichnung »S I/3 b« organisatorisch verbunden gewesen, so wurde sie nun als »DS 5« eine eigenständige Dienststelle in dem zur Polizeidirektion Zentrale Dienste gehörenden Dezernat Sonderdienste. Im Januar 1984 erfolgte eine Umbenennung der Dienststelle in ZD 5. Die Polizeireform im Jahr 2007 führte zur Umbenennung in PI ED 5, da sie seitdem zum Abschnitt Ergänzungsdienste gehört (die Polizeidirektion Zentrale Dienste war aufgelöst worden). Mit der Inbetriebnahme der Zentralen Diensthundeschule Herzogau (Lkr. Cham) im Jahr 2000 endete der Ausbildungsbetrieb in der Diensthundestaffel. Fortan wurden und werden alle bayerischen Hundeführer zentral in Herzogau aus- und fortgebildet.

Der Einsatzwert des Polizeihundes wird besonders erkennbar, wenn man weiß, dass ein Hund Schwingungen im Ultraschallbereich von 16 bis 40 000 Hertz wahrnimmt und damit das menschliche Gehör bei Wei-

Einer der ersten Münchner Diensthundeführer mit seinem Schäferhund im Jahr 1908.

tem übertrifft. Noch deutlicher fällt der Unterschied beim Geruchssinn aus. Ein Hund hat ca. 220 Millionen Riechzellen, ein Mensch ca. 5 Millionen. Daher erfolgt neben der allgemeinen Schutzhundeausbildung auch eine Spezialausbildung, um Aufgabenspektrum und Einsatzmöglichkeiten des Polizeihundes möglichst weit zu fächern. So verfügt die Staffel heute über Rauschgift-, Sprengstoff-, Leichen-, Personensuch- und Banknotenhunde.

Der kulturelle Wandel Mitte der 1960er-Jahre und der damit verbundene deutliche Anstieg des Drogenkonsums brachte die Ausbildung von Rauschgifthunden mit sich, die ab dem Jahr 1972 begann. Mitunter wird laienhaft angenommen, der Rauschgifthund müsse selbst von Betäubungsmitteln abhängig sein, um gute Suchergebnisse zu gewährleisten. Diese Annahme ist völlig falsch.

Rauschgifthunde besitzen einen ausgesprochen starken Spieltrieb, der bei der Suche nach Rauschgift ausgenutzt wird. Ein von Betäubungsmitteln abhängiger Hund wäre auch konstitutionell nicht in der Lage, die geforderten Leistungen bzw. Sucherfolge zu erbringen. Deshalb achtet der Hundeführer sorgsam darauf, dass der Hund nicht in direkte Berührung mit den Giftstoffen kommt, denn diese könnten je nach Konzentration zum Tode des Hundes führen. Der Rauschgifthund erschnuppert die Moleküle des jeweiligen Stoffes und kann deshalb auch Kleinstmengen finden. Er spürt selbst kleinste Rauschgiftanhaftungen auf. Durch diese Fähigkeit leistet der Rauschgifthund bei Wohnungsdurchsuchungen oder Fahrzeugkontrollen wertvolle Hilfe, da er die Giftstoffe auch in sehr gut getarnten Verstecken zielsicher aufspürt. Selbst in »Bunkern« (Verstecke in Freiflächen – z. B. im Boden oder in Bäumen) verstecktes Rauschgift finden die Tiere. Dies zeigte sich bereits in den Anfangsjahren. Vom 1. Mai 1973 bis zum 31. Dezember 1977 spürten die acht Rauschgifthunde insgesamt knapp 305 kg Haschisch, Marihuana und sonstige Drogen sowie zahlreiche Rauschgiftutensilien auf.

Im Jahr 1977 begann die erstmalige Ausbildung von Sprengstoffhunden. Wie der Name schon verrät, sind diese Hunde auf das Aufspüren aller Sprengstoffe, Selbstlaborate sowie benutzter Munition, Waffen oder Waffenteile konditioniert. Diese Hunde werden für die Absuche in großen Veranstaltungsräumen eingesetzt. Bei diesen Absuchen ersetzt der Sprengstoffhund ganze Einsatzgruppen und ist der Garant dafür, dass keine Explosivstoffe vorhanden sind.

Leichenhunde sind in der Lage, vergrabene oder versteckte Leichen bzw. -teile aufzuspüren. Selbst die Reinigung von Werkzeugen, Behältnissen oder Ähnlichem zur Spurenbeseitigung kann den Leichenhund nicht irritieren. Exemplarisch hierfür ist Anja, eine im Jahr 1998 ausgebildete Deutsche Schäferhündin. Ihr Hundeführer hatte mit ihr bei der Suche nach Leichen bereits hervorragende Erfolge erzielt. In Zusammenarbeit mit der Diensthundeschule in Herzogau konnte Anja ab dem Jahr 2001 so weit ausgebildet werden, dass sie bei der Wassersuche Erfolge erzielte. Die Wassersuche ist extrem schwierig, denn hier soll der Hund Wasserleichen auffinden. Aufgrund ihrer Fähigkeiten kam die Hündin bayernweit zum Einsatz. Beispielsweise wurde Anja im Sommer 2002 durch das Polizeipräsidium

Frauchen und Hund: Die innige Beziehung zwischen Tier und Mensch ist wesentlicher Teil einer erfolgreichen Arbeit.

Niederbayern angefordert und konnte in der Nähe von Cham die Leiche eines Vermissten in dem Fluss Regen auffinden. Beim Einsatz auf Gewässeroberflächen können diese Hunde das Suchgebiet deutlich eingrenzen. Dadurch reduziert sich der polizeiliche Sach- und Zeitaufwand, wie zum Beispiel durch Polizeitaucher oder -hubschrauber, ganz erheblich. Der Leichensuchhund fährt mit seinem Führer in einem Polizeischlauchboot mit und zeigt den Bereich an, in dem sich die Leiche unter Wasser befindet. Erst dann kommen die Polizeitaucher gezielt zum Einsatz.

Seit 2009 gibt es zudem Personensuchhunde. Diese haben die Gabe, verschiedene menschliche Gerüche voneinander zu unterscheiden und sind deshalb fähig, sich ausschließlich an dem spezifischen Geruchsmerkmal einer Person zu orientieren. Sie eignen sich hervor-

Auch fließendes Wasser, wie hier an der Isar, irritiert einen aufwendig ausgebildeten Spezialhund nicht. Hier sucht »Nero« mit seiner Hundeführerin 2009 nach einem 30-Jährigen, der in die Isar gesprungen war und seitdem vermisst wurde.

ragend, um Vermisste, Opfer oder geflüchtete Straftäter zu finden. Gerade bei Einsätzen, in denen eine sofortige Personensuche angeordnet wird, leistet der Personensuchhund unverzichtbare Dienste. Nicht selten retten die Hunde dabei Leben, vor allem bei dementen, älteren oder behinderten Personen, Kindern oder Verletzten.

Im November 2011 gab es in der Hundestaffel eine Premiere: Ballu von Kanoier, der erste Banknotenhund, trat seinen Dienst an. Diese Hunde besitzen die Fähigkeit, echte sowie gefälschte Banknoten aufzufinden. Ihre Verwendung finden sie deshalb bei der Bekämpfung der organisierten Geldfälschung, dem Auffinden versteckter Geldmengen aus dem nationalen und internationalen Rauschgifthandel sowie dem Entdecken von verstecktem illegalem Geld. Selbst in sehr geschickt ausgewählten Depots spüren sie Geldscheine auf und ermöglichen so die Abschöpfung des materiellen Gewinnes aus einer Straftat.

Neben diesen speziellen Aufgabenbereichen sind die Diensthunde grundsätzlich bei allen Polizeieinsätzen verwendbar. Die Auswahl eines Hundes, der diejenigen Wesensmerkmale besitzt, die ihn zum Polizeihund qualifizieren, ist sehr schwierig und erfordert eine große Fachkenntnis und Erfahrung. Vornehmlich geeignet sind der Deutsche und der Belgische Schäferhund. Im Regelfall ist ein Hund beim Kauf 24 Monate alt. In der tiermedizinischen Uni-Klinik wird der Hund fachärztlich auf seine Diensttauglichkeit hin untersucht. Danach beginnt die Ausbildung. Unter der Anleitung eines erfahrenen Ausbilders schult der Diensthundeführer den angehenden Polizeihund. Zwischen Mensch und Hund entsteht ein enges Vertrauensverhältnis, der Hundeführer hat sein Tier auch in der Freizeit bei sich. Im Regelfall dauert die Ausbildung ca. neun Monate, bis der Hund auf den A-Lehrgang (Schutzhundeausbildung) gehen kann. Diese Lehrgangsdauer beträgt sechs Wochen und wird in der Diensthundeschule in Herzogau durchgeführt. Entsprechend ihrer vorgesehenen Spezialausbildung schließen sich Zusatzlehrgänge an. Diese dauern zwischen neun und zwölf Wochen. Die Ausbildung zum Diensthundeführer erfolgt sowohl in der Diensthundeschule in Herzogau als auch in der Diensthundestaffel. In Letzterer wird von speziellen Ausbildern das Basistraining durchgeführt. Es erfolgt für Polizeibeamte, die als Anfänger ihren Dienst in der Hundestaffel beginnen (Erstlingshundeführer), sowie für bereits ausgebildete Hundeführer, die einen neuen Diensthund erhalten.

Bis ein Tier vollständig einsetzbar ist, benötigt es 12 bis 18 Monate. Der Diensthundeführer und sein Diensthund sind eine Einheit. Jeder Hundeführer nimmt jährlich in Herzogau an einem zweiwöchigen Fortbildungslehrgang in seinem jeweiligen Spezialgebiet teil, insbesondere wird hier auch die Leistungsfähigkeit des Teams (Mensch/Hund) überprüft. Des Weiteren führt die Diensthundestaffel eigenständig Weiterbildungsmaßnahmen durch. Die Hundestaffel wird zur Unterstützung anderer Dienststellen bzw. des Streifendienstes tätig. Rund um die Uhr sind ständig zwei Hundeführer

1992 · DER MORD AN WALTER SEDLMAYR

Das Abziehbild eines Paradebayers und schwul? Unmöglich! So ein g'standenes Mannsbild, so ein urmünchnerischer Grantler mit Herz und Humor konnte einfach nicht »andersrum« sein. Walter Sedlmayrs Homosexualität war unter Kollegen längst bekannt, doch die breite Öffentlichkeit reagierte geschockt, als das Privatleben des beliebten Volksschauspielers nach dessen Ermordung durch die Regenbogenpresse gezerrt wurde. Sedlmayr war am 14. Juli 1990 gegen 21 Uhr 15 in seiner Wohnung in der Elisabethstraße 5 von seinem Privatsekretär tot aufgefunden worden. Die blutüberströmte Leiche des Schauspielers lag bäuchlings auf dem Doppelbett. Walter Sedlmayr war mit zwei Messerstichen in den Rücken verletzt (womöglich gefoltert) und dann mit mindestens vier Hammerschlägen auf den Kopf getötet worden. Das 32 cm lange Messer stammte aus Sedlmayrs Haushalt. Alles sah nach Raubmord aus: Mindestens 7 500 DM fehlten, dazu kostbare Uhren, Schmuck, eine Münzsammlung und persönliche Unterlagen. Die Ermittlungen der Polizei konzentrierten sich erst auf die Stricherszene, besonders auf Jungs, die etwas härtere Dienste anboten. Denn Sedlmayr bevorzugte offenbar masochistische Sexabenteuer. Wegen des enormen öffentlichen Drucks startete die bis dato umfangreichste Spurensicherung der deutschen Kriminalgeschichte. Es wurden sogar V-Männer in das Umfeld möglicher Verdächtiger eingeschleust. Bald war klar, dass die Tatortsituation nur gestellt war, um den Verdacht auf Stricher zu lenken. Sedlmayrs Ziehsohn rückte in den Fokus der Ermittlungen. Denn die Beziehung zwischen Schauspieler und Ziehsohn war

Der beliebte Volksschauspieler Walter Sedlmayr.

zuletzt aus geschäftlichen Gründen schwer zerrüttet. Ein V-Mann, der im Bekanntenkreis des Ziehsohns agierte, konnte einer Zeugin schließlich jede Menge Details zum Mordfall entlocken. Diese Dame war die Verlobte des Halbbruders von Sedlmayrs Ziehsohn. Aufgrund ihrer Angaben verhaftete die Polizei am 1. Juli 1991 Sedlmayrs Ziehsohn und am 12. Juli dessen Halbbruder. Nach einem Indizienprozess wurden die beiden Halbbrüder am 21. Mai 1993 wegen Mordes in Tateinheit mit schwerem Raub für schuldig befunden und zu einer lebenslänglichen Haftstrafe verurteilt. Die Täter wurden 2007 bzw. 2008 auf Bewährung entlassen.

Autor: Martin Arz

Trainingssituationen für Diensthunde.

mit je einem Kombi im Präsidiumsbereich unterwegs. Dadurch ist sichergestellt, dass ohne Zeitverzug nach Personen und Sachen gesucht werden kann. Auch ist in sehr konfliktträchtigen Situationen, wie zum Beispiel bei randalierenden Personen, angetrunkenen Fußballfans o. Ä., der Einsatzwert von Polizeihunden nicht zu unterschätzen – allein ihre Präsenz beruhigt oftmals die Gemüter. Wenig verwunderlich haben Diensthundeführer wesentlich seltener eine Widerstandshandlung.

Der Polizeidiensthund ist nach erfolgreicher Ausbildung und im Einsatz mit seinem Hundeführer ein Hilfsmittel der körperlichen Gewalt im Sinne des Bayerischen Polizeiaufgabengesetzes. Im Regelfall bleiben die Hunde zehn Jahre lang im Dienst. Im Hinblick darauf, dass diese Tiere Hochleistungen bringen, ist dies ein langer Zeitraum. Auch nach dem Ausscheiden aus dem Dienst verbleibt das Tier bei seinem Hundeführer. Jeder Hundeführer vertraut während des Dienstes dem Hund sein Leben an und der Hund tritt für seinen Hundeführer bedingungslos ein. Derzeit sind bei der Diensthundestaffel 45 Beamte als Hundeführer tätig. Was diese leisten, zeigen die Einsatzzahlen: Im Jahr 2013 fielen 2 355 und ein Jahr später 3 844 Einsätze an.

Die Bandbreite bei Festnahmen durch Hundeführer ist einzigartig. Mörder, Sexualtäter, Bankräuber, Einbrecher und viele andere Straftäter konnten durch den Einsatz des Diensthundes aufgespürt und festgenommen werden. Manche Person verdankt ihr Leben der erfolgreichen Suche mit dem Diensthund. Nicht nur für Tierliebhaber ist es erfreulich, dass trotz modernster Technik der Polizeihund zusammen mit seinem Diensthundeführer durch nichts ersetzbar ist. Ähnlich wie die Polizeireiter mit ihren Pferden sind die Diensthundeführer mit ihren Hunden ausgesprochene Sympathieträger.

Am 2. Februar 2015 wurde in Anwesenheit des Bayerischen Innenstaatssekretärs Gerhard Eck, des Polizeipräsidenten und weiterer Ehrengäste das für 2,65 Mio. Euro errichtete neue Dienstgebäude eingeweiht. Es steht auf dem großflächigen Areal der Hundestaffel und bietet mit seinen 525 qm für alle Beschäftigten ausreichend Platz.

Die Eröffnung des neuen Dienstgebäudes der Hundestaffel am 2. Februar 2015 mit PP Hubertus Andrä, Diensthundeführerin PHMin Birgit Ort samt ihrem Hund Dino, Staatssekretär Gerhard Eck und dem Leiter der Diensthundestaffel, EPHK Arno Schindler (v. l.).

1993 • DER WESTPARKMORD

1993 ereignete sich ein Verbrechen in München, das Rechtsgeschichte schreiben sollte und Polizei und Justiz bis heute beschäftigt: Am 15. Oktober 1993 begab sich der 40-jährige Architekt, Herausgeber einer Straßenbahnzeitschrift und zweifache Familienvater Konrad Hierl nach einem Saunabesuch gegen 23 Uhr auf den Heimweg durch den Münchner Westpark. Kurz vor Verlassen des Parks im Bereich Preßburger-/Reulandstraße, nur einige Hundert Meter von seiner Wohnung entfernt, wurde Konrad Hierl gegen 23.25 Uhr mit zwölf Messerstichen ermordet. Es dauerte vier Jahre, bis der zum Tatzeitpunkt 18-jährige, bereits polizeibekannte, extrem gewalttätige Slowene Gorazd B. verhaftet und nach Deutschland abgeschoben wurde. Er war nach der Tat zu seinen Eltern nach Kroatien geflüchtet.

Die gerichtliche Aufarbeitung der Tat ergab, dass der Täter am Tattag eine Mordswut im Bauch hatte und aus purer »Mordlust« handelte. Der Täter sollte damals wegen einer Vielzahl von Gewalttaten (u. a. Raub, schwere Körperverletzung) in seine slowenische Heimat abgeschoben werden. Weil sich seine damalige Freundin Nicole weigerte, ihm nach Slowenien zu folgen, schlug er sie brutal zusammen. Vor Wut und Frust metzelte er danach den ihm völlig unbekannten und zufällig über den Weg laufenden Architekten nieder. 1999 wurde der Täter zunächst zu sechseinhalb Jahren Jugendstrafe verurteilt. Dieses Urteil und noch ein weiteres kassierte jedoch der Bundesgerichtshof ein. Erst das dritte Urteil 2003 auf zehn Jahre Jugendstrafe wurde rechtskräftig. Dabei ging es auch um die Frage, wie die Gesellschaft nach Verbüßen der Haft 2010 auch weiterhin vor dem gewalttätigen Mörder geschützt werden kann, da der Täter seiner Persönlichkeitsstruktur treu blieb. So rastete er während einer Verhandlung aus, schrie den Vorsitzenden Richter an (»Halts Maul«) und beschimpfte eine Richterin als »Hure«. In der Haft verprügelte er Mithäftlinge, bedrohte den Anstaltsarzt und ging auf Justizbeamte los. Doch das Gericht lehnte den Antrag der Staatsanwaltschaft auf nachträgliche Sicherungsverwahrung ab. Im Gegensatz zur Einschätzung der polizeilichen Experten hielten die gerichtlichen Gutachter eine positive Entwicklung für möglich. In den vielen Jahren der Haft hatte sich der Täter allerdings beständig geweigert, sich begutachten oder therapieren zu lassen. So wurde er 2012 in seine Heimat abgeschoben und lebt nach Zeitungsberichten im Haus seiner Großmutter in einem kleinen slowenischen Ort. Dort wurde er 2013 wegen Handgreiflichkeiten aktenkundig. 2013 erhob der Täter Klage gegen die LH München wegen der Abschiebekosten von 11 700 €. 2012 wurden ihm mehr als 12 000 € Entschädigung für die unberechtigte Haftzeit nach Verbüßen der Strafe 2010 zugesprochen.

Autor: Dr. Josef Boiger

DIE MOTORRADSTAFFEL IM WANDEL DER ZEIT

Kraftradpatrouille aus den 1920er-Jahren. Links die Sommeruniform, bestehend aus imprägniertem, grau-grünem Leinenrock, ebensolcher Hose und dunkelblauer Mütze. Rechts die Winteruniform mit schwarzlederner Jacke, ebensolcher Hose und dunkelblauer Mütze.

Auch das gab es: ein Heinkel-Roller als Polizeifahrzeug (o.).

Motorradeskorte beim Staatsbesuch der britischen Königin Elisabeth II. in München 1965 (r.).

Motorradstreife 1965 mit der BMW R26 (u. l.) und im Jahr 2000 mit der BMW C1 (u. r.).

EINSATZZENTRALE, FUNKSTREIFE UND NOTRUF 110

Autor: Peter Reichl

Drei schrille Pfiffe mit der Trillerpfeife – so signalisierte ein Schutzmann zu Beginn des 20. Jh., dass er sich in Bedrängnis befand. Hörten andere Schutzmänner sein Notsignal, erwiderten sie dies mit zwei kurzen Pfiffen und liefen dann in Richtung des Hilferufenden. Diese Methode war ebenso einfach wie effektiv, funktionierte aber nur, solange sich weitere Gendarmen in Hörweite befanden.

Auch in unserer modernen Welt gibt es immer wieder Situationen, in denen Polizeibeamte im Einsatz eilige Unterstützung brauchen. In Zeiten des Digitalfunks können mit TETRA-Funkgeräten ausgerüstete Streifenbeamte bei Absetzen eines Notalarms jederzeit mit schneller Hilfe rechnen. Nach Betätigen der Nottaste ist der allgemeine Funkverkehr für 30 Sekunden blockiert, und das Funkgerät überträgt vorrangig den Hilferuf einschließlich aller Umgebungsgeräusche. Durch die automatische GPS-Peilung und Übertragung des Standortes an die Einsatzzentrale können Unterstützungskräfte schnell und zielgerichtet zu dem in Not geratenen Beamten dirigiert werden.

Bis zu der modernen und leistungsfähigen Technologie des Digitalfunks war es allerdings ein weiter Weg. Als Geburtsstunde professioneller Kommunikation bei der Polizei kann die Schaffung einer Einsatzzentrale und einer mit UKW-Funk ausgerüsteten Streifenwagen-Abteilung im Jahr 1949 im Polizeipräsidium München gesehen werden.

Die Stunde null begann für die Deutschen am 8. Mai 1945 mit dem Ende des Zweiten Weltkriegs. Die Städte waren stark zerbombt, die Zivilbevölkerung stand vor dem Nichts. Die Bedürfnisse der Menschen konzentrierten sich auf die tägliche Ration an Lebensmitteln und ein Dach über dem Kopf. An ein Leben in Sicherheit war lange nicht zu denken. Einbrüche, Überfälle und Plünderungen waren an der Tagesordnung. Die Anzahl der Morde und Tötungsdelikte stieg alarmierend, und die Polizei war im Kampf gegen das Verbrechen nahezu machtlos. Auch mussten erfahrene Beamte im Rahmen der Entnazifizierung den Polizeidienst verlassen, die verbliebenen waren selten gut ausgebildet. Zunächst wollten die Besatzungskräfte die Kriegsverlierer auf keinen Fall mit Waffen ausstatten, sodass Polizisten nur mit Holzknüppeln gegen marodierende Banden und zu allem entschlossene Verbrecher vorgehen konnten. Die

Einer der ersten Funkwagen der Münchner Polizei war 1947 der »Gauleiter« – so genannt, weil in dem Mercedes zuvor der thüringische Gauleiter herumchauffiert worden war.

Die Besatzung des ersten Münchner Funkwagens vom Typ Daimler 170 V im Jahr 1949.

Montage der ersten Richtfunkantenne.

Zahl der im Dienst ermordeten Beamten war so dramatisch hoch, dass wenig später die Polizisten wieder eine Dienstwaffe zu ihrer Verteidigung und zur Bekämpfung des Verbrechertums erhielten.

DER ERSTE VERSUCH ENDETE »NICHT GUT«

Um des besorgniserregenden Zustands einigermaßen Herr zu werden, gab es bald Überlegungen, stark motorisierte Streifenfahrzeuge einzusetzen, die über Funk dirigiert werden konnten. Auch die Militärregierung erkannte die Notwendigkeit, die Polizei zu professionalisieren und stimmte einem Versuch mit einer Feststation und einem in einem Pkw verbauten Funkgerät zu. Da technisch zu diesem Zeitpunkt aber nur Morsefunk möglich war, ließ der amerikanische Offizier, der den Versuch überwachte, das Experiment kurzerhand mit den Worten »Nicht gut« abbrechen. »Erst wenn eine Firma in der Lage ist, einen Sprechfunk in den Autos zu verbauen«, so der Amerikaner, »können wir weiterreden.«

Die deutsche Industrie lag am Boden, und die Besatzer stellten ihre Funkgeräte nicht zur Verfügung. Die Hoffnung für die Münchner Polizei bestand also darin, eine Firma zu finden, die mit den wenigen noch zur

Im Hof warteten die Daimler-Funkwagen auf Einsätze wie z. B. eine Verhaftung (r.).

Verfügung stehenden Materialien brauchbare UKW-Funkgeräte bauen konnte. Die Firma Lorenz AG hatte sehr großes Interesse an einem Auftrag und setzte alles daran, den Wunsch umzusetzen. Trotzdem vergingen von den ersten Versuchen bis zur serienmäßigen Umsetzung fast vier Jahre.

Am Anfang standen langwierige Verhandlungen mit der Militärregierung über Organisationsfragen. Erst im Februar 1947 kam die Freigabe zur Aufnahme von Gesprächen mit der Deutschen Bundespost. Etwa zur gleichen Zeit erfuhr die Firma Telefunken von den Plänen der Polizei und unterbreitete ebenfalls ein Angebot zum Bau einer Funkstation. Um von der Deutschen Bundespost eine Lizenz zu erhalten, war es wichtig, in einem Versuch zu ergründen, welcher technischen Variante man den Vorzug geben sollte. Während Telefunken eine Vorführanlage in herkömmlicher amplitudenmodularer Bauart mit Begrenzer zur Herabsetzung von Störungen baute, sollte die Lorenz AG eine vergleichbare Anlage mit Frequenzmodulation, einer neuzeitlichen Technik mit weit weniger Störungen, herstellen.

Am 15. September 1947 kam es zu einer Großvorführung mit beiden Technologien im Raum Stuttgart, wo es nach Ansicht der Fachleute aufgrund der vorhandenen Geländestruktur sehr schwierig war, gute Funkergebnisse auf UKW-Basis zu erzielen. Zum Ergebnis berichtet Dipl.-Ingenieur Johann-Rudolf Fischer von der Fa. Lorenz AG in seinem Tagebuch euphorisch: »Beide Firmen haben ihre Anlage je in einem Kleinomnibus eingebaut. Die zahlreich erschienenen Mitarbeiter der Postdienststellen und Polizeibehörden verteilen sich auf die Wagen und die Zentrale. Nach 20 Minuten Fahrzeit steht bereits die Überlegenheit der Frequenzmodulation so eindeutig fest, dass sich Telefunken an einer Weiterfahrt nicht mehr beteiligt. Sutter und ich sehen uns strahlend an. Die amerikanische Besatzungszone erhält also eine Funklizenz auf Frequenzmodulation!«

Unverzüglich macht man sich in München daran, mit einer Feststation und zwei Fahrzeugstationen den praktischen Einsatz zu erproben. Allerdings befanden sich die zur Verfügung stehenden Streifenfahrzeuge in einem so erbärmlichen Zustand, dass sechs Kfz nötig waren, damit wenigsten zwei Wagen in der Nacht sechs Stunden eingesetzt werden konnten. Die Funktechniker waren in dieser Zeit permanent damit beschäftigt, die Funkgeräte in den verschiedenen Fahrzeugen ein- und auszubauen. Dem technischen Personal war es schließlich zu verdanken, dass in der Erprobungsphase über 18 Monate hinweg Nacht für Nacht zwei Funkstreifenwagen zur Verfügung standen. In dieser Zeit gelangen den Beamten die Festnahmen von knapp 600 Personen, 125 Einsätze zu Raubüberfällen oder Einbrüchen wurden gefahren, 14 Täter auf frischer Tat ertappt und 36 gestohlene Autos sichergestellt.

Nicht zuletzt diese beachtlichen Einsatzerfolge führten dazu, dass die Vollversammlung des Stadtrates in München am 11. November 1948 beschloss, Gelder für eine Einsatzzentrale und 15 Funkfahrzeuge bereitzustellen. Als sich zeigte, dass die Lieferzeiten der angefragten Autohersteller die der Funkgeräte um viele Monate übertreffen würden, sprang die Daimler Benz AG in die Bresche. Am 1. Februar 1949 standen die ersten vier Mercedes Einsatzwagen vom Typ 170 V auf dem Hof der Ettstraße. Zug um Zug wurden weitere

Aus der Frühzeit der Funkzentrale.

Daimler angeliefert, sodass in kurzer Zeit eine stattliche Funkstreifen-Flotte zur Verfügung stand. Die Autos waren alle mit verstärkter Federung ausgestattet, da die Besatzungen immer mit vier Beamten ausrückten und die Funkanlage zusätzlich knapp einen Zentner Gewicht auf die Waage brachte. Zehn Jahre gehörten die zuverlässigen und schnellen Mercedes-Einsatzwagen – später auch der Typ DB 220 – zum Straßenbild in München, bevor bei der Funkstreife nur noch Autos der Firma BMW zum Einsatz kamen.

Am 1. Juni 1949 fiel dann der ersehnte Startschuss für Einsatzzentrale und Münchner Funkstreife. An diesem Tag wurden offiziell die ersten fünf Funkstreifenwagen in den öffentlichen Dienst gestellt. Auch dieser denkwürdige Tag ist in den Aufzeichnungen von Dipl.-Ingenieur Fischer besonders gewürdigt: »Die gesamte Münchner Presse und der Rundfunk sind anwesend. Paradeaufstellung der Wagen im Hof des Münchner Polizeipräsidiums. Mannschaften diszipliniert vor ihren Fahrzeugen angetreten. Polizeipräsident Pitzer hält zündende Ansprache. Bin erstaunt, wie weit er in das Gesamtgebiet Funkstreife eingedrungen ist und wie gut er über bisherige Einsatzerfolge der Erprobungswagen Bescheid weiß. Ein Probeeinsatz aller Wagen durch die ganze Stadt wird

angeordnet. Während der Fahrt telefoniert Präsident Pitzer vom fahrenden Funkstreifenwagen aus mit Innenminister Ankermüller, Oberbürgermeister Wimmer und anderen Vertretern der Staatsregierung und der Stadt. Dann beordert er alle Wagen weit in den Osten nach Waldtrudering vor seine Privatwohnung und verlangt von dort eine Aufschaltung eines Telefongespräches auf die Funkverbindung. Mit klopfenden Herzen erleben wir eine einwandfreie Verständigung und somit die amtliche Übernahme der Wagen für den künftigen massierten Einsatz in der Stadt während Tag und Nacht.«

»WENNDST NED SO SCHREIN DADST …«

Dieser erste Wortwechsel über Funk zwischen Polizeipräsident Franz Xaver Pitzer und Oberbürgermeister Thomas Wimmer ist überliefert und hat seither einen festen Platz in den Chroniken des Polizeipräsidiums München: »Herr Oberbürgermeister, hier spricht der Polizeipräsident aus einem fahrenden Funkwagen. Wie können Sie mich hören?« Darauf der Oberbürgermeister Wimmer: »Wenndst ned so schrein dadst, kannt i di besser versteh!«

Als Vater und Initiator der Münchner Funkstreife und Einsatzzentrale muss uneingeschränkt Polizeioberamtmann **Fritz Sutter** vom späteren Polizeiamt Funkstreife genannt werden. Er hatte unermüdlich für diese Idee gekämpft und vier lange Jahre viele bürokratische und technische Hürden überwunden. Tatkräftig zur Seite stand ihm dabei Dipl.-Ingenieur Fischer von der Fa. Lorenz AG, der in seinem Tagebuch abschließend vermerkt. »Herr Link, Mitarbeiter von Herrn Oberpostrat Scholz von der Hauptverwaltung in Darmstadt erteilt Herrn Sutter noch ein Sonderlob, indem er ihn als Initiator des Polizeifunks bezeichnete, was ich nur bestätigen kann!« Auch die Fa. Lorenz AG würdigte das große Engagement von Fritz Sutter und die Verdienste der Stadtpolizei München bei der Entwicklung des Polizeifunks in München und gab deshalb ihren Funkgeräten die Serienbezeichnung »Polizeifunkgerät Typ München«.

KULTIGE CHEFSPRECHER

In den nächsten 26 Jahren entwickelten sich Einsatzzentrale und Funkstreife zu einer Institution, die weder bei der Polizei noch in der Bevölkerung wegzudenken war. In den 60er-Jahren, spätestens mit der 1960 entstandenen Fernsehserie »Isar 12«, genossen die Beamten der Funkstreife und der Einsatzzentrale bei den Münchnern höchstes Ansehen und hatten Kultstatus. Das verbo-

Fritz Sutter

Gerhard Proksch

Horst Lademann

Albert Schubeck

Michael Gineiger

tene, aber tolerierte Abhören des Polizeifunks über Ultrakurzwelle trug dazu wesentlich bei. Über die Jahre hinweg entwickelte sich aus den vielen Schwarzhörern eine regelrechte Fangemeinde der Münchner Polizei. Die vier Chefsprecher der Einsatzzentrale waren bei unzähligen Hörern beliebter als mancher Rundfunkreporter, und Polizeireporter Erwin Stocker machte sie mit einer großen Zeitungsreportage noch bekannter.

In der Einsatzzentrale teilten sich vier Chefsprecher den bequemen Ledersessel am Funktisch. Obermeister **Gerhard Proksch** (1,83 cm, 94 kg, lichtes Haar), der »Seidene«, war die Ruhe in Person. Selbst bei größter Hektik, wenn Funkstreifenbesatzungen sich mit Autodieben wilde Verfolgungsfahrten durch die Stadt lieferten oder es bei Festnahmen zu einem Schusswechsel kam, behielt er die Übersicht, und seine Stimme blieb ruhig und »seidig«, ohne ein Anzeichen von Aufregung. Das lag sicher daran, dass er selbst lange beim »Funk« war und fast jede Situation schon selbst erlebt hatte. Als ihn ein Betrunkener im Einsatz in die Hand biss, musste ein Fingerglied entfernt werden, und so landete er im Innendienst bei der Einsatzzentrale.

Polizeimeister **Horst Lademann** war der Sprecher der Schicht I, 43 Jahre alt, 1,82 cm groß und 94 kg schwer. Er sah zwar aus wie ein Schwergewichtsboxer, konnte aber keiner Fliege etwas zuleide tun. Seinen Lieblingsspruch »Es ist alles so maßlos traurig« kannte jeder Polizist in München. Der »Playboy vom Gebsattelberg« wurde zwar in Thüringen geboren, lebte aber schon lange in München, worauf er auch gerne und oft hinwies. Als Sprecher liebte er die Genauigkeit und wiederholte sich lieber selbst mehrmals, damit nur ja keine Zweifel blieben. »Schalten Sie auf Sieben zurück, auf Sieben, Sieben, alle!«

Sein rollendes »R« hatte die Einsatzzentrale in den 60er-Jahren in ganz München berühmt gemacht. Wenn von der »Isar« ein »Rrrichtig« mit mindestens drei »R« zu hö-

Eine Funkstreife im BMW »Neue Klasse« in den 70er-Jahren auf dem Königsplatz vor der Glyptothek.

ren war, konnte es sich nur um Chefsprecher **Albert Schubeck**, 54, handeln. Der Hauptmeister war der höflichste von allen, denn er vergaß nie, die Besatzungen mit einem »bitte« zum nächsten Einsatzort zu beordern. Und keine der Funkwagenbesatzungen wagte es, nicht genauso höflich am Funk zu antworten.

Die klare und unmissverständliche Aussprache war das Erkennungszeichen von Obermeister **Michael Gineiger**, 49, Sprecher der Schicht III. »Einer vor einer«. Jeder eingeweihte Polizeifunkhörer wusste sofort, dass da ein Auto vor einer Einfahrt parkte. Auch wenn ihm gemeldet wurde, »dass einer seine Wohnung in die Luft sprengen will«, blieb er ruhig und gelassen, nahm vielleicht noch ein Prise Schnupftabak und dirigierte dann mit Übersicht und Geschick die Streifenwagen in den Einsatz. Ein Individualist eben, wie jeder der vier Chefsprecher.

»Grüß Gott, hier ist die Funkstreife«, so meldeten sich die Telefonisten der Einsatzzentrale, wenn ein Bürger die 110 gewählt hatte. Die Beamten notierten sich die Mitteilungen der Anrufer auf Einsatzzettel und legten diese auf ein Förderband, das an allen Einsatztischen vorbei bis zu den Arbeitsplätzen der Funksprecher führte. Diese gaben dann den Einsatz an die Besatzung des Funkwagens weiter, der dem Einsatzort am nächsten war. »An Isar von 12, kann ich Bericht geben«, so meldete sich die Streife nach einem beendeten Einsatz. Die Rufnamen der Funkstreifenwagen begannen alle mit »Isar« und waren durchlaufend nummeriert. Jeder Funkwagen hatte ein zugeteiltes Einsatzgebiet, das aus einem oder mehreren Stadtteilen bestand. Waren auch Fahrzeuge der Kriminalpolizei unterwegs, meldeten sich diese mit »Bavaria« und die Streifen der Verkehrspolizei trugen die Bezeichnung »Stachus«. Die Einsatzzentrale wurde und wird nur »Isar« gerufen.

»Bitte kommen«, antwortete der Sprecher auf den Sprechwunsch von »Isar 12« und quittierte den erhaltenen Bericht mit »Richtig 12« oder »Verstanden 12«. Wenn eine Funkwagenbesatzung nach einem tätlichen Familienstreit »Mann schlägt Frau« meldete, konnte es schon mal vorkommen, dass der Sprecher dies mit einem offiziellen »Rrrichtig« quittierte!

MODERNISIERUNG IN DEN SIEBZIGERN

Im Jahr 1972 wurde die Einsatzzentrale modernisiert. Zwar liefen die Einsatzzettel immer noch, versehen mit Datum und gestempelter Uhrzeit, auf Förderbändern zu den jeweiligen Funktischen, aber die Funkgespräche wurden nun aufgezeichnet. Analoge, sogenannte Assmann-Maschinen schrieben die Gespräche der vier Direktionsbereiche, des Verkehrsfunks, des Abfrage- und des Aufschaltkanals sowie der Notrufplätze auf Magnetbändern mit. Mitte der 80er-Jahre nahm dann das Polizeipräsidium München erstmals eine EDV-unterstützte Einsatzzentrale in Betrieb. Die Anwendung CEBI (Computerunterstützte Einsatzleitung, Bearbeitung und Information) war zu dieser Zeit das modernste und leistungsfähigste System auf dem Gebiet der polizeilichen Einsatzbearbeitung und Vorgangsverwaltung. Die in Nordrhein-Westfalen getestete Software bestach durch ihre Effizienz. Wiederkehrende Abläufe konnten mit Hilfe des Systems automatisiert werden, die Beamten in der Einsatzzentrale wurden erheblich entlastet und konnten sich auf ihre eigentlichen polizeilichen Aufgaben konzentrieren. Dazu kam ein Funkmeldesystem (FMS), bei dem durch das Senden vordefinierter Ziffern eine Statusmeldung der Funkfahrzeuge in die Einsatzzentrale übermittelt werden konnte. Dadurch wurde der Sprechfunk entlastet und die Verfügbarkeit der Einsatzmittel erstmals visuell dargestellt.

Mit der Einführung des Zentralen Einsatzleit- und Unterstützungssystem ZEUS im Jahr 1996 gelang den Münchnern ein kleiner Quantensprung. Durch die Möglichkeit, zusätzlich auch grafische Darstellungen zu generieren, gelang es – aufgebaut auf dem CEBI-Vorgänger – eine umfassende Systemfunktionalität herzustellen, die zusammen mit T-Systems über die Jahre hinweg kontinuierlich angepasst und weiterentwickelt wurde und noch heute störungsfrei läuft.

UND SO ARBEITET ZEUS:

Wenn ein Notruf die Einsatzzentrale erreicht, geben die Beamten sämtliche Angaben an einem der zehn Aufnahmeplatzrechner ein. ZEUS überprüft bereits da die Angaben unmittelbar auf Plausibilität und stellt die relevanten Informationen bereit: Ob beispielsweise der angegebene Tatort auch wirklich existiert und ob zu diesem Ort nicht bereits eine Meldung vorliegt. Weiterhin zeigt das System alle polizeilich wichtigen Objekte in ei-

Die Einsatzzettel liefen über kleine Förderbänder von den Telefonisten zu den Funksprechern.

Kurvenreiche Schönheit. Isar 12

»ISAR 12, BITTE KOMMEN!« – DIE FUNKSTREIFE

Autor: Peter Reichl

nem definierten Umkreis auf. Auf einem zweiten Bildschirm zeigt das maßstabsgetreue Karteninformationssystem GeoPlan den gemeldeten Ort – wenn nötig mit kleinsten Details wie versteckten Hauseinfahrten oder Hinterhöfen. Noch während der Anrufer am Apparat ist, können die Beamten so gezielt nachfragen. Dann legt das System einen Einsatz an, den ZEUS automatisch an den zuständigen der drei Leitplätze weitergibt. Nach Eingang der Meldung schickt der Beamte die erforderlichen Fahrzeuge auf den Weg. Dabei kann der Beamte, wenn er will, die Variante wählen, die ihm das System vorschlägt. Außerdem gibt ihm der Computer Hinweise auf weitere Maßnahmen, nennt beispielsweise Personen und Organisationen, die über diesen Vorfall unbedingt zu verständigen sind. Nach Einsatzabschluss wertet das System den Vorgang routinemäßig aus und speichert ihn nach der Erstellung eines detaillierten Lageberichtes ab.

Am 17. Dezember 2012 wurde mit der Einführung des Digitalfunks der bislang letzte Meilenstein in der Weiterentwicklung der Einsatzzentrale gesetzt. In den nächsten Jahren werden sukzessive alle Einsatzzentralen von Polizei und anderen Hilfs- und Rettungsdiensten in Bayern mit dieser Technik ausgestattet, was zu noch mehr Effizienz und Professionalität bei der Verbrechensbekämpfung und anderen Einsatzlagen führen wird.

Seit September 1975 ist die Münchner Funkstreife ein Stück Polizeigeschichte. Mit der Verstaatlichung der kommunalen Polizeiverbände zum 1. Oktober 1975 war nach 26 Jahren die Auflösung der Funkstreife eine beschlossene Sache. Für viele Münchner Bürger und die Beamten dieser legendären Polizeieinheit war dieses Aus ein unverzeihlicher und schmerzlicher Vorgang. In Briefen machten die Leser der Tageszeitungen ihrer Empörung Luft: »Lasst uns die Funkstreife!«, schrieb Hans Wachter aus der Ratoldstraße und Ernst Wieser aus Aubing sah »die Sicherheit der Bürger durch solche Experimente gefährdet«. Christa Mayerl aus der Rosenheimer Straße fürchtete gar: »Armes München, nun braucht man bei Nacht nicht mehr auf die Straße gehen, traurig, traurig!«

Ganz so schlimm ist es dann doch nicht gekommen, aber die Münchner Funkstreife hatte eben einen über die Landesgrenzen hinaus exzellenten Ruf. Nicht zuletzt trug zu ihrer großen Popularität auch die Vorabendserie »Isar 12« des Bayerischen Rundfunks bei, die von 1961 bis 1963 in 35 Folgen ein umfassendes Bild von der

Arbeit der Funkstreife zeichnete. Die Münchner Bevölkerung verehrte und bewunderte die Männer von der »Funke« sicher auch wegen ihres Erscheinungsbildes. Waren es doch überwiegend drahtige, junge Männer in fescher Uniform und verwegener kurzer Lederjacke, die da mit den schnittigen dunkelgrünen Einsatzwagen BMW 501, dem sogenannten Barockengel, oder später dem BMW 1800 auf Streife fuhren. Ihr gutes Image verdankten sie in erster Linie aber ihrem sicheren Auftreten, ihrem oft wagemutigen Einschreiten und ihrer menschlichen Art. Die Zeitungen berichteten täglich von ihren Erlebnissen bei den Einsätzen, und viele Münchner saßen oft bis tief in die Nacht am Radio, wo sie dem Polizeifunk lauschten und hautnah am Geschehen teilnahmen.

Viele von ihnen wurden so zu Helden gemacht, und manchmal fühlten sie sich auch so. Die meisten der ehemaligen Funkstreifenbeamten fanden nach deren Auflösung ihre dienstliche Heimat auf den Polizeirevieren, auf Sonderdienststellen, im Verkehrsdienst oder bei der Kriminalpolizei. Aber nie mehr fühlten sie sich so zusammengehörig, so gebraucht und so respektiert wie während ihrer Angehörigkeit zur Münchner Funkstreife.

Herbert Joksch war einer von ihnen. Einer, der bis zum letzten Tag nicht aufgab, die Funkstreife unsterblich zu machen. Im Laufe der Zeit hatte er sich privat zwei BMW-Oldtimer 501 und 1800 beschafft, die er stilecht und detailgetreu zu Streifenwagen aus den 60er- und 70er-Jahren nachbaute. Damit nahm er an Oldtimertreffen teil, kutschierte heiratswillige Kollegen zum Traualtar und war bei Polizeiveranstaltungen ein nicht wegzudenkender Höhepunkt. Selbstverständlich trat er dabei in Originaluniform auf, erzählte von seinen Einsätzen und ließ viele Menschen, die die Funkstreife nur noch aus Erzählungen kannten, ein wenig von der Faszination dieser Polizeitruppe spüren und erahnen, warum die »Funkstreifler« so stolz waren, dabei gewesen zu sein.

Herbert Joksch war es auch, der zwanzig Jahre nach der Auflösung 300 ehemalige Funkstreifler im Palmensaal der I. Bayerischen Bereitschaftspolizei-Abteilung zu einem einzigartigen Treffen zusammenbrachte. Mit dabei waren Dr. Hans-Jochen Vogel, Alt OB von München, Karl Hillermeier, ehemaliger Staatsminister des Innern und Prof. Dr. Manfred Schreiber, einstiger Polizeipräsident in München sowie Hamburgs Polizeipräsident Arved Semerak, der es als ehemaliger Münchner Funkstreifenbeamter bis zum Polizeichef der Hansestadt gebracht hatte. Daneben erschienen Oberbranddirektor Karl Seegerer, Leiter der Berufsfeuerwehr München und Mitbegründer des Feuerwehr-Notarztdienstes sowie Prof. Dr. Herbert Welsch, Leiter der ersten Notarztbesatzung. Nicht zu vergessen die Schauspieler Maxl Graf, dem nach einer schweren Verletzung von Funkstreifenbeamten das Leben gerettet worden war, sowie Wilmut Borell alias Dambrowski, der damals noch letzte lebende Funkstreifen-Darsteller aus der Serie »Isar 12«. Aber auch die Damen und Herren, die bei rasender Fahrt zur Klinik noch im Polizeiwagen das Licht der Welt erblicken durften, hatte Herbert Joksch ausfindig gemacht und eingeladen, und alle waren sie gekommen.

Herbert Joksch

Mit besonderem Applaus wurde der 53-jährige Helmut Zenger bedacht. Ihn hatte die Besatzung von Isar 1 am Faschingssonntag des Jahres 1953 in einer dramatischen Aktion aus der eiskalten Isar gerettet. Das Zusammentreffen mit seinen Helfern war einer der emotionalsten Momente dieser denkwürdigen Feier und ging vielen Anwesenden unter die Haut. Damals hatte der Münchner Merkur unter der Überschrift »Der kleine Helmut und die wunderbare Rettung aus der Isar« von der mutigen Tat berichtet. Helmut Zenger war mit seinem Spezl Hansi beim Faschingsumzug gewesen. Als Cowboys verkleidet waren sie anschließend noch zum Spielen an die Isar gegangen. Auf Höhe des Volksbades wagte sich Helmut zu weit mit seinem Schlitten auf die verschneite Eisdecke und brach plötzlich ein. Hansi wollte seinen Freund festhalten, brach aber selber ein und konnte sich patschnass an das Ufer retten. Dort schrie er um Hilfe, während Helmut von der Strömung unter das Eis gedrückt wurde. Zur gleichen Zeit fuhren **Georg Müller** und **Erich Hieb**, zusammen mit Kommissar Marx von der Besatzung Isar 1, am Max-Weber-Platz Streife. Nach ihrer Alarmierung über Funk erreichten sie bereits nach zwei Minuten die Mariannenbrücke. Müller und Hieb hetzten im Laufschritt zu einer Menschengruppe am Wasser. Noch im Laufen

Kein anderes Funkstreifenauto war bei der Bevölkerung so beliebt wie »Isar 12«. Das kleine Bild zeigt die Funkanlage Lorenz FuG 5 von »Isar 12«.

Die Anordnung des Geräteblocks einer Fahrzeugstation SEM 7-80 GWL 2 im BMW-Funkstreifenwagen.

entledigten sie sich der Koppel, der Pistole und ihrer Jacken. Die Zivilisten halfen den Wachmännern, die Stiefel auszuziehen und zeigten die Stelle, wo das Eis gebrochen war. Der 26-jährige Erich Hieb erzählte später, wie es weiterging: »Ich lief sofort zum Wasser, mein Partner lief mit und hielt mich an der Hand fest, er selbst wurde mit einer langen Stange gesichert. Nach wenigen Metern standen wir bis zum Hals im Wasser. Ich fühlte eine tiefe Stelle und tappte mit meinem Fuß auf etwas Weiches. Ich denke, vielleicht ist es der Bub. Kurzentschlossen tauche ich und bekomme den Körper zu fassen. Als ich wieder auftauchen will … ein Stoß, ich komme nicht mehr hoch, eine Eisscholle hatte sich über die Tauchstelle geschoben. Sekunden vergehen, dann ist der Widerstand weg, mein Kamerad hat das Eis beseitigt und ich komme mit dem Buben hoch.«

Als die beiden Streifenbeamten wieder am Ufer waren, rannten sie bei zweistelligen Minustemperaturen

Blick in die Einsatzzentrale in den 1970ern und die Verkehrsleitzentrale in den 1980ern.

vor Nässe triefend und vor Kälte klappernd mit dem Buben im Arm zum Funkwagen. Während das Fahrzeug zum Krankenhaus raste, versuchten die Beamten, das Kind wiederzubeleben. Im Krankenhaus kämpfte Dr. Kunzlmann mit seinem Kollegen Dr. Alt um das Leben des Buben. Erst nach acht Stunden war der zähe Kampf gewonnen, und Helmut erwachte aus einer tiefen Bewusstlosigkeit. Helmut Zenger überstand den Unfall ohne bleibende Schäden und erlernte den Beruf des Mechanikers. Bei dem Funkstreifentreffen hatte er es bereits zum Meister mit einem eigenen Gravurbetrieb gebracht. Über all die Jahre hat er stets den Kontakt zu seinen Lebensrettern aufrechterhalten.

Für die vielen Lebensrettungen und die unzähligen, täglichen Hilfeleistungen wurden die Männer der Funkstreife von den Münchnern geliebt. Hatte sich jemand aus der eigenen Wohnung oder dem Auto ausgesperrt, halfen die Beamten sehr unbürokratisch und effizient mit Sperrhaken oder Dietrichen. Jeder Beamte führte für solche Fälle ein kleines Sortiment an Werkzeugen mit sich. Erst als sich Schlüsseldienste und Abschleppunternehmen wegen der entgangenen Aufträge bei der Stadt beschwerten, wurde den Polizisten der Funkstreife per Dienstanweisung dieser unkonventionelle Service am Bürger untersagt.

Peter Liedtke war Streifenführer auf dem Funkwagen »Isar 94«. Ein Mann wie ein Bär. Als ausgebildeter Bergwachtführer hatte er keine Scheu, sich in luftiger Höhe zu bewegen. Oft wurde er deshalb zu Einsätzen mit Lebensmüden hinzugerufen, die sich von Häusern oder Kränen stürzen wollten. Es war Sommer. Während eines Nachtdienstes gegen 23.30 Uhr beorderte der Funksprecher zwei Besatzungen eilig zum Stiglmaier-

platz, da am Dachrand eines Gebäudes eine junge Frau mit ihrem Kleinkind stand und Anstalten machte, sich in die Tiefe zu stürzen. Da weder Feuerwehr noch Notarzt vor Ort waren, betraten Peter Liedtke und Streifenführer Johann Beck vom Funkwagen »Isar 85« das Gebäude und stürmten zum Speicher. Kurzerhand wurde die Tür eingetreten, und Peter Liedtke band seinen Kollegen mit einem 20 m langen Rettungsseil an einen massiven Dachbalken. Dann kletterte er, gesichert an dem Seil, rücklings aus der Dachluke. Lange Zeit passierte nichts. Nach einer gefühlten Ewigkeit gab Peter Liedtke dem Seil einen Ruck und Johann »Joe« Beck zog kräftig daran. Als Erstes erschien in der Dachluke eine etwa 30-jährige Frau und dann der Streifenbeamte mit dem dreijährigen Kind auf dem Arm. Alle waren sie wohlauf. Der Menschenauflauf, der die gesamte Rettungsaktion von der Straße aus verfolgt hatte, klatschte Beifall, als die Beamten kurz darauf mit der Mutter und dem Kind auf die Straße traten.

Peter Liedtke blieb sehr lange bei der Funkstreife, wechselte dann zu den Diensthundeführern und wurde später ADL bei der Polizeidirektion Nord, also Einsatzleiter im Außendienst und konnte bei größeren Einsätzen, die er zu führen hatte, seine mannigfaltigen Erfahrungen aus der Funkstreifenzeit entscheidend einbringen.

Auch **Joe Beck** war ein Funkstreifler durch und durch und von 1966 bis zur Auflösung 1975 dabei. Seine Erlebnisse würden ein dickes Buch füllen und haben sich bei ihm tief eingeprägt. Mit seinem phänomenalen Gedächtnis kann er auch heute noch, 40 Jahre nach Auflösung der Funkstreife, jeden wichtigen Einsatz mit Datum und handelnden Personen detailgetreu wieder-

Filmreife Verfolgungsjagden gehörten für die Funkstreifler auch dazu. Gelegentlich endeten sie mit viel Schrott, verletzten Verhafteten und angeschossenen Beamten, wie hier Joe Beck.

geben. In seiner Dienstzeit hatte er häufiger von der Schusswaffe Gebrauch machen müssen, wurde selbst niedergeschossen und mehrfach für seine polizeilichen Einsatzerfolge und engagierte Dienstverrichtung von Oberbürgermeister Kronawitter und Polizeipräsident Schreiber belobigt. Im Laufe der Zeit hatte er ein System entwickelt, um sich Autokennzeichen und Marken von gestohlenen oder unterschlagenen Kraftfahrzeugen einzuprägen. Auf diese Weise gelangen ihm in einem Zeitraum von nur fünf Jahren die Auffindung von 1 000 (!) gestohlenen Kraftfahrzeugen und die Festnahme von mehr als 250 Autodieben. Ein wohl einsamer Rekord in der Geschichte der Münchner Polizei.

Joe Beck sammelte alle Fahndungslisten mit Kfz-Kennzeichen, zu Dienstbeginn aktualisierte er sie und strich die Widerrufe aus. Meist war er schon eine Stunde vorher da und prägte sich die neuen ausgeschriebenen Kennzeichen ein. Die Erfolge blieben so nicht aus. Während der Streifenfahrt patrouillierte er und sein langjähriger Partner **Sigi Neise** regelmäßig an den langen Reihen der geparkten Autos vorbei und hatten immer wieder Treffer. Manchmal schliefen die Täter sogar noch in den Autos. Aber auch im Verkehrsgewühl oder bei Fahrten zu Einsätzen entdeckte das Duo gestohlene Autos mit den Dieben am Steuer, die von ihnen kurzerhand angehalten und festgenommen wurden.

Jedoch wollte sich nicht jeder Autodieb freiwillig in die Hände der Funkstreife begeben, und so kam es im Laufe der Zeit zu einer stattlichen Anzahl von wilden, oft filmreifen Verfolgungsfahrten. Joe Beck hat darüber Buch geführt und in mehr als 170 Fällen gaben die Ga-

Darauf kann man anstoßen: Sigi Neise und Joe Beck werden für die Auffindung von 1 000 gestohlenen Autos belobigt.

noven Gas und wollten sich vor der Polizei in Sicherheit bringen. Quer durch die Stadt wurden sie dann von »Isar 85« und anderen Einsatzwagen gejagt und nicht selten unter Zuhilfenahme der Dienstwaffe gestellt oder mit dem Streifenwagen von der Straße gerammt.

Manchmal führten die Festnahmen von Autodieben auch zur Aufklärung weiterer Straftaten. Als Joe Beck einen 30-jährigen Mann mit einem gestohlenen Daimler Benz anhielt, konnte er noch nicht ahnen, was für einen dicken Fisch er da an der Angel hatte. Bei der Durchsuchung seiner Garage fanden sich 105 Leerformulare für Kfz- und Führerscheine sowie ein Dienstsiegel. Alles stammte aus einem Einbruch im Landratsamt Rosenheim. Einige Kfz-Scheine waren bereits mit falschen Daten versehen und schließlich konnten im Laufe der weiteren Ermittlungen 40 hochwertige Mercedes

Warten auf Temposünder: Die Besatzung einer Funkstreife mit Hightech der 60er-Jahre.

Auch das gehörte zum Polizeidienst 1970: Eine Funkstreife bringt einem Krankenhaus eine eilige Blutkonserve vorbei.

der Typen 250 SE, 280 SE und 300 SE sichergestellt werden, die meist schon für die Verschiebung in den Nahen Osten umfrisiert waren.

Auch die Auffindung eines Opel Rekord führte zu einer spektakulären Aufklärung. Der Wagen war bei einem bewaffneten Bankraub mit 200 000 DM Beute in München Milbertshofen verwendet worden. Die Auswertung der gesicherten Spuren führte schließlich zu zwei Täterinnen, die als Geldbeschafferinnen für die RAF fungierten.

Als Joe Beck am 6. August 1974 zusammen mit seinem Streifenpartner **Helge Kießling** unterwegs war, entdeckten sie einen gestohlenen Ford 17 M in der Sonnenstraße. Er war geradewegs aus der Schwanthalerstraße vor ihnen abgebogen, im Auto saßen vier junge Männer. Es herrschte starker Autoverkehr, und der Ford konnte sich nur langsam im Stau fortbewegen. Joe Beck und Helge Kießling wählten den Weg über die Straßenbahngleise, die vom Stachus bis zum Lenbachplatz geteert waren und parallel zur Sonnenstraße verliefen. An der roten Ampel vor dem Künstlerhaus stand der 17 M in der vordersten Reihe. Der Funkwagen mit Beck und Kießling schoss aus dem Gleisbereich und stellte sich quer. Noch bevor die jungen Männer reagieren konnten, waren die beiden Beamten mit gezogenen Waffen am Wagen und nahmen die vier fest. Die Terrasse des Lokals »Mövenpick« war zur Mittagszeit bis auf den letzten Platz gefüllt, und die Gäste vermuteten im ersten Moment wohl eine Filmszene. Ein SZ-Reporter, der zufällig Zeuge der Polizeiaktion wurde, fotografierte die Festnahme und brachte sie am nächsten Tag groß in die Zeitung.

In den 60er- und 70er-Jahren kamen nicht selten scharfe Waffen zum Einsatz, sowohl bei den Straftätern, als auch bei der Polizei. In jeder Schicht der Funkstreife gab es einen oder mehrere Kollegen, die bei Einsätzen Schussverletzungen davongetragen hatten. Aber auch die Funkstreifenbeamten haben im Vergleich zur heutigen Zeit sehr viel schneller und öfter zur Dienstwaffe gegriffen. So kam es im September 1971 zu einem gefährlichen Einsatz mit einem Einbrecher im Viktoria-Haus am Lenbachplatz. Als dort am frühen Morgen gegen 5.45 Uhr eine offene Eingangstür entdeckt wurde, wurden die Besatzungen »Isar 94« und »Isar 85« dorthin beordert, um nach dem Rechten zu sehen. Als die ersten Beamten das Gebäude betraten, krachten Schüsse. Der Einbrecher nahm die Beamten sofort unter Feuer. Anschließend flüchtete er auf das Dach des Hauses, gefolgt von drei Polizisten. In schwindelnder Höhe rannte der Täter am Dachgiebel entlang in Richtung Karlstor. In der Zwischenzeit hatte der sichernde Beamte von der Besatzung »Isar 85« über Funk Verstärkung angefordert und war mit einer Maschinenpistole bewaffnet zu Fuß in Richtung Stachus gelaufen. Dort eröffnete er mit kurzen Feuerstößen das Feuer auf den Einbrecher, der sich hinter den fünf Zinnen des Karlstores zu verstecken suchte. Nach einem Treffer in das Handgelenk gab er schließlich auf. Bei seiner Festnahme wurden eine großkalibrige Waffe Magnum 357 mit Hohlspitzmunition, eine Handgranate und umfangreiches Einbruchswerkzeug aufgefunden.

Als die Besatzung eines Funkstreifenwagens in der Paul-Heyse-Straße im Sommer 1967 einen gestohlenen Opel Kapitän entdeckte und den Fahrer anhalten wollte, flüchtete dieser mit überhöhter Geschwindigkeit. In der Blumenstraße verlor er die Kontrolle über das Fahrzeug, schleuderte gegen ein Verkehrszeichen und prallte gegen eine Hausmauer. Während sich der 18-jährige Beifahrer widerstandslos festnehmen ließ, flüchtete der 20-jährige Autodieb zu Fuß. Insgesamt sechs Funkstreifenbesatzungen suchten nach dem Flüchtigen, ein Funkstreifenbeamter entdeckte ihn kurze Zeit später in der Klosterhofstraße hinter einem geparkten Pkw. Als er ihn mit gezogener Waffe ansprach, drehte sich der 20-jährige um und schoss sofort mit einer abgesägten Schrotflinte auf den Beamten. Er verfehlte jedoch sein Ziel und der Polizist erwiderte das Feuer. Von drei

Die Münchner Schotterebene hat sich in mehreren Eiszeiten ausgebildet und zeichnet sich durch Geröllschichten mit dazwischenliegenden Lehmschichten aus. Daher ist der Kiesabbau in diesen Regionen einfach und beliebt, was zu einer Reihe von Baggerseen geführt hat. Es kommt aber auch vor, dass sich bei Tiefbauarbeiten ungezielt ein Hohlraum bildet, der so groß ist, dass er einen Linienbus verschluckt. Während auf der Theresienwiese der vierte Oktoberfesttag gefeiert wurde, öffnete sich im Stadtteil Trudering am 20. September 1994 gegen 18.46 Uhr der Straßenasphalt und ein Bus der Linie 192 stürzte mit dem Heck voran in das Loch, sodass nur noch das Vorderteil über das Straßenniveau herausragte. Im Zuge der Bauarbeiten für die U-Bahn-Linie 2 war Wasser durch die Sandrisse der normalerweise wasserundurchlässigen Mergelschicht gedrungen und hatte die darüberliegenden Geröllschichten, den Straßenasphalt und den Bus mit nach unten in die U-Bahn-Röhre gerissen. Es bildete sich ein ca. 10 m tiefer und breiter Krater, der sich rasch mit Wasser füllte. Zwei der drei in diesem Bereich wartenden Busse konnten noch auf die Warnung der Bauarbeiter die Unglücksstelle verlassen, bevor die Fahrbahn nachgab, der dritte Bus stürzte in den Krater und blieb nahezu senkrecht in ihm stecken. Von den ca. 40 Busfahrgästen wurden die meisten gerettet, da der Busfahrer rechtzeitig die Türen öffnete und bei der Rettung half. Schließlich zog ihn die Feuerwehr aus dem Bus. Eine Frau konnte nur leblos aus dem hinteren Teil des Busses von Tauchern geborgen werden. Die Leichen eines der warnenden Bauarbeiters und eines Fahrgasts, die in den Strudel gezogen wurden, fand man erst nach acht Monaten unter erheblichem Aufwand in den Tiefen des Kraters.

Autor: Dr. Josef Boiger

Plötzlich tat sich ein Krater auf und ein Linienbus stürzte hinein.

1994 ▪ DER TODESBUS VON TRUDERING

139

Schüssen in Schulter und beiden Oberschenkeln getroffen, brach der Autodieb zusammen. Er wurde festgenommen und in die Chirurgische Klinik gebracht.

Streifenführer **Ludwig Zilch** (31) von der Funkstreifenbesatzung »Isar 1« wurde im Jahr 1966 gegen Mitternacht mit seinem Partner Manfred Hager zur Schleißheimer Straße 56 beordert. Sie sollten einen Streit schlichten. Als sie dort eintrafen, hörten sie Hilferufe aus dem rückwärtigen Teil des Hauses. Den Beamten kam aus der Hauseinfahrt ein Mann entgegen. »Was ist hier los?«, fragte Polizeimeister Zilch. »Gar nichts ist hier los!«, antwortete der Unbekannte. Als ihn Ludwig Zilch aufforderte stehen zu bleiben, zog dieser einen 45er Colt, drehte sich um und schoss. Ludwig Zilch brach, von einem Bauchschuss getroffen, zusammen. Der Schütze rannte in Richtung Stiglmaierplatz davon und feuerte weitere Schüsse auf Polizeihauptwachtmeister Hager ab, der die Verfolgung aufgenommen hatte, allerdings ohne ihn zu treffen. Auch der Beamte gab mehrere Schüsse ab, der Täter konnte jedoch unerkannt flüchten und wurde nie ermittelt. Wie sich später herausstellte, hatte der Schütze vorher zwei Dirnen bestohlen und sie mit der Waffe bedroht. Ludwig Zilch fuhr nach seiner Genesung noch mehrere Jahre Funkstreife und hatte dabei noch viele Abenteuer zu bestehen. Im Jahr 1969 überwältigte er zusammen mit Bereitschaftspolizist Franz Schmid einen Bankräuber in der Dresdner Bank-Filiale Bayerstraße, und ein Jahr später rettete ihn ein beherzter Hechtsprung vor einem herannahenden Taxidieb in der Landsberger Straße das Leben. Der später festgenommene 22-jährige Kfz-Mechaniker Helmut K. musste sich wegen Mordversuches an Ludwig Zilch vor Gericht verantworten.

Realistischer hätte die Szene für einen Kriminalfilm nicht gestellt werden können. Polizeimeister **Werner Reuschl** und Polizeimeister **Fritz Schmidt**, beide 25 und von der Funkstreife, waren mit ihrem Privatwagen auf der Heimfahrt vom Dienst. Am Lenbachplatz sahen sie einen Opel Rekord mit einem Kennzeichen, das ihnen bekannt vorkam. »Du, der Rekord da vorn, der ist gestohlen, den pack ma!«, rief Reuschl und sprang bei der nächsten Ampel aus dem Wagen. Er stellte sich vor den Opel, um den Fahrer zu kontrollieren. Im gleichen Moment trat dieser das Gaspedal durch, und der Wagen schoss nach vorne. Mit einem Satz sprang Reuschl auf die Motorhaube und klammerte sich an den Scheibenwischern fest, um nicht heruntergeschleudert zu werden. Fritz Schmidt rannte, die Dienstpistole in der Hand, dem Wagen Richtung Elisenstraße hinterher. Dann blieb er kurz stehen, zielte auf die Reifen und schoss das Magazin leer. Zwei Mal hatte er getroffen, und der Wagen geriet ins Schleudern. Als der Fahrer, ein 23-jähriger Maler, versuchte zu Fuß fliehen, wurde er überwältigt und festgenommen. In dem gestohlenen Wagen stellten sie Perücken und Diebesbeute aus mehreren Einbrüchen sicher.

Auch Werner Reuschl hatte ein unglaubliches Computer-Gedächtnis. Allein in einem Jahr entdeckte er 150 gestohlene Fahrzeuge, viele auch in seiner Freizeit. So sprang er einmal in der Augustenstraße aus der Straßenbahn, weil er einen gestohlenen Opel fahren sah. Der verdutzte Autodieb, ein 18-jähriger Elektromechaniker, ließ sich widerstandslos festnehmen. Ein anderes Mal war er im Urlaub zu einer Bergtour nach Bad Reichenhall unterwegs und stellte dort drei Autodiebe, die er anschließend der örtlichen Polizei übergab. Werner Reuschl ging später zur Mordkommission, wo er nicht minder erfolgreich war.

Verfolgungsfahrten und Schießereien gehörten zwar weitaus öfters zum polizeilichen Alltag der Funkstreifenbeamten als heutzutage, sie standen aber nicht auf der Tagesordnung der Polizei. Auch die Funkstreife hatte überwiegend mit gewöhnlichen Einsätzen und den Ärgernissen des täglichen Lebens zu tun. Dass der menschliche Umgang damit aber auch spannend und unterhaltsam sein kann und dem Ansehen der Münchner Polizei zuträglich ist, zeigte im besonderen Maße die Vorabendserie »Isar 12« des Bayerischen Rundfunks.

Es sind nicht immer die aufsehenerregenden Fälle, mit denen die drei Gesetzeshüter Alois Huber (Karl Tischlinger), Karl Dambrowski, genannt »Dammerl« (Wilmut Borell) und Dieter Resch (Eberhard Mondry) bei ihren Einsätzen konfrontiert werden. Betrügereien, Diebstähle, Taxiüberfälle, Verkehrssünder, Streitereien zwischen Eheleuten oder Mietparteien gehören zum Alltag der Polizeistreife. Doch auch zu weniger harmlosen Vorfällen, wie beispielsweise einem Bombenfund, werden sie gerufen, dabei geraten die drei Polizisten auch schon mal in brenzlige Situationen, die sie natürlich mit Bravour meistern.

Bei den Zuschauern war die Schwarz-Weiß-Serie ausgesprochen populär, da jede einzelne Episode ohne spektakuläre Szenen auskam, das wahre Leben wider-

Verkehrsstreifen, wie diesen BMW der »Neuen Klasse« am Marienplatz, erkannte man früher an der Zweifarbigkeit in Grün und Weiß. Die anderen Funkstreifen waren einfarbig.

spiegelte und auch den notwendigen Humor nicht außer Acht ließ. Viele bayerische Volksschauspieler wie Fritz Straßner (als Oberamtmann Seidl und Chef der Funkstreife), Helmut Fischer, Maxl Graf, Veronika Fitz, Maria Stadler und Ludwig Schmid-Wildy gaben sich in der Serie ein Stelldichein. Die eingängige Musik zu »Funkstreife Isar 12« stammte von Bernd Grund, der unter anderem auch die Musik zu »Die tausend Augen des Dr. Mabuse« und »Des Teufels Advokat« schrieb. Wer noch einmal in die Zeit der legendären Funkstreife eintauchen möchte, sollte sich die Vorabendserie nach Hause holen. Seit 2010 sind die drei Staffeln mit allen 35 Folgen als DVD im Fachhandel erhältlich.

Herbert Joksch würde es freuen. Damit ist sein Wunsch, die Funkstreife unsterblich zu machen, doch noch in Erfüllung gegangen.

DIE EINSATZZENTRALE DER POLIZEI MÜNCHEN – WEIT MEHR ALS NUR 110 …

Autor: Dr. Jürgen Brandl

Polizeihauptmeisterin Lisa Brand liebt ihren Beruf. Nach einigen Jahren Dienstzeit bei der Polizeiinspektion als Streifenpolizistin entschied sie sich, in der Einsatzzentrale des Polizeipräsidiums München den Bürgerinnen und Bürgern am Notruf zu helfen. Anfangs konnte sie sich nicht vorstellen, ihre Pistole gegen ein Telefon zu tauschen. Doch schon nach kurzer Zeit erkannte sie, welch bedeutenden Beitrag für die Sicherheitslage die Einsatzzentrale leistet. Denn viele Polizeieinsätze beginnen mit der Entgegennahme eines Notrufes. Läuft hier etwas schief, sind die Folgen für den weiteren Einsatzverlauf nicht selten fatal.

Lisa blickt zu Schichtbeginn auf den Dienstplan: Notrufannahme. Die Einsatzzentrale hält für Lisa verschiedene Verwendungen parat. Denn neben der Notrufannahme kann sie auch als Funkdisponentin, Lageauswerterin oder Videobeobachterin eingesetzt werden. So legt sie an diesem Nachmittag ihr Headset an, startet den Computer und verschafft sich einen Überblick über die bereits laufenden Einsätze. Leichter gesagt als getan. München ist mit seinen 1,5 Millionen Einwohnern die drittgrößte Stadt Deutschlands. Darüber hinaus betreut die Einsatzzentrale auch den Landkreis München mit über 300 000 Einwohnern. Entsprechend hoch ist die Anzahl an Notrufen und Einsätzen. Das Notruftelefon in der Einsatzzentrale klingelt durchschnittlich jede Minute einmal – jede Minute ruft also eine Person im Bereich des PP München die Polizei um Hilfe. Im Jahr werden hier über 520 000 Notrufe entgegengenommen.

Um diese hohe Anzahl von Notrufen und Einsätzen bewältigen zu können, arbeiten in der Einsatzzentrale über 150 Beschäftigte. Trotz des hohen Notrufaufkommens herrscht in dem Großraumbüro eine professionelle Ruhe. Hier nehmen bis zu 10 Notrufbeamte rund um die Uhr die Notrufe entgegen.

Neben der Notrufentgegennahme und der Einsatzsteuerung über den Polizeifunk obliegen der Einsatzzentrale die Videoauswertung, im Alarmfall die Unterstützung der Fahndung nach Probanden mit einer Elektronischen Fußfessel sowie die Erstellung eines aussagekräftigen Lagebildes. Die Einsatzzentrale wird aufgrund ihrer zentralen Steuerungsfunktion auch gerne als das Herzstück der Münchner Polizei bezeichnet. Sie sieht sich als hochmoderne und innovative Leitungs- und Service-Dienststelle für Bürger und Kollegen gleichermaßen.

Der Spätdienst beginnt für Polizeihauptmeisterin Brand heute sehr ruhig. Die üblichen Anrufe – nichts Außergewöhnliches: Ein Herr beschwert sich über seinen zu lauten Nachbarn. Ein Taxifahrer kann nicht auf seinen Taxistand fahren, weil dieser zugeparkt ist. Im U-Bahnhof beleidigen Jugendliche vorbeigehende Personen. Doch nach einiger Zeit meldet sich eine Frau ver-

Kleine Zeitreise durch den Fuhrpark: Anfang der 1960er kamen Isettas zum Einsatz. Deutlich komfortabler waren 1965 die VW Käfer und ab Mitte der 1960er die Opel Rekord B sowie in den 80ern die Audis 80. Der topaktuelle Mini-Streifenwagen hingegen wird ausschließlich von der Pressestelle zu besonderen Anlässen genutzt.

Die Streifenwagen im gewohnten Silber-Grün werden bald der Vergangenheit angehören. Nach der Einführung der neuen blauen Uniformen 2015 wird auch der Fuhrpark schrittweise auf Silber-Blau umgestellt.

ängstigt mit zittriger Stimme: »Hilfe – Überfall!« Lisa ist hoch konzentriert. Sie atmet tief durch und stellt die ersten Fragen. Gleichzeitig denkt sie an alle Aspekte, die sie bei der Bewältigung dieses Notrufes beachten muss: Wurde jemand verletzt oder sind aktuell noch Personen in Gefahr? Wie ist der Räuber wiederzuerkennen? Was hat der Täter geraubt? Schnellstmöglich muss der Funkdisponent den Streifenbesatzungen den Vorfall mitteilen. Erleichtert teilt das Opfer nach wenigen Minuten mit, dass die ersten Einsatzkräfte schon am Tatort eingetroffen sind. Lisa bedankt sich für die Mithilfe und legt auf. Ein Gefühl der Erleichterung macht sich breit. Der Funkdisponent ist jetzt dran.

Was mag in Menschen vorgehen, die von bewaffneten Räubern bedroht werden? Würden die Opfer wohl jemals wieder ohne Angst leben können? Würden sie von diesem dramatischen Ereignis nachts träumen? Ereignisse wie diese hinterlassen Fragen oder sogar seelische Wunden. Zeit zum Nachdenken bleibt für unsere Polizeihauptmeisterin jedoch nur wenig. Kaum ist das eine Notrufgespräch abgeschlossen, nimmt sie das nächste an. Oft werden Notrufbeamte Zuhörer menschlicher Krisen, grausamer Verbrechen, aber auch humorvoller und sehr bewegender Momente. Ein Notruf ist somit für die Notrufbeamten nicht immer Normalfall oder gar Routine. Zwischen der einfachen Ruhestörung und dem tödlichen Verkehrsunfall liegen in der Einsatzzentrale oft nur wenige Sekunden. Ein Anrufer möchte sein Leben beenden und teilt der Polizei seinen späteren Sterbeort mit. Eine andere Anruferin entdeckt ihren verstorbenen Ehemann in der Wohnung liegend. Eine Mitteilung über einen Verkehrsunfall mit Schwerverletzten geht ein.

Emotionen sind ein fester Bestandteil jeder Kommunikation. Umso mehr gilt das in der Notrufkommunikation. Es gibt nahezu keinen Notruf, der nicht von Ängsten, Trauer, Wut, Zorn und Entsetzen begleitet wird. Notrufbeamte müssen deshalb rhetorisch geschult werden. Ein Notrufbeamter muss Verständnis für die Situation des Mitteilers aufbringen. Krisenmanagement ist Kernkompetenz jedes Notrufbeamten. Er muss signalisieren, dass die Polizei hilft – 24 Stunden am Tag und 365 Tage im Jahr.

WAS PASSIERT, WENN SIE DEN POLIZEINOTRUF 110 WÄHLEN?

Autor: Dr. Jürgen Brandl

»Im Massenbetrieb der Großstadt jedem Einzelfall von Beginn an sein eigenes Gewicht zu geben, ist unser ständiger Auftrag und der andauernde Anreiz für die Tätigkeit in der Einsatzzentrale.« (EPHK Wolfgang Grünwald, Leiter Einsatzzentrale)

Wir erklären Ihnen nun die einzelnen Stationen in der Einsatzzentrale des Polizeipräsidiums München:

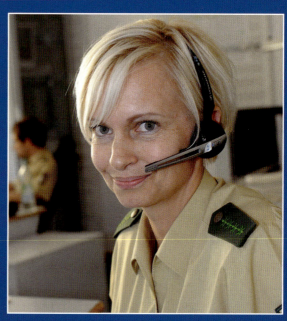

DIE STIMME
Sind Sie in Not? Brauchen Sie Hilfe? Haben Sie etwas Verdächtiges beobachtet? Rufen Sie den Polizeinotruf 110 und Sie werden mit PHMin Birgit Pipo verbunden. Birgit Pipo hilft, berät und beruhigt. Sie stellt die wichtigsten Fragen: Wer? Wo? Was? Wann? Wie viele? Womit? Sobald die Situation geklärt ist, übergibt sie die wesentlichen Informationen an den Funkdisponenten.

DER FUNK
PHM Christian Scheller: »Jeder Arbeitstag beinhaltet Unerwartetes, Außergewöhnliches und teilweise Unvorstellbares.« Als Funkdisponent kommuniziert PHM Scheller mit den Besatzungen der Einsatzfahrzeuge und ist somit die Verbindungstelle zwischen dem Notruf und den Polizisten am Einsatzort. Er bestimmt den Kräfteansatz und leitet Fahndungsmaßnahmen ein. Benötigt eine Streifenbesatzung Informationen oder auch eilige Unterstützung, wird Christian Scheller angefunkt.

DER EINSATZLEITER
Bei größeren Einsatzlagen, wie zum Beispiel im Zusammenhang mit Kapitalverbrechen, mit der Schwerkriminalität oder auch mit Versammlungsgeschehen, übernimmt der Höhere Beamte vom Dienst (kurz HvD) die Einsatzleitung in der ersten Phase. Polizeirätin Carina Herrnberger bewertet dann die Lage, koordiniert die Kräfte und leitet damit die Lagebewältigung ein.

DAS AUGE
Kameras der Münchner Verkehrsgesellschaft, Verkehrskameras der Landeshauptstadt München und polizeieigene Kameras übertragen ihre Bilder in die Einsatzzentrale. PHMin Stefanie Dittmar ist das Auge des Polizeipräsidiums. Sie unterstützt bei konkreten sicherheitsrelevanten Ereignissen. Sie hat ein Auge auf die Situation. Bei Gefahr alarmiert sie ihre Kolleginnen und Kollegen.

DER KOPF
EPHK Wolfgang Grünwald (r.) und PHK Gerhard Siebenwirth (l.) leiten eine von insgesamt vier Schichten mit jeweils über 30 Beschäftigten. Von ihrem Büro aus werden Spezialeinheiten alarmiert, Dienststellen im PP München und das Innenministerium informiert sowie der Kontakt zum Pressesprecher gehalten. Auch Handyortungen werden in die Wege geleitet.
Die Herausforderung für PHK Gerhard Siebenwirth: »Der Dienst in der EZ: Für mich als echter Münchner eine reizvolle Aufgabe, an zentraler Stelle an Münchens Sicherheit beteiligt zu sein, dabei stets das gesamte Einsatzgeschehen und aktuelle Lageentwicklungen im Auge zu haben, um darauf im Rahmen der organisatorischen Vorgaben sowie rechtlichen Möglichkeiten stets flexibel zu reagieren. Immer wieder spannend.«

BESONDERE POLIZEIGEBÄUDE

POLIZEIINSPEKTION 22 – HITLERS EHEMALIGE WOHNUNG

Autor: Peter Gloël

Für den Münchner Nobelstadtteil Bogenhausen ist die Polizeiinspektion 22 zuständig. Diese Dienststelle hat ihren Sitz am Prinzregentenplatz 16. Sie ist damit nicht nur an prominenter Stelle, sondern vor allem auch an einem geschichtsträchtigen Ort untergebracht: der Münchner Wohnung von Adolf Hitler. In der Denkmalliste der Landeshauptstadt München ist dieses Gebäude mit folgender Beschreibung eingetragen: »Eckhaus, barockisierender Jugendstil, reich gegliedert und dekoriert, um 1908/09 von Franz Popp; bildet Block mit dem gleichartigen Haus Nr. 14.«

In die hochwertige Wohnung im zweiten Stockwerk dieses großbürgerlichen Mietshauses des Holzkohlehändlers Hugo Schühle zog im Herbst 1929 der bis dahin seit über neun Jahren bescheiden in einem möblierten Zimmer in der Thierschstraße 41 lebende »Kunstmaler und Schriftsteller« Adolf Hitler ein. Sein Gesuch auf Vormerkung für diese komfortablen Räumlichkeiten wurde aufgrund seiner »politischen und sozialen Stellung« durch das Städtische Wohnungsamt befürwortet. Die sogenannte Jahresfriedensmiete für die fast 400 qm große Neunzimmerwohnung betrug 4 176 Reichsmark.

Zwei Jahre später fand man in einem Zimmer dieser Wohnung die zur Untermiete wohnende (Halb-)Nichte Hitlers, Angela (Geli) Raubal, erschossen auf. Die Staatsanwaltschaft ging von Selbstmord aus, veranlasste aber aufgrund eines Artikels der Münchener Post vom 21. September 1931 weitere Ermittlungen. Im Ergebnis erwiesen sich die Darstellungen dieser Zeitung, dem Organ der Münchner Sozialdemokratie, als haltlos. Ab Ende 1938 war Hitler Eigentümer des gesamten Anwesens. Es blieb bis zu seinem Selbstmord Ende April 1945 die Privatadresse des Diktators. Am 1. Mai 1945 bezog die »Rainbow Division«, eine US-amerikanische Armeeeinheit, in diesem Haus ihr Quartier. Im Geldschrank stießen die Soldaten lediglich auf ein Dutzend signierter Erstausgaben von »Mein Kampf«. Ende der 1940er-Jahre wurde dann das Haus zugunsten des Landes Bayern eingezogen. Hitlers persönliche Wertsachen wurden erst 1950 entdeckt, als seine langjährige Haushälterin sie zum Kauf anbot.

Polizeihauptkommissar Harald Freundorfer, langjähriger Angehöriger der Polizeiinspektion 22, hat sich mit der Geschichte des Anwesens beschäftigt. Er hat sich als Interviewpartner zur Verfügung gestellt.

Wie ging es nach dem Abzug der Amerikaner weiter? Wurden die Räumlichkeiten nahtlos von der Polizei bzw. der für Bogenhausen zuständigen Polizeidienststelle übernommen?

Am 1. Mai 1945 hat die Rainbow Division das Haus besetzt. Im Anschluss daran, am 30. November 1946, ist das Landesamt für Vermögensverwaltung und Wie-

Militärfotografin Lee Miller nahm einfach mal ein Bad in Hitlers Badewanne.

dergutmachung in das Gebäude eingezogen. Über die genaue Belegung im Anwesen konnte ich bislang nichts herausfinden. Der Freistaat Bayern wurde im Juni 1949 Rechtsnachfolger des Deutschen Reiches und somit Eigentümer auch dieses Gebäudes. Seither waren verschiedene Dienststellen der Bayerischen Polizei in diesem Haus untergebracht. Die Polizeiinspektion 22 arbeitet hier seit dem 21. April 1998.

Die Amerikaner haben ja beeindruckende Bildzeugnisse hinterlassen, wie z. B. das Foto in der Badewanne. Können Sie dazu etwas sagen?
Eine Angehörige der Rainbow Division, die Militärfotografin Lee Miller, hat den Niedergang des Dritten Reiches auf eindrucksvolle Weise mit einem Selbstporträt in Hitlers Badewanne dokumentiert. Sie fotografierte u. a.

den gesamten Wohnbereich. Aufgrund der mir vorliegenden Bilder kann man gut nachvollziehen, wie Adolf Hitler privat gelebt hat. Die Einrichtung seiner Wohnung entsprach aus meiner Sicht dem damaligen Zeitgeist.

Wie muss man sich das vorstellen? Wie sah die Wohnung bei der Übernahme durch die PI 22 aus? Welche Originalbestände aus der damaligen Zeit sind heute noch vorhanden und zu sehen?
Bei der Übernahme des gesamten Anwesens durch die PI 22 im Jahre 1998 stand die Wohnung im zweiten Stock leer und war, wie alle Räume im Haus, frisch renoviert. Lediglich die festen Einbauten und damit die Böden, die Türen, die Decken entsprachen noch dem ursprünglichen Zustand, da sie unter Denkmalschutz stehen. Bewegliches Mobiliar war nicht mehr vorzufin-

den. Erwähnenswert ist, dass die Bibliothek mit Ausnahme der fehlenden Schranktüren im Originalzustand vorhanden ist.

Im Keller befindet sich eine Bunkeranlage mit fünf Schutzräumen, die noch original erhalten ist. Dort zu sehen sind beispielsweise ein eichenvertäfelter Aufenthaltsraum und eine Belüftungsanlage, die vor Gasangriffen schützen sollte.

Wie lange hat Hitler am Prinzregentenplatz gewohnt und hat er seine Wohnung in den Kriegsjahren tatsächlich noch genutzt? Gab es politisch bedeutende Treffen bzw. Besprechungen in diesen Räumlichkeiten?

Soviel mir bekannt ist, hat er von seinem Einzug im Jahre 1929 bis zum Kriegsausbruch 1939 ständig die Wohnung genutzt. Während des Zweiten Weltkrieges soll er sich nur noch sporadisch in der Wohnung aufgehalten haben.

Mir liegt eine Aufnahme vor, die den damaligen Reichskanzler mit dem britischen Premierminister Neville Chamberlain in seiner Bibliothek zeigt. Dieses Foto dürfte im Zusammenhang mit der Münchner Konferenz 1938 entstanden sein.

Hitler hat das Anwesen Ende des Jahres 1938 erworben. Hat er das gesamte Haus – ein fünfstöckiges Gebäude – selbst genutzt oder die anderen Stockwerke anderweitig verwendet? Wurde die Wohnung bzw. das Anwesen besonders gesichert? Wenn ja, wie, von wem und seit wann?

Die Wohnung im zweiten Stock, die die gesamte Etage umfasst, wurde von ihm, seiner Haushälterin und seinem Chauffeur bewohnt. In den anderen Stockwerken waren Angehörige der »Leibstandarte SS Adolf Hitler« untergebracht. Diese sorgten rund um die Uhr für die Sicherheit der Person und des Objekts. Im Erdgeschoss war dazu eine Wache eingerichtet.

Wie viele Besucher kommen vor dem geschichtlichen Hintergrund jährlich?

Eine genaue Zahl kann ich nicht benennen. Allerdings ist dieses Haus in verschiedenen geschichtlichen Reiseführern aufgeführt. Spontane Anfragen, das Haus mit seinen Räumen auch von innen zu besichtigen, gehen beinahe wöchentlich ein.

Werden auch gezielte Fragen wie z. B. nach dem mysteriösen Selbstmord seiner Nichte Angela Raubal gestellt, die bis zu ihrem Tod zwei Jahre lang in dieser Wohnung gelebt hat?

Die Frage lässt auf einen vertieften Kenntnisstand der Besucher schließen. Ich persönlich werde selten dazu befragt.

Was kann man allgemein zu diesem Todesfall sagen?

In einem Münchner Archiv liegt die Ermittlungsakte zu diesem Fall. Aus ihr lassen sich nur objektive Umstände, wie beispielsweise die Auffindesituation, entnehmen.

Gab es Anfragen, um die historischen Räumlichkeiten nutzen zu können (Film, Funk, Fernsehen, Presse u. a.)?

Anfragen werden mehrmals im Jahr über die Pressestelle des Polizeipräsidiums München an uns gerichtet. In den Anfangsjahren entsprachen wir den Anliegen gerne. Im Lauf der Zeit haben diese Ersuchen dermaßen überhandgenommen, sodass wir heute derartige Bitten grundsätzlich ablehnen müssen. Das Polizeipräsidium hat sich vor diesem Hintergrund auf unsere Anregung hin entschlossen, einen Film über das Gebäude zu produzieren und diesen als Anschauungsmaterial für geplante Filmaufnahmen zur Verfügung zu stellen.

Was wurde insbesondere mit Blick auf die vielen Besuche in diesem Haus bislang nicht gefragt, d. h. welche interessante Frage wurde noch nicht gestellt?

Mir ist aufgefallen, dass in den vergangenen 15 Jahren noch nie jemand gefragt hat, wie die derzeitige Belegschaft der Polizeiinspektion 22 mit dem geschichtsträchtigen Ort umgeht. Sollte die Frage wirklich mal gestellt werden, würde ich antworten: ›Für die Dienstkräfte der Polizeiinspektion 22 ist es der Arbeitsplatz in einem Gebäude mit gehobenem Ambiente!‹ Auffallend ist, dass die jüngere Generation um den geschichtlichen Hintergrund des Gebäudes weiß, sich aber nicht weiter dafür interessiert.

Vielen Dank, Herr Freundorfer, für das Interview. Wie ist Ihr Ausblick für die Zukunft?

Mein Wunsch wäre: Der Prinzregentenplatz ist der Arbeitsplatz für die Angehörigen der Polizeiinspektion 22. Die Dienststelle soll weder zum Besuchermagnet noch zum Wallfahrtsort werden.

Entwurfskizze der Villa Hoeßlin in der Romanstraße.

DIE VILLA HOESSLIN IN DER ROMANSTRASSE 13

Autor: Peter Gloël

Vier Tage vor Heiligabend 1937 erschienen der Arzt Dr. Cola Beaucamp und – als Handelnder für das Deutsche Reich – der Regierungsrat 1. Klasse, Hermann Lippert vom Polizeipräsidium München, beim Notar Franz Hilz, um den Kauf eines Hauses besiegeln zu lassen. Beurkundet wurde der Verkauf des Anwesens Romanstraße 13 an das »Deutsche Reich, Reichsführer SS und Chef der Deutschen Polizei im Reichsministerium des Innern« zum Preis von 157 000 RM. In diesem Gebäude plante man, das Abschnittskommando West der Münchner Schutzpolizei, eine Luftschutzbefehlsstelle, ein Polizeirevier und – bis zur Fertigstellung der neuen Polizeikaserne an der Rosenheimer Straße – ein Offiziersheim unterzubringen.

Das erworbene Anwesen war eine ganz besondere Adresse: Am besagten Dezembertag trat Dr. Beaucamp als Testamentsvollstrecker des im Jahr zuvor verstorbenen Geheimrats Dr. Rudolf von Hoeßlin auf, der als Münchner Facharzt im Jahre 1885 die Kaltwasserheilanstalt an der Roman-/Renata-/Prinzenstraße in Neuhausen übernommen hatte und diese Einrichtung in kurzer Zeit in die Kuranstalt Neuwittelsbach überführte. Der aus angesehener Augsburger Familie stammende Arzt – sein Bruder Gustav war Leibarzt von Bayerns letztem König Ludwig III. – leitete dieses private Krankenhaus für Innere Medizin und Nervenkrankheiten jahrzehntelang. Als Königlicher Hofrat gründete er 1914 die R. von Hoeßlin'sche Stiftung und übergab die Anstalt der Stadt München. Sein Werk, die Kuranstalt Neuwittelsbach, wurde während des Zweiten Weltkriegs so stark zerstört, dass sich das Kuratorium der Stiftung zum Verkauf der Ruine entschied. Nach dem Wiederaufbau in den 1970er-Jahren an gleicher Stelle firmierte eine Fachklinik für Innere Medizin unter dem alten Namen Neuwittelsbach.

In der Romanstraße 13, unmittelbar neben der Kuranstalt Neuwittelsbach, ließ sich Dr. Rudolf von Hoeßlin Anfang des 20. Jh. von einem der bedeutendsten deutschen Architekten dieser Zeit, Friedrich von Thiersch (1852–1921), sein Wohnhaus planen und errichten.

Einst und heute: Blick ins Treppenhaus im Jahr 1920 und 2015.

Die Villa Hoeßlin gehört wohl zu den bedeutendsten Einfamilienhäusern dieses herausragenden Schöpfers. Thierschs erste Entwürfe stammen aus dem Jahr 1900 und zeigen eine Villa im Stil der italienischen Renaissance. Tatsächlich realisiert wurde allerdings der Typ eines italienischen Landhauses mit Ausschmückungen des Jugendstils. Besonders markant war die Bogenloggia im Obergeschoss des mächtigen Eckturmes, deren Wände durch ihre dunkelrote, leicht bräunliche Farbe – gleich einem »Rosso pompeiano« – dem Betrachter die außergewöhnliche Exklusivität des Anwesens vermittelten. Ebenso auffällig waren auch die geschwungenen Profileinziehungen unmittelbar unterhalb des Daches, die im kräftigen Blauton erstrahlten und ein leuchtendes Zierband bildeten. Beides ist heute kriegsbedingt leider nicht mehr vorhanden.

Geblieben ist aber auf der Westseite der Vorraum, über den man durch das Vestibül in eine sich über zwei Geschosse erstreckende Halle mit großer Treppe gelangt. Diese Halle mit ihrer bis unter die Empore aus Nussbaumholz bestehenden Wandvertäfelung und offenem Kamin lässt einen Blick auf großbürgerliche Wohnkultur vergangener Zeiten erahnen. Die im Erdgeschoss angrenzenden Räumlichkeiten haben ihre ursprünglichen Bestimmungen verloren. Damit sind der Salon, das Herrenzimmer und das Speisezimmer funktional eingerichteten Besprechungs- und Arbeitsräumen gewichen. Gleiches gilt im Obergeschoss. Hier befanden sich die Schlafräume und das Kinderzimmer, in denen heute der Leiter des Abschnitts West sein Büro hat. Der äußere und innere Gesamteindruck vermittelt auch gegenwärtig noch ein beeindruckendes Bild dieser zu Beginn des 20. Jh. vollbrachten architektonischen Leistung. Auch ihre jetzigen Nutzer wissen um dieses bauwerkliche Juwel und würdigen auch vor diesem Hintergrund die Vorzüge dieses noblen Gebäudes.

VOM EHEMALIGEN ABSCHNITT WEST ZUM HEUTIGEN ABSCHNITT WEST

Sieht man sich Einst und Jetzt an, so scheint auf dem ersten Blick in der Belegung des Anwesens Romanstraße 13 seit 1938 nicht viel passiert zu sein. Damals zog der Abschnitt West ein und bis heute ist der Abschnitt West hier vertreten. Aber die Namensgleichheit täuscht. Um es vorwegzunehmen: Der heutige Abschnitt West weist sehr wenige Gemeinsamkeiten mit der damaligen Dienststelle auf. Aber der Reihe nach: Auf Befehl des Polizeipräsidenten wurden ab 1. Mai 1936 die elf Polizeibezirke Münchens in vier regionale Abschnitte zusammengefasst. Der Abschnitt West bezog im Oktober 1938 den ersten Stock der neu erworbenen Villa Hoeßlin. Zu diesem Zeitpunkt war das Polizeipräsidium München in die vier Abteilungen (Abteilung I – Verwaltungspolizei, Abteilung II – Kommando der Schutzpolizei, Abteilung III – Kriminalpolizei und Abteilung IV – Politische Polizei) untergliedert. Die Abteilung II umfasste neben dem Stab des Kommandos mit verschiedenen Referaten und Sonderabteilungen (wie zum Beispiel Schutzpolizeihundertschaft, berittenes Kommando und Diensthunde) auch die Abschnitte, die nach regionalen Gesichtspunkten in Nord, Ost, Süd und West unterteilt waren. Dem Abschnitt West der Schutzpolizei waren damals neben der Wache im Hauptbahnhof die Polizeireviere 27 (damals Hindenburgstraße 44, heute Landshuter Allee), 28 (Winthirplatz 7), 29 (Ebenauer Straße 2) und 30 (Pelkovenstraße 43) nachgeordnet.

Entgegen den ursprünglichen Vorhaben, die u. a. auch zum Erwerb des Anwesens geführt hatten, wurden tatsächlich nur die Unterbringung des Abschnitts West und die Einrichtung von zwei Wohnungen im Dachgeschoss für Polizeibeamte realisiert. Von der Errichtung eines Polizeireviers und eines Offiziersheim hatte man Abstand genommen. Während des Krieges folgten der Ausbau des Kellers zu einem Bunker und der Einzug des Luftschutzamtes West. Bei einem Luftangriff im Januar 1945 wurde die Villa von Brandbomben getroffen. Diese Schäden sowie spätere Überlegungen, weiteren Büroraum zu gewinnen, führten dazu, dass herausragende Merkmale des Hauses, wie die Bogenloggia im Eckturm, verloren gegangen sind. Erst im Jahre 1952 wurde das ehemals reichseigene Anwesen auf den Bayerischen Staat übertragen. Anträge auf Instandsetzung des Gebäudes wurden bis dahin generell abgelehnt, da es kein »landeseigenes Anwesen« war. Zeitweise gab es in den Räumlichkeiten der Villa neben dem Polizeiamt West (im ersten Stock) verschiedene Mieter, wie zum Beispiel die Schuhwarenfirma Tretter, ein werbewissenschaftliches Institut der Meisterschule für Deutschlands Buchdrucker, die Kriminalaußenstelle West sowie die Fraunhofer Gesellschaft zur Förderung der angewandten Forschung e. V.

Nach dem Zweiten Weltkrieg und der Neuorganisation des Polizeipräsidiums München blieben die vier Polizeiämter Nord, Süd, Ost und West weiterhin bestehen. Diesen regionalen Ämtern waren nach wie vor die Polizeireviere unterstellt. Mit dem Abschluss der Verstaatlichung der Polizei im Oktober 1975 erfolgte Zug um Zug die Umstellung auf die neue Organisationsform. Zunächst stellte man die Polizeidirektion München-Nord um, schuf personalstarke Polizeiinspektionen, führte den Schichtdienst mit festen Dienstgruppen und Kontaktbereiche ein. Nachdem sich das bewährt hatte, folgten die anderen Münchner Polizeidirektionen. Für die Polizeidirektion München-West mit Sitz in der Romanstraße 13 wurde dieser Schritt zum 1. Juli 1979 vollzogen.

Die Auflösung der Polizeidirektionen und damit die Reduzierung von vier auf drei Hierarchieebenen wurde mit der Organisationsreform im Jahre 2003 beschlossen und zum 1. Januar 2008 beim Polizeipräsidium München in Kraft gesetzt. Seit diesem Zeitpunkt ist in der Villa in der Romanstraße 13 nicht mehr die Polizeidirektion München-West, sondern der Einsatzabschnitt West des Polizeipräsidiums tätig. Der heutige Abschnitt West ist für die unmittelbare Einsatzführung und -steuerung zuständig. Die Bereiche Personal- und Verwaltungsaufgaben sind dabei ausdrücklich nicht umfasst. Zum Abschnitt West gehören nun die Polizeiinspektionen 41 (Rapotostraße 1), 42 (Landshuter Allee 38), 43 (Moosacher Straße 77), 44 (Puchheimer Straße 14), 45 (Institutstraße 1), 46 (Josef-von-Hirsch-Straße 1, Planegg), 47 (Knorrstraße 139), 48 (Hofkurat-Diehl-Straße 9, Oberschleißheim). Wurde früher der Abschnitt von einem Hauptmann der Schutzpolizei als Abschnittskommandeur geführt, so stand einem Polizeiamt ein Polizeiamtmann vor. Der erste Abschnittskommandeur in der Romanstraße 13 war Hauptmann Ammon. Mit der Einführung von Schutzbereichen übernahmen Polizeidirektoren bzw. Leitende Polizeidirektoren die Führung einer Polizeidirektion. Chef des heutigen Abschnitts West, der durch den Wegfall der Ebene Polizeidirektion einen Teilbereich des Präsidiums abbildet, ist der Leitende Polizeidirektor Günter Süßbrich.

DIE McGRAW-KASERNE WIRD POLIZEIDIENSTSTELLE

Autor: Martin Arz

An der Stadelheimer Straße, zwischen Tegernseer Landstraße und Warthofstraße, befand sich einst ein Rastplatz für Fuhrleute. Bürgermeister Joseph von Utzschneider erwarb das Gelände, verleibte es seinen umfangreichen Besitzungen in Giesing ein und erbaute dort 1823 den Warthof, Wohn- und Ökonomiegebäude mit Stadel und Stallungen. Nach etlichen Besitzerwechseln und Teilverkäufen vermachte die letzte Besitzerin den Warthof dem Evangelischen Waisenhausverein München, der dort 1910 ein Waisenhaus mit einem Wohnhaus, einem Anstaltsgebäude und einer Turnhalle einrichtete.

Auf dem benachbarten Gelände breitete sich dann die Wagenbau- und Maschinenfabrik Gebrüder Beißbarth aus, die 1913/14 nach Plänen von Alphons Hering gebaut wurde. Die Beißbarths waren das erste Unternehmen der Automobilbranche in Bayern. 1931 wollten die Beißbarths den Besitz an der Tegernseer Landstraße 210 abstoßen und suchten händeringend einen Käufer. Schließlich ersteigerte 1933 die Bayerische Hypotheken- und Wechselbank für 245 000 Reichsmark das ca. 3,5 ha große Gelände mit den Gebäuden. Ein Jahr später kaufte es die NSDAP für 450 000 Reichsmark. Zum einen bot sich das weitläufige Gelände für die Errichtung der Reichszeugmeisterei an, zum anderen wollte man ein braunes Zeichen im bislang roten Giesing setzen.

REICHSZEUGMEISTEREI

Bereits 1928 hatte Hitler die SA-Führung mit der Schaffung einer Zeugmeisterei in München beauftragt. Diese sollte eine zentrale Ausgabestelle für alle Uniformen und andere Ausrüstungsgegenstände der NS-Organisationen sein. In mehreren deutschen Großstädten wurden solche Zeugmeistereien eingerichtet. München jedoch bekam alle Koordinierungsaufgaben zugeteilt und wurde daher zur Reichszeugmeisterei (RZM). 1930 übernahm der Reichsschatzmeister Franz Xaver Schwarz die Leitung der Zeugmeistereien. Drei Jahre später vergab man Lizenzen an Kleiderfabriken, Handwerksbetriebe, Schneidereien und Händler, die nun nach strengen Richtlinien Uniformen und Ausrüstungsgegenstände der verschiedenen Parteigruppierungen und -organisationen produzieren und verkaufen durften, alles versehen mit dem »Schutzzeichen der Reichszeugmeisterei der NSDAP« und einer individuellen RZM-Nummer.

Bis zur Fertigstellung des Neubaus saß die RZM in der Schwanthalerstraße und in der ehemaligen »SA-Wirtschaftsstelle« in der Tegernseer Landstraße.

Die Architekten Paul Hofer und Karl Johann Fischer entwarfen den Monumentalbau (110 m lang, 85 m tief, 18 m hoch), der zwischen 1935 und 1938 errichtet wurde und das alte Fabrikgebäude mit einbezog. Es war einer der ersten Stahlskelettbauten in Deutschland. Im bereits vorhandenen Untergeschoss der alten Fabrik richtete man die Reichsleitungsgarage ein. 1936 musste das Waisenhaus an die NSDAP verkaufen, weil auf dem Gelände Wohnblöcke für die Angestellten entstehen sollten. Auch am Quirinplatz, an Soyerhof- und Warthofstraße entstanden Wohngebäude.

McGRAW-KASERNE

Nachdem die amerikanischen Truppen dem NS-Spuk in München am 30. April 1945 ein Ende bereitet hatten, suchte man Räumlichkeiten für amerikanische Dienststellen, u. a. ein Haus mit rund 300 Büros. Da bot sich die RZM an. Bevor die Amerikaner Anfang Juni einzogen, plünderten die Giesinger die Anlage gründlich. Die Tegernseer Landstraße wurde nun zwischen Quirinplatz und Stadelheimer Straße für den Durchgangsverkehr gesperrt. Deshalb verlegte man die Straße 1970 eine Etage tiefer, damit sie wieder dem allgemeinen Verkehr zur Verfügung stand. Aus der RZM machten die Amerikaner die McGraw-Kaserne.

In die einstige Reichszeugmeisterei zogen ab 1945 die US-Truppen ein.

Die McGraw-Kaserne aus der Vogelperspektive mit der Strafvollzugsanstalt Stadelheim im Hintergrund.

Benannt nach dem Obergefreiten Francis X. McGraw, der 1944 im Rheinland bei Schevenhütte gefallen und wegen außerordentlicher Tapferkeit mit der »Medal of Honor« geehrt worden war. Hier residierte von 1945 bis 1949 die Militärregierung. Die Bezeichnung »Kaserne« ist vielleicht etwas verwirrend, denn es waren keine Kampftruppen untergebracht, sondern vor allem viele Einrichtungen des täglichen Lebens, darunter die Europazentrale der AAFES (Army & Air Force Exchange Service), zuständig für die Versorgung der US-Einrichtungen. In der »Ami-Siedlung« am Perlacher Forst lebten ungefähr 8 000 amerikanische Staatsbürger, denen der AAFES half, den »American way of life« aufrechtzuerhalten. 1950 eröffnete der Munich Campus der University of Maryland in Gebäude 2. Außerdem gab es ein Commissary-Einkaufszentrum, eine Wäscherei, eine Tankstelle, Bowlingbahnen, den »Munich Community Club« und sogar eine Zahnklinik.

POLIZEIDIENSTSTELLE

Nach der deutschen Wiedervereinigung und dem Abzug der US-Streitkräfte zogen verschiedene Polizeidienststellen ab 1992 in die ehemalige McGraw-Kaserne. Das wuchtige Hauptgebäude mit der Natursteinverkleidung dient nun als Außenstelle des Polizeipräsidiums München.

Das Münchner Polizeipräsidium von oben.

VOM KLOSTER ZUM POLIZEIPRÄSIDIUM

Autor: Sven Müller

Einst stand hier das Augustinerkloster. Nach der Säkularisation (Verstaatlichung des kirchlichen Besitzes) Anfang des 19. Jh. unter König Max I. Joseph, verwahrloste die Anlage zusehends. Die Augustinerkirche selbst wurde als Mauthalle genutzt. 1910 schrieb das Staatsministerium des Innern das Bauvorhaben aus mit der Vorgabe, dass die ehemalige Augustinerkirche baulich erhalten werden müsste. Den Architektenwettbewerb gewann Theodor Fischer.

Fischer war es wichtig, das Äußere so zu gestalten, dass Rücksicht auf die Beschaffenheit der Umgebung genommen wird, sich der Neubau einfügt und das Straßenbild bereichert. Falsche Monumentalität sollte vermieden werden. Dies zeigt sich gut am Problem des Ettplatzes. Vor dem heutigen Haupteingang befand sich früher ein Klostergarten. Fischer vermied, im Gegensatz zu den meisten Wettbewerbern, den Eingang mit der Formidee eines Barockschlosses zu gestalten. Der südliche Teil des Ettplatzes musste für Polizeizwecke als Verkehrshof genutzt und mit einer Mauer abgegrenzt werden. Um den Haupteingang trotzdem deutlich erkennbar zu machen, stellte Fischer das Hoftor mit zwei figurenbekrönten Pfeilern (mit Torlöwen) senkrecht zur Ettstraße in die Hauptblickrichtung. Fischer war es wichtig, den Menschen, die sich dem Gebäude von der Neuhauserstraße her nähern, mit dem Hoftor ein Blickziel zu bieten.

Die Fassade am Ettplatz wurde ruhig gestaltet, um sich gegen die gegenüberliegende monumentale Michaelskirche zu behaupten. Geschmückt ist sie mit einem groß gegliederten Muschelkalkportal, Freskobemalung und grün glasierten Terrakotten, die Tierkreiszeichen zeigen.

An der Löwengrube wurde die Bauhöhe nach den baupolizeilichen Bestimmungen maximal genutzt aufgrund des Raumbedarfs der Polizeidirektion. Diese Fassadenfront wird von einem Treppenerker unterbrochen, der mit einem Relief sowie mit Fresken von sechs Todsünden geschmückt ist. Diese Todsünden sind »in grotesker Scheußlichkeit dargestellt zur Warnung vor den

Zwei Löwen bewachen das Haupttor an der Ettstraße.

Leidenschaften, die den Menschen auf Abwege führen und in Konflikt mit der Polizei bringen«. Die Fassade an der Augustinerstraße wiederholt die Gliederungselemente des Traktes an der Löwengrube. Das Einfahrtstor ist mit figürlicher Malerei geschmückt. An der Ecke Augustinerstraße/Löwengrube waren nicht alle Grundstücke in staatlichem Besitz, sodass beide Fassaden nicht in einem schönen Abschluss zusammengeführt werden konnten, was Jahrzehnte später mit dem Neubau Posteck vollendet wurde. Die Fassaden wurden mit einem ruhigen Grün verputzt (Keimsche Mineralfarbe). Die Innenhöfe sind in den Farben Rot (Hof B), Gelb (Hof F) und Grün (Hof C) gestrichen.

Die Grundrissaufteilung erfolgte nach sehr komplexen Vorgaben. 10 592 qm waren für Polizei- und 2 709 qm für Schutzmanndienstzwecke gefordert. Dazu gab es 27 Dienstwohnungen, ein Postamt und eine städtische elektrische Unterstation. In der Augustinerkirche befanden sich noch städtische Büros und Läden.

Überbaut waren 6 673 qm und die Fläche der Höfe betrug 3 312 qm. Es wurden sechs Geschosse übereinandergebaut.

In der Erdgeschosshalle befand sich auf der linken nördlichen Seite das polizeiliche Fundbüro. Da dort viel Publikumsverkehr herrschte, war es nahe am Eingang. Rechts war die Verkehrspolizei. Im nahen Verkehrshof fand die Überprüfung öffentlicher und privater Fuhrwerke statt. Gegenüber war der Rapportsaal, in dem mehrmals täglich der Rapport (Berichte und Meldungen) der Kriminalschutzleute stattfand. Der Saal sollte auch für Feste und Prüfungen der Beamten dienen.

Im nördlichen Mitteltrakt, in dem das polizeiliche Zahlamt und die Hausverwaltung lagen, fährt bis heute einer der wenigen in München noch erhaltenen Paternoster. Die Stockwerkshöhe wurde nach Gründen der wirtschaftlichen Ausnutzung nicht überhöht. Zu hohe Räume verlieren an Wohnlichkeit und solche »seelischen Eindrücke sind für den an den Raum gebundenen Beamten genauso wichtig wie die Faktoren Luftmenge und Belichtungsart«.

Am nördlichen Ende der ersten Etage befinden sich die Präsidialräume. Das Amtszimmer ist in den Vorbau herausgezogen, mit direktem Anschluss an die dahinterliegende Dienstwohnung. Innen dominierten helles und warmes Kirschbaumholz mit dunklen Nussbaumeinlagen, schwarzes Leder, weinrote Wandbespannung und grüne Vorhänge. Die Raumausstattung besorgten die Vereinigten Werkstätten für Kunst und Handwerk. Daneben befanden sich der Sitzungsraum und die Bibliothek, dahinter im Trakt Löwengrube das politische Referat (Vereins-, Versammlungs- und Pressewesen), das in direkter Nähe zum Präsidenten sein muss.

Im Trakt zur Ettstraße waren das Ein- und Auslaufamt, die Abteilung Passwesen und das Einwohneramt. Dafür waren viele Schalteranlagen vorgesehen, jeweils mit Juramarmor verkleidet. Viele Räume im ersten Stock waren diesen Ämtern zugeordnet. Auch die Registratur mit ihrem sechsgeschossigen Aufbau zwischen den beiden Mitteltrakten begann dort. Die Geschosse waren mit einem elektrischen Aktenaufzug verbunden.

Im zweiten Stock wurde die Sicherheitsabteilung I (Straftaten gegen Leben und Eigentum, Unglücksfälle, Vermisste) untergebracht. Zugeordnet waren die Sicherheitskommissare und Kriminalschutzleute, die dort nach Stadtbezirken geordnet ihre Diensträume hatten. Zur Löwengrube kam das Gesundheitswesen mit den Bezirksärzten.

Im dritten Stock an der Haupttreppe war das Zimmer der Leitung der Schutzmannschaft. Im nördlichen Mitteltrakt gab es einen Unterrichtssaal für die Dienstausbildung der Kriminalisten und der Schutzleute. Die anderen Räume dienten als Wohnräume für unverheiratete Schutzleute und Bereitschaftsräume für zwei Abteilungen der Schutzmannschaft des innersten Stadtbezirks. Im vierten Stock befanden sich ähnliche Einrichtungen für zwei weitere Schutzmannschaftsabteilungen.

Die Dienstwohnungen waren über gesonderte Treppen verbunden, um den Verkehr zu den Wohnungen vom dienstlichen und öffentlichen Verkehr zu trennen. Zehn lagen am nordöstlichen Treppenhaus an der Augustinerstraße und elf im vorgebauten Trakt am Ettplatz.

Der Eingang zur Löwengrube, über dem auch die Fresken zu den Todsünden angebracht waren, diente den Personen, die das Gebäude nicht freiwillig betraten. Deshalb war das dortige Treppenhaus nicht offen gebaut, sondern mit einer Spindelmauer versehen, »weil der Transport von Verhafteten auf solchen Treppen am leichtesten vor sich geht«.

Rechts vom Eingang saß die Polizeihauptwacht und links die Sicherheitsabteilung II, wo Verhaftete vorge-

Weihnachtliche Festbeleuchtung am Haupteingang Ettstraße im Jahr 2013.

führt, vernommen und ins Arresthaus gebracht werden konnten. Da man dort 24 Stunden arbeitete, waren dort auch der Jourdienst (»für dringende Angelegenheiten«) und die Fernsprechzentrale untergebracht.

In den Stockwerken darüber gruppierten sich die Sicherheitsabteilung III (Sittenpolizei) im 1. OG, die Abteilung Gesundheitswesen im 2. OG und im 3. und 4. OG die Unterabteilungen der Sicherheitsabteilung I mit ihren Untersuchungs- und Vernehmungszimmern, die alle Zugänge zum benachbarten Arresthaus hatten. Die Verhafteten konnten so direkt in die Räume gebracht werden.

Das Arresthaus befand sich zwischen dem Trakt an der Löwengrube und dem nördlichen Mitteltrakt. Die Höhen der acht Geschosse waren niedriger. Keller-, Unter- und Dachgeschoss dienten Wirtschaftszwecken, im Erdgeschoss war die Arrestverwaltung und in den mittleren vier Etagen gab es 47 Arresträume (Einzel- und Massenzellen). Auch ein Personen- und ein Speisenaufzug waren vorhanden sowie Bäder, Desinfektions-, Wasch- und Kocheinrichtungen – somit genügte es »allen Anforderungen der Gesundheitspflege und Zweckmäßigkeit«.

In den Räumen der Sicherheitsabteilung I im 3. und 4. OG befanden sich auch die Kriminaltechnik mit entsprechender Ausstattung für Chemie und Physik, die Lichtbildwerkstätte, Sammlungen für den Erkennungsdienst, das Verbrecheralbum, ein Kriminalmuseum und die Fingerabdrucksammlung, deren Raum ein Oberlicht hatte, da dafür ein gut belichteter Arbeitsplatz nötig war.

Des Weiteren waren im Gebäude noch Gebäudetechnik, Stark- und Schwachstromanlagen, Kraftwagenhallen und Werkstätten vorhanden.

UMBAU DER AUGUSTINERKIRCHE

Schon damals herrschte eine Sensibilität gegenüber Baudenkmälern, und so sollte das Äußere nicht ohne triftige Gründe verändert werden – »das geschärfte Gewissen unserer Zeit gegenüber historischen Denkmalen …«. Das Stadtbild sollte möglichst erhalten bleiben. Das südliche Seitenschiff wurde um zwei Achsen verlängert, und über dem Seitenschiff setzte man eine Steinbalustrade auf. Dadurch wurde behutsam die Bauform vollendet, das Gebäude entkirchlicht und die Maßverhältnisse verbessert. Das nur verfugte gotische Mauerwerk verputzte man nur an den Stellen, an denen es beschädigt war.

Die Veränderungen im Inneren dienten einer zweckmäßigen Raumausnutzung. Der »basilikale Organismus des alten Kirchengebäudes« blieb weitgehend unberührt. In der unteren Hälfte des früheren Mittelschiffs wurde ein Turnsaal für den Dienstsport der Schutzmannschaften mit künstlicher Beleuchtung und Lüftungsanlage eingerichtet. Darüber zog man eine Zwischendecke ein. Dabei ließ man alle alten Stuckarbeiten unversehrt, für den Fall, dass in späteren Zeiten die Kirche im ursprünglichen Zustand wiederhergestellt werden sollte.

Über dem Turnsaal wurde der »Weiße Saal« eingerichtet, ein hoher, lichter Raum. Er diente als Wahllistensaal für das städtische Einwohneramt. Bei öffentlichen Wahlen brauchte man viel Platz für zusätzliche Arbeitskräfte und zur öffentlichen Listenauflage. Daneben befanden sich die Arbeitsräume des Wahllistenamts.

Zur Neuhauser Straße wurden mehrere kleine Läden mit meist nur einem Schaufenster angeordnet, die jeweils über tiefergelegte Lagerräume unter dem Turnsaal verfügten. Deren Mieterträge sollten die Verzinsung des Bauplatzwertes der Kirche erbringen.

In beiden Seitenschiffen zog man eine Decke in Höhe des 1. OG des Neubaus ein, um weitere städtische Ämter unterzubringen. Die Stadt München drängte auf diese Lösung, um neben dem Wahllistenamt auch das Einwohneramt und das Gewerberegister dort einzurichten. So konnte die aufwendige doppelte Listenführung der Stadt und der Polizei in einwohnermelderechtlichen Dingen beendet werden.

Im Juli 1911 begannen die Arbeiten durch den Bauunternehmer Leonhard Moll. Im Oktober 1913 konnten die ersten Dienstwohnungen bezogen werden. Danach zog die Schutzmannschaft ein und im März 1914 die Polizeidirektion. Der Neubau kostete 2 982 539 Mark, der Umbau der Augustinerkirche ca. 532 000 Mark.

DIE POLIZEIINSPEKTION 11

Autoren: Sven Müller, Jochen Geißer

Bereits kurz nach der Gründung Münchens durch Heinrich den Löwen im Jahre 1158 wurde die Stadt in Stadtviertel eingeteilt. So entstanden das Hacken-, Kreuz-, Angerviertel und die Graggenau. Der für heutige Ohren eher ungewöhnliche Name dürfte sich von den Graggen (= Kracken, = Krähen) ableiten, die auf den nahen Auwiesen wohl zahlreich anzutreffen waren. Hier im Herzen Münchens befindet sich die Polizeiinspektion 11, keinen Steinwurf vom weltbekannten Hofbräuhaus entfernt.

Einst gab es hier im Mittelalter eine kleine Insel, umsäumt vom Germ- oder Wührbach (wohl abgeleitet von »Gern« einem spitzen Winkel zwischen zwei Wasserläufen) und dem Einschüttbach. Der Einschüttbach war eine der beiden Fortsetzungen des Hochbruckmühlbaches. Dieser kam von Westen, teilte sich an der »Gerninsel« und vereinigte sich kurz darauf wieder zum Malzmühlbach auf Höhe der heutigen Bräuhausstraße. Am Einschüttbach befand sich die »Einschütt«. Hier entleerten die »Nachtkönige« oder auch »Goldgrübler« genannten Abträumer den aus privaten und öffentlichen Bedürfnisanstalten gesammelten Müll und Fäkalien. 1967 wurde der Einschüttbach, der direkt unter der PI 11 durchführte, endgültig aufgelassen.

Auf der kleinen Insel stand das Wührbad, ein dreigeschossiges Haus, das als eines von drei Bädern in der Graggenau der Gesundheitspflege der Münchner diente. Ende des 13. Jh. bis Mitte des 18. Jh. übten hier Wundheiler und Bader ihr Handwerk aus. Nach Verkauf des Anwesens bis zu dessen Abriss 1896 wurde das Anwesen als Wohnhaus, Bierwirtschaft und zuletzt als Spenglerei genutzt.

Bereits 1916 gab es erste Planungen für einen Neubau eines Polizeigebäudes im 1. Bezirk vom königlichen Dachstuhl und das vierte Obergeschoss des Gebäudes an der Ledererstraße getroffen. Der Wiederaufbau erfolgte erst 1953.

Insgesamt gab es im und am Gebäude zwischen 1953 und 1994 neun Renovierungs- bzw. Umbaumaßnahmen. Trotzdem oder vielleicht auch deswegen nahm der äußerliche und innerliche Verfall des Hauses stetig zu. Eine bereits 2006 geplante Sanierung konnte wegen der angespannten Haushaltslage des Freistaates Bayern erst Anfang 2012 in Angriff genommen werden.

Die »Einschütt« im Jahr 1835.

Landbauamt. Allerdings wurde erst 1923 der Architekt Rudolf Pfister mit der Überplanung des vorhandenen Entwurfes und der Realisierung beauftragt. Die Fertigstellung des Gebäudes war 1925. Es wurden Wohnungen für Polizeibeamte, die Altstadtwache (im Volksmund auch Ledererwache, wegen der angrenzenden Ledererstraße, genannt) und eine Einwohnermeldestelle eingerichtet.

Eine kleine Dachterrasse diente im Zweiten Weltkrieg als Beobachtungsposten für Bombenabwürfe. So musste ein Beamter des Reviers mit Fernglas beobachten, wo in der Altstadt Bomben einschlugen und dies sofort an die Feuerwehr weitergeben. In dieser Zeit wurden wohl auch Verstärkungsmaßnahmen in den Kellerräumen ausgeführt, um die Keller luftschutzmäßig zu ertüchtigen.

Bei einem der 74 Fliegerangriffe des Zweiten Weltkrieges zwischen 1940 und 1945, denen fast 90 % der Münchner Altstadt zum Opfer fielen, wurde auch der

Die Planung für diese Baumaßnahme erfolgte unter Leitung des Landbauamtes München vom Architekten Gerhard Maurer (München) unter Einbeziehung des Bayerischen Amtes für Denkmalpflege, da das Gebäude als »singuläres« Baudenkmal in der Bayerischen Denkmalliste eingestuft ist. So stehen die Außenfassade, das Dach und die beiden Treppenhäuser unter Denkmalschutz. Die Sanierungsmaßnahmen verschlangen über 7 Mio. Euro. So wurden ein Lift eingebaut und sämtliche sanitären sowie technischen Anlagen erneuert. Weiterhin wurde das Gebäude behindertengerecht erschlossen, und die Arrestzellenanlage wurde von zwei auf vier Arrestzellen erhöht.

Bei den Bauarbeiten kam auch so manches zum Vorschein. So entdeckte man, dass der Granitstein des Einganges ein ehemaliger Grabstein war, der wohl 1924 beim Neubau wiederverwertet wurde. Schon damals hatte man Sinn für Recycling. Weiter fand man bei

Das Gebäude der heutigen P11 in den 30er-Jahren.

Aushubarbeiten im Hof eine Steinkugel, einen Markierungsstein mit der Jahreszahl 1774 und eine leere Bierflasche. Auch damals konnten die Bauarbeiter nicht ohne das gute Münchner Bier auskommen. Zu den kuriosesten Funden gehörte altes Zeitungspapier von 1923, das als Dämmmaterial im Dachgeschoss diente. Außerdem wurde eine handgeschriebene Holztafel mit den Initialen eines Maurers hinter einem Verschlag des Dachbodens geborgen.

Nach der Fertigstellung erfolgte im September 2014 der Umzug aus den Räumlichkeiten des Polizeipräsidiums München, wo die Mitarbeiter während der Baumaßnahmen untergebracht waren, zurück in die Hochbrückenstraße in die »neue« PI 11. Die offizielle Übergabe an die Mitarbeiter durch Innenminister Joachim Herrmann und Polizeivizepräsident Robert Kopp wurde mit einem Festakt am 21. Oktober 2014 gefeiert. Seitdem arbeiten nahezu 200 Beamte und Angestellte im Gebäude. Bald wird zu den Beamten der Polizeiinspektion 11 auch ein Kriminalkommissariat einziehen.

Neben den klassischen polizeilichen Aufgaben müssen die Mitarbeiter noch viele Veranstaltungen und Versammlungen betreuen, wie z. B. die alljährlich stattfindende Sicherheitskonferenz. Täglich pendeln bis zu 400 000 Personen aus den verschiedensten Gründen ins Münchner Stadtzentrum. Für Touristen, Besucher oder Arbeitnehmer ist die Altstadt attraktiv. Insofern bietet der Dienstbereich der Polizeiinspektion 11 den Mitarbeiterinnen und Mitarbeitern ein sehr breit gefächertes Aufgabenspektrum. Sie arbeiten in unterschiedlichsten Verwendungen – uniformiert, zivil, motorisiert und zu Fuß – und sorgen dafür, dass München auch in der Innenstadt eine Spitzenreiterposition im Bereich der Inneren Sicherheit hat.

JUGENDKRIMINALITÄT UND PROTESTBEWEGUNGEN

Autoren: Martin Arz, Michael Konopitzky, Christian Weis, Walter Nickmann

Unmittelbar nach Ende des Zweiten Weltkriegs herrschten in München fast anarchistische Zustände. Neben Plünderungen und Raubüberfällen gab es eine unverhältnismäßig hohe Mordrate. Allein zwischen dem 30. April und dem 15. Juli 1945 kam es in München zu 155 vorsätzlichen Tötungsdelikten. Den verrohten und bewaffneten Tätern standen anfangs unbewaffnete deutsche Sicherheitskräfte gegenüber. In den Zeiten der Not konnten viele nur mit Hilfe des florierenden Schwarzmarktes das Nötigste zum Leben bekommen. Nicht wenige der durch die Kriegsereignisse oft körperlich und psychisch angeschlagenen Polizeibeamten, die gegen die Schwarzmarktgeschäfte vor allem rund um den Hauptbahnhof, am Sendlinger- und Isartorplatz, an der Möhlstraße und am »Lager Frauenholz« eingesetzt wurden, waren selbst auf dessen Angebote angewiesen. Mehrfach kam es zu heftigen Zusammenstößen zwischen zum Teil bewaffneter Schwarzmarktbanden und Polizeikräften.

DIE PANTHERBANDE

Und die Täter waren zum Teil blutjung. Als besonders skrupellos und gewalttätig tat sich in jenen Jahren die »Pantherbande« hervor, eine Jugendgang, deren Mitglieder gerade einmal 15 oder 16 Jahre alt waren. Die Jungs hatten sich während des Kriegs in einem Pfadfinderla-

Die Mitglieder der Pantherbande 1953 vor Gericht.

ger kennengelernt. Ihr erster Überfall am 23. November 1946 auf die Großtankstelle der Zentralwerkstätten an der Brienner Straße scheiterte und endete mit einem Mord. Gang-Chef Hugo W. befahl seinen Kumpanen, einen vermeintlichen Verräter, den er für den Misserfolg des Überfalls verantwortlich machte, in einer Ruine hinzurichten. Die Tat blieb vorerst unaufgeklärt. 1947 kamen die Panther-Burschen wegen verschiedener Eigentumsdelikte für zwei Jahre in Haft, danach baute Hugo W. seine Gruppe noch schlagkräftiger und skrupelloser nach dem Vorbild amerikanischer Gangsterfilme auf. Als Tarnung musste jedes Bandenmitglied eine gutbürgerliche Fassade mit Schulabschluss und Lehre aufbauen. 1949 erschoss Hugo W. ein »abtrünniges« Bandenmitglied und vergrub die Leiche in den Isarauen. Weil die Jungs vom ganz großen Geld träumten, beschlossen sie am 20. Februar 1951, das Hauptzollamt zu überfallen. Sie entrissen einem Kassenboten die Tasche auf offener Straße und schossen ihn nieder. Doch zur Enttäuschung der Jugendbande war die Tasche leer. Also planten sie im Herbst den Überfall auf eine Pension in Geiselgasteig. Hugo W. gab die Parole aus: »Auf Zivilisten wird nur dann geschossen, wenn sie Widerstand leisten. Auf Polizisten rücksichtslos drauf. Auf Zivilisten schießt ihr nur in Unterleibshöhe und auf die Beine.« Doch auch dieser Coup endete mit einer enttäuschenden Beute von nur 320 Mark. Also zogen sie ein paar Straßen weiter, um den vermeintlich wohlhabenden Onkel eines Bandenmitglieds auszurauben. Doch der alte Mann wehrte sich und versuchte, die Eingangstür zuzudrücken. Die Jugendlichen schossen durch die Tür – eine Kugel traf den alten Mann im Kopf. Schließlich versuchte ein Bandenmitglied Selbstmord zu begehen, doch er überlebte. Seine Aussage führte zur Verhaftung der ganzen Pantherbande. Vor Gericht mussten sich die Jugendlichen wegen dreifachen Mordes, zwei Mordversuchen, zwei schwerer Raubüberfälle und mehrerer räuberischer Erpressungen verantworten. Am 23. Mai 1953 wurde der inzwischen 21-jährige Anführer Hugo W. zu lebenslanger Haft verurteilt. Die Süddeutsche Zeitung schrieb noch 1957: »Die Pantherbande hat in der Kriminalgeschichte kein Beispiel.« Ministerpräsident Alfons Goppel begnadigte den Panther-Chef 1972.

Wahrscheinlich haben tatsächlich traumatische Kriegserlebnisse die Burschen der Pantherbande so verrohen lassen, dass sie ihren Traum von einem besseren Leben derart rücksichtslos verfolgten. Zum Glück fand die Pantherbande in jenen Tagen keine Nachahmer. Traumatisiert waren viele. Doch für sie kam die Zeit des Verdrängens und Nachholens. Man schwieg oder zeigte Härte. In den prüden 1950ern wurde das Ideal im Hort der Familie stilisiert: Vater – Mutter – Kind, mit klarer Rollenverteilung.

ROCK'N'ROLL UND »HALBSTARKE«

Dieser alten Ordnung wollten sich jedoch die jungen Heranwachsenden nicht unterordnen und versuchten, der kleinbürgerlichen Tristesse zu entfliehen. Der amerikanische Einfluss brachte neben Kaugummi und Coca Cola vor allem lockere Lebensart und Musik. Die jungen Leute kultivierten den US-Lifestyle und hörten den Soldatensender AFN. Das Kino brachte neue Identifikationsfiguren hervor, die gebrochenen Unverstan-

Schlägerei im Bahnhofsviertel 1954.

denen wie Marlon Brando in »Der Wilde«, James Dean »Denn sie wissen nicht, was sie tun« oder auch Horst Buchholz in »Die Halbstarken«. Schwarzes Leder wurde zum Symbol für Aggressivität und Sexappeal. Und dann trat der Rock'n'Roll seinen Siegeszug an. Tanzen bis zur Erschöpfung lautete die Devise und die wildesten und kreativsten Tänzer wurden auf den Münchner Meisterschaften, meist im Löwenbräukeller oder Nockherberg, gekürt. Während die einen den Untergang des Abendlandes sahen und die »Negermusik« oder »Hot-

Tanzen, tanzen, tanzen – für Jugendliche in der Nachkriegszeit die absolute Lieblingsbeschäftigung.

tentottenmusik« anprangerten, kümmerte dies die Protagonisten wenig.

Es bahnte sich ein Generationskonflikt an. Sicher kam es zu jugendtypischen kriminellen Handlungen wie Körperverletzung, Sachbeschädigung, Nötigung und Beleidigung. Doch »Halbstarker« zu sein, bedeutete keineswegs zwingend, auch kriminell zu sein. Im Zuge der Rock'n'Roll-Welle kam es weltweit zu Großkrawallen. Während in Hamburg, Essen bei Bill Haley-Konzerten die Bühne gestürmt und in Berlin bei Saalschlachten die Einrichtung demoliert wurde, blieb es in München weitgehend ruhig. Kleinere Ausschreitungen gab es am 26. Juni 1956 am Stiglmaierplatz, als mehrere Jugendliche aus Jux versuchten, die Kreuzung zu blockieren und den Verkehr lahmzulegen. Im August kam es zur Besetzung der Jakobi Dult, weil sich Jugendliche weigerten, das Gelände ab 20 Uhr zu verlassen. Erst ein polizeilicher Großeinsatz konnte die Ordnung wiederherstellen.

Im Landtag stellte ein Abgeordneter bereits wenige Wochen vor diesen Ereignissen einen Fünfpunktekatalog vor, in dem neben »der ständigen Überwachung von Treffpunkten Jugendlicher, die Bekämpfung jeglicher Bandenbildung unter Anwendung rücksichtsloser Gewalt und der Widerstand gegen die Staatsgewalt mit allen bis an die Grenze des Gesetzes« gehenden Mitteln gefordert wurde. Das waren die klassischen Polizeimethoden aus der Weimarer Zeit. Dabei hatten schon die Erfahrungen mit den Ladenschlusskrawallen 1953 und 1954 gezeigt, dass es die falsche Strategie war. Damals kam es zu Demonstrationen gegen die Ausweitung des Ladenschlusses an Samstagen bis 16 Uhr. Die Polizei trat als rücksichtslose Ordnungsmacht auf. Unter Einsatz von berittenen Kräften lieferten sich mit Stahlhelm und Karabinern ausgerüstete Polizeieinheiten bürgerkriegsähnliche Kämpfe mit den Protestierenden.

Neben den Scharfmachern gab es aber auch noch gemäßigte Stimmen. So kam es auf Initiative gemäßigter Landtagsabgeordneter im September 1956 zu »Halbstarkendiskussionen« im Hofbräukeller am Wiener Platz. Die Münchner »Blasnführer« verpflichteten sich sogar, Provokationen auf dem Oktoberfest zu unterlassen – und sie hielten sich auch an die Abmachung. In dem fortschrittlichen Leiter des Stadtjugendamtes Kurt Seelmann hatte die Münchner Jugend einen kundigen Fürsprecher. Kurt Seelmann hatte erkannt, dass die Problemursachen der Heranwachsenden neben der allgemein schwierigen Pubertätszeit auch in der obrigkeitshörigen Sozialisation der Eltern und nicht zuletzt mit den Nachwirkungen des NS-Regimes zusammenhingen. Neben der wegweisenden Ausrichtung des Amtes mit dem »Münchner Konzept« führte er auch 1959 im Deutschen Theater den ersten »Tanztee für die Jugend« ein, den Vorläufer der heutigen Freizeitheime. Kurt Seelmann war aber auch dann eingebunden, wenn seine Schützlinge Ärger mit dem Gesetz bekamen. Er erhielt von allen Strafsachen gegen Jugendliche Kopien, um frühzeitig geeignete Maßnahmen treffen zu können.

Die Politik hatte bereits am 4. August 1953 das Jugendgerichtsgesetz (JGG) geschaffen. Damit wurde auch der Begriff »heranwachsender Jugendlicher« neu ins Strafrecht eingeführt. Für die bisher nicht näher definierte Übergangszeit zwischen Kindheit und Erwachsensein wurde jedoch ein Begriff aus dem englischen populär: »Teenager«.

SCHWABINGER KRAWALLE

Die Polizei hatte immer häufiger Mühe, mit diesem neuen jugendlichen Selbstbewusstsein angemessen umzugehen. Im Juni 1962 kam es zu den folgenschweren »Schwabinger Krawallen«. Es begann damit, dass am

Das brutale Vorgehen der Polizei bei den Schwabinger Krawallen schockierte viele Münchner.

20. Juni 1962 gegen 22 Uhr drei Gitarrenspieler am Wedekindplatz vor rund 150 Nachtbummlern spielten. Davon fühlten sich Anwohner gestört und riefen die Polizei. Die Polizisten wurden mit Rufen wie »Polizeistaat! Nazistaat!« und vereinzelten Flaschenwürfen empfangen, also riefen sie das Überfallkommando zur Verstärkung. Die Situation wurde zunächst nach altem Muster mit Härte bereinigt. An den folgenden Tagen kam es aber in weiten Teilen Schwabings erneut zu Tumulten. So standen sich am Ende ca. 1 000 Polizisten und etwa 4 000 bis 5 000 Protestierende gegenüber. Die Situation schaukelte sich immer mehr auf und mündete in fünf Tage dauernden Straßenschlachten, bei denen Autos umgeworfen und Personen verletzt wurden.

Der damalige Leiter der Kriminalpolizei und spätere Polizeipräsident Manfred Schreiber war mit Oberbürgermeister Hans-Jochen Vogel vor Ort. Zusammen mit Vertretern der Staatsanwaltschaft, der Universität und des Stadtrates bildeten sie den Krisenstab. Vermutlich war es der beherzte Aufruf OB Vogels an die Münchner Bürger, den Vorgängen fernzubleiben, der maßgeblich die Situation entspannte (siehe auch Seite 174 ff.). Jedenfalls bestätigte das Bayerische Verwaltungsgericht am 29. März 1963 die Rechtmäßigkeit der polizeilichen Maßnahmen.

Demgegenüber hatte sich bereits im Juli 1962 die »Münchner Interessengemeinschaft zur Wahrung der Bürgerrechte« gebildet. Ziel der IG war es, Geschädigte und Zeugen der Schwabinger Vorfälle zu ermitteln, das Vorgehen der polizeistaatlichen Methoden zu untersuchen sowie eine Bestrafung und Entfernung von Polizeibeamten und deren Vorgesetzten, die rechtswidriges Handeln angeordnet, geduldet oder vorgenommen hatten, aus dem Dienst. Außerdem forderte sie eine generelle Kennzeichnungspflicht von Beamten. Insgesamt wurden 68 Störer rechtskräftig zu Freiheitsstrafen oder Geldstrafen verurteilt. Von den drei angezeigten Beamten wurde einer rechtskräftig verurteilt.

Die Schwabinger Krawalle brachten ein Umdenken: Dr. Schreiber erkannte, dass der gesellschaftliche Veränderungsprozess auch neue Wege für die Polizeiarbeit nach sich ziehen müsse. Die Entscheidungen Schreibers führten zur »Münchner Linie« und dem Einsatz des Psychologischen Diensts (siehe S. 172 ff. und S. 183 ff.).

Polizeieinsatz während einer Demo gegen eine NPD-Veranstaltung am 1. Mai 1969 im Schwabinger Bräu.

STUDENTENBEWEGUNG

Bereits in den 1950ern hatte man bei den Bill Haley-Konzerten feststellen müssen, dass große Ansammlungen ungestümer Fans irrational handelten, und dies auch zu Schlägereien und Zerlegen der Saaleinrichtung führen konnte. Das wiederholte sich bei Konzerten von Tony Sheridan 1964 und den Rolling Stones ein Jahr später, die als »härteste Rockband« einen eher schlechten Ruf genossen. Vorgebaut hatte man schon rein optisch, im Kronebau wurden nur unbewaffnete junge Beamte mit weißen Hemden eingesetzt. Dank der neuen Polizeilinie wurde das Münchner Stoneskonzert für Fans und Polizei zum Erfolg. Beim Tourabschluss in Berlin hingegen musste das Konzert bereits nach 20 Minuten abgebrochen werden, die Nacht endete mit der Verwüstung der Waldbühne, der Zerstörung von 17 DDR-Reisezügen und stundenlangen Straßenschlachten zwischen Polizei und Konzertbesuchern.

Von 1966 bis 1969 kam es zur Großen Koalition zwischen SPD und CDU/CSU unter Kanzler Kiesinger. Aus der Studentenbewegung ging als Reaktion darauf die Außerparlamentarische Opposition (APO) hervor. Es kam immer wieder zu Konflikten zwischen Studentengruppen und der Polizei, unter anderem wegen der Proteste gegen Vietnamkrieg, Hochschulreform, Polizeiwillkür und Notstandsgesetzgebung.

Schließlich eskalierte die Situation, als der Schah von Persien, Mohammad Reza Pahlavi, mit seiner Frau Deutschland besuchte. Es kam in etlichen Städten zu Anti-Schah-Kundgebungen. Während sich das Kaiserpaar vom 31. Mai bis 2. Juni in München aufhielt, waren Demonstrationen verboten. Hier bewährte sich erneut die »Münchner Linie«. Der Psychologische Dienst hatte mögliche Protestaktionen im Vorfeld abbiegen können, indem man den Schahgegnern eine Pressekonferenz anbot. Im Gegenzug verzichteten sie auf Straßenaktionen. Anders in Berlin: Dort reagierte die Polizei mit der Anordnung »Knüppel frei«. Dabei wurde der 26-jährige Student Benno Ohnesorg von einem Polizeibeamten durch einen Schuss in den Hinterkopf tödlich getroffen. Als Reaktion darauf radikalisierte sich die Studentenbewegung deutschlandweit. Im Frühjahr 1968 steigerten sich die Demonstrationen gegen den Vietnamkrieg, die geplanten Notstandsgesetze und die Bildungspolitik auch und gerade in München. Erklärter Gegner der APO war der Springerkonzern, allen voran der Verleger Axel Springer. Als APO-Sprecher Rudi Dutschke am 11. April 1968 in Berlin niedergeschossen wurde, eskalierte die Situation in den bürgerkriegsähnlichen »Osterunruhen«. Mit der Forderung »Enteignet Springer« und »Haut dem Springer auf die Finger« verliefen die Proteste in München am blutigsten. Immer wieder führte es die Protestierenden zum Buchgewerbehaus in der Schellingstraße, wo die Bildzeitung produ-

Im Jahr 2007 spickten Hausbesetzer in der Westendstraße die Mauer mit Glasscherben.

ziert wurde. An den Ostertagen kam es zu gewalttätigen Zusammenstößen mit immer größeren Polizeiaufgeboten, als versucht wurde, das Auslieferzentrum der Bildzeitung mit Barrikaden zu blockieren. Am Ostermontag, 15. April, wurden der Fotoreporter Klaus-Jürgen Frings und der Student Rüdiger Schreck durch Wurfgeschosse vor dem Buchgewerbehaus so schwer verletzt, dass beide ihren Verletzungen erlagen. Die Ermittlungen der Mordkommission ergaben, dass die Wurfgeschosse aus den Reihen der Demonstranten stammten, während die APO eine Gegenversion vertrat. Trotz umfangreichem Bildmaterial gelang es nie, die Täter zu ermitteln.

Die »68er-Generation« hatte inzwischen das Lebensgefühl der amerikanischen Hippiebewegung für sich entdeckt. Die Forderung der freien Liebe sollte auch als Grundforderung für Gleichberechtigung, Emanzipation und unverklemmte Sexualität gegenüber einer moralinsaueren Gesellschaft verstanden werden. Die 68er standen provozierend dem Gesellschaftsbild der von ihnen genannten »Generation der Täter« gegenüber.

Die nächste Generation Teenager profitierte nun vom liberaleren Umgang mit Sexualität in Schule und Medien. Die fröhliche Discomusik begeisterte die Jugend. Androgyne Popstars wie David Bowie spielten mit den Geschlechterrollen. 1979 fand der erste schwul-lesbische Christopher Street Day in München statt und begann damit, auch die Schwulenbewegung aus der gesellschaftlichen Isolation zu führen. Die 70er-Jahre stehen aber auch für das Jahrzehnt der Terroranschläge und für das rapide Ansteigen von Drogensucht sowie dem damit einhergehenden organisierten Rauschgiftschmuggel und -handel wie auch der Beschaffungskriminalität (siehe S. 192 ff.). Und die 1970er brachten auch blutigen Terror. Die linksradikale Rote Armee Fraktion (RAF), hervorgegangen aus der Studentenbewegung, hatte sich inzwischen radikalisiert und dem bewaffneten Kampf gegen den sogenannten US-Imperialismus und dessen Unterstützer verschrieben. Einer ihrer führenden Köpfe war der Münchner Andreas Baader.

Die 68er-Bewegung fand in Atomkraft- und Umweltfragen neue Themenfelder. Dazu gesellte sich dann Anfang der 1980er das Wettrüsten zwischen Ost und West, womit der Grundstein für neue Bürgerrechtsbewegungen wie die Anti-Atomkraft- und Friedensbewegung gelegt war.

HAUSBESETZUNGEN

Dagegen stand die neue linke Punkbewegung, die mit aggressiver Musik, provokanter Aufmachung sowie der Grundhaltung »No Future« schockierte. Der harte Kern mit dieser Lebenseinstellung begann, leer stehende Häuser zu besetzen und lieferte sich dafür auch Schlachten mit der Polizei. Grund für die Hausbesetzungen waren unter anderem eine Heerschar von Wohnungssuchenden und gleichzeitig der Leerstand in Tausenden von Wohnungen bzw. Häusern, meist aus Spekulationsmotiven.

Auch in München gab es Anfang der 70er Hausbesetzungen, so z. B. in der Denninger Straße im Oktober 1970 oder die Besetzung des Gasteig-Spitals am 15. Februar 1974. Im Gegensatz zu anderen deutschen Großstädten konnte die Hausbesetzerszene in München jedoch nie nachhaltig Fuß fassen. Ein wesentlicher Grund hierfür war sicherlich die von dem damaligen Münchner Polizeipräsidenten Dr. Manfred Schreiber vorgegebene Maxime, dass bei Hausbesetzungen Rechtsbrüche nicht geduldet werden und dass kein Haus länger als 24 Stunden besetzt sein darf. Diese Vorgabe war eine konsequente Umsetzung der Münchner Linie, die von Anfang an das Entstehen sowie das Verfestigen einer militanten Hausbesetzerszene in der Landeshauptstadt verhinderte.

Dies galt auch für die zweite Welle der Hausbesetzungen in den frühen 80er-Jahren, so wurde z. B. Anfang 1980 die Matthäuskirche am Sendlinger-Tor-Platz besetzt. Aktionen wie diese wurden relativ rasch durch die Polizei beendet. Im weiteren Verlauf gab es nur noch vereinzelte Hausbesetzungen. So. z. B. im Dezember 2002 in der Landsberger Straße, die ca. acht Stunden dauerte. Die mehrmalige polizeiliche Aufforderung, das widerrechtlich besetzte Gebäude zu verlassen, wurde ignoriert, sodass eine Räumung unter Anwendung unmittelbaren Zwanges sowie die Festnahme von zehn Aktivisten unumgänglich war.

Eine aufsehenerregende Hausbesetzung ereignete sich 2007 in der Westendstraße 196. Es handelte sich hierbei um einen Wohnblock aus roten Backsteinziegeln in der Nähe des ehemaligen Trambahndepots, der der Stadt München gehörte, schon längere Zeit leer stand und abgerissen werden sollte. Am Donnerstagabend, 28. Juni 2007, sollte das Gebäude durch die Polizei geräumt werden. Vorab war festgestellt worden, dass sich in dem Gebäude offenbar vermummte Personen aufhielten. Zudem waren Barrikaden mit nach vorne gerichteten, angespitzten Pfählen errichtet worden. Die Oberseite der Grundstücksmauer war mit Glasscherben gespickt. Daher setzte man zur Räumung das Unterstützungskommando (USK) ein. Die Beamten drangen zeitgleich von zwei Seiten in das Haus ein. Ein Hagel von Pflastersteinen empfing sie. Im Objekt waren Türen verbarrikadiert, in den Gängen und im Treppenhaus Stolper- und Tretfallen ausgelegt. Zudem befanden sich im Gebäude sowie im Außenbereich mehrere zündfertige Molotowcocktails, verschüttete Brandbeschleuniger mit bereitgestellten Fackeln, unzählige Pflastersteine und zwei selbst gebaute »Kartoffelkanonen«. Mit diesen Kanonen können Kartoffeln, Tennis- oder Golfbälle o. Ä. verschossen werden. Diese Geschosse erreichen ggf. Geschwindigkeiten über 100 km/h und können daher beim Aufprall auf Menschen oder Tiere schwer oder gar tödlich verletzen.

Bei diesem Einsatz erlitten drei USK-Beamte Verletzungen, einer davon wurde schwer an der Wirbelsäule verwundet. Ein Hagel von Pflastersteinen hatte ihn massiv getroffen und zu Boden gehen lassen. Erst seine Kollegen konnten ihn in einen sicheren Bereich ziehen. Letztendlich wurden im Dachgeschoss drei Jugendliche aus dem Punker-Milieu festgenommen. Die Anklage gegen die drei Besetzer lautete auf versuchten Totschlag. Im Februar 2008 wurden sie vom Jugendschöffengericht München zu je fünf Jahren Haft verurteilt.

Es soll auch nicht verschwiegen werden, dass Teile der Medien und der Politik diesen Einsatz der Münchner Polizei sowie das Verhalten der Stadt München kritisch hinterfragten, da es vielleicht die Möglichkeit gegeben hätte, durch geeignete Maßnahmen im Vorfeld die Besetzung zu verhindern bzw. das Gebäude zu okkupieren, als sich zeitweise keine Besetzer darin befanden. Und es mag sein, dass im Rückblick tatsächlich die eine oder andere Maßnahme besser durchgeführt hätte werden können. Ob dies allerdings den Verlauf entscheidend beeinflusst hätte, bleibt dahingestellt. Aber daraus

Die Besetzer der Westendstraße 196 hatten mit Türen das Treppenhaus blockiert.

Europas erster »Wholetrain« 1985 in München sorgte für Schlagzeilen, wie hier in der Bild-Zeitung (l.). Keinen Ärger mit den Beamten bekamen die Künstler von der Sprayer-Gruppe »Writers Corner München« (Foto o.), als sie das riesige Wandbild an einem Pfeiler der Donnersbergerbrücke schufen. Die Aktion war genehmigt.

den Schluss zu ziehen, dass hinter dem Vorgehen politische Gründe standen und »dass man es bewusst hat treiben lassen, weil man eine martialische Räumung wollte, weil man ein Zeichen setzen wollte, dass in München Hausbesetzer keine Chance haben«, so wie das u. a. ein damaliger Münchner Stadtrat gesagt hat, erscheint dann doch etwas sehr weit hergeholt. Ebenso seine Kritik, »das Sozialreferat habe soziale Probleme mit Ordnungsmaßnahmen zu regeln versucht«.

In München gibt es bis heute keine langfristig besetzten Häuser und keine Hausbesetzerszene. Bei ähnlichen Aktionen in jüngster Zeit handelte es sich nicht um Hausbesetzungen, sondern künstlerisch-politische Aktionen, die entsprechend publiziert wurden und zu Verhandlungen mit der Stadt München als Eigentümerin führten. So konnte z. B. in der Müllerstraße 6 der Abriss eines Hauses verhindert werden. Nach einer entsprechenden Sanierung betreiben nun die Aktivisten das Haus in Form einer Genossenschaft. Auch so geht Hausbesetzung: Ohne Gewalt und ohne Polizeieinsatz.

Weil die Jugendkriminalität in München zwischen 1960 und 1970 bereits um 100 % angestiegen war, wurden Anfang der 70er die Jugendbeamten als Ansprechpartner für Jugendliche eingeführt. Jugendbeamte sind seitdem fester Bestandteil der Münchner Polizei und haben sich zeitgemäß an die heutigen Anforderungen weiterentwickelt. Als Polizeibeamte sind Jugendbeamte zwar auch strafverfolgend tätig, der Schwerpunkt liegt aber eindeutig in der Präventionsarbeit mit Einbindung von Kindergarten, Schule und Jugendamt. Während es in den 50ern als optisch wahrnehmbare Jugendbewegung allenfalls die Halbstarken gab, konnte man ab Ende der 1960er-Jahre eine zunehmende Individualisierung u. a. von Beatniks, Rockern, Punks, Skins, Poppern, Ökos, Metallern, Skatern, Rastas, Gothics, Hooligans oder Ravern ausmachen. Es gab nicht mehr den Jugendlichen schlechthin, sondern eine Vielzahl von Jugendkulturen.

DIE GRAFFITI-SZENE

In den 1980ern fasste die Hip-Hopszene in München Fuß. Diese Tanzkultur war in den amerikanischen Schwarzengettos entstanden. Mit der Bewegung kam auch Graffiti nach München. Die neue Jugendbewegung fand schnell großen Zulauf. München galt in jenen Tagen als die Geburtsstadt der deutschen Graffitibewegung. Eine spektakuläre Aktion gelang sieben jungen Sprayern in der Nacht vom 23. zum 24. März

Graffiti-Sprayer bei der Arbeit auf einer der wenigen legalen Flächen in München.

1985: Sie besprühten in Geltendorf einen kompletten S-Bahnzug und schufen damit europaweit den ersten sogenannten Wholetrain. Die Ermittlungen zum »Geltendorfer Zug« übernahm die Bundespolizei unter Mitwirkung zweier Kollegen der Münchner Polizei, alle Täter konnten ermittelt werden. Von Anfang an dabei war der Streifenbeamte Horst Ritzer, der sich zum münchenweit bekannten »Graffiti-Jäger« entwickelte. Ende der 80er-Jahre wurde in der KPI Nord erstmalig der Posten des Graffitisachbearbeiters geschaffen und mit Horst Ritzer besetzt. 1994 richtete die Polizei die AG Sprayer/Kratzer ein, die der KPI Süd angegliedert war. Sechs Jahre später wurde dann eine gemeinsame Ermittlungsgruppe mit dem Bundesgrenzschutz (heute Bundespolizei) geschaffen, die ihren Dienstsitz bei der Bundespolizei in der Domagkstraße hatte. Diese Gruppe heißt inzwischen Koordinierungsgruppe Graffiti (KoGra) und ist dem K 23 in der Landshuter Allee 32 angegliedert.

Doch es ging und geht nicht nur um Strafe. 2001 initiierte der Bayerische Innenminister Günther Beckstein das Projekt-Graffiti-München. Das Projekt ist eine Sparte bei der Brücke München e.V. Ziel ist ein Täter-Opfer-Ausgleich als gerechte Konfliktlösung, um Gerichtsprozesse zu vermeiden. 2005 wurde der Tatbestand der Sachbeschädigung § 303 StGB überarbeitet mit der ausdrücklichen Zielsetzung, Graffititaten strafrechtlich zu erfassen. Der jährliche Schaden durch Graffititaten im Münchner Bereich beläuft sich auf rund 1 Mio. Euro. Graffiti ist längst auch ein beliebtes Ausdrucksmittel bei Fußballfans und politisch motivierten Straftätern. Viele Fans huldigen ihrem Verein, indem sie den Vereinsnamen oder die Namen der Ultrabewegungen an Brücken, Unterführungen oder andere öffentliche Flächen sprühen. Die politisch motivierten Graffititaten werden von der KFD 4 bearbeitet.

Inzwischen ist Graffiti aus dem Münchner Stadtbild nicht mehr wegzudenken. Die Palette der Arbeiten reicht dabei von großen Gemälden bis hin zu Stylewriting und Tagging (darunter versteht man die oft hastig hingeschmierten Namen). Zum Graffitibereich zählt man inzwischen längst nicht mehr nur sprühen oder schreiben, sondern auch kratzen, ätzen und kleben. Im Gegensatz zu anderen Städten bietet München den Sprayern heute nur sehr wenig offizielle freie Flächen, an denen ungestraft gesprüht werden darf.

In den 70ern und 80ern erlebte München auch einen geradezu dramatischen Anstieg an Jugendgewalt, vor allem im Schlachthof- und Glockenbachviertel. Um die Jugendlichen aus der Isarvorstadt von der Straße zu holen, die starke Bandenkriminalität im Viertel zu bekämpfen und gegen die soziale Verwahrlosung anzutreten, gründete der Jugendbeamte Sepp Triebenbacher 1976 die Freizeitliga Isarvorstadt e. V., in der zeitweise

Medienecho zu den Jugendbanden in München Ende der 1980er-, Anfang der 1990er-Jahre.

24 Jugendmannschaften in zwei Ligen zu Fußballturnieren antraten. Als Geschäftsführer der Liga setzte Triebenbacher den Boss einer Rockergruppe ein – und fand so Akzeptanz bei den schwierigen Jugendgruppen. Was fehlte, waren Räume, um neben der sportlichen Betreuung auch sozialpädagogische Arbeit bieten zu können. Ungenutzte Räume im zweiten Stock des Tröpferlbads an der Thalkirchner Straße boten sich an. Die Jugendlichen renovierten das Gebäude selbst, und 1983 konnte der Jugendtreff Tröpferlbad eröffnen, der bis heute ein wichtiger Treffpunkt im Viertel ist.

DIE MARIENPLATZRAPPER

Ende der 1980er formierte sich eine Jugendgruppe, die es an krimineller Energie mit der berüchtigten Pantherbande aufnehmen konnte. Ab 1987 begannen die »Marienplatzrapper«, die Stadt mit einer Verbrechensserie von schier unvorstellbarem Ausmaß zu überziehen. Anführer der Gruppe waren drei Schulschwänzer und Herumtreiber aus Sendling: Dieudonne »Didi« M. (15), Bernd M. (17) und José Antonio M.-C. (15). Es begann mit gemeinsamem Rumhängen am Marienplatz, man kiffte und beging kleinere Ladendiebstähle. Die Gruppe wuchs schnell, aus einer Blasn von 20 bis 30 Jugendlichen wurde eine Truppe von rund 120 Personen. Bald verpflichteten sich alle der Ideologie der nackten Gewalt, als Vorbild dienten die kriminellen Streetgangs der »Los Angeles Bloods and Crips«. Sich selbst nannten die Marienplatzrapper »Sendling Bronx and Bloods and Crips«, das Ziel war totale Anarchie auf Münchens Straßen nach dem Vorbild amerikanischer Slums. Alle unterwarfen sich den drei Bossen mit unbedingtem Gehorsam. Die Bosse hielten sich ein Heer aus »Sklaven«, Neumitgliedern, die auf einen Aufstieg in der Gruppe hofften. Sie mussten die Straftaten ausüben – natürlich ohne einen Anteil der Beute zu bekommen. Die »Schiebesklaven« wurden am Hauptbahnhof eingesetzt, wo sie Expressgut kofferkuliweise von den Bahnsteigen raubten und in Taxis verluden. »Autosklaven« mussten auf ihren Namen Fahrzeuge anmieten und die Rapper zu »Auswärtstouren« durch ganz Bayern chauffieren. »Jackensklaven« waren auf den Diebstahl von hochwertigen Lederjacken spezialisiert. Zunächst stahl die Gang im Auftrag, später dann auf eigene Faust: Edelklamotten, Uhren, Schmuck, Parfums, teure Porzellanfiguren, Fernseher, Videokameras – kurz alles, was sich zu Geld machen ließ. Sie wurden immer dreister, karrten sogar Kühlschränke und Waschmaschinen davon. Dazu arbeiteten sie mit einer Kaufhausdetektei zusammen, deren Mitarbeiter im richtigen Moment die Alarmanlagen ausschalteten. Sie schleusten auch Freundinnen als Kassiererinnen ein, und ein Mitglied arbeitete selbst monatelang als Kassierer in einem großen Kaufhaus. Bei ihm zahlten Bandenmitglieder für einen Farbfernseher vier und eine Stereoanlage eine Mark. Schließlich besaß die Gruppe Nachschlüssel von mehr als 20 Verkaufsvitrinen für besonders wertvolle Waren, die sie regelmäßig leer räumten. Da kamen bei einer einzigen Vitrinen-Aktion schon mal mehr als 40 000 Mark zusammen.

Neben »normalen« Ladendiebstählen machten sie »Kamikazeaktionen«, bei denen zwei bis drei Täter kleine Geschäfte plünderten, wenn die Verkäuferin alleine war. Bei »Sturmaktionen« überfielen fünf bis sieben Jugendliche eine Boutique und nahmen alles mit, was sich versilbern ließ. Wenn sich Verkäufer oder Kunden wehrten, wurden sie zusammengeschlagen. Schwabinger Boutiquenbesitzer schlossen sich daher zu einer Bürgerwehr zusammen. Sobald verdächtige Jugendliche auftauchten, gab es eine telefonische Alarmkette. Alle sperrten ihre Läden zu und kamen dem betroffenen Geschäft zur Hilfe. Bei ihren »Auswärtstouren« überfielen die Täter in verschiedenen bayerischen Städten stets mehrere Läden hintereinander und flüchteten dann in den Wägen der »Autosklaven«. Bei ihren Überfällen sicherten immer einige Bandenmitglieder den Laden von außen. Oft boten sie dann den aufgelösten Raubopfern an, die Täter zu verfolgen und rannten los, aber nur, um eine Verfolgung durch Dritte zu verhindern.

Für den Absatz der Waren hatte sich die Bande fünf verschiedene Hehlerkreise aufgebaut. Die Hehler bekamen ein Drittel, später nur noch ein Viertel des Originalwarenpreises. Hauptabnehmer war eine Pizzeria am Dom, deren Personal und Chef über Jahre fast alles ankaufte. Man richtete sogar einen gesonderten Übergaberaum ein. Allein hier setzten die Marienplatzrapper mehrere Millionen Mark um. Und sie betrogen sogar dreist ihre Hehler, indem sie mit einer Etikettiermaschine die Waren teurer auszeichneten. Ab 1988 begannen einige Bandenmitglieder aus reiner Lust an der Gewalt, nachts Jagd auf Schwule zu machen. Ein Mitglied lockte als vermeintlicher Stricher die Opfer in dunkle Ecken, wo die anderen mit brutalster Gewalt über die Männer herfielen. Mit dem Kopf eines Opfers veranstalteten sie sogar »Elfmeterschießen«, indem ein Täter wie beim Fußball Anlauf nahm, um gegen den Kopf zu treten. Doch auch die Gewalt innerhalb der Gruppe stieg. Man bewaffnete sich mit Baseballschlägern, brach einem vermeintlichen Betrüger die Beine und vergewaltigte Freundinnen der anderen. Die Münchner Polizei war seit dem 20. September 1989 den Marienplatzrappern auf den Fersen, im November wurde im Referat 313 die Soko Rapper unter der Leitung von KHK Richard Thiess gegründet. Nach monatelanger verdeckter Ermittlungsarbeit, dazu gehörten Observationen, Video- und Telefonüberwachung, schlug die Soko am 20. Februar 1990 zu: 200 Beamte durchsuchten gleichzeitig mehr als 30 Immobilien, fünf Haft- und 24 Vorführbefehle wurden vollzogen. Die Ermittlungen dauerten bis Mai 1991. Insgesamt konnten 86 Täter in 1793 Einzelfällen konkreter Straftaten überführt werden, darunter Hunderte Ladendiebstähle, 17 Einbrüche, 44 Raubüberfälle, rund 100 gefährliche Körperverletzungen sowie unzählige Verstöße gegen das Betäubungsmittelgesetz. Mindestens zehn Millionen Mark Schaden waren die Bilanz nach drei Jahren Marienplatzrapper. Das viele Geld hatten die Bandenmitglieder komplett durchgebracht, das meiste war für Drogen draufgegangen. In einer Studie des Lehrstuhls für Soziologie in Eichstätt von 1993 werden die Marienplatzrapper als die größte kriminelle Jugendbande Deutschlands bezeichnet.

Diese Gang fand schnell Nachahmer, denen aber vergleichsweise schnell das Handwerk gelegt werden konnte. So die »Stachus-Sprüher«, die »Quarantas« und die »Honzis«. Die Honzis, allesamt Kinder aus gutem Hause, die ihre Bande nach dem Hohenzollernplatz in Schwabing benannten, terrorisierten eine Zeit lang Schüler des Willi-Graf-Gymnasiums. Sie nahmen den Jugendlichen teure Markenkleidung, vor allem Chevignon-Lederjacken, weg. Wer sich wehrte, wurde verprügelt.

FEIERN RUND UM DIE UHR

Seit der Aufhebung der Sperrzeit im Jahr 2004 stieg die Kriminalitätsbelastung zur Nachtzeit rapide an, Hauptenthemmer: Alkohol. Als Brennpunkte kristallisierten sich schnell die Hotspots Kultfabrik, Optimolgelände und die »Feierbanane« zwischen Maximiliansplatz und Müllerstraße heraus. Auf Initiative des Polizeipräsidiums wurde 2012 das Präventionsprojekt »Feiermeile« entwickelt, eine bundesweit einzigartige Aktion, an der sich neben Polizei, KVR und Sozialreferat auch die Wirte der Veranstaltungsbetriebe beteiligen. »Cool bleiben – friedlich feiern in München« lautet das Motto, unter dem alle Projektbeteiligten eigene Maßnahmen durchführen. Wenn z. B. ein Wirt ein Hausverbot erteilt, gilt das gleichzeitig für alle anderen Clubs. Streetworker

Nächtlicher Einsatz mit alkoholfreien Drinks bei der Aktion »Cool bleiben« für Polizeivizepräsident Kopp, Szene-Wirt David Süß und Kreisverwaltungsreferent Dr. Blume-Beyerle (v. l.).

von Condrobs e.V. beteiligen sich mit nächtlichen Patrouillen ebenfalls. Erkannte Gewalttäter erhalten vom KVR ein einjähriges Aufenthalts- und Betretungsverbot. Polizeivizepräsident Robert Kopp: »Gemeinsames Ziel des Projekts ist es, die Anzahl der Gewaltdelikte zu verringern und gleichzeitig das Sicherheitsgefühl der Gäste zu stärken. Denn wir alle sind uns einig: Feiern ja, aber friedlich!«

STÄNDIG NEUE HERAUSFORDERUNGEN

Immer wieder wird sich die Polizei wandeln müssen, um lageangepasst erfolgreich neuen Herausforderungen begegnen zu können. In den vergangenen Jahren rüstete die Polizei technisch auf und erweiterte zudem ihre Sozialkompetenz.

In Deutschland macht man sich ganz aktuell Sorgen über zum Teil blutjunge Menschen, wie die erst 16-jährige Elif, die München verließ und ins Kriegsgebiet nach Syrien zog. Auch heimkehrende IS-Kämpfer sind eine besondere Herausforderung für Sicherheitskräfte. Zu welchen entsetzlichen Mitteln junge Fanatiker greifen können, zeigten die Anschläge auf »Charlie Hebdo« im Januar 2015 in Paris.

Unter dem jüngsten Eindruck der aktuellen politischen Entwicklungen scheint sich vielfältiges gesellschaftliches Konfliktpotenzial anzubahnen. Immer mehr Versammlungen und die Herausforderungen durch die steigenden Flüchtlingszahlen sind ein Beispiel. In jedem Fall scheint es so, dass Politik wieder stärker polarisiert als in den letzten Jahren und sicher mehr auf die Straße getragen wird. Die Polizei wird hier erneut neutral zwischen den Reihen stehen, um die jeweiligen Rechte von Meinungs- und Demonstrationsfreiheit zu gewährleisten. Sofern Einsicht in die demokratischen Grundregeln und Gesprächsbereitschaft bei allen Teilnehmern besteht, werden die Einsätze mit der nunmehr 50 Jahre jungen »Münchner Linie« gut zu händeln sein. Es gilt weiterhin, den Blick für Neues offen zu halten und sich moderat weiterzuentwickeln. In all den Jahrzehnten mit ihren drastischen Veränderungen hat sich nämlich im Grunde nichts daran geändert, dass es der Mensch – nicht die Technik – mit seinem Kontakt zum Bürger ist, was unsere Polizei ausmacht.

DIE MÜNCHNER LINIE

Autor: Christian Weis

Wer sich mit der Geschichte des PP München beschäftigt, wird zwangsläufig immer wieder auf die »Münchner Linie« stoßen. Welche Bedeutung hatte und hat sie für die Arbeit der Polizeibeamtinnen und -beamten bei besonderen Einsatzlagen und in der alltäglichen Arbeit? Was verbirgt sich dahinter? Und wie wirkt diese sich unmittelbar auf die Bürgerinnen und Bürger aus?

Vorweg sei angemerkt, dass die Münchner Linie die zentrale Einsatzphilosophie der Polizei in München, inzwischen vielleicht sogar in ganz Bayern, ist. Daher lohnt es sich, den Begriff näher zu beleuchten und darzulegen, mit welchem Selbstverständnis und mit welchen Absichten die Polizei in München ihre Arbeit verrichtet.

DIE SCHWABINGER KRAWALLE

Die Initialzündung für die Entstehung der Münchner Linie gaben sicherlich die Schwabinger Krawalle im Juni 1962. Damals eskalierte ein Einsatz wegen Ruhestörung so sehr, dass sich in den nächsten vier Nächten Krawalle und Konfrontationen zwischen Polizei und Bürgern entwickelten, bei denen zeitweise 1 000 Polizeibeamte bis zu 40 000 Protestteilnehmern gegenüberstanden. Es wurden Dutzende Personen verletzt – darunter mindestens 30 Polizeibeamte – und ca. 400 festgenommen. Am Ende der Schwabinger Krawalle standen Bürgertum, Stadt und Polizei erschrocken vor einem Scherbenhaufen und rätselten, was eigentlich passiert war. Wie konnte es überhaupt dazu kommen, dass grundsätzlich anständige Bürger und die Münchner Polizei, die ja eigentlich für ihre Bürger da sein möchte, aufeinander losgehen konnten? Warum prügelte die Münchner Polizei zum Teil wahllos auf die Protestteilnehmer ein? Die Münchner Polizei erlitt dabei ein »schwer angeschlagenes Image, das durch nichts wieder aufzurichten war«.

In der Rückschau lässt sich festhalten, dass damals augenscheinlich Bürger, die sich gegen die verkrusteten Strukturen auflehnten und dabei in einer Mischung aus Erlebnissuche und verletztem Rechtsempfinden protestierten, auf eine Polizei trafen, deren Denken, Ausbildung und Einsatztaktik noch eher militärisch geprägt war. Die Handlungskonzepte bei geschlossenen Einsätzen stammten noch aus der Weimarer Zeit. Die geschlossenen Einheiten (wie z. B. Einsatzzüge oder -hundertschaften) traten teils paramilitärisch auf, anstelle eines flexiblen Vorgehens gab es nur ein massives Einschreiten gegen »aufmüpfige« Demonstranten. Wie hatte es Dr. Manfred Schreiber später formuliert: »Die Polizeitaktik gegenüber demonstrierenden Mengen war damals jene der Bayerischen Landespolizei vor 1933: Aufsitzen, Ausrücken, Absitzen, Räumen, Aufsitzen, Einrücken, Essenfassen.«

Es herrschte also bis dato bei der Polizei noch sehr ausgeprägt der Gedanke, dass Recht und Ordnung mit allen Mitteln durchgesetzt werden müssen. Und als diese beiden Gedankenwelten aufeinanderprallten, kam es zur Explosion mit den unschönen Folgen.

Nun galt es, die Lehren aus diesen Ereignissen von Schwabing zu ziehen. Allen voran tat dies ein Mann, der für die damalige Zeit als Visionär bezeichnet werden darf: Dr. Manfred Schreiber. Zur Zeit der Schwabinger Krawalle war er der Leiter der Kriminalpolizei beim Po-

Polizeieinheiten beim Einsatz während der Schwabinger Krawalle 1962.

lizeipräsidium München. Am 4. November 1963 wurde er im Alter von 37 Jahren vom damaligen Münchner Oberbürgermeister Jochen Vogel zum Präsidenten der damals noch städtischen Münchner Polizei ernannt. Er sah seine Aufgabe in den nächsten Jahren vor allem auch darin, »das Verhältnis zwischen den Münchner Bürgern und der Polizei wieder ins Lot zu bringen«.

Sowohl die Schlussfolgerungen, die Dr. Schreiber aus den Ereignissen in Schwabing zog, als auch seine daraus resultierenden Ideen, waren für die damalige Zeit revolutionär. So definierte er für das polizeiliche Einschreiten folgenden Grundsatz: »Vorrang psychologischer Mittel vor der unmittelbaren Gewalt, verbunden mit strenger Legalität und Zuführung aller strafbaren Handlungen zum allein zuständigen Richter.«

Hieraus lässt sich erkennen, dass das in der Strafprozessordnung vorgeschriebene Legalitätsprinzip uneingeschränkt Grundlage polizeilichen Handelns blieb. Legalitätsprinzip heißt, dass jeder Polizeibeamte gesetzlich verpflichtet ist, Straftaten zu verfolgen und die hierfür notwendigen Maßnahmen zu treffen. Er hat keinerlei Handlungsspielraum, ob er eine Straftat verfolgt, er kann jedoch situationsangepasst entscheiden, wie er dabei vorgeht. Und hier postuliert Dr. Schreiber den Grundsatz, die Durchsetzung polizeilich notwendiger Maßnahmen zunächst mit psychologischen und kommunikativen Mitteln zu versuchen, bevor zum unmittelbaren Zwang gegriffen wird. Also genau dieses Fingerspitzengefühl an den Tag zu legen, das bis zu den Schwabinger Krawallen noch nicht vorhanden oder zumindest noch nicht so ausgeprägt war.

Der Spiegel beschrieb in seiner Ausgabe 47/1969 diese neue Münchner Linie u. a. so: »Studienziel für 3 500 Stadtpolizisten wurde es, sich der eigenen Macht möglichst nicht zu bedienen.« Und weiter »… verbreitete sich mit Erfolg die Einsicht, dass es mehr Ansehen bringt, dem Mitbürger an die Hand zu gehen, als sie ihm auf den Rücken zu drehen«, denn »solange einer spricht … solange tut der nichts«. Und weiter stand dort auch, dass München als die bundesweite Stadt mit den meisten Studenten bis 1969 vielleicht auch als Folge der neuen Münchner Linie die wenigsten Studentenunruhen zu verzeichnen hatte.

Den Begriff der Münchner Linie prägte übrigens nicht Dr. Schreiber selbst. Er wurde erstmals von OB Hans-Jochen Vogel im Jahre 1968 bei einer Sitzung des Ältestenrates des Landeshauptstadt München verwendet. OB Vogel beschrieb die Münchner Linie wie folgt: »Die Münchner Linie bedeutet Beweglichkeit, verbunden mit strikter Wahrung des Grundsatzes der Verhältnismäßigkeit und Vorrang psychologischer Maßnahmen vor Anwendung unmittelbaren Zwanges, kombiniert mit intensiver Ermittlung derer, die sich strafbare Taten haben zuschulden kommen lassen und Einleitung gerichtlicher Verfahren gegen diese Personen.«

MITM REDN KEMMA D'LEIT ZAMM!

Und seither stellt die Münchner Linie nicht nur die zentrale Einsatzphilosophie dar, sondern ist auch die Maxime des polizeilichen Handelns und Einschreitens. Möchte man es pointiert und stark verkürzt formulieren, so könnte man auch den bayerischen Spruch: »Mitm Redn kemma d'Leit zamm!« verwenden. Oder aus Sicht der Einsatzlehre neben den bereits vorhandenen Einsatzmitteln wie Schlagstock, Pfefferspray, Wasserwerfer, etc. das neue Einsatzmittel »Wort« oder »Sprache« einführen.

Nicht verschwiegen werden soll aber auch, dass es polizeiintern zunächst teils erheblichen Widerstand gegen diese neue Linie gab. So wurde sie häufig als »weiche Linie« abqualifiziert. Genau dies sollte sie aber nach den Vorstellungen von Dr. Schreiber nicht sein. Vielmehr sollte die Linie die Polizei flexibler machen und ein – heute würde man sagen – proaktives und differenzierteres Vorgehen ermöglichen.

Was hat man sich nun aber unter dem Begriff »Münchner Linie« für konkrete Maßnahmen/Vorgehen vorzustellen? Zunächst stellte die Münchner Polizei – für die damalige Zeit fast schon revolutionär – einen Psychologen ein. Zum 1. Januar 1964 trat Dr. Umbach seinen Dienst an. Zusammen mit einer Angestellten und zwei Vollzugsbeamten wurde in der Folgezeit der erste psychologische Dienst in einer Polizei in Deutschland ins Leben gerufen (siehe S. 183 ff.). Im Oktober 2014 erzählte Dr. Umbach beim Festakt zum 50-jährigen Bestehen des Psychologischen Dienstes recht eindrucksvoll von der Skepsis, die ihm anfänglich von den Polizeibeamten entgegenschlug und von seinen Bemühungen, sich das Ansehen und die Anerkennung innerhalb der Kollegenschaft zu erkämpfen.

Dann wurden Einsatzeinheiten für spezifische Aufgaben geschaffen. Die Dokumentationskommandos

Verhaftung bei den Schwabinger Krawallen (o.) und Versorgung eines verletzten Polizisten.

(Film-, Foto- und Tonbandtrupp) haben die Aufgabe, das Geschehen zu dokumentieren und dadurch auch die Beweisführung zu verbessern. Die Strafverfolgungskommandos sind in zivil unterwegs und sollen so unauffällig Aufklärung betreiben bzw. Straftäter oder Rädelsführer feststellen und ggf. festnehmen. Die »Integrierten Beamten« sind in Uniform mit weißer Mütze unterwegs und sollen das Gespräch mit den Bürgern/Protestteilnehmern suchen und auch die polizeilichen Maßnahmen und die Rolle der Polizei erläutern. Zudem wurden Einsatzzüge in München aufgestellt, die sich aus Beamten zusammensetzten, die gerade ihre Ausbildung abgeschlossen hatten und dann später bei den Polizeidienststellen verwendet werden sollten.

DAS »HASE-IGEL-PRINZIP«

Einsatztaktisch wandelte sich die Polizei, indem sie auch lernte, nicht mehr nur offensiv vorzugehen. Beispielsweise wird die Frage, ob es bei einer Straßenblockade grundsätzlich einer Räumung bedarf, oder ob es nicht auch möglich ist, den Verkehr ab- oder umzuleiten, seither in erster Linie nach den Gesichtspunkten

Zur Video-Überwachung von Demos setzte die Polizei solche Fernsehwagen mit ausfahrbarer Antenne ein.

der Zweck- und Verhältnismäßigkeit beurteilt. Zudem hielt in das Einsatzgeschehen das »Hase-Igel-Prinzip« Einzug. Das heißt, die Polizei wurde viel beweglicher und versucht, in Zusammenarbeit mit der Aufklärung, schon am Ort des Geschehens zu sein, bevor der Protestierer da ist oder sich verfestigt. Dr. Schreiber hat das u. a. mit den Worten ausgedrückt: »Die Polizei kommt nicht, sie ist da.«

Ein Kernpunkt der Münchner Linie ist neben dem flexiblen Agieren die Differenzierung. So spielen in einer protestierenden Menge nicht alle Teilnehmer die gleiche Rolle. Vielmehr wird es fast immer einen harten Kern, eher weiche Sympathisanten und indifferente Mitläufer geben. Das polizeiliche Handeln muss daher darauf ausgerichtet sein, jeden Teilnehmer gemäß seiner Rolle zu behandeln. Gegen einen provozierenden Störer, der vielleicht sogar Straftaten begeht oder zu diesen aufstachelt, werden die Beamten anders und ggf. konsequenter vorgehen als gegen einen Schaulustigen, der sich nur deshalb am Ort des Geschehens befindet, weil er seine Neugierde befriedigen will. Jeweils wird das Handeln der Beamten auf Grundlage der Verhältnismäßigkeit erfolgen. Was bei dem einen verhältnismäßig ist, kann bei dem anderen übertrieben sein oder umgekehrt.

Als weitere Grundlage der Münchner Linie etablierte sich die Zusammenarbeit mit anderen Verantwortlichen wie Behörden und privaten Veranstaltern. So gilt die Maxime, dass auf privatem Gelände zunächst der Besitzer oder Veranstalter verantwortlich ist und sich deshalb um die Sicherheit und Ordnung kümmern muss – ggf. mit einem eigens dafür engagierten Sicherheits- oder Ordnungsdienst. Die Polizei kommt erst dann zum Einsatz, wenn dieser nicht mehr selbst mit den Störungen fertigwird. Begleitet werden all diese Maßnahmen von einer offensiven Öffentlichkeitsarbeit auf allen Ebenen.

Beginnend vom normalen Streifenbeamten, der durch sein Einschreitverhalten beim Kontakt mit dem Bürger (meist bei Verkehrskontrollen) dafür sorgen kann, dass dieser ein positives Bild von der Polizei mitnimmt. Hierfür wurde extra ein kleines Heftchen für jeden Streifenbeamten erstellt, das Verhaltensbeispiele enthielt, wie der Beamte den gleichen Erfolg mit modernen Mitteln und Umgangsformen erzielen könne wie mit dem althergebrachten, rein autoritären Verhalten. Weiter über die Pressestelle durch ihre tägliche Arbeit und damit im engen Kontakt mit der Presse, bis hin zur Behördenleitung, die sich nach aufsehenerregenden Einsätzen/Ereignissen auch der öffentlichen Diskussion stellen muss.

So diskutierten unmittelbar nach den ersten »Springerdemonstrationen« Ende der 60er-Jahre der Polizeipräsident Dr. Schreiber und der damalige OB Vogel mit den Studenten in der Technischen Universität. Dr. Schreiber resümierte damals: »Damit war das ganze schon auf der Ebene des Intellekts und nicht der körperlichen Gewalt.«

Letztendlich verhalf Dr. Schreiber der Fortbildung seiner Beamten zu großer Bedeutung. In einer eigens in Haimhausen (Lkr. Dachau) angemieteten Liegenschaft fanden Schulungen statt, an denen jeder Beamte für die Dauer einer Woche teilzunehmen hatte. Inhalte waren nicht nur rechtliche Neuerungen, sondern auch psychologische Themen im Allgemeinen und Bereiche der Massenpsychologie im Besonderen. Speziell geschult wurden darüber hinaus die Führungsbeamten des Polizeipräsidiums München.

Alle diese Maßnahmen dienten vor allem einen Ziel: »Die Polizei (…) darf ihre Beamten nicht in die Eska-

Die unauffälligen Herren in weißen Hemden rings um die Bühne beim Beatles-Konzert im Circus Krone 1965 sind Polizisten. Die zivile Kleidung sollte Konfrontationen verhindern.

lation und die Demonstranten nicht in die Solidarisierung jagen«, so das Fazit einer Präsidialverfügung von Dr. Schreiber.

LICHTDUSCHE BEI ROCKKONZERTEN

In den Folgejahren musste die Münchner Linie ihre ersten Bewährungsproben meistern. So kam im Mai 1967 der Schah von Persien u. a. nach München zu Besuch. 1968 folgten die Studentendemonstrationen und im Circus Krone-Bau traten damals einige »Beat«-Gruppen wie die Beatles oder die Rolling Stones auf. Bei all diesen Einsätzen kam es im Gegensatz zu anderen Großstädten zu keinen größeren Ausschreitungen oder Konfrontationen mit der Polizei. Beim Rolling-Stones-Konzert kam sogar erstmals die von dem Polizeipsychologen Dr. Umbach erfundene »Lichtdusche« zum Einsatz, die eine beruhigende Wirkung auf die ekstatischen Fans hatte (siehe S. 185).

Damit hatte sich die Münchner Linie bewährt, und es zeigt sich im Rückblick, dass die Münchner Polizei durch die innovativen Ideen des Polizeipräsidenten Dr. Schreiber und die Unterstützung des Oberbürgermeisters Dr. Vogel über ein Konzept für eine bürgernahe Polizeiarbeit verfügte, das seiner Zeit weit voraus und zur damaligen Zeit wohl auch einmalig war. Zugleich verfügte das Polizeipräsidium München damit bereits in den 1960er-Jahren über eine moderne, fortschrittliche und auch heute noch gültige Einsatzphilosophie.

Befragt man heute hochrangige führende Polizeibeamte, was die Münchner Linie ist, so stellt man fest, dass es zwar nach wie vor keine allgemeingültige Definition hierfür gibt. Aber die Grundsätze der Philosophie von Dr. Schreiber und die damals entwickelten Maßnahmen und Vorgehensweisen besitzen immer noch Gültigkeit. Sowohl im geschlossenen Einsatz als auch im täglichen Dienst finden die grundlegenden Gedanken Anwendung. Sie wurden lediglich zum Teil verfeinert, ergänzt und, wenn nötig, an die moderne Zeit angepasst.

Die aktuelle Münchner Linie und damit das Einschreitverhalten der Polizeibeamten werden beispielsweise durch folgendes Zitat eines hochrangigen Führungsbeamten der Münchner Polizei in einer Masterarbeit für die Deutsche Hochschule der Polizei beschrieben: »Eine lageangepasste Einschreitschwelle bei starker polizeilicher Präsenz unter gleichzeitigem Vorrang einer kommunikativen-psychologischen Konfliktlösung, erforderlichenfalls durch konsequente Strafverfolgungsmaßnahmen begleitet, die mit einer intensiven Öffentlichkeitsarbeit einhergeht (…).« Dabei liegt ein »Schwerpunkt auf dem subjektiven Sicherheitsgefühl der Bevölkerung und auf der Beseitigung von Ordnungsstörungen im öffentlichen Raum«. Dies heißt, dass die Polizei im Zusammenwirken mit anderen Behörden bestrebt ist, im Zuständigkeitsbereich des PP München dafür zu sorgen, dass alle Bürgerinnen und Bürger hier sicher leben können (= objektive Sicherheit) und sich auch subjektiv sicher fühlen. Dass also keine Verunsicherung, z. B. durch illegale Graffiti, Getto-Bildung, rechtsfreie Räume oder sonstige Verwahrlosungstendenzen entsteht. Jeder soll sich überall wohlfühlen und ohne Angst den öffentlichen Raum nutzen können.

Dabei versucht die Münchner Polizei, »ganz nah am Menschen zu sein, nah an den Brennpunkten, zielgerichtet gegen Mehrfach- und Intensivtäter vorzugehen und einen sehr engen Kontakt zu gemeindlichen oder externen Organisationen zu halten«. Bildlich gesprochen kann man die aktuelle Münchner Linie mit »fließendem Wasser« vergleichen, das eine »unwahrscheinliche Kraft hat und sich dem Gegenüber situationsbedingt und flexibel anpasst«. Und dies gilt sowohl für den Einsatz bei besonderen Lagen als auch im ganz alltäglichen Streifendienst.

Als Fazit gilt es abschließend festzuhalten, dass die Münchner Linie sich seit nunmehr über 50 Jahren bewährt und weiterentwickelt hat.

So fanden und finden beispielsweise jedes Jahr in München viele Versammlungen, Demonstrationen und Aufzüge statt (2013 knapp 1 200 mit zusammen ca. 120 000 Teilnehmern und 2014 1 253 Versammlungen mit zusammen ca. 117 000 Teilnehmern). Die größte davon ist die sich seit den 2000er-Jahren jährlich wiederholende Demonstration gegen die Anfang Februar in München stattfindende Sicherheitskonferenz im Hotel Bayerischer Hof. An dieser nehmen stets hochrangige Politiker aus aller Welt teil, um sich über aktuelle (sicherheits-)politische Themen auszutauschen. Begleitet wird dieses Treffen grundsätzlich durch entsprechende Gegendemonstrationen, an denen regelmäßig mehrere Tausend Personen teilnehmen, darunter auch immer der »schwarze Block«. Im Jahre 2002 führte die Prognose eines erwarteten gewalttätigen »schwarzen Blocks« in der Größenordnung von ca. 3 000 »Chaoten« sogar zu einem Verbot aller Versammlungen durch das Kreisverwaltungsreferat (KVR). Das KVR München und das Polizeipräsidium sahen die uneingeschränkte Aufrechterhaltung der öffentlichen Sicherheit im Falle einer Demonstration als nicht mehr gewährleistbar an.

DER MÜNCHNER KESSEL

Demonstrationen in dieser Größenordnung mit einem entsprechend dimensionierten Kräfteansatz werden in der Regel durch das Polizeipräsidium – in Person durch den Vizepräsidenten – geleitet. Obwohl es auch immer wieder zu Auseinandersetzungen zwischen Demonstranten und Einsatzkräften kam und kommt (nicht verwunderlich liegt die Schuld dafür je nach Blickwinkel stets am Verhalten der jeweiligen Gegenseite), so geht die Polizei hierbei professionell und beherrscht vor. Prügelszenen bzw. ein undifferenziertes Vorgehen wie bei den Schwabinger Krawallen darf es dabei gemäß den entsprechenden Einsatzrichtlinien nicht mehr geben und gibt es auch nicht mehr. Aus Sicht des Polizeipräsidiums München sowie der überwiegenden Mehrheit der Münchner Bevölkerung ist dies bislang auch sehr gut gelungen.

Auch beim sogenannten »Münchner Kessel« während des Weltwirtschaftsgipfels (MWG) am 6. Juli 1992 in München wurde das damalige Vorgehen der Polizei bei der juristischen Überprüfung nicht als gänzlich rechtswidrig beurteilt. Damals waren mehrere Hundert Demonstranten, die lautstark gegen den Festakt für den MWG protestiert hatten, zunächst durch Einsatzkräfte am Vormittag (ca. 10.30 Uhr) »eingekesselt« und dann zur »Abarbeitung« teilweise stundenlang festgehalten worden. Das Landgericht sprach daher denjenigen, die länger als bis 19.00 Uhr in Polizeigewahrsam waren, eine Entschädigung von jeweils 50 DM zu. Die ca. zehn Verletzten einigten sich jeweils mittels Vergleich mit dem Freistaat Bayern.

In neuerer Zeit sind zum Thema Versammlungen noch demonstrative Aktionen von Flüchtlingen hervorzuheben, wie z. B. im Juni 2013 am Rindermarkt und im November 2014 am Sendlinger-Tor-Platz, als sie jeweils mit Hungerstreiks versuchten, ihre Situation in Deutschland zu verbessern und die rechtlichen Rahmenbedingungen zu verändern (siehe S. 249 ff.).

Seit Anfang 2015 stellt sich für die Polizei auch in München die Aufgabe, das Aufeinandertreffen von islamkritischen Demonstranten, die an nahezu jedem Montag eine sich fortbewegende Versammlung durch die Stadt veranstalten, sowie deren Gegnern zu verhindern und trotzdem eine kritische Diskussion und das Grundrecht auf Versammlungsfreiheit zu gewährleisten.

Beim »Münchner Kessel« 1992 wurden Hunderte Demonstranten stundenlang von der Polizei eingekesselt.

Im Rückblick darf festgehalten werden, dass es in München im Zusammenhang mit Versammlungen seit der Verstaatlichung kaum mehr zu Gewaltexzessen und Ausschreitungen, wie sie von anderen Metropolen bekannt sind, gekommen ist. Daran hat sicherlich die Münchner Linie einen elementaren Anteil.

Die Münchner Polizei hat es dabei auch zum großen Teil geschafft, ihre zentrale Aufgabenstellung im Versammlungsgeschehen rechtskonform wahrzunehmen. Dies ist der Schutz der Meinungs- und Versammlungsfreiheit gemäß Artikel 5 und Artikel 8 Grundgesetz für jedermann, solange er sich innerhalb des verfassungsmäßigen Rahmens, also friedlich und ohne Waffen, bewegt.

Dies im Sinne der freiheitlich demokratischen Grundordnung zu gewährleisten und seine nicht immer einfache Rolle hierbei entsprechend öffentlich darzulegen, ist dem Polizeipräsidium München bis heute hervorragend gelungen.

Ein wesentliches Merkmal war und ist der damals von Dr. Schreiber postulierte »Vorrang psychologischer Mittel vor der Anwendung von Zwangsmitteln«. Kernpunkt ist die Kommunikation, um einerseits das polizeiliche Handeln transparent zu machen und andererseits zu deeskalieren. Dahinter verbirgt sich die Grundeinstellung, dass die Polizei die Bevölkerung – bei aller zum Teil nötigen Konsequenz polizeilichen Handelns – nicht mehr von oben herab und streng autoritär behandelt, sondern als gleichberechtigten Partner und mündigen Bürger. Dies dient aus polizeilicher Sicht auch dazu, Ansehen und Vertrauen in die Arbeit der Polizei zu gewinnen. Dass ihr dies offenbar entgegengebracht wird, belegt eine aktuelle Umfrage der Forschungsgruppe Wahlen vom Januar 2015, in der eine überwältigende Mehrheit (82 %) der Bevölkerung der Polizei großes bzw. sehr großes Vertrauen schenkt.

Zudem fungiert die Polizei als offener, kompetenter und freundlicher Partner sowohl für die Bürgerinnen und Bürger als auch für andere Institutionen und Organisationen. Und dies in dem Bewusstsein, dass nur Bürgerinnen und Bürger und ihre Polizei zusammen ein möglichst hohes Maß an Sicherheit in unserer Region München garantieren können. Die Münchner Polizei braucht ihre Bürgerinnen und Bürger – z. B. als Hinweisgeber oder im Rahmen von Zivilcourage –, und die Münchner Bürgerinnen und Bürger brauchen ihre Polizei als Garant für den hohen Sicherheitsstandard in unserer Stadt. Dies alles, um täglich gemeinsam das große übergeordnete Ziel zu erreichen:

Wer in München lebt, soll sicher leben, und München soll die sicherste Großstadt Deutschlands, ja vielleicht sogar Europas, bleiben.

DIE SZENEKUNDIGEN BEAMTEN

Autor: Walter Nickmann

Als der Fußball im Jahr 1873 im Deutschen Kaiserreich Einzug hielt, war diese Sportart vor allem in den nationalen Kreisen verpönt. Trotz dieser Vorbehalte war die positive Entwicklung des Fußballsports, insbesondere ab 1900, dem Gründungsjahr des DFB, nicht mehr aufzuhalten. Selbst zwei Weltkriege konnten die Leidenschaft für diesen Sport nicht schmälern, im Gegenteil: In Zeiten der Not war die Fußballbegeisterung oftmals eine der wenigen Freuden, die es für die Menschen gab. Gerade der Gewinn der Fußballweltmeisterschaft 1954 zeigte die Strahlkraft dieser Sportart: Der Sieg wirkte identitätsstiftend und stabilisierte das Selbstwertgefühl der ganzen Nation. Bei der 74er-Weltmeisterschaft war dies anders. Sie war ein schönes Freizeitereignis für Fans. Aus dem Fußballanhänger war der »Fan« geworden, und mit ihm entwickelte sich eine eigene Fan-Kultur. Parallel hierzu schritt die Kommerzialisierung des Fußballes voran. Die Fußballvereine der 1. und 2. Bundesliga entwickelten sich zu Wirtschaftsunternehmen, der Sport rückte immer mehr in den Fokus der Professionalisierung, der Kommerzialisierung und der Medialisierung. Entsprechend entwickelten sich auch die Zuschauerzahlen in den Fußballstadien.

Auch in München war dies so. Bis zum Jahr 1972 hatte das »Städtische Stadion an der Grünwalder Straße« den ersten Mannschaften des FC Bayern München und des TSV 1860 München als ausschließliche Spielstätte gedient. Ab dem 28. Juni 1972 spielten die »Bayern« im knapp 70 000 Plätze fassenden Olympiastadion; die »Sechzger« hingegen abwechselnd im Olympiastadion sowie dem »Sechzger-Stadion«. Für dieses Stadion war die Polizeidirektion Ost örtlich zuständig, die Einsatzleitung im Olympiastadion oblag der PD West (seit der Spielsaison 2005/06 spielen die ersten Mannschaften des FC Bayern und des TSV 1860 München in der heute zum Abschnitt West gehörenden Allianz Arena).

Von Anfang an zeigte sich, dass ein ausverkauftes Olympiastadion eine neue Einsatzdimension darstellte. Gleichzeitig änderte sich sukzessive das Fanverhalten. Während man früher nur ins Stadion ging, um sich das Spiel seines Vereines anzusehen, wollten die Fans nun zunehmend einen »Event« erleben. Die »Südkurve«, der Inbegriff für die Fanklubs des FC Bayern, sowie neue Fan-Rituale hielten im Olympiastadion Einzug.

DAS PROBLEM »DRITTE HALBZEIT«

Dies alles hatte deutliche Auswirkungen auf die Arbeit der Polizei. Nun war es erforderlich, nicht mehr nur das Spiel als solches in den Vordergrund des Einsatzes zu stellen, sondern sowohl im Vorfeld als auch im Nachgang der Sportveranstaltung tätig zu werden. Die Kontaktaufnahme mit den Polizeibehörden der Städte, aus denen die Gastfans anreisten, die Vor- und Nachaufsicht, die strikte Trennung der Gast- und Heimfans und vieles mehr wurden zum festen Bestandteil jedes Fußballeinsatzes. Allen Maßnahmen zum Trotz häuften sich zum Ende der 80er-Jahre die Ausschreitungen bei Fußballspielen. »Problemfans« traten in Erscheinung. Ein englisches Wort tauchte im Zusammenhang mit massiven Ausschreitungen immer öfter auf: »Hooligans«. Diese Gruppierungen suchten die physische Auseinandersetzung mit Gleichgesinnten des gegnerischen Vereins in der »Dritten Halbzeit«. Um nicht aufzufal-

Tausende strömen zur Allianz Arena, mit dabei sind immer szenekundige Beamte.

len, trugen sie Zivilkleidung. Aufgrund der umfassenden polizeilichen Vorkehrungen fanden diese Auseinandersetzungen auch nicht innerhalb oder im Umfeld des Stadions statt, sondern an sogenannten Drittorten. Auf dieses Phänomen musste das Polizeipräsidium reagieren und setzte ab 1990 sogenannte Fanbeamte ein. Hieraus entwickelte sich die Institution der »Szenekundigen Beamten« (SKB). Waren es anfänglich nur zwei Beamte, die zusätzlich zu ihren allgemeinen Vollzugsdiensttätigkeiten diese Aufgaben übernahmen, umfasst die heutige hauptamtlich agierende SKB-Gruppe des PP München zwölf Beamte: Einen Leiter, seinen Stellvertreter und zwei Teams mit jeweils fünf Beamten. Team 1 ist originär für die Spiele des FC Bayern München (1. Bundesliga sowie Regionalliga Bayern der Amateure) zuständig, Team 2 für den TSV München 1860 (Profimannschaft in der 2. Liga und Amateure in der Regionalliga Bayern). Die Stammdienststelle aller Münchner SKB ist die PI 47 (Milbertshofen), zu deren Zuständigkeitsbereich die Allianz Arena gehört.

»Nach dem Spiel ist vor dem Spiel!« Mit diesem Zitat des ehemaligen Fußballnationalmannschaftstrainers Sepp Herberger können die Aufgaben der SKB trefflich beschrieben werden. Nach dem Ende der Spielsaison beginnen bereits die Vorplanungen für die neue. In Zusammenarbeit mit anderen Dienststellen des PP München führen sie eine Risikobewertung anhand des neuen Saisonspielplans für alle drei Ligen durch. Die Begegnungen werden mit den international gebräuchlichen Termini in »Low-, Middle- und Highrisk-Spiele« eingestuft. Zudem werden die Fußballfans auf der nationalen Ebene in die Kategorien A, B und C eingeteilt: Der A-Fan ist friedlich, der B-Fan ist gewaltgeneigt und der C-Fan sucht gezielt gewalttätige Ausschreitungen.

Zu den Kernaufgaben der SKB gehört im Wesentlichen die permanente Aufklärung innerhalb der Fanszenen, die Mitwirkung bei Präventivmaßnahmen (z. B. Gefährderansprachen, Meldeauflagen, Orts- und Ausreiseverbote), die Unterstützung bei szenetypischen Ermittlungen, einleitende Maßnahmen zur Erteilung eines Stadionverbotes, die personenbezogene Erkenntnisgewinnung, die fachspezifische Aufklärung während des laufenden Einsatzes, Aufklärungsmaßnahmen vor und nach den Spielen sowie die Beratung der Einsatzleitung, insbesondere auch der örtlich zuständigen Sicherheitsbehörden bei Auswärtsspielen. Bei Heimspielen arbeiten die SKB eng mit der Einsatzleitung, dem SKB-Team des angereisten Gastvereines und allen unmittelbar tangierten Einsatzkräften zusammen. Einen besonderen Stellenwert nehmen hierbei die inter-

Szenekundige Beamte besprechen sich mit dem Einsatzleiter Günter Süßbrich vor dem Spiel.

nationalen Begegnungen ein. Die SKB verfügen über sehr gute Kontakte ins europäische Ausland und kennen ihre internationalen Ansprechpartner. Besonders deutlich zeigte sich dies beim »Finale dahoam«, dem am 19. Mai 2012 in der Allianz Arena ausgetragenen Champions-League-Endspiel zwischen dem FC Bayern München und dem Londoner FC Chelsea – ein absolutes Highrisk-Spiel. Deshalb reiste eine englische Polizeidelegation (zwei uniformierte Beamte sowie vier Londoner SKB) an, um die Münchner Polizei zu unterstützen. Unter den 160 000 Fans befanden sich etliche deutsche und englische Hooligan-Gruppierungen. Die Allianz Arena war ausverkauft, und im Münchner Olympiastadion verfolgten 60 000 Fans die Live-Übertragung dieses Spiels. Durch die hervorragende Zusammenarbeit aller Kräfte sowie dem Engagement der SKB kam es zu keinen größeren Ausschreitungen. Gerade im Hinblick darauf, dass der FC Bayern München dieses Spiel nach einem Elfmeterschießen mit 3:4 verlor, war dies ein äußerst positiver Einsatzverlauf. Vor allem bei Spielen dieser Größenordnung wird deutlich, dass die SKB ein unverzichtbares Bindeglied zwischen der Einsatzleitung und den Fans darstellen. Sie sind auch die Experten, die bei den Aus- und Fortbildungsveranstaltungen den Einsatzkräften die aktuellsten Erkenntnisse aus der Fanszene vermitteln können.

DAS »KURVENGESPRÄCH«

Bei Auswärtsspielen teilen die Münchner SKB ihre Erkenntnisse über die Münchner Fanszene und deren führenden Protagonisten der örtlichen Einsatzleitung mit und reisen in die Spielorte. Die Anzahl der Münchner SKB richtet sich nach der Risikoeinstufung des jeweiligen Spieles. Sie können frühzeitig sich anbahnende Gefährdungssituationen erkennen und der Einsatzleitung eine Empfehlung für situativ notwendige Maßnahmen geben. Doch egal, ob Auswärts- oder Heimspiel, die direkte Zusammenarbeit zwischen den SKB und der Einsatzleitung ist einer der Bausteine für einen geordneten und friedlichen Einsatzverlauf.

An einer Münchner Besonderheit sind die SKB ebenfalls beteiligt: dem »Kurvengespräch«. Es wurde mit der Spielsaison 2008/09 eingeführt und dient dem aktuellen Informationsaustausch zwischen der Polizei, den Vertretern der Fanclubs, den Fanbetreuern der Vereine sowie dem Ordnungsdienst. In engem Kontakt stehen die SKB mit der Landesinformationsstelle Sporteinsätze (LIS Bayern), die der Unterabteilung E 2 des PP München angegliedert ist. Die LIS nimmt im Auftrag des Bayerischen Innenministeriums am bundesweiten Informationsaustausch bei Sporteinsätzen teil und korrespondiert mit den LIS der anderen Bundesländer sowie der übergeordneten Zentralen Informationsstelle Sporteinsätze (ZIS).

Auch die beste Einsatzplanung und -durchführung kann nicht verhindern, dass es im Einzelfall bei Fußballspielen zu Ausschreitungen kommt. Die äußerst positive Bilanz der Fußballspiele, die im Zuständigkeitsbereich des PP München stattfanden, zeigt jedoch, dass auch Familien ohne Sorge die Spiele besuchen können. Ein Bestandteil hierfür ist die Arbeit der SKB.

50 JAHRE PSYCHOLOGISCHER DIENST

Autor: Hans Peter Schmalzl

Vor fünfzig Jahren begann die Geschichte des Psychologischen Dienstes beim Polizeipräsidium München. Polizeipräsident Prof. Dr. Manfred Schreiber hatte energisch darauf hingearbeitet, einen Fachpsychologen beim Polizeipräsidium anzustellen. Zum 1. Januar 1964 trat Dr. Rolf Umbach seinen Dienst an. Zusammen mit einer Angestellten und zwei Vollzugsbeamten bildete er den ersten psychologischen Dienst in der deutschen Polizei.

DIE VORGESCHICHTE

Die Gründung eines Psychologischen Dienstes war keine Laune des Polizeipräsidenten, sondern die konsequente Folge von gesellschaftlichen Entwicklungen der Nachkriegszeit. In den 1950er- und frühen 1960er-Jahren war die Münchner Polizei mit einer Bürgerschaft konfrontiert, die sich ihrer freiheitlich-demokratischen Rechte zunehmend bewusst wurde. Das galt für die alltägliche Begegnung mit Polizeibeamten und besonders für das Protest- und Demonstrationsgeschehen. Die Münchner Polizei hatte mit dieser Entwicklung in ihrem beruflichen Selbstverständnis nicht Schritt gehalten. Sie war, wie es Franz Haimerl in einem Vortrag am Polizei-Institut Hiltrup 1970 ausdrückte, noch »einem einseitigen Ordnungsdenken unterworfen, das etwa in dem Leitsatz gipfelte: Es kann nicht sein, was nicht sein darf«.

So existiert ein Foto aus dem Jahr 1953, das Teilnehmer einer Mai-Kundgebung zeigt, die trotz polizeilichen Verbots zum Hauptbahnhof ziehen wollen. Ein älterer Polizeibeamter versucht den Aufzug zu stoppen, indem er seine Dienstwaffe auf die Demonstranten richtet. In der Handlungsweise des Beamten, so individuell sie erscheinen mag, spiegelt sich doch die konzeptionelle Hilflosigkeit der Polizei insgesamt.

Das war nicht anders, als im Juni 1962 ein Gerangel mit der Polizei wegen der Auflösung einer Straßenmusik-Darbietung in einen mehrtägigen Massenaufruhr umschlug. Diese »Schwabinger Krawalle« machten der Polizeiführung endgültig klar, dass mit den Lehrbüchern und Erfahrungen aus der Weimarer Zeit keine zeitgemäßen Einsatzkonzeptionen zu entwickeln waren. Die unbedingte, mit dem Polizeiknüppel vorgetragene Aufrechterhaltung der Ordnung führte nur zu neuer Unordnung und der »Schlägerpolizist von Schwabing« hielt sich jahrelang in den Köpfen.

Die Erfahrungen mit einer sich emanzipierenden Jugend und parallel dazu die Erfahrungen im Straßenverkehr mit einer sich auf freier Fahrt für freie Bürger wähnenden Bevölkerung waren dann wohl auch ausschlaggebend für die Schaffung eines Psychologischen Dienstes bei der Münchner Polizei. Die Psychologie, so die Überlegung Manfred Schreibers, müsste doch Erkenntnisse bereithalten, die einer modernen Polizei helfen könnten, sich auf die veränderten Verhältnisse im Nachkriegsdeutschland einzustellen:

Schreiber formulierte es 1965 so: »Auf den Gedanken, für die Münchner Stadtpolizei einen Psychologen einzustellen, brachten uns insbesondere drei Überlegungen. Sie gelten Erscheinungen und Tatsachen, von denen wir glauben, dass sie das natürliche Spannungsverhältnis zwischen der Polizei und dem Bürger oder – anders ausgedrückt – zwischen der Ordnung und der individuellen Freiheit nach 1945 in einem bisher nicht gekannten Ausmaß beeinflussen und belasten.

Die erste Überlegung betrifft die Tatsache, dass die zwischenmenschlichen Beziehungen zwischen Bürger und Polizei, aber auch die Beziehungen innerhalb der Gemeinschaft der Bürger nach 1945 durch staatsrechtliche und staatspolitische Veränderungen eine wesentliche Wandlung erfahren haben. Die zweite Überlegung ergibt sich aus der Erkenntnis, dass massenpsychologische Erscheinungsformen in einem Ausmaß, wie sie – zumindest auf unserem Kontinent – bisher nicht bekannt waren, nach 1945 auf uns einstürmten. Und schließlich bezogen wir in unsere Überlegungen die Tatsache ein, dass zugleich mit diesen neuen Erscheinungen auch neue wissenschaftliche Erkenntnisse über das Leib-Seele-Problem und über zwischenmenschliche Beziehungen zu uns drangen, die von der Psychologie, der Psychiatrie und der Psychosomatik erforscht worden sind.«

DIE URSPRÜNGLICHEN AUFGABEN DES PSYCHOLOGISCHEN DIENSTES

Völlig neu war dabei die Idee Schreibers, den Psychologen Dr. Rolf Umbach nicht nur in Forschung und Lehre einzusetzen, sondern ihn zum Berater der Polizeiführung in »allen psychologischen Grundfragen des alltäglichen und auch des außergewöhnlichen Dienstbetriebes« zu machen. Daneben war ihm ein ganzes Bündel von Aufgaben übertragen:

1. Beratung des Polizeipräsidenten, vor allem in Fragen der Öffentlichkeitsarbeit, getreu Schreibers provokanter These, dass Polizei verkauft werden müsse wie ein Waschmittel.
2. Verbesserung des Betriebsklimas. Der Psychologe müsse in einer hierarchisch gegliederten Organisation das Bindeglied sein, das ein Ohr an der Basis hat und so dem Polizeichef die Kritik von draußen aus den Revieren übermitteln könne.
3. Unterricht an der Polizeischule. Der Psychologe sollte den Beamten bewusst machen, »dass es bei der Ausübung des Polizeidienstes (…) weder eine weiche noch eine harte Welle geben kann, sondern dass man seine Pflicht auf verschiedene und den jeweiligen Verhältnissen angepassten Weise erfüllen und sein Ziel erreichen kann«.
4. Zusammenarbeit mit leitenden Polizeibeamten, die mit Grundthemen der Menschenbehandlung vertraut gemacht werden sollten. Bei Einsatznachbesprechungen, vor allem im Anschluss an Massenveranstaltungen, wäre es Aufgabe des Psychologen, seine Eindrücke und Überlegungen einzubringen.
5. Arbeit in den Polizeirevieren mit Teilnahme am Dienstunterricht und Einzelgesprächen, wo der Psychologe Beschwerden und Spannungsmomente aufnehmen sollte.
6. Mitwirkung beim Verkehrsunterricht an Schulen.
7. Sichtung aller bei der Rechtsabteilung des Präsidiums eingehenden Beschwerden. Daraus sollte der Psychologe zusammen mit Polizeipraktikern eine Konzeption entwickeln, um zukünftig derartigen Beschwerden vorzubeugen.
8. Wissenschaftliche Untersuchungen. So sollte der Gebrauch akustischer Instrumente, sog. Lärmwerfer, getestet werden, mit denen man den Abzug einer Menge aus geschlossenen Räumen erzwingen könnte.

DIE FRÜHEN METHODEN DER POLIZEIPSYCHOLOGIE

Umbach und sein Team standen von Anfang an gehörig unter dem Erwartungsdruck der gesamten Polizei. Gerade die Einsatzpraktiker wollten Taten sehen. Gleich im ersten Jahr, 1964, konnte die Wirksamkeit psychologischer Ansätze unter Beweis gestellt werden. Der britische Schlagersänger Tony Sheridan war für ein Konzert vor 3 000 Fans im Circus Krone-Bau angekündigt. Doch er kam nicht. Als die Menge im Kronebau immer unruhiger wurde, schlug die Stunde der Psychologie: Über Lautsprecher teilte die Polizei den Wartenden mit, dass sich die Landung des Stars in Riem verspätet hätte, dass aber die Polizei alles tun würde, um Tony Sheridan schnellstmöglich zum Circus Krone zu bringen – man habe dazu Münchens besten Funkstreifler nach Riem geschickt, um Sheridan in Rekordzeit abzuholen und herzubringen. Wiederholt gab die Polizei aktuelle Lagemeldungen durch, und immer wenn das Wort Polizei fiel, brauste donnernder Applaus auf. Sheridan kam schließlich, und ein Krawall war vermieden.

Wenig später spielten die Rolling Stones, und die Angst vor Ausschreitungen war hier besonders groß. Dr. Umbach praktizierte diesmal sein Konzept der psychologischen »Lichtdusche«: Der damals junge Franz Haimerl, später Leitender Polizeidirektor, ausgerüstet mit einem Dezibel-Messgerät, ansonsten, wie alle Polizisten im Saal, mit weißem Hemd und unbewaffnet, musste während des Konzerts kontinuierlich den Lärm-

PSYCHOLOGEN der Polizei bemühten sich stundenlang, an den Barrikaden Verständnis zu wecken für das Bemühen der Ordnungskräfte, alle zu schützen, nämlich Demonstranten, Nesselwanger Bürger und SS-Veteranen. Wie die völlig demolierte Fassade des Hotels „Krone" zeigt, waren nicht alle Chaoten zu Gesprächen bereit.

Die Allgäuer Zeitung berichtete am 8. Mai 1985 über den Einsatz der Münchner Polizeipsychologen Hansjörg Trum, damals Leiter des ZPD, und Dr. Hans Peter Schmalzl, heute Leiter des ZPD, bei einer Demo gegen SS-Veteranen in Nesselwang.

pegel der kreischenden Fans melden. Ab einer gewissen Pegelmarke gedachte Umbach, alle Lichtquellen anschalten zu lassen und so die Konzert-Szenerie unangenehm-uncool aufzuhellen. Das sollte wie eine kalte Dusche die Ekstase der Fans dämpfen. So hörte sich Umbach wie ein Kapitän auf der Kommandobrücke die Pegelstandsmeldungen an: »80 Dezibel – 85 Dezibel – 90 Dezibel – Warten Sie noch! – 93 Dezibel – Jetzt! Licht an!« Es funktionierte mehrmals hintereinander. Dann war das Konzert zu Ende und der Kronebau heil geblieben.

Neben der Beat-Musik gab es in den 60er-Jahren als zweiten ständigen Unruheherd die Studentenproteste. Als 1967 der Schah von Persien nach München kam, waren die Ressentiments der persischen Studenten gegen den Schah-Besuch kaum zu kanalisieren. Demonstrationen wurden verboten, aber irgendein Ventil brauchte die Protestimmung. Der Psychologische Dienst schlug einen Deal vor. Die Studenten sollten eine Pressekonferenz abhalten können und dafür auf Straßenaktionen verzichten. Dankbar für das Medieninteresse, sahen die Studenten nach einigen Statements ihr Anliegen erfüllt und verhielten sich während des gesamten Schah-Besuchs weitgehend ruhig.

Es war überhaupt ein Verdienst des Psychologischen Dienstes, Absprachen im Vorfeld von Demonstrationen, Deeskalationsgespräche, Verhandlungen um Ersatzziele u. a. m. als taktische polizeiliche Präventionsmaßnahmen hoffähig gemacht zu haben.

DAS SELBSTVERSTÄNDNIS DES ERSTEN POLIZEIPSYCHOLOGEN

Rolf Umbach war überzeugt, dass »diejenigen, die der Psychologie in der deutschen Polizei eine Heimstatt gegeben haben, (…) der Humanisierung des Verhältnisses von Bürger und Polizei den Weg ebnen« wollten. Denn Psychologie, so glaubte er, »vermag zur Selbsteinsicht zu leiten. Sie kann durch den Umgang mit bestimmten Fakten des menschlichen Verhaltens eine Bewusstseinsänderung einleiten. Sie ist somit nicht als neue Waffe der Polizei zu verstehen, sondern als ein Ferment, das seine Wirksamkeit primär innerhalb der bewussten und unbewussten Vorstellungen eines Beamten zu entfalten hat«.

Dr. Umbach beendete seinen Dienst bei der Münchner Polizei Ende 1967. Im permanenten Spagat, Polizisten auf allen Ebenen Psychologie nahezubringen, sah er keine Perspektive, zumal die Vorbehalte gegenüber einem polizeiinternen Wissenschaftler groß waren. Umbach regte daher an, Psychologie in der Lehre und Forschung einer Polizeihochschule zu etablieren. Dort würde man den Polizeianwärtern das Problembewusstsein mitgeben, das diese dann in psychologisch »fermentierte« Polizeiarbeit umsetzen sollten. Der Fachpsychologe würde sich in einem solchen Prozess wie ein guter Entwicklungshelfer selbst überflüssig machen.

Umbachs Ansatz war modern und wurde doch von der weiteren Entwicklung des Psychologischen Dienstes widerlegt. Nach ihm traten andere Psychologen auf, die versuchten, Psychologie auf verschiedenen Ebenen in praktisches Polizeihandeln zu implementieren.

Umbachs Nachfolger waren Georg Sieber (1969 bis 1972) und Wolfgang Salewski (1974 bis 1975). Dem Psychologischen Dienst stand in dieser Zeit formal der Leiter des Präsidialbüros vor, faktisch wurde der Dienst zunächst von Johann Schmitzberger und dann von Walter Herrmann geleitet. Sie alle brachten innovatives

PP Dr. Manfred Schreiber (l.) mit Dr. Rolf Umbach, dem Leiter des Psychologischen Dienstes von 1964–1967.

Denken in die Polizei ein. So wurde für das Demonstrationsgeschehen, für Sport- und Musikveranstaltungen der sogenannte Integrierte Einsatz der Schutzpolizei (IS-Einsatz) konzipiert, mit eigens geschulten Beamten, die als einzelne uniformierte Polizisten in eine Menschenmenge »integriert« wurden, um auf die Umstehenden kommunikativ einzuwirken. Mit Konzepten wie diesem gelang es, den Kernsatz der Münchner Linie umzusetzen, demzufolge flexibles, psychologisch geschicktes Einschreitverhalten Vorrang vor der Anwendung unmittelbaren Zwangs haben sollte.

DER »ZENTRALE PSYCHOLOGISCHE DIENST DER BAYERISCHEN POLIZEI BEIM POLIZEIPRÄSIDIUM MÜNCHEN«

Nach der Verstaatlichung der Münchner Polizei 1975 kam es zur kontrovers diskutierten Frage, ob der Psychologische Dienst weiterhin exklusiv für die Münchner Polizei arbeiten oder als zentraler Dienst für die gesamte bayerische Polizei zuständig sein sollte. Man entschied sich für Letzteres. Seit dem 1. Oktober 1975 gibt es also einen Zentralen Psychologischen Dienst der Bayerischen Polizei (ZPD). Allerdings verblieb der ZPD organisatorisch beim Polizeipräsidium München und ist heute unmittelbar dem Polizeipräsidenten unterstellt. Erster Leiter des ZPD war bis zu seinem Tod im Jahr 2001 Hansjörg Trum. Sein Nachfolger wurde Manfred Langer, und seit Februar 2014 leitet Dr. Hans Peter Schmalzl die Dienststelle.

Tätigkeitsfelder, Verantwortlichkeiten und natürlich auch der Personalkörper haben sich seit den Anfängen des Psychologischen Dienstes radikal verändert. Aus nur einem einzigen Diplompsychologen wurden zehn, aus zwei polizeilichen Sachbearbeitern sechs, ein Suchtberater kam hinzu, und statt einer Angestellten kümmert sich jetzt ein vierköpfiges Serviceteam um Organisation und innerbetriebliche Abläufe. Das ist immer noch eine viel zu kleine Mannschaft, um die psychologisch relevanten Belange der fast 40 000 Beschäftigten der Bayerischen Polizei berücksichtigen zu können. Aber die Mannschaft ist stark genug, eine Vielzahl von Aufgaben auszuführen.

Die Hauptaufgabengebiete liegen in der Personalauswahl und Personalentwicklung, in der Unterstützung der schutz- und kriminalpolizeilichen Arbeit und in der Beratung und Betreuung von Polizeibediensteten.

Zum ZPD gehören die Bereiche Organisationspsychologie, psychologische Einsatz- und Ermittlungsunterstützung sowie psychosoziale Versorgung.

Organisationspsychologie schließt alle Tätigkeiten ein, die der Organisations- und Personalentwicklung in der Bayerischen Polizei dienen. Dazu gehören auch Verfahren zur Personalauswahl und verschiedene Beiträge zur Aus- und Fortbildung. Personalauswahlverfahren für die Polizei auszuwählen oder selbst zu entwickeln war von Anfang an eine Domäne des Psychologischen Dienstes. Für die Einstellung, sei es auf der zweiten oder dritten Qualifikationsebene, hat der ZPD über die Jahre verschiedene Testverfahren zur Verfügung gestellt. Sie dienen der Erfassung von kognitiven Grundfähigkeiten, von Deutschkenntnissen, von motivationalen Faktoren oder sozialen Kompetenzen. Daneben kommen für die Auswahl zu den Spezialeinheiten regelrechte Testbatterien zum Einsatz, die Intelligenz, Konzentration, Ausdauer und auch Persönlichkeitsmerkmale überprüfen. Hier kümmert sich der ZPD selbst um die Durchführung. Das gilt auch für das anspruchsvollste Personalauswahlverfahren für bayerische Polizeibeamtinnen und -beamte, nämlich für das »Assessment Center (AC)

4. QE«. Es spielt eine entscheidende Rolle bei der Auswahl von Führungspersönlichkeiten in der vierten Qualifikationsebene. In mehrtägigen Workshops erarbeiten Führungskräfte der Bayerischen Polizei, darunter Präsidenten und Vizepräsidenten, unter der Moderation des ZPD jedes Jahr Übungen für ein neues AC-Thema, das heißt, für eine Problematik, mit der sich die Polizei aktuell konfrontiert sieht. Die gleichen Führungskräfte fungieren dann im zweitägigen AC als Assessoren, während der ZPD im Auftrag des Innenministeriums für Organisation und Moderation verantwortlich ist.

Zur Aus- und Fortbildung trägt der ZPD mit zahlreichen Fachvorträgen und Aufsätzen bei, mit dezentralen Seminarangeboten für Spezialverwendungen wie beispielsweise die Seminare für Münchner Informationsbeamte und vor allem mit einem Pflichtseminar der zentralen Fortbildung, dem PAKET-Training. PAKET steht für »Polizeiliches Antistress-, Kommunikations- und Einsatzbewältigungstraining«, das als bewusst breites und offenes Seminarprogramm angelegt ist. Es sollen die Belange des Polizeibeamten sowohl im Binnenverhältnis zu Kollegen und Vorgesetzten als auch im Außenverhältnis zum Bürger berücksichtigt werden. Entsprechend soll es dem einzelnen Beamten helfen, seine polizeiliche Arbeit professionell zu gestalten, seine berufliche Zufriedenheit zu erhöhen und das Verhältnis Bürger–Polizei zu verbessern. Um aber auch konkret Organisations- und Personalprobleme lösen zu helfen, hat der ZPD mit den PAKET-Trainern ein Serviceangebot entwickelt, das sich ZPS, Zentraler-PAKET-Service, nennt. Wer immer bei Spannungen und Konflikten oder nach Umstrukturierungen oder Teamneubildungen sich von einer organisationspsychologisch fundierten Maßnahme Fortschritte verspricht, in Sachen Betriebsklima oder Arbeitszufriedenheit, kann sich an den ZPD wenden.

Psychologische Einsatzunterstützung ist so alt wie der Psychologische Dienst selbst, während die Beiträge zur Ermittlungsarbeit, also explizit zur Unterstützung der Kriminalpolizei, erst in diesem Jahrhundert intensiviert wurden. Seither gibt es beispielsweise Seminare für Vernehmungsbeamte und die forensisch-psychologische Unterstützung im Rahmen der Operativen Fallanalyse.

Seit den Schwabinger Krawallen weiß die Polizei in München und Bayern, dass ihre Arbeit viel Psychologie enthält, und sie weiß die Expertise des ZPD hierfür zu

Ein Novum war 1999 das Kindervernehmungszimmer. Hier sind die Kameras gut versteckt, so z. B. in einem Plüscheichhörnchen.

nutzen. Die Herausforderungen wechseln, Protestinhalte und Deliktfelder ändern sich, gestern Atomkraft und Banküberfall mit Geiselnahme, heute Asylrecht und Amok, morgen vielleicht der Kampf des Prekariats gegen die Reichen und Besitzenden …

In den 1970er-Jahren etwa, nach den schmerzlichen Erfahrungen bei der Geiselnahme in der Prinzregentenstraße 1971 und dem Olympia-Attentat 1972, half der Psychologische Dienst, Verhandlungsgruppen aufzubauen. Mit der Verstaatlichung der Stadtpolizei München erhielt er auch den Auftrag, die bayerischen Verhandlungsgruppen aus- und fortzubilden und im Einsatz zu unterstützen. Bis heute ist die Verhandlungsgruppen-Arbeit ein wichtiges Aufgabenfeld des ZPD.

DER ZPD IN ZEITEN DER MASSENPROTESTE

In den 1980er-Jahren prägten zwei große Protestbewegungen das gesellschaftspolitische Klima: die Friedensbewegung und die Anti-Atom-Bewegung. Die Friedensbewegung mobilisierte 1983 die Massen, als im Zuge des Nato-Doppelbeschlusses nukleare Mittelstreckenraketen in der Bundesrepublik stationiert werden sollten. Der ZPD konzipierte ein »Motivationspapier«, das die Polizeikräfte psychologisch auf Einsätze bei Friedensdemonstrationen einstimmen sollte. Einige Jahre später wurde die Bayerische Polizei von der Wucht der Proteste gegen den Bau einer atomaren Wiederaufarbeitungsanlage im ostbayerischen Wackersdorf überrascht. Der ZPD leistete hier wichtige Beiträge taktischer Kommunikation, als die Gewalteskalation des Jahres 1986 alle Seiten zur Deeskalation gemahnte. Mit Flugblättern, Gewalt-nein-danke-Aufklebern und -Buttons, Plakaten und offenen Briefen des Polizeipräsidenten, mit der Beteiligung an Podiumsdiskussionen und mittels eigens geschulten Diskussionsbeamten konnte langsam das Vertrauen in eine rechtsstaatlich agierende Polizei wiederhergestellt werden.

Auch psychosoziale Versorgung ist erst in diesem Jahrhundert zu einem großen Aufgabenbereich des ZPD geworden. Noch in den frühen 1990er-Jahren kam selten ein Polizeibeamter aus freien Stücken zum ZPD, wenn er psychologische Hilfe brauchte. Heute finden täglich Beratungsgespräche statt. Dabei ist der ZPD nur Teil eines polizeiinternen, bayernweiten Netzwerkes PIN, das sich um Beamte kümmert, die sich mit psychischen Problemen herumschlagen oder nach Einsätzen Belastungsreaktionen zeigen. Diesem Netzwerk gehören u. a. auch die Polizeiseelsorge und der Polizeiliche Soziale Dienst (PSD) an. Besonderes Augenmerk gilt übrigens der Suizidprävention. Außerdem hat der ZPD in den 90er-Jahren begonnen, systematisch Suchtberater auszubilden. Das Polizeipräsidium München hat beim ZPD seitdem einen hauptamtlichen Suchtberater.

Bei aller Praxisbezogenheit des ZPD sollte seine wissenschaftliche Ausrichtung nicht vergessen werden. Immer wieder stehen empirische Untersuchungen an, die der Polizei Lösungsansätze für aktuelle Problemstellungen liefern. In den 90er-Jahren etwa kam das Thema »Frauen in der Polizei« auf die Tagesordnung. Der ZPD hat 1997 in einer umfangreichen Studie ermittelt, wie weit die Integration der Frauen in die Bayerische Polizei

Hansjörg Trum leitete den ZPD von 1975 bis zu seinem Tod 2001.

fortgeschritten ist. Wie es um das Image einzelner Verbände der Bayerischen Polizei und um das Sicherheitsgefühl der Bürger bestellt ist, hat der ZPD in Bürgerbefragungen aufgezeigt. Und auch die Polizeiarbeit auf der Straße wurde untersucht, denn dort spielen Elemente der Eigensteuerung, der Wahrnehmung und Aufmerksamkeitslenkung und natürlich der Kommunikation eine große Rolle. Einsatzverhalten ist zu einem guten Teil angewandte Psychologie. Das wird im PE-Training besonders deutlich. Der ZPD hat deshalb das PE-Training schon sehr früh begleitet. Dass es die Einsatzkompetenz des Polizeibeamten verbessert, konnte wissenschaftlich belegt werden. Konkrete Einsatzfälle zeigen zudem, dass junge Beamte dank des Trainings selbst schwierigste Einsatzsituationen wie bewaffnete Angriffe gegen die eigene Person erfolgreich bewältigen.

Man kann die Geschichte des ZPD mit Fug und Recht als Erfolgsstory bezeichnen. Aus der Einstellung eines einzelnen Diplompsychologen wurde ein über zwanzigköpfiger etablierter Dienst mit allein zehn Diplompsychologen. Die Vorbehalte innerhalb der Polizei sind zwar nicht gänzlich verschwunden, haben aber größtenteils der Einsicht Platz gemacht, dass eine moderne, rechtsstaatlich-demokratische Polizei ohne den Input von Wissenschaften wie der Psychologie gar nicht in der Lage wäre, den Anforderungen einer sich permanent verändernden Gesellschaft gerecht zu werden. Das genau war auch der Grundgedanke von Dr. Manfred Schreiber!

Ein dunkler Rolls-Royce glitt durch das nächtliche München. Gelegentlich hielt der Wagen neben einem jungen Mann, der allein unterwegs war, und der Fahrer fragte gespielt unverfänglich nach dem Weg. Wer diese Frage richtig verstand, konnte auf eine schnelle Mark oder einen schnellen Euro hoffen, folgte der Aufforderung des älteren Herrn und stieg ein. Rudolph Moshammer, schriller Modehändler und bundesweit bekanntes Münchner Original, ging immer nachts auf die Suche nach erotischen Abenteuern, für die er gut ein Verlängerungskabel vom Tisch gerissen haben und seinem Opfer blitzschnell vier Mal um den Hals gewunden und zugezogen haben. Der 64-jährige Moshammer hatte keine Chance. Der Mörder nahm einige Hundert Euro aus Moshammers Sakkotasche, verließ das Haus und wartete an der Grünwalder Straße auf die erste Straßenbahn Richtung München. Unter der Leitung von Kriminaloberrat Harald Pickert wurde eine 80-köpfige Sonderkommission eingerichtet. Der Erfolg kam schnell. Am Kabel fanden die Kriminaltechniker DNS-

Die Spurensicherung vor Moshammers Villa in Grünwald.

bezahlte. Warum er dabei so sorglos vorging und die gekauften Liebhaber mit zu sich nach Hause nahm, blieb auch engen Vertrauten immer ein Rätsel. Jahrzehntelang war es gut gegangen. Bis zum Abend des 14. Januar 2005. In Bahnhofsnähe sprach Moshammer den 25-jährigen Herisch Ali A. mit der üblichen Masche an. Der gebürtige Iraker verstand sofort. Er war verschuldet, und es war nicht das erste Mal, dass er seinen Körper verkaufte. In Moshammers Doppelhaushälfte im vornehmen Grünwalder Ortsteil Geiselgasteig ging es zur Sache. Doch Herisch A. wollte nicht alles machen und schließlich verweigerte Moshammer den ausgemachten Lohn. Mitten im heftigen Wortwechsel muss der Täter

Spuren, die sie mit der Datei des Bundeskriminalamts verglichen. Dort war Herisch A. registriert. Knapp 48 Stunden nach der Tat wurde Herisch A. in seiner Wohnung verhaftet. Er war sofort geständig.
Am 21. November 2005 verurteilte das Landgericht München I den Angeklagten zu lebenslanger Freiheitsstrafe wegen Mordes. Das Gericht sah es als erwiesen an, dass er heimtückisch und aus Habgier zur Ermöglichung eines Raubes gemordet habe. Wegen besonderer Schwere der Schuld ist eine vorzeitige Haftentlassung nach 15 Jahren ausgeschlossen. Herisch A.s Revision blieb erfolglos.
Autor: Martin Arz

2005 • DER MORD AN RUDOLPH MOSHAMMER

WENN POLIZISTEN ZU TÄTERN WERDEN

Autorin: Claudia Reisbeck

Kriminalität ist in allen Altersgruppen, in allen Gesellschaften, an allen Orten zu finden. So auch bei denjenigen, deren oberste Aufgabe es ist, für Recht und Gesetz einzutreten. Polizisten können aus den unterschiedlichsten Gründen zu Tätern werden: Aus Bereicherungsabsicht, aus Eifersucht, aus Wut, aus Verzweiflung. Eines ist Ihnen dabei immer sicher: Große Aufmerksamkeit durch Bevölkerung und Medien.

Wenn Polizisten zu Tätern werden, stellen sich viele Fragen. Wie kann das sein? Wie kann so jemand denn im Alltag die Gesetze verteidigen und durchsetzen? Sind es Taten eines Einzelnen oder gibt es strukturelle Probleme? Ist es ein Einzelfall oder nur die Spitze des Eisbergs? Wie gehe ich mit dem zum Täter gewordenen Kollegen um? Wie verhindert man so etwas? Diese Fragen zu beantworten, ist nicht leicht und sie zeigen die große Bedeutung des Themas »Interne Ermittlungen«.

Zum 1. März 2013 wurde die Zuständigkeit der »Internen Ermittlungen« vom Bayerischen Innenministerium neu geregelt. Bis dahin war sie bei den Polizeipräsidien München und Mittelfranken zentralisiert, wobei das Polizeipräsidium München für den Raum Südbayern zuständig war. Seit der Neuregelung im März 2013 ermittelt das Bayerische Landeskriminalamt (BLKA) bei Straftaten, die von Beschäftigten der Bayerischen Polizei im Dienst begangen wurden. Zudem übernimmt das BLKA die Sachbearbeitung nach polizeilichem Schusswaffengebrauch mit verletzten und getöteten Personen. Darüber hinaus können auch Einzelfälle zugewiesen werden.

Durch die Neuorganisation soll eine größtmögliche Distanz zum täglichen Einsatzgeschehen gewährleistet und damit gleichzeitig die Neutralität der Ermittlungen noch deutlicher dokumentiert werden.

Neben der strafrechtlichen Würdigung werden diese Sachverhalte bei der Abteilung Personal disziplinarrechtlich geprüft. Das Disziplinarrecht resultiert aus der besonderen Stellung der Beamten, sodass auch private Verfehlungen unter bestimmten Voraussetzungen ein Disziplinarverfahren nach sich ziehen können.

Alle Disziplinarvorgänge werden auch dem Sachgebiet »Früherkennung« weitergeleitet und dort einzelfallbezogen bewertet, wobei alle verfügbaren Informationsquellen ausgeschöpft werden, um ein möglichst facettenreiches Bild von dem Ereignis und allen daran Beteiligten zu erlangen.

Hauptziel der Früherkennung ist es, problematische Verhaltensweisen Einzelner oder problematische Entwicklungen innerhalb einzelner Dienststellen rechtzeitig zu erkennen, um solchen Entwicklungen frühstmöglich begegnen zu können bzw. zu verhindern.

Die »Früherkennung« unterstützt dabei durch die Koordinierung von Hilfsmaßnahmen für den einzelnen Beamten (wie beispielsweise Teilnahme an Schuldnergesprächen oder Einschaltung des Zentralen Psychologischen Dienstes), das Aufgreifen aktueller Themen und Entwicklung von Handlungsanhalten sowie eine eingehende Analyse von Organisations- und Verfahrensabläufen und die Erarbeitung von Optimierungsvorschlägen wie beispielsweise den Umgang mit alkoholkranken Beamten.

Der »Killer-Polizist« war ein gefundenes Fressen für die Medien. So berichtete die Bild-Zeitung über den Fall.

Ein Münchner Polizeibeamter der Polizeiinspektion 13 in Schwabing wird 1996 selbst zum Doppelmörder, der seine Opfer mit derartiger Brutalität tötet, dass sogar der Ruf nach der Todesstrafe wieder laut wird. Peter R. lockt seine ehemalige Freundin Gabriele Laurisch in einen Hinterhalt, betäubt sie mit K.o.-Tropfen und ermordet sie. Das gleiche Schicksal ereilt Thilo Keil, einen Freund, dem Gabriele Laurisch entgegen ihrer Absprache mit Peter R. vom Treffen mit R. erzählt hatte.

Peter R. kommt aus schwierigen familiären Verhältnissen. Er zeichnete sich schon als Jugendlicher durch einen besonderen Drang nach Geld aus. Bis zum Juni 1996 hat R. ca. 100 000 DM zusammengespart, die er keiner Bank anvertraut, sondern zu Hause aufbewahrt. In dieser Zeit, in der er sich mit dem Kauf einer Eigentumswohnung beschäftigt, setzt sich bei Polizeihauptmeister Peter R. die fixe Idee fest, die 130 000 DM, die seine ehemalige Freundin Gabriele Laurisch auf der hohen Kante hat, durch einen Mord in seinen Besitz zu bringen. Peter R. bereitet die Tat über viele Wochen akribisch vor: Er fährt immer wieder die Wälder im Norden Münchens ab auf der Suche nach einem geeigneten Ort zur Entsorgung der Leiche. Er stiehlt auf seiner Inspektion 50 Rohypnol-Tabletten, um sein Opfer zu betäuben. Er besorgt sich eine Axt, um seinem Opfer Kopf und Hände abzuhacken, in der irrigen und für einen Polizeibeamten wirren Annahme, dadurch werde die Identifizierung unmöglich. Er kauft sich einen Spaten, um die Leichenteile separat zu vergraben, dazu Handschuhe, Plastiksäcke und Wasserflaschen, um mögliche Spuren zu vermeiden oder zu entfernen.

So vorbereitet, lockt Peter R. im Juni 1996 seine Exfreundin in sein Auto, Gabriele Laurisch trinkt von dem mit 20 Rohypnol-Tabletten versetzten Kakaogetränk, möglicherweise unter Bedrohung mit der Schusswaffe, die Peter R. zuvor einem Kollegen aus dem Spind gestohlen hatte. Peter R. fährt mit der betäubten Gabriele Laurisch in einen Wald bei Hebertshausen und tötet sie nach Plan. Anschließend lockt er unter dem Vorwand, Gabriele Laurisch habe einen Unfall gehabt und liege im Krankenhaus, Thilo Keil zum Kreiskrankenhaus Dachau und lässt ihn von einem zweiten mit Rohypnol-Tabletten versetzten Getränk trinken. Auch Thilo Keil wird von dem Täter bei lebendigem Leib zerstückelt und die einzelnen Teile werden vergraben. Vieles im Tatablauf bleibt Spekulation, da nur seine teilweise widersprüchlichen Angaben während der Hauptverhandlung Auskunft geben. Peter R. wird schließlich zu lebenslanger Haft unter Feststellung der besonderen Schwere der Schuld verurteilt.

Autor: Dr. Josef Boiger

1996 · DOPPELMÖRDER IN DEN EIGENEN REIHEN

DIE DROGENSZENE

Autor: Hubert Halemba

Im Zuge der Verstaatlichung der Stadtpolizei München zum 1. Oktober 1975 verlor das Polizeipräsidium München die Zuständigkeit für die Bekämpfung der Rauschgiftkriminalität im Ballungsraum München an das Bayerische Landeskriminalamt. Die 15 Beamten des damaligen Kommissariates IC3 wurden zum 28. August 1975 in die Rauschgiftfachdienststelle des Landeskriminalamtes (Dezernat 61) integriert. Das Polizeipräsidium stand dieser Zuständigkeitsverlagerung ablehnend gegenüber und wies schon damals auf die elementare Bedeutung eines ganzheitlichen Bekämpfungsansatzes im großstädtischen Bereich hin. Bedingt durch die bis einschließlich April 1998 geltende Zuständigkeitsregelung und die damit verbundene Subsidiarität des Präsidiums bei der Rauschgiftbekämpfung bestand die ständige Gefahr von Informationsverlusten und fehlenden Synergieeffekten. Wegen des unmittelbaren Zusammenhangs von Betäubungsmitteldelikten und Straßenkriminalität war die Zuständigkeitstrennung zudem den Einsatzkräften, insbesondere den zivilen Einsatzgruppen, kaum zu vermitteln.

Das zunehmende Fallaufkommen in den späten 80er-Jahren führte beim Landeskriminalamt dazu, dass ein eigenes Sachgebiet für die Bekämpfung der szenenahen Rauschgiftkriminalität errichtet wurde. Neben den reinen Fallzahlen (Anstieg der Betäubungsmittelverstöße im Jahr 1989 von 1 722 auf 5 091 Fälle im Jahr 1997) stellte vor allem die sich verändernde Phänomenologie die Polizei vor große Probleme. Während sich in den 80ern die Rauschgiftkriminalität überwiegend im Verborgenen abspielte, entwickelten sich in den 1990ern ständig wechselnde Örtlichkeiten im Münchner Stadtbild zu Drogenbrennpunkten. München lief Gefahr, dass sich an stark frequentierten Plätzen in der Innenstadt, ähnlich wie in anderen Großstädten Deutschlands, längerfristig offene Drogenszenen etablierten.

Spielte früher lediglich der Englische Garten eine Rolle als Kleinhandels- und Konsumörtlichkeit für Haschisch und Marihuana, so entwickelten sich in den 90er-Jahren auch Szenetreffs für Konsumenten harter Drogen am Orleansplatz, an der Giselastraße, Universität, Münchner Freiheit und am Sendlinger-Tor-Platz. So wurde nun plötzlich auch für Münchner und Touristen die Rauschgiftkriminalität mit ihren negativen Begleiterscheinungen sichtbar. Die drogenpolitische Diskussion und die berechtigte Erwartungshaltung der Münchner Bevölkerung gegenüber dem Polizeipräsidium München als der für die Landeshauptstadt zuständigen »Ortspolizei« machte es zusehends schwerer, die fehlende Zuständigkeit zu vermitteln.

Beim Bayerischen Landeskriminalamt hatte das Sachgebiet 61/22 mit einer Sollstärke von 1/24 und einem Zuordnungskontingent von zehn Beamten der Bereitschaftspolizei die operative Rauschgiftszenebekämpfung, die kriminalpolizeiliche Deliktbearbeitung der Betäubungsmittelverstöße sowie Aufklärung und aktive Informationsbeschaffung unter sich. Auch die Verstöße nach dem Arzneimittelgesetz sowie Rezeptfälschungen für Drogenersatzstoffe wurden bearbeitet.

Schließlich kam es unter Leitung des Innnenministeriums zur Gründung der »Arbeitsgruppe Zuständigkeit«. Der Auftrag dieser Arbeitsgruppe, in der neben dem Polizeipräsidium München das Landeskriminalamt sowie die Polizeipräsidien Mittelfranken und

Waffen und Drogen, die im April 2014 bei einer Razzia sichergestellt wurden.

Oberbayern vertreten waren, umfasste die Überprüfung der polizeilichen Rauschgift-Bekämpfungsmaßnahmen und der Zuständigkeitsregelungen in München und Gesamtbayern sowie die Erarbeitung von Verbesserungsvorschlägen.

ERRICHTUNG DES DEZERNATS 25

Als Ergebnis der Arbeitsgruppe entstand 1997 beim Polizeipräsidium München ein neues Rauschgiftdezernat. Folgende Festlegungen wurden getroffen:
- Die im Jahr 1991 festgelegten Kriterien und Mengenbegrenzungen für eine grundsätzliche Falldelegierung des Landeskriminalamtes bleiben unverändert.
- Das Sachgebiet 61/22 des LKA wird mit Personal und Logistik zum PP München übertragen.
- Die organisatorische Anbindung der Rauschgifteinsatzkommandos Nord- und Südbayern verbleibt beim Bayerischen Landeskriminalamt.
- Zur Vermeidung von Kapazitätsverlusten bei der Bekämpfung des Rauschgiftgroßhandels wird das Landeskriminalamt durch Sollstellenzuweisung personell verstärkt.

Bis zur Betriebsaufnahme der neuen Dienststelle verblieb dem Polizeipräsidium München bzw. der dazu ins Leben gerufenen Arbeitsgruppe »Rauschgift« unter der Leitung von Kriminaloberrat Marco Böck rund ein halbes Jahr, um sämtliche Personal- und Unterbringungsfragen zu klären sowie die erforderliche Umschichtung von Logistik und Budgetierung auszuhandeln.

Die AG »Rauschgift« erarbeitete eine Dezernatslösung mit vier Kommissariaten, wobei man eine Anbindung der neuen Dienststelle bei der damaligen Kriminaldirektion 2 – nicht zuletzt wegen der gewünschten organisatorischen Zusammenführung der Bekämpfung der Rauschgiftkriminalität und der Beschaffungskriminalität – den Vorzug gab. Als Leiter der neuen Dienststelle wurde Kriminalrat Torsten Wittke aus dem Bayerischen Staatsministerium des Innern berufen.

Der Personalkörper des damaligen Ballungsraumsachgebietes 61/22 stellte die »Keimzelle« des neuen Dezernates 25 beim PP München dar. Das Innenministerium verlagerte 25 Sollstellen des SG 61/22 zum PP München, mit dieser Verlagerung wechselten 22 Stammbeamte/innen zum Dezernat 25. Darüber hinaus wurden noch die zehn Kollegen von der Bereitschaftspolizei und vier Tarifbeschäftigte übernommen. So wurden die Mitarbeiter auf die vier neuen Kommissariate aufgeteilt und fungierten dort entweder in Führungsfunktion oder als Multiplikator für die neu zu rekrutierenden Beamten. Die Auswahl der neuen Mitarbeiter, sowohl für das Stammpersonal (insgesamt 40 Sollstellen) als auch für die Aufstockung des Zuordnungskontingentes auf

2014 entdeckte man eine im Waldfriedhof versteckte Cannabisplantage (o.).
Ein leer stehendes Haus in Neubiberg wurde im Jahr 2012 für Cannabisanbau genutzt (u.).

20 Beamte, erfolgte im Rahmen von Auswahlgesprächen, sodass man sukzessiv den in einer Machbarkeitsstudie errechneten minimalen Personalansatz von 60 Beamten und elf Angestellten erreichte.

Aus dem Kommissariat 222, in dem bereits schwerpunktmäßig Delikte der Beschaffungskriminalität bearbeitet wurden, wechselten einige Mitarbeiter zum neuen Kommissariat 254. Die Unterbringung der neuen Dienststelle brachte zunächst keine große Veränderung mit sich. Man verblieb in Ermangelung anderer Alternativen zusammen mit in der Rauschgiftdienststelle des BLKA in der Karlstraße 79. Dies brachte allerdings aufgrund der Personalaufstockung einen erheblichen Raummangel mit sich. So mussten sich bis zu fünf Sachbearbeiter ein Büro teilen. Der Umzug in das Nebengebäude Karlstraße 77 gegen Ende 1999 führte zu einer deutlichen Entspannung der Raumproblematik. Endlich konnten auch die bisher fehlenden Funktionsräume für Telekommunikationsüberwachung, Akten, Vernehmung, Verwahrung, Ruheraum, Lagerraum und ein Besprechungszimmer ausgewiesen werden. Das K 254, bislang noch in der Ettstraße untergebracht, zog nun mit den anderen drei Kommissariaten des Dezernates 25 unter ein gemeinsames Dach.

DAS DEZERNAT 25 VON 1998 BIS 2007

Die rasante Entwicklung der Rauschgiftkriminalität im Ballungsraum München unterstrich die dringende Notwendigkeit einer eigenen Dienststelle eindrucksvoll. Nun hieß es, eine offene Drogenszene mit all ihren negativen Begleiterscheinungen wirkungsvoll zu bekämpfen. Anlässlich einiger Dienstreisen in norddeutsche Großstädte konnten sich Mitarbeiter der Abteilung Einsatz, E 3, zusammen mit Führungskräften des Dezernats 25, von den katastrophalen Folgen mangelnder Bekämpfungsmaßnahmen ein Bild machen.

Die Abteilung Einsatz, E 3 und das K 253 entwickelten in Abstimmung mit den regionalen Direktionen und den Einsatzhundertschaften ein neues Bekämpfungskonzept. Dieses sah ein gemeinsames Zusammenwirken der geschlossenen Einheiten (Einsatzhundertschaft und Bereitschaftspolizei) mit den regionalen Dienststellen und Kräften des Dezernates 25 vor. Besonderes Kennzeichen war der flexible und direktionsübergreifende Einsatz der Einsatzgruppen. Das Konzept hat sich als ausgesprochenes Erfolgsmodell herausgestellt und wird ständig fortgeschrieben. Es beinhaltet neben den repressiven und präventiven polizeilichen Maßnahmen auch den Informationsaustausch mit den Sicherheitsbehörden sowie die Schnittstellen zu den Drogenhilfseinrichtungen. Insbesondere in diesem Bereich konnten Vorbehalte abgebaut und das gemeinsame Zusammenwirken verbessert werden.

Leider hatte sich die Lage an den Brennpunkten zum Teil bereits verfestigt. Am Hauptbahnhof sowie am Orleansplatz traf sich die Szene von Heroinabhängigen. In der Partyszene, geprägt durch Konsumenten illegaler stimulierender Substanzen (Kokain, Amphetamin, XTC), stach der damalige »Kunstpark Ost« mit alleine rund 600 Delikten im Jahr 1999 hervor.

Auch die Bekämpfung qualifizierter Rauschgiftdelikte im Bereich des Zwischen- und Großhandels konnte von Beginn an bedeutende Erfolge erzielen. Die größte Kokainsicherstellung in München der vergangenen Jahre gelang im Juni 1999 nach sechsmonatiger intensiver Ermittlungsarbeit. Bei der Festnahme eines 40-jährigen Italieners und seiner Freundin konnten 7 kg Kokain, rund 3 000 XTC-Pillen und mehr als 100 000 DM sichergestellt werden. Bei einer groß angelegten Durchsuchungsaktion im »Pharao-Hochhaus« am Fritz-Meyer-Weg wurden bei mehreren schwarzafrikanischen Rauschgifthändlern ca. 3,5 kg Kokain (z. T. in originalverpackten Baby-Nahrungsdosen!) aufgefunden.

Das Jahr 2000 ging mit einigen Allzeit-Höchstständen in die Statistik des Jahresberichtes ein. So wurden im Bereich des Polizeipräsidiums München 6 531 Delikte der RG-Kriminalität registriert, dieser Höchststand sollte bis 2014 nicht mehr erreicht werden! Auch die Betäubungsmittel-Sicherstellungen erreichten mit rund 20 kg Heroin, 4 kg Kokain, 100 kg Cannabis und 15 000 XTC beträchtliche Mengen. Ein trauriger Rekord war mit 86 Drogentoten zu verzeichnen.

Bei den vom Drogendezernat überwachten Veranstaltungen ragte besonders die Techno-Parade »Union Move« auf der Leopoldstraße mit 86 Festnahmen wegen Betäubungsmitteldelikten hervor. Insgesamt tätigte das Dezernat 25 im Jahr 2000 knapp 1 000 Festnahmen. Im Mai 2000 konnte ein herausragendes Großverfahren gegen eine türkische Dealergruppierung mit drei Festnahmen und der Sicherstellung von 55 kg Haschisch, 10 kg Marihuana und rund 100 000 DM Drogengeldern abgeschlossen werden. In Zusammenarbeit mit den holländischen Behörden fand man auch bei dem türkischen Lieferanten in Venlo weitere 100 kg Haschisch.

Einen besonders tragischen Fall musste das Kommissariat 254 bearbeiten. Eine 29-jährige Kroatin, die wegen ihrer Drogensucht bei einem Substitutionsarzt in Behandlung war, gebar 1996 einen Sohn. Dieser kam bereits süchtig auf die Welt, weil die Mutter auch während der Schwangerschaft weiterhin mit Polamidon substituiert wurde. Auf Anraten des Arztes verabreichte die Mutter dem Säugling die vom Arzt errechnete tägliche Dosis Polamidon. Statt einer Dosisreduzierung erhöhte die Mutter aufgrund der Entzugserscheinungen die Mengen und setzte diese »Eigenbehandlung« über drei Jahre fort, bis das Kind im Oktober 1999 verstarb.

Die Aussagen der Mutter führten zu einem Ermittlungsverfahren gegen den Arzt, welches u. a. die Entziehung seiner Approbation zur Folge hatte.

Der Kontroll- und Verfolgungsdruck der Polizei führte allmählich zu einer Verbesserung der Situation. Die Steigerung der Arbeitsbelastung blieb jedoch nicht ohne Auswirkungen auf das Dezernat 25. Knapp 15 000 Überstunden bedeuteten bei den operativen Kommissariaten 252 und 253 eine Pro-Kopf-Belastung von durchschnittlich über 300 Stunden. Um dieser Entwicklung entgegenzuwirken, wurde das Kontingent zum 1. Mai 2001 um zehn Beamte auf nunmehr 30 erhöht. Im Rauschgiftdezernat ist aber auch die Fortbildung ein wesentlicher Bestandteil der täglichen Arbeit. Observations- und Taktiktrainer haben ein Aus- und Fortbildungskonzept entwickelt, das u. a. die Bereiche Observation, Zugriffstechniken und Schießen umfasst.

Die folgenden Jahre waren geprägt von einem steten Wandel. So stand ein konstanter Rückgang der Heroinverstöße einem enormen Zuwachs von mehr als 15 % bei den Cannabisdelikten gegenüber. Dies spiegelte sich auch in den Ergebnissen der polizeilichen Überwachungsmaßnahmen »Drogen im Straßenverkehr« wider. Im Jahr 2003 wurden rund 2 000 Verstöße gegen die §§ 24a StVG bzw. 315c, 316 StGB und im Jahr 2004 schließlich der bislang absolute Höchststand von ca. 2 900 Verstößen festgestellt.

Es kam auch zu einer problematischen Entwicklung mit Heroinhandel und -konsum im Umfeld des Kontaktladens »L 43« in der Landwehrstraße. Erst durch intensive Gespräche mit den Betreibern, ständige polizeiliche Intervention sowie einer kurzzeitigen Schließung der Einrichtung normalisierte sich die Lage wieder. Ab 2006 kristallisierte sich der Orleansplatz erneut als Hotspot der Heroinszene heraus. Dies führte zu einer nachhaltigen Beeinträchtigung des subjektiven Sicherheitsempfindens im Umfeld sowie einer politischen Diskussion. Da sich am Orleansplatz bereits Verfestigungstendenzen zeigten, mussten weitreichendere Maßnahmen getroffen werden. Neben Alkohol- und Aufenthaltsverboten wurde eine Videoüberwachung installiert und der Kontaktladen »OFF« etwas abgesetzter in die Rosenheimer Straße verlagert.

Auch in der Veranstaltungsszene zeichnete sich eine Veränderung ab. Hier war der Trend festzustellen, dass sich immer mehr Clubs aus dem »Kunstpark Ost«-

Gelände zurückzogen und wieder im innerstädtischen Bereich ansiedelten und so zur Entstehung der »Feiermeile« beitrugen. Um der deliktischen Entwicklung der Party-Drogen Rechnung zu tragen, wurde ab 1. März 2007 eine eigene Ermittlungsgruppe innerhalb des K 253 mit neun Beamten gegründet.

Besondere Bedeutung für das K 254 hat die seit dem 1. April 2005 greifende »Konzeption für Ermittlungen und Maßnahmen gegen Mehrfach- und Intensivtäter« (KERMIT). Diese sieht personenorientierte Ermittlungen gegen Rauschgiftbeschaffungstäter vor.

KRIMINALFACHDEZERNAT 8 VON 2007 BIS HEUTE

Am 18. Dezember 2007 wurde das Kriminalfachdezernat 8 eingerichtet. Ziel dieser Organisationsmaßnahme war u. a., die Kriminalpolizei beim PP München mit den bei der Schutzpolizei angesiedelten Kriminalpolizeiinspektionen zu einer Kriminalpolizei-Säule zusammenzuführen. Dies bedingte die Zusammenlegung verschiedener Kripo-Dienststellen. Leiter des neuen Dezernates 8 wurde Kriminaloberrat Armin Aumüller, der vorher das Fahndungsdezernat 32 führte. Die Zuständigkeit wurde auf alle Verstöße gegen das Arzneimittelgesetz sowie auch auf Doping-Vergehen ausgeweitet.

Im Jahr 2008 erschien erstmals in München »Spice« auf dem Markt. Diese Kräutermischung stellte anfangs die polizeilichen Untersuchungsstellen vor ein Rätsel, da die enthaltenen Kräuter die starke psychoaktive Wirkung nicht erklären konnten, bis man letztlich die synthetischen Cannabinoide entdeckte. Mit »Spice« kam eine wahre Flutwelle von neuen Stoffen, den »Legal Highs«, die für die Rauschgiftdienststellen bis heute eine große Herausforderung sind.

Das Kommissariat 83 fährt nun auch Schwerpunkteinsätze auf dem Oktoberfest, da neben dem Bierkonsum auch der Drogenkonsum auf der Wiesn zunimmt, wie die Festnahmezahlen (86 bzw. 91 Personen in den Jahren 2010 und 2011) belegen. Während am »Man-glaubt-es-kaum«-Hügel die Kiffer anzutreffen sind, dominieren in einigen Zelten die Kokainverstöße.

Mit der Verwendung von Fentanylpflastern als Ausweichdroge für Heroinabhängige entstand eine weitere, durchaus tödliche Gefahr für die Süchtigen. Fixer kochen die normalerweise zur Behandlung von schweren Schmerzsymptomen verschriebenen Pflaster aus und spritzen sich den extrahierten Wirkstoff, was nicht selten zu einer Überdosis führt.

Im Bereich der Zwischen- und Großhandelsdelikte gelang dem Kommissariat 82 zusammen mit dem Spezialeinsatzkommando die Festnahme eines 27-jährigen Rockers nach einer Schmuggelfahrt aus den Niederlanden. In seinem Fahrzeug befanden sich außer seiner 20-jährigen Freundin und dem fünf Monate alten gemeinsamen Baby auch 3 kg Kokain! Im Clubhaus der Rocker in der Nähe von Nürnberg wurde ein weiteres Kilo Kokain aufgefunden.

2010 kristallisierte sich der Sendlinger-Tor-Platz hartnäckig als Szene-Treffpunkt heraus. Die Verlagerung der Videoüberwachungsanlage vom Orleansplatz zum Sendlinger Tor zum 1. Juli und dessen offensive mediale Ankündigung führten zu einer spürbaren Abwanderung der Szene und Reduzierung der Straftaten.

Um dem Handel mit Kräutermischungen entgegenzutreten, wurden einige Verfahren gegen die Betreiber von »Head«- und »Grow«-Shops wegen Inverkehrbringen von bedenklichen Arzneimitteln geführt. In einem Fall konnte der Nachweis über den Handel mit mehr als 9 000 Päckchen geführt und rund 350 000 Euro gesichert werden. Solche Ladengeschäfte gibt es inzwischen in München nicht mehr. Kräutermischungen und sogenannte Badesalze in unterschiedlichen Zusammensetzungen überschwemmen dennoch weiterhin den Markt. Die geänderten Vertriebsstrukturen der »neuen psychoaktiven Substanzen« (nPS), zumeist über Internet und Postversand, erschweren die polizeilichen Interventionsmöglichkeiten und führen zu einer Ausweitung der Konsumentenkreise.

Aber auch klassische Betäubungsmittel werden zunehmend auf postalischem Weg vertrieben. So konnte anlässlich einer Durchsuchung auf dem Laptop eines Täters die zufällig geöffnete Sendungsverfolgung einer Rauschgiftlieferung gesichtet und ein Paket mit 6 kg Marihuana abgefangen werden. Aufgrund der Ermittlungen ließen sich 20 zurückliegende Lieferungen in dieser Größenordnung nachweisen. Das anschließende Geständnis führte zu dem Lieferanten aus Berlin, dem der Handel mit mehr als 500 kg Marihuana nachgewiesen werden konnte. Die Verfahren gegen die Abnehmer aus München und Umgebung liefen bis ins Jahr 2015.

Aktueller Leiter des Rauschgiftdezernates ist Kriminaloberrat Markus Karpfinger.

TERROR IN MÜNCHEN

Autoren: Konrad Raab, Martin Arz

SPRENGSTOFFPAKET AN BUNDESKANZLER KONRAD ADENAUER

Am 27. März 1952 explodierte in einem Kellerraum des Münchner Polizeipräsidiums ein Paket, welches an Bundeskanzler Adenauer adressiert war.

Das Paket hatte ein bis heute unbekannter Mann gegen 17.05 Uhr in der Bayerstraße vor dem Hauptbahnhof mit dem Auftrag an zwei 12-jährige Jungen übergeben, es bei der Post aufzugeben. Der Unbekannte hatte erklärt, in Eile zu sein und das Paket deshalb nicht selbst aufgeben zu können. Für den Botengang gab er den Jungen drei Mark.

Die Belohnung sowie die Tatsache, dass ihnen der Unbekannte folgte, erregten den Verdacht der beiden Jungen. Sobald der Mann verschwunden war, wendeten sie sich an den Stationsmeister des Straßenbahnhauses am Karlsplatz, der einen Verkehrsschutzmann beizog. Nach der Feststellung, dass das Paket an den Bundeskanzler adressiert war, wurde eine Funkstreife gerufen, die das Paket zum Polizeipräsidium in der Ettstraße brachte.

Ein alarmierter Brand- und Sprengmeister der Berufsfeuerwehr München machte sich wenig später in einem Kellerraum des Polizeipräsidiums an die Öffnung des Paketes. Darin befand sich ein Band des Brockhaus-Lexikons. Als der Feuerwehrmann das Buch entnehmen wollte, kam es zur Detonation, bei der sich der Brand- und Sprengmeister tödliche und zwei Polizeibeamte, die sich in einem Nebenraum aufgehalten hatten, schwere Verletzungen zuzogen.

Der Überbringer des Bombenpaketes hatte sich vermutlich unter dem Namen Mario Mirelli in einem Fremdenheim in der Schillerstraße einquartiert. Er konnte unerkannt entkommen. Seine Identität ist bis heute ungeklärt. Die Paketbombe an den Bundeskanzler steht in Zusammenhang mit den Wiedergutmachungsverhandlungen, die die Regierung der Bundesrepublik Deutschland 1952 mit dem Staat Israel führte.

Eine Nachbildung der Paketbombe, die Bundeskanzler Konrad Adenauer treffen sollte.

Der Transitbereich in Riem nach Ende der versuchten Flugzeugentführung.

PALÄSTINENSISCHE ATTENTÄTER AM FLUGHAFEN MÜNCHEN-RIEM

Am 10. Februar 1970 kam es am Flughafen München-Riem, bei der Zwischenlandung eines EL-AL-Fluges nach London, zu einem Anschlag durch palästinensische Terroristen der »Aktionsorganisation zur Befreiung Palästinas« (AOLP). Drei Personen waren in den Transitraum eingedrungen und versuchten dort, die Flugzeugcrew sowie Passagiere in ihre Gewalt zu bekommen und sich des Flugzeugs zu bemächtigen. Sie hatten jedoch nicht mit der entschlossenen Gegenwehr des Flugkapitäns gerechnet. Die Terroristen zündeten im Verlauf des Kampfes zwei Handgranaten, durch die ein israelischer Passagier getötet und 18 weitere Personen verletzt wurden, darunter eine Frau, die ein Bein verlor. Die drei Terroristen konnten nach einem Schusswechsel mit Beamten der Bayerischen Grenzpolizei festgenommen werden.

Sie wurden noch im selben Jahr freigepresst und in den arabischen Raum abgeschoben, letztlich ohne in Deutschland für ihre Taten belangt worden zu sein.

BRANDSTIFTUNG AM SENIORENHEIM DER ISRAELITISCHEN KULTUSGEMEINDE

Am Abend des 13. Februar 1970 hatten bis heute unbekannte Täter das Seniorenheim der Israelitischen Kultusgemeinde in der Reichenbachstraße 27 in Brand gesetzt. Sieben Personen im Alter zwischen 60 und 72 Jahren konnten nicht mehr aus dem brennenden Haus flüchten, für sie kam jede Hilfe zu spät. Das Gebäude wurde durch den Brand erheblich beschädigt.

Das Feuer war mit Benzin im Treppenhaus gelegt worden und obwohl eine Belohnung von 100 000 DM

Das ausgebrannte Treppenhaus des jüdischen Altenheims.

ausgesetzt wurde, blieb das Verbrechen bis heute ungeklärt.

Aufgrund neuer Erkenntnisse hat der Generalbundesanwalt das Verfahren gegen die unbekannten Täter im Jahr 2013 wieder aufgenommen.

BOMBENATTENTAT DER RAF AUF DEM GELÄNDE DES LKA

Auf dem Parkplatz des Bayerischen Landeskriminalamtes wurde am 12. Mai 1972 ein Bombenattentat mit einer Autobombe verübt, welches der »Roten Armee Fraktion« zugerechnet wird. Die Explosion zerstörte ca. 60 überwiegend Privatfahrzeuge auf dem damals noch frei zugänglichen Parkplatz. Fensterscheiben barsten noch in mehreren Hundert Metern Entfernung, Wrackteile folgen durch die Luft. Nur aufgrund glücklicher Umstände wurden lediglich drei Personen leicht verletzt.

Aus einem auf den 16. Mai 1972 datierten Bekennerschreiben der RAF ging hervor, dass ein »Kommando Thomas Weisbecker« die Bombe zur Explosion gebracht hat. Thomas Weißbecker war am 2. März 1972 von einem Polizeibeamten in Notwehr erschossen worden.

ÜBERFALL AUF DIE ISRAELISCHE OLYMPIAMANNSCHAFT

Am 5. September 1972 kletterten kurz nach 4 Uhr früh mehrere Männer in Trainingsanzügen und Sporttaschen über den Zaun des Olympischen Dorfs bei Tor 25A. Zielsicher steuerten sie auf die Connollystraße 31 zu, dem dreigeschossigen Betonbau, in dem der israelische Olympiakader untergebracht war. Sie stürmten die Unterkünfte der israelischen Sportler und trieben alle Gefangenen in der Connollystraße 31 zusammen. Nur Minuten später ging der erste Notruf bei der Polizei ein: »Hier wird geschossen!«

Ein Mann mit weißem Hut, schwarz bemaltem Gesicht und Sonnenbrille, Mohammad Massalha, den alle »Issa« (Jesus) nannten, führte die Verhandlungen mit Walther Tröger, Bürgermeister des Olympischen Dorfes, OK-Präsident Willi Daume, Münchens Polizeipräsident Manfred Schreiber und dem bayerischen Innenminister Bruno Merk. Als Hauptvermittlerin stellte sich die Polizistin Anneliese Graes aus Essen freiwillig zur Verfügung. Die Terroristen von der palästinensischen

Der LKA-Parkplatz nach dem RAF-Anschlag.

Terrororganisation »Schwarzer September« forderten die Freilassung von 232 in Israel inhaftierten Palästinensern sowie der RAF-Terroristen Andreas Baader und Ulrike Meinhof und des Japaners Kōzō Okamoto, freies Geleit mit sämtlichen Geiseln in einem aufgetankten Flugzeug, das in eine arabische Hauptstadt fliegen soll. Inzwischen traf auch Bundesinnenminister Hans-Dietrich Genscher in München ein und beriet mit dem Krisenstab das weitere Vorgehen. Mehrere Ultimaten verstrichen. Die israelische Regierung lehnte es ab, mit den Geiselnehmern zu verhandeln oder inhaftierte Palästinenser freizulassen. Die mit einer derartigen Terroraktion völlig unerfahrenen deutschen Sicherheitskräfte

Nachdem die maskierten Terroristen (o.) mit ihren Geiseln das Olympiadorf verlassen hatten, boten die Unterkünfte der israelischen Sportler ein Bild des Schreckens.

Die Polizistin Anneliese Graes verhandelt mit dem Terroristen (r.). Der Flughafen Fürstenfeldbruck nach dem gewaltsamen Ende der Geiselnahme (o.).

versuchten eine Art Befreiungsschlag. Noch nie war ein Antiterroreinsatz geübt worden, so etwas hatte als »zu unrealistisch« gegolten. Fernsehstationen aus aller Welt sendeten live, wie Scharfschützen in Position gingen. Aber auch die Terroristen sahen fern … Die Befreiungsaktion scheiterte kläglich.

Schließlich brachten zwei Helikopter die Extremisten mit ihren Geiseln nach Fürstenfeldbruck. Dort hatte man bereits ein bescheidenes Eingreifkommando aus fünf Scharfschützen in Stellung gebracht. Issa und ein weiterer Terrorist stiegen aus und besichtigten das bereitgestellte Flugzeug. Es war leer. Die als Crew verkleideten Polizeibeamten hatten wenige Minuten zuvor ihren Einsatz eigenmächtig abgebrochen. Issa und sein Begleiter rannten zu den Helikoptern zurück. In diesem Moment gab eine hochrangiger Polizeibeamter den Befehl: »Feuer frei!« Um halb zwei in der Nacht fiel schließlich der letzte Schuss. Alle neun Geiseln sowie der deutsche Polizeiobermeister Anton Fliegerbauer waren tot, ebenso fünf der acht Terroristen, darunter ihr Anführer Issa. Trotz der tragischen Ereignisse gingen die Olympischen Spiele weiter. Als Reaktion auf den Anschlag gründete man die Antiterror-Spezialeinheit

GSG 9 und stellte fortan alle jüdischen Einrichtungen unter Polizeischutz.

Die drei überlebenden und festgenommenen Terroristen wurden am 29. Oktober 1972 durch die Entführung der Lufthansa-Maschine »Kiel« im Rahmen eines Geiselaustausches freigepresst. Derzeit ist eine neue Gedenkstätte für die Opfer des Attentats im Münchner Olympiapark in Planung.

Die Spurensicherung bei der Arbeit auf der Wiesn.

DAS OKTOBERFEST-ATTENTAT

Weißes Licht, eine Feuersäule, Menschen wirbeln durch die Luft, zerfetzte Gliedmaßen und verzweifelte Schreie – was für viele am 26. September 1980 als fröhlicher Wiesnbummel begann, endete um 22.19 Uhr in einem Alptraum. »Fünfzig Meter östlich Brausebad Explosion – des is fei kein Scherz! Bitte kommen, absperren! Ende«, lautete der erste Notruf, den Polizeiposten Zwei an die Einsatzleitung der Festwiesnwache durchgab. Hauptkommissar Norbert Hermann, der mit seinen Leuten nach einer Minute und 55 Sekunden (»Ich habs gestoppt.«) am Ort des Schreckens direkt am Haupteingang zur Theresienwiese eintraf, erinnerte sich in der Süddeutschen Zeitung: »Es war wie im Krieg.« Unterdessen ging der Festrummel munter weiter. Betrunkene torkelten über das verwüstete Areal, stolperten über Verletzte und Leichen. 13 Tote gab es zu beklagen. Die 211 Verletzten wurden schnellstmöglich in die Krankenhäuser in und um München gebracht. Der Täter wurde selbst Opfer seiner Bombe. Sein Körper wurde durch die Wucht der Detonation 14,20 m durch die Luft geschleudert. Seine eine Hand entdeckte man 25 m entfernt, die andere konnte gar nicht gefunden werden. Es handelte sich um Gundolf Wilfried Köhler, geboren 1959, Student der Geologie in Tübingen. Im Keller seines Elternhauses in Donaueschingen hatte er eine Höllenmaschine gebastelt: Eine Rohrbombe mit einer Sprengladung von mindestens 2 kg, bestehend aus einer entleerten britischen Mörsergranate, neu befüllt mit 1,39 kg TNT, die wiederum in einem mit Schrauben und Nägeln gefüllten Feuerlöscher steckte.

Schnell stellte sich heraus, dass Gundolf Köhler Mitglied im rechtsextremen Hochschulring Tübinger Studenten war und Verbindung zur neofaschistischen Wehrsportgruppe Hoffmann hatte, die wenige Monate zuvor erst von der Bundesregierung verboten worden war. Die Bayerische Staatsregierung hingegen sah bis zum Attentat in der Wehrsportgruppe einen Haufen »halbverrückter Spinner, nicht eine gefährliche Orga-

Ein Bild der Verwüstung bot der Haupteingang zum Oktoberfest nach dem Bombenanschlag.

nisation im eigentlichen Sinne«, wie es Innenminister Gerold Tandler ausdrückte. Nach acht Monaten stellte die Sonderkommission Theresienwiese Mitte 1981 ihre Ermittlungen ein und präsentierte den 187-seitigen Abschlussbericht. Die Quintessenz: »Gundolf Köhler dürfte als Alleintäter gehandelt haben. Für eine Mittäterschaft oder auch nur Mitwisserschaft anderer an dem Sprengstoffanschlag auf das Münchner Oktoberfest ließen sich keine konkreten Anhaltspunkte erkennen.« Diese These wird bis heute heftig diskutiert. Neue Ermittlungen gestalten sich auch deshalb schwierig, weil die letzten Asservate wie Bombensplitter 1997 vernichtet wurden. Bei offiziell geklärten Fällen ist das gängige Praxis.

Aufgrund neuer Aspekte ordnete der Generalbundesanwalt am 5. Dezember 2014 die Wiederaufnahme der Ermittlungen in Zusammenhang mit dem Oktoberfestattentat an. Das Bayerische Landeskriminalamt wurde mit den Ermittlungen beauftragt und bildete eine Sonderkommission mit dem Namen »26. September«. Das Ermittlungsergebnis bleibt abzuwarten.

ANSCHLAG AM FLUGHAFEN RIEM

Am 31. Juli 1982 explodierte gegen 15.00 Uhr im Gepäckabstellraum des überdachten Zuganges zur Halle C des Flughafens München-Riem ein Sprengkörper. Es wurden sieben Menschen zum Teil schwer verletzt. An Gebäuden und Kraftfahrzeugen entstand ein Schaden von ca. 200 000 Mark. Der Sprengsatz war in einem am Tatort abgestellten Gepäckstück deponiert. Die Herkunft des Gepäckstückes ließ sich aufgrund der Tatsache, dass es sich um ein Massenprodukt handelte, nicht ermitteln.

Der Sprengstoffanschlag konnte bis heute weder geklärt noch einer bestimmten Gruppierung zugeordnet werden, obwohl eine Belohnung von 30 000 Mark ausgesetzt worden war.

RAF-ATTENTAT AUF SIEMENS-MANAGER BECKURTS

Am 9. Juli 1986 um 07.32 Uhr verübte die »Rote Armee Fraktion« (RAF) einen Sprengstoffanschlag, bei dem der Vorstandsvorsitzende der Siemens AG, Prof. Dr. Beckurts, und dessen Fahrer, Eckhard Groppler, ermordet wurden. Der Anschlag auf der Straße zwischen Grünwald und Straßlach, zu dem sich ein »Kommando Mara Cagol« bekannte, wurde mit einer elektronischen Sprengfalle ausgeführt. Die Tat ist bis heute ungeklärt. Am Anschlagsort erinnert am Straßenrand ein Mahnmal an den tödlichen Anschlag.

VERSUCHTER ANSCHLAG AUF DIE GRUNDSTEINLEGUNG DER NEUEN SYNAGOGE

Im Jahr 2003 führte das Polizeipräsidium München Ermittlungen im Umfeld der rechtsextremistischen Gruppierung »Aktionsbüro Süd«, auch bekannt als »Kameradschaft Süd«. Die Ermittlungen ergaben, dass sich innerhalb der Organisation ein von den übrigen Mit-

Gleich am Ortsschild von Straßlach zerfetzte die RAF-Bombe die Limousine von Siemens-Chef Beckurts.

gliedern abgeschotteter Führungskreis mit etwas mehr als zehn weiblichen und männlichen Personen etabliert hatte. Die Aufgabe dieses Führungskreises bestand darin, die politischen Ziele der Gruppe durch Einsatz von Waffen und Sprengstoff zu erreichen.

Im Zuge weiterer kriminalpolizeilicher Maßnahmen wurde bekannt, dass die Organisation einen Anschlag zur Grundsteinlegung für das jüdische Gemeinde- und Kulturzentrum am St.-Jakobs-Platz am 9. November 2003 plante. Die Mitglieder der »Kameradschaft Süd« hatten sich bereits Faustfeuerwaffen sowie TNT-Sprengstoff und andere Sprengmittel, hauptsächlich aus Fundmunition von militärischen Übungsplätzen in Polen, beschafft. Den nach München transportierten Sprengstoff deponierte einer der späteren Angeklagten an seinem Arbeitsplatz.

Die Generalbundesanwaltschaft übernahm am 11. September 2003 die Ermittlungen wegen des Verdachts der Bildung und Unterstützung einer terroristischen Vereinigung und betraute das PP München mit den weiterführenden Ermittlungen. Im Rahmen mehrerer Durchsuchungen konnten über ein Kilo TNT, eine Handgranate, verschiedene Kriegswaffen, Pistolen, Stichwaffen und umfangreiche schriftliche Unterlagen sichergestellt werden.

Insgesamt wurden gegen 18 Personen Verfahren eingeleitet. Am 6. Oktober 2004 wurde die Hauptverhandlung vor dem Bayerischen Obersten Landgericht unter anderem wegen Bildung einer terroristischen Vereinigung eröffnet. Die Verhandlung nach dem Jugendgerichtsgesetz lief unter Ausschluss der Öffentlichkeit. Der Prozess gegen die Hauptangeklagten begann am 24. November 2004 und endete mit einer Verurteilung zu mehrjährigen Haftstrafen. Der Hauptangeklagte Martin W. wurde zu sieben Jahren Freiheitsstrafe verurteilt.

DIE BUNDESWEITE MORDSERIE DES »NATIONALSOZIALISTISCHEN UNTERGRUNDS« NSU

Im Zeitraum von 2000 bis 2006 kam es insgesamt zu neun Tötungsdelikten an türkischen bzw. türkischstämmigen und einem griechischen Kleingewerbetreibenden in München, Nürnberg, Hamburg, Dortmund, Ros-

tock und Kassel sowie zu einem Tötungsdelikt an einer Polizeibeamtin in Heilbronn im Jahr 2007.

Zwei der zehn Morde wurden in München am 29. August 2001 in Ramersdorf an Habil Kilic und am 15. Juni 2005 im Westend an Theodoros Boulgarides verübt. In beiden Fällen waren die Opfer in ihren Ladengeschäften mit derselben Waffe, einer Pistole der Marke »Ceska« mit Schalldämpfer, erschossen worden. Die Ermittlungen führten im Jahr 2001 die Münchner Mordkommission und im Jahr 2005 eine eigens eingerichtete Sonderkommission.

Die umfangreichen Ermittlungen in den Tatortstädten sowie die Ermittlungen der beim Polizeipräsidium Mittelfranken installierten »BAO Bosporus« konzentrierten sich fälschlicherweise zunächst ausschließlich auf einen Hintergrund aus dem Bereich der Organisierten Kriminalität. Erst Ende 2005 fasste man auch andere Hypothesen ins Auge. Im Jahr 2006 wurde nach einer Fallanalyse des Kommissariats 16 des Polizeipräsidiums München (Operative Fallanalyse Bayern) ein fremdenfeindliches Motiv in die Ermittlungen einbezogen. Recherchen in diesem Bereich verliefen allerdings ergebnislos.

Am 4. November 2011 kam es in Eisenach (Thüringen) zu einem Überfall auf eine Sparkassenfiliale. Durch Zeugenaussagen ergab sich der Hinweis, dass für die Flucht ein Wohnmobil benutzt wurde. Eine Streifenbesatzung der Polizeiinspektion Eisenach entdeckte wenige Stunden nach der Tat das Wohnmobil in einer ruhigen Wohngegend. Als sich die Beamten dem Fahrzeug näherten, nahmen sie kurz hintereinander zwei Knallgeräusche wahr. Unmittelbar danach geriet das Fahrzeug in Brand. Im Wohnmobil wurden die Leichen von Uwe Böhnhardt und Uwe Mundlos mit Kopfverletzungen aufgefunden.

Noch am gleichen Tag kam es in einem Wohnhaus in Zwickau zu einer Explosion, bei der das Gebäude schwer beschädigt wurde. Dort hatte Beate Zschäpe jahrelang zusammen mit Mundlos und Böhnhardt unter falschen Personalien gewohnt. Bei den Durchsuchungen von Haus und Wohnmobil konnten die Dienstwaffen der getöteten Polizeibeamtin und ihres schwer verletzten

Gedenktafeln in der Bad Schachener- und Trappentreustraße (Foto) erinnern an die Opfer der NSU-Mordserie.

Kollegen sowie die Tatwaffe der Mordserie, die Pistole der Marke »Ceska«, aufgefunden werden.

Der Generalbundesanwalt leitete ein Ermittlungsverfahren u. a. wegen des Verdachts der Bildung einer terroristischen Vereinigung ein und beauftragte das Bundeskriminalamt mit der Ermittlungsführung. Das Hauptverfahren gegen Beate Zschäpe und weitere Angeklagte findet seit 17. April 2013 vor dem 6. Strafsenat des Oberlandesgerichts München statt.

In Zusammenhang mit der Mordserie des »Nationalsozialistischen Untergrunds« wurden auf Bundesebene sowie in verschiedenen Bundesländern, darunter auch Bayern, parlamentarische Untersuchungsausschüsse eingerichtet. Hauptkritikpunkte der Ausschüsse waren insbesondere die fehlende »zentrale Ermittlungsführung« bundesweit, die sehr lange Nichtberücksichtigung eines fremdenfeindlichen Motivs sowie der Umgang mit den Angehörigen der Opfer.

Zur Umsetzung der Empfehlungen der parlamentarischen Untersuchungsausschüsse im Bereich der bayerischen Polizei wurde durch das Bayerische Staatsministerium des Innern, für Bau und Verkehr, eine Arbeitsgruppe eingerichtet.

DIE POLIZEI ALS PARTNER DER BÜRGER

BÜRGERNAHE POLIZEI

Autor: Walter Nickmann

„Drei Schritte vom Leibe!«, so vernahm es der Bürger, wenn er in der Kaiserzeit mit einem Polizisten in Kontakt kam. Diese Distanz war aber wesentlich mehr als nur eine räumliche, denn sie drückte die starke Subordination des Bürgers gegenüber dem Staate aus. Und so war in jener Zeit auch das Selbstverständnis der Polizei im Verhältnis zum Bürger. Im Jahr 1926 schuf der preußische Innenminister Carl Severing den Begriff: »Die Polizei, dein Freund und Helfer!« Für Severing war das ein Synonym für die sich zum Bürger hin öffnende Polizei, für eine Polizei, die nicht mehr das Bild des barschen Beamten aus der Kaiserzeit vermitteln sollte. Leider vereinnahmten ab 1933 die Nationalsozialisten diesen Begriff für sich und auch heute wird er oftmals fälschlicherweise der NS-Diktatur zugeschrieben. Im NS-Staat war die Polizei aber weder Freund noch Helfer des Bürgers, sondern ein zentrales Herrschaftsinstrument zur Durchsetzung der Ziele dieses verbrecherischen Regimes.

Nach dem Krieg erfolgte in Deutschland der Neuaufbau der Polizei – sie wurde dezentralisiert. In München begann die Restrukturierung ab Juni 1945. Unmittelbar nach Kriegsende übernahmen die US-Militärbehörden die Kontrolle über die neue Münchner Stadtpolizei. Federführend war das Public Safety Office unter Leitung von Major Brown, der sein Büro in der Ettstraße hatte. Einhergehend mit der Bewältigung der schlimmen Nachkriegszustände musste die Entnazifizierung des Beamtenapparates sowie der demokratische dienstbetriebliche Neuaufbau vorangetrieben werden. Es galt, das Vertrauen der Bevölkerung zurückzugewinnen. So warb Polizeipräsident Pitzer am 27. Dezember 1945 im Münchner Stadtanzeiger, dem amtlichen Mitteilungsblatt der Stadt, ausdrücklich um die Unterstützung der Polizei durch die Bevölkerung. Dieser Prozess war schwierig und langwierig, denn sehr viele Beamte, die während der NS-Diktatur in der Behörde Dienst verrichtet hatten, taten dies weiterhin. Die Handlungskonzepte bei geschlossenen Einsätzen stammten noch aus der Weimarer Zeit. Bei massenpsychologischen Phänomenen zeigte sich dies besonders deutlich: An vier Samstagen im Juni 1953 sowie im Februar und

Bürgernähe: Anfang der 80er-Jahre stand zeitweise ein »Polizeikiosk« am Marienplatz, intern als »Schandi-Schachterl« bezeichnet, der mit einem Kontaktbeamten besetzt war.

März 1954 stießen in der Münchner Innenstadt Tausende von Demonstranten und Polizeibeamten gewaltsam aufeinander. Bei diesen »Ladenschlusskrawallen« vor dem Kaufhaus Brenninkmeyer (Kaufingerstraße 13) ging die Polizei scharf gegen die Demonstranten vor. Die Einheiten traten paramilitärisch auf. Deeskalierende Strategien waren nicht entwickelt.

Am dramatischsten zeigte sich dies bei den Schwabinger Krawallen, die am 21. Juni 1962 begannen. Die Münchner Polizei musste sich heftigste öffentliche Kritik gefallen lassen. Die Bevölkerung, insbesondere die Jugend, war nicht mehr bereit, widerspruchslos polizeiliche Anordnungen hinzunehmen. Ein neues Selbstverständnis bahnte sich seinen Weg und darauf hatte sich die Polizei einzustellen. Während der Schwabinger Krawalle war Kriminaldirektor Dr. Manfred Schreiber persönlich vor Ort federführend in der Einsatzleitung tätig. Am 6. November 1963 übernahm er als neuer Polizeipräsident die Leitung des Präsidiums. Dr. Schreiber hatte die Zeichen der Zeit erkannt und entwickelte die auf Deeskalation setzende »Münchner Linie«. Diese diente zwar primär als völlig neues taktisches Einsatzkonzept, allerdings ging damit auch ein Umdenken innerhalb der Behörde einher. Autoritär und patriarchisch geprägte Denkmuster wichen der Erkenntnis, dass beim polizeilichen Tätigwerden die Beachtung psychologischer Grundsätze unabdingbar geworden war. Am 3. Januar 1964 stellte Dr. Schreiber den 37-jährigen Polizeipsychologen Dr. Rolf Umbach den Pressevertretern vor. Das PP München betrat hier absolutes Neuland und übernahm eine Vorreiterrolle. Im Umgang mit dem Bürger beschritt man ganz neue Wege und begegnete ihm zunehmend partnerschaftlich – sofern es die polizeiliche Aufgabenerfüllung zuließ.

In den 70er-Jahren entwickelte sich ein völlig neues Lebensgefühl. Ernsthaftigkeit und Strenge wichen Freizeitorientierung und Spaß. Damit einhergehend steigerte sich die Erwartungshaltung an die Polizei hinsichtlich der Toleranz gegenüber dem Bürger. Dieser gesellschaftliche Prozess stellte die Münchner Polizei vor eine große Herausforderung, denn es liegt im Wesen des polizeilichen Auftrages, auf die Beachtung von Normen und Geboten hinzuwirken und sozial inadäquates Verhalten zu sanktionieren. Abermals musste das Verhältnis zwischen Bürger und Polizei auf den Prüfstand.

Kontaktbeamte gehören heute ganz selbstverständlich zum Münchner Straßenbild.

Münchner Polizisten auf gemeinsamer Streife mit der U-Bahn-Wache.

Der Servicegedanke rückte ins behördeninterne Blickfeld. Wollte man zwischen der Polizei und der Bürgerschaft keine Kluft entstehen lassen, so musste die Polizei auf der Höhe der Zeit sein. Dies galt auch für das Verhalten zwischen Vorgesetzten und Mitarbeitern. Im Innenverhältnis der Behörde flossen zunehmend Managementtechniken ein. Grundlage dafür waren Kenntnisse der Führungslehre, die fortan während des Studiums im Rahmen der Ausbildung für den gehobenen und höheren Vollzugsdienst (3. und 4. Qualifikationsebene) vermittelt wurden. Der kooperative Führungsstil hielt Einzug und soziale Kompetenz nahm einen immer höheren Stellenwert ein. Dienstbetriebliche Abläufe und das Verhalten gegenüber dem Bürger glichen sich im Hinblick auf die Bürgernähe sukzessive den Strukturen eines Dienstleistungsunternehmens an.

Wenngleich es in der Natur der Sache liegt, dass eine Institution wie das Polizeipräsidium nie ein tatsächlicher Dienstleister sein kann, war die Behördenleitung dennoch bestrebt, im Umgang mit dem Bürger ein neues Selbstverständnis zu entwickeln und dies auch nachhaltig in der Behörde bzw. bei den Mitarbeitern zu verankern. In einem mehrjährigen Prozess entwickelte das Präsidium sein eigenes Leitbild, das im Jahr 1999 Einzug in die Behörde hielt. Ein wichtiger Punkt definiert klar: »Der Bürger steht bei uns im Mittelpunkt!« Damit war die Bürgernähe ausdrücklich festgeschrieben und den Beschäftigten als Handlungsgrundsatz vorgegeben.

Zu diesem Prozess gehörte auch die zeitgemäße Ausrichtung der Pressearbeit. Ein journalistisches Miteinander zwischen der Pressestelle des Präsidiums und den Medienvertretern bei der täglichen Pressearbeit ist heutzutage eine Selbstverständlichkeit. Ebenso das Bürgertelefon, an das sich Interessierte und Ratsuchende jederzeit wenden können. Am 15. September 2014 starteten Innenminister Joachim Herrmann und Polizeipräsident Hubertus Andrä das zunächst auf ein Jahr befristete Pilotprojekt »Soziale Netzwerke«, um mittels Facebook und Twitter die Bürger zu informieren und mit ihnen zu kommunizieren.

Im Rückblick auf die gesellschaftlichen und innerbehördlichen Veränderungen zeigt sich deutlich der Wandel im Verhältnis zwischen der Münchner Polizei und dem Münchner Bürger. Das Polizeipräsidium sieht seit Mitte der 60er-Jahre die Bürgernähe als Baustein für das Vertrauen der Münchner in ihre Polizei. Gerade die Nähe der Behörde zum Bürger sowie dessen Vertrauen zur und in die Polizei sind maßgebliche Garanten für die sehr gute Sicherheitslage im Zuständigkeitsbereich des Polizeipräsidiums München. Sozusagen Hand in Hand arbeiten Bürger und Polizei für die Sicherheit, denn das hohe Sicherheitsniveau ist ein wesentlicher Bestandteil für die Lebensqualität in der Stadt und im Landkreis.

OPFERSCHUTZ – KRIMINALPRÄVENTION

Autor: Walter Nickmann

Die Verhinderung von Straftaten ist die vornehmste polizeiliche Aufgabe. Der effektive Schutz der Bürger war der Münchner Polizei bereits in der Weimarer Zeit ein konkretes Anliegen. Am 10. August 1923 betonte der Münchner Polizeipräsident Karl Mantel in einem Schreiben an das Staatsministerium des Innern, dass zu den Aufgaben einer modernen Großstadtpolizei nicht nur die Verfolgung begangener Straftaten gehöre, sondern auch die »Prophylaxe«. Es sollten noch fast drei Jahre ins Land ziehen, bis die »Amtliche Beratungsstelle bei der Münchner Polizeidirektion« ihren Dienstbetrieb aufnehmen konnte.

Das polizeiliche Bemühen um den Schutz der Bürger ist das eine, die tatsächliche Gewährleistung der objektiven Sicherheit anhand konkreter Zahlen das andere. Hier zählen die Landeshauptstadt sowie der Landkreis München zu den sichersten Regionen in Deutschland. Im Verhältnis zu europäischen Millionenstädten und Metropolregionen liegt das Münchner Sicherheitsniveau ebenfalls ganz vorne. Obwohl Sicherheit immer auch das Ergebnis positiver politischer, wirtschaftlicher, sozialer sowie gesellschaftlicher Rahmenbedingungen ist, leistet die Polizei hierzu einen wesentlichen Beitrag. Die rasche Aufklärung von Straftaten und vor allem deren Verhinderung ist die Basis für das gute subjektive Sicherheitsgefühl der Menschen sowie die objektiv sehr gute Sicherheitslage in München.

Verantwortliche Führungsdienststelle der Verbrechensbekämpfung ist die zur »Abteilung Einsatz« gehörende Unterabteilung »E 3«. Dieser Dienststelle werden täglich die angezeigten rechtswidrigen Taten gemeldet. Das schafft die Grundlage zur Auswertung und Analyse der gemeldeten Delikte. Dadurch ist es möglich, auf eine sich anbahnende Häufung bestimmter Straftaten oder auf neue Verbrechensphänomene unverzüglich zu reagieren. Leicht könnte man zu dem Schluss kommen, dass ausschließlich eine effiziente Straftatenbekämpfung das beste Mittel zur Verhinderung von Kriminalität sei. Viel wichtiger ist es jedoch, bereits im Vorfeld Straftaten und Viktimisierungen zu verhindern. Prinzipiell ist Prävention eine gesamtgesellschaftliche Aufgabe. Gerade in einer Großstadt ist das aber leider keine Selbstverständlichkeit. Die Präventionsarbeit hat prinzipiell einen schweren Stand und einen ganz entscheidenden Nachteil: Sie ist statistisch nur schwer messbar! Außerdem stellt sich die grundsätzliche Frage, wer die Präventionsarbeit am besten strukturieren und umsetzen kann. Im Bereich des PP München ist das Kommissariat 105 (K 105) die für Opferschutz und Prävention zuständige Fachdienststelle. Die Bandbreite von Opferschutz und Präventionsarbeit ist umfangreich und einem ständigen Wandel unterworfen.

In der Funktion des Opferschutzes ist das K 105 die zentrale Koordinierungsstelle für die allgemeine Opferberatung, die Einleitung von Opferhilfemaßnahmen sowie der Opfernachsorge im Rahmen häuslicher Gewalt. Im Wesentlichen zählen hierzu die Aufklärung des Opfers über dessen Rechte sowie der Ablauf eines eingeleiteten Strafverfahrens gegen den Täter. Oft ist die Vermittlung von Hilfsangeboten für das Opfer erforderlich. Das K 105 hat ein umfangreiches Netzwerk zu Hilfeeinrichtungen aufgebaut, exemplarisch hierfür sind Frauenberatungsstellen, Frauenhäuser, der »Weiße Ring«, Drogenberatungsstellen und viele andere soziale Institutionen zu nennen. Dies ermöglicht dem Opfer, so schnell wie möglich die »Opferrolle« zu verlassen und sich selbst zu behaupten.

Im Bereich der Prävention ist die Unterscheidung zwischen »Verhaltensorientierter Prävention« und »Technischer Prävention« wichtig. Im Gegensatz zur »Technischen Prävention« ist der Begriff der »Verhaltensorientierten Prävention« erklärungsbedürftig. Hierzu zählen alle Verhaltensweisen und Maßnahmen, die ein Bürger für sich selbst treffen kann, um eigenständig höchstmöglichen Schutz vor einer Straftat zu erlangen. Ein wichtiger Beitrag, den das K 105 hier leistet, ist die gesamte Öffentlichkeitsarbeit mit Präventionsbezug. Das K 105 arbeitet außerdem bei der Umsetzung von Kriminalitätsvorbeugungsprogrammen mit, erstellt Präventionsprojekte und übernimmt die interne Schulung der Jugend- und Kontaktbeamten. Als »Servicedienststelle« steht dieses Fachkommissariat während der Bürozeiten auch jedem Mitarbeiter des Präsidiums zur Verfügung, um individuelle Fragen des Opfers im Rahmen der Strafanzeigenerstellung adäquat zu beantworten und gegebenenfalls frühzeitig notwendige Schutzmaßnahmen einzuleiten. Von Beginn an war das K 105

Showroom für die Einbruchberatung.

bemüht, die Wirksamkeit seiner Präventivarbeit zu evaluieren. In Zusammenarbeit mit wissenschaftlichen Institutionen wie dem Institut für Familienforschung in Bamberg (IFB), der Ludwig-Maximilians-Universität München (LMU) sowie dem Zentralen Psychologischen Dienst der Bayerischen Polizei (ZPD) wurden verschiedene Projekte auf ihre Wirksamkeit und ihre Struktur überprüft. Die Ergebnisse flossen und fließen in die Projektweiterentwicklung ein und dienen als glaubwürdiger Gradmesser der präventiven Tätigkeiten.

»AUFGSCHAUT«, »ZAMMGRAUFT« UND »SAUBA BLEIM«

Aus polizeilicher Sicht muss eine wirkungsvolle und nachhaltige Präventionsarbeit schon im frühen Lebensalter beginnen. Die »Kinder- und Jugendprävention« ist deshalb ein weiterer Schwerpunkt des K 105. Es arbeitet mit Kinder- und Jugendeinrichtungen zusammen, um Präventionsmöglichkeiten altersgerecht zu vermitteln. Zum Beispiel mit einem Malheft, in dem kindgerecht Gefahrensituationen dargestellt werden, sowie dem Hausaufgabenheft, das seit dem Schuljahr 1996/97 an die Schüler der 3. Jahrgangsstufe ausgegeben wird. Die Themeninhalte im Hausaufgabenheft umfassen beispielsweise Verkehrssicherheit, Eigentumssicherung, Ausländerintegration und vieles mehr.

Des Weiteren werden drei Kurse für Kinder und Jugendliche durchgeführt: aufgschaut, zammgrauft und sauba bleim. Der Sinn des aufgschaut-Kurses besteht darin, mittels Multiplikatoren bei sechs- bis zehnjährigen Kindern Selbstbehauptung und Zivilcourage zu fördern. zammgrauft wendet sich an Zwölf- bis Sechzehnjährige und soll vor allem die Kommunikationsfähigkeit, Integration und Toleranz sowie die Übernahme von Verantwortung erhöhen und damit zur Konfliktreduzierung in einer sozialen Gruppe führen. sauba bleim soll die Lebenskompetenz von zwölf- bis achtzehnjährigen Schülern stärken und sie nachhaltig vor dem Drogenkonsum und einer Suchtabhängigkeit schützen.

Mit der Verbreitung der Neuen Medien bekam die Prävention auch in diesem Bereich ihren eigenen Stellenwert. Der verantwortungsvolle Umgang mit Handy, Computer oder Spielkonsole sowie der Schutz vor Cybercrime (siehe S. 252 ff.) rückten in den Fokus der Präventionsarbeit. Im Juni 2012 gründete sich beim K 105 der Fachbereich »Neue Medien/Internetkriminalität«.

Beim »zammgrauft«-Kurs lernen Kinder Konflikte in einer sozialen Gruppe zu reduzieren.

Ratsuchende erhalten im Bedarfsfall individuelle Hilfe, doch auch hier liegt der Schwerpunkt der Arbeit darauf, bereits im Vorfeld durch öffentliche Veranstaltungen, Infostände und Schwerpunktaktionen auf die Gefahren der Neuen Medien hinzuweisen und Medienkompetenz zu vermitteln. Im Kinder- und Jugendbereich haben Themen wie »Soziale Netzwerke«, »Urheber- und Persönlichkeitsrechte« und »Verbotene Inhalte« einen hohen Stellenwert. Für Senioren ist es besonders wichtig zu wissen, wie sie sich vor einem Betrug im Internet, Identitätsdiebstahl, Phishing, vor Schadsoftware und Botnetzen schützen können. Die Thematik »Neue Medien« ist derart vielschichtig und komplex, dass mit den verschiedensten Behörden und Institutionen ein umfassendes Netzwerk geschaffen werden musste. Neben dem K 105 sind exemplarisch das Bayerische Staatsministerium der Justiz, der TÜV Süd, das Stadtjugendamt München sowie das Bundesamt für Sicherheit in der Informationstechnologie zu nennen.

»POLIZEI-KURS«

Ein besonderes Präventionsprojekt ist der POLIZEI-Kurs. Mitte der 1990er-Jahre befasste sich die Präventionsfachdienststelle zunehmend mit der Frage, wie der

»Wegschau-Mentalität« begegnet und die Bereitschaft zum Helfen gesteigert werden kann. Die Antwort darauf war die Einführung des POLIZEI-Kurses mit den zwei Schwerpunkten Zivilcourage und Eigensicherheit. Der Kurs befähigt Bürger dazu, in Konfliktsituationen nicht zum Opfer zu werden und nötigenfalls Dritten kompetent zu helfen. Am 8. und 9. Dezember 1998 führten das Fachkommissariat, zu jener Zeit das K 314, mit 20 Bürgern den ersten POLIZEI-Kurs durch. Am ersten Abend stand die »Hilfe zur Selbsthilfe« im Vordergrund. Es ging um psychologische Abläufe (Angst, Stress, Selbstüberwindung) in Konfliktsituationen, die Vermittlung einschlägiger Rechtsnormen (Notwehr/Nothilfe usw.) und das Abwägen der Vor- und Nachteile von Verteidigungswaffen. Am zweiten Abend folgte der Praxisteil. Aufgrund der enormen Nachfrage, insbesondere durch Frauen, war die Fachdienststelle personell nicht mehr in der Lage, diesen Kurs ausschließlich selbst durchzuführen. Deshalb war es notwendig, einige Kontaktbeamte zu POLIZEI-Kurs-Trainern auszubilden. Dies hatte auch den Vorteil, dass die Kurse in Wohnortnähe der Kursteilnehmer durchgeführt werden konnten. Mit den Jahren etablierte sich der POLIZEI-Kurs zu einem nicht mehr wegzudenkenden Präventionsprogramm. Um wirklich allen Bürgern diese Hilfe zur Selbsthilfe anbieten zu können, entwickelte das K 105 spezielle Kurse für Körperbehinderte, Gehörgeschädigte sowie Sehbehinderte und Blinde.

Die Verhaltens-Prävention für Erwachsene ist sehr breit gefächert. Sie umfasst beispielsweise häusliche Gewalt, Sexualstraftaten, Stalking und Mobbing, Rechtsextremismus, Sekten und Okkultismus, Drogen und Sucht sowie im Seniorenbereich die Bandbreite des Trickdiebstahles und Trickbetruges. Mit Beratungen, Vorträgen, Veranstaltungen oder Info-Ständen werden Präventionshinweise vermittelt. Flankierend hierzu bietet das K 105 folgende auf Dauer angelegte Projekte an: M.I.T., SAFE, MUM, Rad(t)los?! sowie STOP dem Einbruch. M.I.T. ist die Abkürzung der 2004 gegründeten »Münchner Initiative gegen Trickdiebstahl«. Im Verbund mit den beiden oberbayerischen Polizeipräsidien, der Stadt- und Kreissparkasse München sowie dem »Münchner Sicherheitsforum« (ein Förderkreis für partnerschaftliche Begegnung zwischen Bürgern und der Polizei) wird eine gezielte Vorbeugung gegen den Trickdiebstahl und Trickbetrug betrieben. Besonders ältere Personen sollen vor Kriminellen, die altersbedingte Einschränkungen ihrer Opfer ausnutzen wollen, geschützt werden. Die Zahlen sprechen für den Erfolg des Projektes: Zu Beginn der M.I.T. konnten nur 20 % der versuchten Straftaten gegen Senioren verhindert werden. Im Jahr 2008 waren es bereits 48,5 % und im Jahr 2009 sage und schreibe 90 %. Besonders erwähnenswert ist die Kooperation mit Münchner Geldinstituten, deren Mitarbeiter durch Schulungsmaßnahmen befähigt wurden, bei Bargeldabhebungen einen sich anbahnenden Trickbetrug wahrzunehmen und diesen situativ zu verhindern.

»SAFE« UND »MUM«

SAFE ist ein simples, aber sehr wirksames Projekt, denn es steht für die sich selbst zu stellende Frage beim Abschließen einer Eingangstür: »Sind Alle Fenster/Eingangstüren verschlossen?« Hierzu gibt es einen roten »Merker«, auf dem auffällig die Buchstaben SAFE aufgedruckt sind und der passgenau an den Griff der Eingangstür gehängt werden kann.

RoSi, der rollende Sicherheitsberater, informiert vor Ort.

Das Münchner Unterstützungs-Modell gegen häusliche Gewalt – MUM ist ein Kooperationsprojekt mit den verschiedensten Partnern aus dem Sozialbereich. Sinn und Zweck des am 1. Juli 2004 ins Leben gerufenen Projektes ist, Opfern häuslicher Gewalt beizustehen. Im Januar 2002 war das »Gewaltschutzgesetz« in Kraft getreten. Es zeigte sich aber, dass Opfer von häuslicher Gewalt oftmals nicht oder nicht mehr in der Lage sind, sich gegen den Täter oder die Täterin durchzusetzen. Im Verbund mit sozialen Kooperationspartnern, beispielsweise den Frauenhilfen, dem Münchner Informationszentrum für Männer oder den Kinderschutzstellen, gelang es, einen wirkungsvollen Opferschutz sicherzustellen. Neben individuellen Gesprächen mit den Opfern und Begleitmaßnahmen zeigten auch die richterlichen Schutzanordnungen Wirkung. Stetig stieg deren Anzahl: Von anfänglich 70 Beschlüssen pro Jahr auf 745 richterliche Schutzanordnungen im Jahr 2013! Dieses Projekt ist auch ein Beispiel dafür, dass Prävention und Repression sich gegenseitig begünstigen können.

»RAD(T)LOS?!« UND »ROSI«

Rad(t)los?! ist ist eine Plakataktion zur Verhinderung des Reifendiebstahls, der speziell im Frühjahr und Herbst sein jährliches Hoch erreicht. Gerade aufgrund des nachlässigen Umgangs beim Lagern der nicht benötigten Sommer- bzw. Winterreifen in überwiegend ungesicherten Tiefgaragen bedarf es der Vermittlung von praktikablen und leicht umsetzbaren Tipps zur Vermeidung dieser Delikte. STOP dem Einbruch ist ein Präventionsprojekt, das die »Technische Prävention« bewirbt. Vielen Bürgern war und ist nicht bekannt, dass es im Polizeipräsidium München eine Beratungsstelle zum technischen Einbruchschutz gibt. Neutral, produktunabhängig und kostenlos kann sich jedermann nach einer Terminvereinbarung beraten lassen. Diese Beratung richtet sich neben Privatpersonen auch an Firmen, Geschäfte, Behörden oder sonstige Einrichtungen. Die Bandbreite der technischen Einbruchschutzmöglichkeiten reicht von der simplen zusätzlichen Türverriegelung bis zum Satellitenortungssystem. Eine Spezialität der Technischen Prävention ist RoSi. Diese Abkürzung steht für »Rollender Sicherheitsberater«, den Beratungsbus des K 105. Insbesondere während Stadtteilwochen oder -festen sowie bei Schwerpunktaktionen ist RoSi vor Ort.

Die Technische Prävention oblag bis zum November 2007 dem K 313. Im Zuge der Polizeireform, die beim Polizeipräsidium München zu diesem Zeitpunkt erfolgte, wurden das K 313 und das K 314, das es seit dem 1. September 1997 gab (Verhaltensorientierte Prävention sowie Vortragstätigkeit und Öffentlichkeitsarbeit mit

Vier Jahre nach dem Tod Brunners wurde am S-Bahnhof Solln das »Mahnmal für Zivilcourage« des Künstlers Stefan Rottmeier eingeweiht.

Kaum ein Verbrechen hat solche Reaktionen in der Münchner Gesellschaft ausgelöst und auch bundesweit ein derartiges Aufsehen erregt wie der Mord an dem niederbayrischen Unternehmer Dominik Brunner. Das Szenario ist nicht außergewöhnlich im großstädtischen Bereich: Am 12. September 2009 werden am Münchner S-Bahnhof Donnersbergerbrücke vier 13- bis 15-jährige Schüler von drei anderen Jugendlichen, zwei davon 17 und einer 18 Jahre alt, einer von ihnen betrunken, angepöbelt, bedroht, geschlagen und getreten. Während der Wortführer, der 17-jährige Christoph T., die S6 in Richtung Tutzing besteigt, nehmen die Opfer und die beiden anderen Jugendlichen, Markus Sch. und Sebastian L., die S7 Richtung Wolfratshausen. Im Zug setzen sie die Pöbeleien und Drohungen fort, sodass sich der Fahrgast Dominik Brunner schützend vor die Opfer stellt und die Polizei alarmiert. Am S-Bahnhof Solln steigen alle Beteiligten aus, worauf sich eine Auseinandersetzung zwischen Dominik Brunner und den beiden Jugendlichen entwickelt, in deren Verlauf Dominik Brunner zu Fall kommt und von den beiden Tätern derart geschlagen und u. a. gegen den Kopf getreten wird, dass er an Herzversagen stirbt.

Die beiden Haupttäter werden 2010 zu langjährigen Haftstrafen verurteilt: Der zum Tatzeitpunkt 18-jährige Haupttäter erhält eine Jugendstrafe von neun Jahren und zehn Monaten wegen Beihilfe zur räuberischen Erpressung in Tatmehrheit mit Mord aus niedrigen Beweggründen, der zweite Täter eine Jugendstrafe von sieben Jahren wegen versuchter räuberischer Erpressung in Tatmehrheit mit Körperverletzung mit Todesfolge. Die Revision des Haupttäters Markus Sch. wird 2011 vom Bundesgerichtshof verworfen und das landgerichtliche Urteil damit rechtskräftig. Der Wortführer Christoph T. wird in einem abgetrennten Verfahren wegen gefährlicher Körperverletzung und versuchter räuberischer Erpressung zu 19 Monaten Haft mit Bewährung verurteilt. Nach einer Pressemeldung vom 2. August 2013 ist Christoph T. erneut wegen versuchten Raubes mit Körperverletzung ins Visier der Strafverfolger geraten, weil er zusammen mit zwei Begleitern Schülern Getränke und Chips mit Gewalt wegnehmen wollte. Dominik Brunner erhält postum den Bayerischen Verdienstorden, das Verdienstkreuz 1. Klasse der Bundesrepublik Deutschland, den XY-Preis für Zivilcourage, die Spieler zweier bekannter bayerischer Fußballvereine laufen seinetwegen mit Trauerflor auf und legen beim Spiel eine Schweigeminute ein. Im Tatortbereich wird ein Mahnmal, in der Heimatgemeinde von Dominik Brunner ein Denkmal errichtet, in München, Landshut und Dietzenbach Wege und Plätze nach ihm benannt. Das Polizeipräsidium München und die Bundespolizeiinspektion München veranstalten als Folge Verhaltenstrainingskurse für Fahrgäste.

Autor: Dr. Josef Boiger

2009 ▪ DER FALL DOMINIK BRUNNER

Präventionsbezug), aufgelöst und im neu entstandenen K 105 vereint. Da sie die Vielzahl der Projekte nicht alleine bewältigen können, arbeiten die 14 Mitarbeiter des K 105 eng mit den Jugend- und Kontaktbeamten zusammen.

JUGENDBEAMTE

Die praktische Umsetzung der Inhalte der Kinder- und Jugendprävention vor Ort ist die Aufgabe der Jugendbeamten der örtlichen Polizeiinspektionen. Die Institution der Jugendbeamten gibt es beim Polizeipräsidium München seit dem Jahr 1970. In jener Zeit war es im sozialpädagogischen Bereich sehr umstritten, ob die Jugendarbeit überhaupt eine polizeiliche Aufgabe ist. Dogmatische oder gar ideologische Überlegungen konnten für die Behördenleitung kein Thema sein, denn für sie zählten die Fakten: In München war die Jugendkriminalität zwischen 1960 und 1970 um 100 % gestiegen. Die Gewaltdelikte hatten besonders besorgniserregend zugenommen. Allein mit sozialpädagogischen Ansätzen war dieser Entwicklung offensichtlich kein Einhalt zu gebieten. Wie in so manch anderen Bereichen übernahm das Polizeipräsidium München auch hier eine Vorreiterrolle. Es etablierte den Jugendbeamten und schuf damit eine Funktion, die es bei der Polizei noch nie gab. Obwohl die Jugendbeamten Vollzugsbeamte sind und dem Legalitätsprinzip unterliegen, bestand und besteht der weit überwiegende Teil ihrer Tätigkeit in der Jugendprävention. Dies umfasst die gesamte Vortragstätigkeit sowie die Kontaktpflege mit Kindern und Jugendlichen, bei denen die Gefahr der Verwahrlosung oder des Abgleitens in die Kriminalität besteht. Einzelfallbezogen können sie soziale Unterstützung geben und in Zusammenarbeit mit dem Jugendamt nachhaltige, sozial adäquate Verhaltensänderungen bewirken. Des Weiteren sind sie in ständigem Kontakt mit den örtlichen Schulen und Jugendsozialeinrichtungen, um bei Bedarf frühzeitig präventiv tätig werden zu können. Eigenständig überwachen sie die Einhaltung aller gesetzlichen Jugendschutzbestimmungen, insbesondere auch durch Jugendschutzstreifen an jugendgefährdenden Orten. Durch ihre Stadtteil- und Szenenkenntnisse sind sie gegebenenfalls in der Lage, bei jugendtypischen Straftaten die Täter erfolgreich zu ermitteln. Die Jugendbeamten verrichten ihren Dienst verständlicherweise in legerer Zivilkleidung. Eine Besonderheit der Jugendprävention ist der »Schanderl-Bus«, an dem das Maskottchen der Jugendbeamten, der Schanderl (im Jahr 1994 wurde dieser von dem bekannten Karikaturisten Horst Haitzinger entworfen) prangt. Dieser Bus ist ein mit modernster Technik ausgestattetes »Event-Mobil«. Beispielsweise ist in der linken Seitenscheibe eine große Musik- und Videoanlage integriert, um Kindern und Jugendlichen das Spielen mit einer Computer-Konsole zu ermöglichen. Das Fahrzeug kommt vor allem bei Schwerpunktaktionen durch Jugendbeamte zum Einsatz und ist ein wahrer Publikumsmagnet.

PP Schmidbauer (3. v. r.) und Jugendbeamte mit dem Schanderl-Bus.

Die Ausbildung der Jugendbeamten erfolgt am Fortbildungsinstitut der Polizei in Ainring, durch das K 105 sowie den Zentralen Psychologischen Dienst. Derzeit sind 46 Beamte als Jugendbeamte tätig.

KONTAKTBEAMTE

So, wie Jugendbeamte in ihrem originären Aufgabenbereich tätig sind, gilt dies auch für die Kontaktbeamten (KOB). Die Institution KOB entstand im Jahr 1977. Im Zuge der Verstaatlichung der Münchner Stadtpolizei im Oktober 1975 erfolgte eine Strukturreform der Polizeireviere. Kleinräumige Reviere wurden aufgelöst, Großrauminspektionen entstanden. Diese Reform, zunächst auf die damalige Polizeidirektion Nord beschränkt, hatte unbestreitbar erhebliche organisatorische, personelle, strukturelle sowie fiskalische Vorteile. Diese Nutzwertoptimierung traf nicht überall auf Zustimmung. Die Münchner Bürgerschaft sah diese Entwicklung durchaus kritisch, denn manchem Stadtteil war »sein« Polizeirevier verloren gegangen. Um den Kontakt mit der Bevölkerung zu gewährleisten, erhielt im Herbst 1976 die Polizeidirektion Nord den Auftrag, in den ab 1. April 1977 etablierten Großrauminspektionen probeweise den Kontaktbereichsdienst einzuführen. Hierzu wählte man 43 Beamte aus, die mindestens 40 Jahre alt und Polizeihauptmeister waren, also über eine entsprechende Lebens- und Berufserfahrung verfügten. Zudem sollten sich diese Beamten durch ein hohes Maß an Hilfsbereitschaft sowie Ausgeglichenheit auszeichnen und möglichst in ihrem Kontaktbereich wohnhaft sein. In einem dreiwöchigen Seminar erhielten sie das Rüstzeug für die völlig neue Tätigkeit. Mit der Umorganisation der drei anderen Schutzpolizeidirektionen (Ost, Süd, West) entstanden auch dort Großrauminspektionen mit Kontaktbeamten. Erfreulicherweise zeigte sich schon nach kurzer Zeit, dass sich die Kontaktbeamten stark mit ihren KOB-Bereichen identifizierten.

Die Palette der außerpolizeilichen Ansprechpartner der Kontaktbeamten ist sehr umfassend: Kindergärten, Altenheime, Seniorenzentren, Pfarrämter, Hausverwaltungen und viele andere mehr. Mit der Zeit wurden die Kontaktbeamten zu einem immer stärkeren Bindeglied zwischen der Bevölkerung und der Polizei. Derzeit sind 130 Beamte als Kontaktbeamte eingesetzt. Eine Vielzahl von ihnen ist als Polizei-Kurs-Trainer ausgebildet und deshalb in der Lage, den Polizei-Kurs im eigenen Zuständigkeitsbereich anzubieten. Die Kontaktbeamten sind auch noch in weiteren Präventionsbereichen tätig. Beispielsweise führen sie die Opfernachsorge im persönlichen Nahbereich durch, vor allem nach Wohnungseinbrüchen oder Trickdiebstählen. Ferner halten sie in Alten- und Servicezentren, Kirchengemeinden und ähnlichen Einrichtungen Vorträge, um Senioren vor Trickdiebstählen/-betrug zu schützen. Gerade im Bereich des »Enkeltricks« konnte in enger Zusammenarbeit zwischen E 3, der »Ermittlungsgruppe Enkeltrick«, dem K 105, der Pressestelle sowie den Kontaktbeamten viel erreicht werden. Der Enkeltrick ist ein besonders perfides Delikt, weil hier den Geschädigten die finanzielle Notlage eines nahen Verwandten (meist geben sich die Täter als Enkel aus) vorgespielt und dadurch die Hilfsbereitschaft der arglosen Senioren ausnutzt wird.

Besonders hervorzuheben sind die Besuche der Beamten in Kindergärten, bei denen sie den Kleinsten die Aufgaben des »Schutzmanns« kindgerecht erklären. Dadurch wird eine Vertrauensebene hergestellt, die den Kindern signalisiert, der Polizei angstfrei zu begegnen.

Auf den örtlichen Polizeiinspektionen trägt das Polizeipräsidium dem Präventionsgedanken mit dem »Sachbearbeiter Prävention« (im Regelfall ist dies der stellvertretenden Inspektionsleiter) Rechnung. Täglich wertet er die örtlichen Deliktszahlen aus, um bereits auf PI-Ebene präventiv tätig zu werden. Grundsätzlich obliegt ihm die gesamte Koordinierung der Präventionsarbeit der örtlichen Polizeiinspektion sowie die Überprüfung der Wirksamkeit der getroffenen Präventionsmaßnahmen.

Zum 1. August 2014 führte das Präsidium den »Präventions- und Vortragskalender« (PräVoKa) ein. In diesen sind alle Maßnahmen, Veranstaltungen oder sonstigen Termine aus dem Bereich der Kriminal- und Verkehrsprävention einzutragen. Obwohl Prävention statistisch schwer messbar ist, kann und darf sie nicht vernachlässigt werden – weder von der Polizei noch von den Bürgern. Festzuhalten bleibt: Die Gesamtheit aller polizeilichen Bemühungen und Maßnahmen zum

»Da stimmt was mit dem Radl nicht.« Kontaktbeamte machen auch auf solche Probleme aufmerksam.

Schutze des Bürgers hat nur dann einen Wert, wenn der Bürger selbst bereit und willens ist, die ihm angebotenen Empfehlungen sich zu eigen zu machen, um sie im Alltag zu seinem eigenen Schutz oder zur Hilfe eines Dritten jederzeit praktisch anzuwenden.

VERKEHRSPRÄVENTION

Autor: Walter Nickmann

Am 15. Dezember 1957 wurde München zur Millionenstadt. Hatte es von der Stadtgründung bis zu diesem Zeitpunkt 799 Jahre gedauert, so vergingen knapp 58 Jahre, bis die Landeshauptstadt am 8. Mai 2015 offiziell 1,5 Millionen Einwohner zählte. Während die Einwohnerzahl dynamisch anwuchs, konnte der zur Verfügung stehende Verkehrsraum nicht wesentlich vergrößert werden. München ist hochfrequent und dementsprechend verkehrsdominiert. Deshalb ist eine effektive und nachhaltige Verkehrsprävention unabdingbar.

Die zur Abteilung Einsatz gehörende Unterabteilung »E 4« ist die Führungsdienststelle der Verkehrsprävention. Zentrale Dienststelle zur Durchführung der Verkehrsprävention ist die zum »Abschnitt Verkehr« gehörende »Verkehrspolizeiinspektion für Verkehrserziehung und -aufklärung« (VPI VE). Die Dienststelle in ihrer heutigen Form gibt es seit dem 1. Dezember 1957. 30 Beamte sind als Verkehrserzieher/innen tätig, die originär alle Maßnahmen der Verkehrsprävention durchführen. Im Einzelfall werden sie in bestimmten Bereichen von den örtlichen Kontaktbeamten unterstützt.

Die polizeiliche Verkehrsprävention beinhaltet die Bereiche Verkehrserziehung und Verkehrsaufklärung. Während die Verkehrserziehung Kindergartenkinder und Schüler anspricht, befasst sich die Verkehrsaufklärung mit jungen Erwachsenen bis hin zu Senioren. Die Verkehrsprävention setzt bereits im Kindergarten an. Sowohl die Beamten der VPI VE als auch die örtlich zuständigen Kontaktbeamten führen mit den Kindern, die sich im beginnenden Schuljahr erstmalig auf den Schulweg begeben werden, das Schulwegtraining durch. Altersentsprechend lernen die Kinder die theoretischen Inhalte für das richtige Verhalten im Straßenverkehr und setzen ihr Wissen anschließend in Begleitung der Beamten und ihrer Erzieherinnen in der Praxis um. Beim Schulwegtraining wird nicht nur die Grundlage für eine eigenverantwortliche und sichere Verkehrsteilnahme vermittelt, sondern auch ein Vertrauensverhältnis zwischen den Kindern und der Polizei aufgebaut.

Seit dem Jahr 1965 gibt es bei der VPI VE ein Verkehrspuppentheater. Generationen von Schulkindern zeigte der »Verkehrskasperl« spielerisch das richtige Verhalten im Straßenverkehr. Im Laufe der Zeit erfolgte eine Modifizierung dieses Präventionskonzeptes, der Kasperl hatte ausgedient. Neuzeitlichere Figuren, Fabelwesen, Monster und Aliens informieren nun über Themen, die darauf abzielen, den Kindern Sicherheits-, Umwelt- und Sozialkompetenz sowie auch Werte wie Höflichkeit und Ehrlichkeit spielerisch zu vermitteln. Flankierend fließen Themen des »Kriminalpolizeilichen

Auch Radarkontrollen sind Teil der Verkehrsprävention: hier ein VW Bus aus den 1960ern und ein BMW von 1982.

So sah 1966 die Verkehrserziehung auf dem Schulhof aus.

Vorbeugungsprogramms« mit ein. Seit der Gründung des Verkehrspuppentheaters waren über 2,3 Millionen Besucher in den Vorführungen.

Sofern es von den Grundschulen gewünscht wird, nehmen Verkehrserzieher an Elternabenden teil, um über kinderspezifische Verkehrssicherheitsthemen zu referieren, die Wichtigkeit des elterlichen Schulwegtrainings und das Verhalten von Erwachsenen als Vorbildfunktion für Kinder zu verdeutlichen sowie die Inhalte der »Jugendverkehrschule« zu erklären.

Die »Jugendverkehrsschule« hat einen besonderen Stellenwert. Sie entstand am 8. März 1960 und ist die Hauptaufgabe der VPI VE. Die Verkehrserzieher führen in den vierten Klassen die praktische Radfahrausbildung durch (in den Förderschulen in der fünften Jahrgangsstufe). Mit Jugendverkehrsschul-Lkw besuchen sie die Schulen. Auf dem Schulgelände wird ein realitätsnaher Verkehrsparcours aufgebaut, den die Kinder unter Beachtung der geltenden Verkehrsregeln mit Fahrrädern befahren sollen. Nach dem Bestehen der theoretischen

Der Verkehrskasperl 1965 (l.) und heute.

und praktischen Fahrradprüfung fahren die Kinder im »Realverkehr« in Begleitung der Beamten der VPI VE auf einer öffentlichen Straße. Als Nachweis für die bestandene Prüfung erhalten die Kinder den Radlführerschein. Die schulische Verkehrserziehung wird von 26 Verkehrserziehern an 250 Schulen mit 13 mobilen Jugendverkehrsschulen durchgeführt. Knapp 98 % der Schulkinder der Landshauptstadt sowie des Landkreises konnten im Jahr 2014 geschult werden. Im Januar und Februar wird witterungsbedingt keine Fahrradprüfung durchgeführt. In diesem Zeitraum halten die Verkehrserzieher von den fünften bis zu den zehnten Klassen in allen Schultypen einen altersgerechten und themenbezogenen theoretischen Unterricht. Diese Themen reichen vom vorausschauenden Handeln im Straßenverkehr, dem Verhalten an einem Unfallort, bis hin zum »Führerschein mit 17«. Ein Augenmerk richten die Verkehrserzieher mit ihren Lernprogrammen auch auf Jugendliche, die sich in der Jugendarrestanstalt befinden.

Nach Schulwegunfällen halten die Verkehrserzieher zeitnah in der Klasse des verunglückten Schülers einen Verkehrsunterricht, der die konkrete Ursache und die Aufarbeitung des Unfalls zum Inhalt hat. Bei schwerwiegenden Schulwegunfällen ist die VPI VE zusätzlich mit einem Infostand an der Schule tätig.

Im Erwachsenenbereich wird mit Schwerpunktaktionen, Infoständen und Ähnlichem an der Erhöhung der Verkehrssicherheit gearbeitet, die hierbei angesprochene Themenpalette ist vielschichtig. Eine Besonderheit ist der Fahrsimulator. Das Simulationsfahrzeug ist ein modernes BMW M3-Cabrio. Während der Simulationsfahrt erklärt ein Verkehrserzieher den Handlungsablauf und verhält sich im Gespräch mit der fahrenden Person wie ein Beifahrer, der den Fahrzeugführer während der Fahrt ablenkt. Anhand einer plötzlich auftretenden Gefahrensituation werden die Zusammenhänge zwischen gefahrener Geschwindigkeit, Reaktionszeit, Brems- sowie Anhalteweg erklärt. Der Fahrsimulator ist ein ausgesprochener Publikumsmagnet.

Eine spezielle Form der Verkehrsprävention ist der Verkehrsunterricht gemäß § 48 StVO. Im konkreten Einzelfall werden Verkehrsteilnehmer, die bei erheblichen Verstößen erkennen ließen, dass sie die Regeln der Straßenverkehrsordnung ignorieren oder ihnen nicht mehr vertraut sind, von der Straßenverkehrsbehörde (KVR) zum Verkehrsunterricht in die Räume der VPI VE vorgeladen. Primäre Ziele des 90-minütigen Unterrichts sind das Auffrischen von Verkehrsregeln, die Vermittlung der verkehrsrechtlichen Neuerungen und vor allem der Appell an die Teilnehmer, ihre Verhaltensmuster im Straßenverkehr zu überdenken.

Im Seniorenbereich steht die Sensibilisierung für altersspezifische Gefahren im Vordergrund. Aufgrund der demografischen Entwicklung steht die Verkehrsprävention hier vor großen Herausforderungen. Deutlich muss darauf hingewiesen werden, dass die Polizei diesem Personenkreis nur die Leitlinien für ein seniorengerechtes Verhalten im Straßenverkehr mit auf den Weg geben kann, denn die objektiv bestehenden altersbedingten

Die Zeiten ändern sich: Blick in den Lkw der Jugendverkehrsschule 1964 (l.) und heute.

Defizite können nur bedingt kompensiert werden und erfordern die individuelle Eigenverantwortung der Betroffenen. Im Jahr 2013 kamen im Zuständigkeitsbereich des PP München 27 Personen bei Verkehrsunfällen ums Leben. Zwölf davon waren älter als 65 Jahre.

Verkehrsaufklärung für Senioren gehörte bereits in den 1960ern dazu.

In Seniorenzentren, Pfarrämtern etc. unterrichten die Verkehrsaufklärer interessierte Senioren über die spezifischen Gefahren. Hierzu hat die VPI VE ein Konzept entwickelt. Die Senioren erarbeiten in Kleingruppen unter Anleitung bis zu vier verschiedene Themenbereiche pro Veranstaltung. Dazu zählen das Sehen und Hören im Straßenverkehr, das Verhalten als Kfz-Führer, als Radfahrer und als Fußgänger sowie die Gefahren des »Toten Winkels«. Bedarfsweise werden in Zusammenarbeit mit dem K 105 zusätzlich Themen aus der Kriminalprävention angeboten. Ferner ist die VPI VE auf Seniorenmessen mit einem Infostand vor Ort. Nach Verkehrsunfällen mit Senioren als Opfer führen die Verkehrsaufklärer am darauffolgenden Tag eine Aufklärungsaktion (Infoblattaktion) für an der Unfallstelle vorbeikommende Senioren durch. Deren emotionale Betroffenheit und den bestehenden Gesprächsbedarf nutzen die Beamten der VPI VE für die qualifizierte Aufklärungsarbeit. Dem ausgehändigten Informationsblatt ist der Unfallhergang zu entnehmen und zugleich sind darauf Verhaltensweisen aufgelistet, die es Senioren ermöglichen, ähnliche Unfälle zu vermeiden.

Die Öffentlichkeitsarbeit ist auch bei der Verkehrsprävention sehr wichtig. Mit Aufklärungsaktionen, Broschüren und Ähnlichem wird für die Verkehrssicherheit sowie die gegenseitige Rücksichtnahme aller Verkehrsteilnehmer geworben. Aus diesem Grunde sind die Beamten der VPI VE an besonders ausgewählten

Die Mitarbeiter der Jugendverkehrsschule 1970.

Plätzen mit dem Infomobil und Infoständen präsent. Speziell auf den einschlägigen Fachmessen (Seniorenmessen, Messen für Motorradfahrer u. Ä.) kann zielgerichtet und nachhaltig auf die speziellen Gefahren für diese Personen hingewiesen werden. Eine Besonderheit ist das »Verkehrsquiz«, das mehrere Hundert Fragen aus allen Verkehrsrechtsbereichen enthält. Ein Moderator führt das Quiz professionell mit Mikrofon und Lautsprecher durch. Zudem wird das Quiz auf eine Leinwand projiziert, wodurch nicht nur umstehende Personen, sondern auch passive Zuschauer erreicht werden.

Zudem konzipiert die VPI VE regelmäßig Flyer und Broschüren zu aktuellen verkehrsrechtlichen Themen und unterstützt die Unterabteilung E 4 bei der Umsetzung der verschiedensten Präventionsprogramme. Exemplarisch sei hier das wiederkehrende Projekt »gscheid radeln« genannt: In einem gesamtheitlichen Ansatz wird in den Sommermonaten in einem genau festgelegten und der Öffentlichkeit zuvor bekannt gegebenen Zeitraum (im Regelfall sind dies drei Wochen) das Verhalten von Fußgängern, Fahrradfahrern sowie Kfz-Führern polizeilich besonders überwacht, um verkehrswidriges Verhalten zu sanktionieren und zugleich im persönlichen Gespräch das rücksichtsvolle Verhalten zu erhöhen. Dadurch konnte eine kontinuierliche Senkung sowohl der Unfallzahlen als auch der verletzten Verkehrsteilnehmer bewirkt werden.

Die Verkehrsprävention ist selbstverständlich auch die Aufgabe aller Schutzpolizeidienststellen. Auf den regionalen Polizeiinspektionen sind die Verkehrssachbearbeiter (Leiter des Sachbereich IV) für die Verkehrsprävention im eigenen Inspektionsbereich sachlich zuständig. Wesentliche Voraussetzung hierfür ist der von der Unterabteilung E 4 erstellte »Verkehrsbericht«. Dieser wird jährlich herausgegeben und ist die Grundlage für die strategische und konzeptionelle Zielsetzung des Präsidiums im verkehrspolizeilichen Bereich. Das neueste Projekt der Unterabteilung E 4 sind Videocasts, die im Fernsehen und im Internet veröffentlicht werden und Themen wie das richtige Verhalten als Radfahrer, Kfz-Führer oder Fußgänger in mehreren Spots behandeln.

Die polizeilichen Bemühungen zur Erhöhung der Verkehrssicherheit können nur dann zum Tragen kommen, wenn Werte wie gegenseitige Rücksichtnahme, Respekt sowie Fairness von allen Verkehrsteilnehmern verinnerlicht und täglich praktiziert werden.

In der Jugendverkehrsschule lernen die Kinder heute auch, sicher mit dem Radl unterwegs zu sein.

Verkehrspolizisten im Wandel der Zeit: um 1930 (o. l.), ca. 1950 (o. r.), um 1970 (u. l.) und Mitte der 1990er (u. r.).

DAS SELBSTVERSTÄNDNIS DER POLIZEI IM WANDEL

FRAUEN BEI DER MÜNCHNER POLIZEI

Autoren: Carolin Krapp, Christian Weis

»Obrigkeit ist männlich« stellte der Historiker und Politiker Heinrich von Treitschke (1834–1896) in seinen Vorlesungen noch unumwunden fest. Diese Haltung herrschte bis Ende des 19. Jh. allgemein in Deutschland vor. Daher ist es auch nicht verwunderlich, dass bei der Polizei in diesen Zeiten keine Frauen beschäftigt waren. Erste Forderungen, dass Frauen auch bei der Polizei tätig sein sollten, kamen daher erst um 1875 auf, zunächst u. a. durch die Frauenrechtlerin Henriette Goldschmidt.

Gesellschaftliche, soziale und wirtschaftliche Entwicklungen am Ende des 19. Jh. brachten verstärkt Gefährdungen und Verwahrlosungstendenzen für Kinder und Jugendliche mit sich. Diese Umbrüche hatten zu teilweise desolaten sozialen Verhältnisse geführt, so verursachte die Landflucht in den Städten Armut, Isolation, Obdachlosigkeit, »Kinderdelikte« (vor allem Diebstähle) und Prostitution. Auch die damit verbundene hohe Rückfälligkeitsrate machte sich deutlich bemerkbar – und diese Umstände zwangen zum Handeln.

Erste Maßnahmen gegen die Auswirkungen wurden im Bereich des Strafvollzuges durch den verstärkten Einsatz von Frauen in den Gefängnissen getroffen. Es entstand daraus auch der Gedanke, nicht bis zu einem Gefängnisaufenthalt zu warten, sondern bereits im Vorfeld präventive Maßnahmen zu ergreifen, um gefährdeten Kindern und Jugendlichen unter die Arme zu greifen. Zunächst wurden diese Aufgaben von Frauen in karitativen/kirchlichen Einrichtungen außerhalb der Polizei wahrgenommen. Es zeigte sich aber schnell, dass eine Integration dieses Gedankens auch in der polizeilichen Arbeit nützlich war. So wurden um die Jahrhundertwende erstmalig »Polizeifürsorgerinnen« oder »Polizeiassistentinnen« in verschiedenen Polizeibehörden des Kaiserreiches institutionalisiert. Als einer der Vorreiter besetzte der preußische Staat erstmalig 1903 derartige Funktionen mit Frauen. Nach und nach etablierte sich die Tätigkeit auch in den anderen Regionen des Kaiserreiches. 1915 waren schon 36 Frauen in diesem Beruf tätig. Schwerpunkt der Arbeit waren soziale Aufgaben, in erster Linie die Kontrolle der Prostitution.

In München regelte das Bayerische Innenministerium mit Verfügung vom 29. Juli 1907 erstmalig die Verwendung von Frauen bei der Polizei. Nach unserem heutigen Verständnis wurde darin der »präventivpolizeiliche Bereich« in den Vordergrund gestellt.

Die rechtliche Stellung und die dienstlichen Aufgaben waren keinesfalls vergleichbar mit denen der heutigen Polizeivollzugsbeamtinnen. Teilweise war auch eine so-

Stellenanzeige vom 18. Oktober 1969.

Gemischte Streifen – heute selbstverständlich, doch noch vor wenigen Jahrzehnten völlig undenkbar.

ziale Vorbildung Voraussetzung für die Tätigkeit. Ganz stark geprägt war das Bild von den damaligen Moralvorstellungen und gesellschaftlichen Rahmenbedingungen. Erste Frauenbewegungen machten sich stark für die bezahlte Erwerbstätigkeit von Frauen, die damals noch nicht an der Tagesordnung war. Man sprach aber auch »vom Wesen der Frau«, das mit einer polizeilichen Verwendung nach heutigem Verständnis angeblich nicht vereinbar wäre. Schwerpunkt des Aufgabengebietes, teilweise mit regionalen Unterschieden, war präventives Arbeiten mit Kindern, Jugendlichen und Frauen, die in irgendeiner Art sittlich oder kriminell gefährdet waren.

DIE ERSTEN »POLIZEIPFLEGERINNEN«

Begleitet wurden diese Veränderungsprozesse auch durch rechtliche Neuerungen in der Jugendgerichtsbewegung und der Wohlfahrtsgesetzgebung. Zum 1. September 1908 erfolgte bei der Polizeidirektion München nach einer über einjährigen versuchsweisen Beschäftigung die etatmäßige Anstellung der ersten Polizeipflegerin. Als Aufgabe wurde ihr zugewiesen: »Die Fürsorge für sittlich gefährdete oder verwahrloste Frauen und Kinder im Geschäftsbereich der Polizeidirektion.«

Bis 1926 kamen zwei weitere Pflegerinnen hinzu. Sie alle waren Staatsbeamtinnen. Ihr Gehalt wurde als viel zu niedrig für die viele Arbeit beschrieben. Sie waren der Abteilung III, also der Sittenpolizei, zugewiesen. Sie durften keine selbstständigen Vernehmungen oder Erhebungen zur Ermittlung von strafbaren Handlungen vornehmen. Als Grundbedingungen für ihre Tätigkeit wurden damals definiert: »Nimmermüde Hilfsbereitschaft, Herzensgüte und mitfühlendes Verständnis.« Die Anzahl der durch die Pflegerinnen behandelten Personen entwickelte sich von 779 im Jahr 1909 auf 2 968 im Jahre 1926.

In jenen sehr bewegten Zeiten veränderte sich der Einsatz dieser Frauen in vielerlei Hinsicht: Ihre Aufgaben und Befugnisse wurden vielfältiger. Im Gegensatz zu manchen außerbayerischen Städten war es ihnen in München allerdings nicht gestattet, bei ihrer Tätigkeit Uniform, Schlagstock und Schusswaffe zu tragen.

In der ersten Hälfte des 20. Jh. gab es aber auch immer wieder Bestrebungen, die Arbeit der Beamtinnen zu begrenzen oder gar wieder ganz abzuschaffen, obwohl die

Zivil und uniformiert: Angehörige des PP München Ende der 1960er.

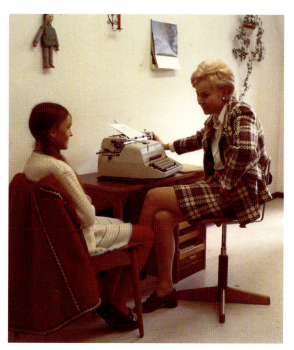

WKP-Beamtin Ende der 1960er.

Erfolge auf der Hand lagen. Teils entstand dies aus ideologisch-politischen Gründen, teils aus geschlechterstereotypen Vorbehalten. Und diese Vorbehalte fanden sich nicht nur in den Reihen der Männer, sondern wurden auch von stark konservativen weiblichen Kräften befeuert. Letztlich fanden sich aber in Entscheidungsphasen Frauen und Männer aus den unterschiedlichsten gesellschaftlichen und auch politischen Reihen, die hartnäckig Seite an Seite standen. Sie wollten den Erfolg, den die Verwendung der Frauen bei der Polizei brachte, nicht untergehen sehen. So wurde schon 1912 in einer Studienabschlussarbeit die Vision entwickelt, dass »auf dem Gebiet der polizeilichen Tätigkeit lokal oder besser noch national Frauen eine wichtige und nützliche Aufgabe zu vollbringen haben«. Die Befürworter erstritten sich in der Folge teilweise die Einführung und Beibehaltung der sogenannten WKP (Weibliche Kriminalpolizei).

DIE WEIBLICHE KRIMINALPOLIZEI

Diese Weibliche Kriminalpolizei (WKP) wurde 1928 nach lebhaften Diskussionen in verschiedenen Ländern Deutschlands geschaffen. Nach der reichseinheitlichen Ausrichtung der Polizei 1936 bestimmte der Erlass vom 24. November 1937, dass praktisch in allen größeren Städten eine Sonderdienststelle »Weibliche Kriminalpolizei« unter weiblicher Leitung eingerichtet werden musste, die dem örtlichen Leiter der Kriminalpolizei unmittelbar unterstand. In München rief man am 15. Mai 1938 die Sonderdienststelle »Weibliche Kriminalpolizei« mit drei Mitarbeiterinnen ins Leben. Nach den vorläufigen Einstellungsrichtlinien des Reichssicherheitshauptamtes in Berlin von 1939 mussten Bewerberinnen unter anderem den sogenannten Ariernachweis und eine Mitgliedschaft in der NSDAP oder einer ihrer Gliederungen vorlegen. Das Anfangsgehalt betrug ca. 210 Reichsmark. Da es in München keine entsprechend ausgebildeten Kräfte gab, wurden die ersten drei WKP-Kräfte von außerhalb Bayerns in die »Hauptstadt der Bewegung« versetzt, um dort entsprechende Aufbauarbeit zu leisten. Darunter befand sich auch eine der ersten deutschen Kriminalkommissarinnen überhaupt, die gebürtige Ostpreußin Wanda Albrecht.

Die Münchner Polizeiverantwortlichen nahmen tendenziell etwas verzögert und mit Vorbehalten an dieser Zeitströmung teil. Auch in München waren Diskussionen über den Einsatz der Frauen dauerhaft verankert. Interessanterweise ging es dabei nie um die unbestrittenen Erfolge. Pointiert auf den Punkt gebracht, waren es vorrangig Vorurteile und geschlechtsstereotype

Polizeibeamtinnen in den verschiedenen Uniformen Anfang der 1990er.

Rollenzuschreibungen, die im Gewand vermeintlich sachlicher Argumente daherkamen. Unter anderem soll davor gewarnt worden sein, Frauen in großer Anzahl einzustellen, da »Frauen in größerer Zahl schwer zu lenken seien«. Zugebilligt wurde ihr aber »das bessere Verständnis für die seelischen Vorgänge in den zu Vernehmenden«.

Sowohl in der Weimarer Zeit als auch in der NS-Diktatur gab es bei der WKP ein stetes Auf und Ab, so auch in München. Die Ideologie der NS-Zeit lehnte eigentlich die Frauenarbeit in der Kriminalpolizei ab. »Emanzipationsgelüste waren nicht gefragt«, so erinnerte sich OARin a. D. Dietlinde Hitzlsperger. Verheirateten Beamtinnen mussten als Doppelverdiener ausscheiden und die Auflösung der WKP wurde später ernsthaft angedacht, dann aber angesichts anderer NS-politischer Priorisierung hintangestellt.

Man muss hier deutlich sagen, dass die WKP aufgrund ihrer Zuständigkeit mutmaßlich im Zeitraum von den späten 1930er-Jahren bis Anfang der 1940er-Jahre an Einlieferungen in die »Jugendschutzlager« beteiligt war. Dies war nichts anderes als die Zwangsverbringung von Kindern und Jugendlichen, die in den Augen der Nationalsozialisten als »schwer erziehbar« oder »asozial« galten, in Jugendkonzentrationslager. Jungen wurden in das »Jugendschutzlager« Moringen (Lkr. Göttingen) und Mädchen in das Lager »Uckermark« (Brandenburg) verbracht, dem auch ein Frauen-KZ angegliedert war. Allein aus Bayern erfolgten ab 1940 nachweislich 63 Einlieferungen nach Moringen. Es wäre lebensfremd anzunehmen, dass ausgerechnet aus München keine Kinder oder Jugendliche in diese Lager überstellt worden sind. Wenn auch mit reduzierten Zuständigkeiten, so bestand die WKP im institutionellen Sinne bis zum Kriegsende fort.

Nach dem Zweiten Weltkrieg wurden von zwölf Münchner Beamtinnen neun wegen NS-Belastung entlassen. So begannen im Juni 1945 die drei verbliebenen Beamtinnen Gunda Handl, Dietlinde Hitzlsperger, und Maria Stiersdorfer erneut ihren Dienst bei der Münchner Kripo. Begrüßt wurden sie vom Leiter der Sittenpolizei, ihrem Vorgesetzten, mit den Worten: »Wos? Weibliche Kriminalbolizei? Breissische Einrichtung! Hamma früher net braucht, brauch ma jetz aa net!«

Schmunzelnd sei angemerkt, dass das Grundgesetz mit Art. 3 Absatz 2 (»Männer und Frauen sind gleichberechtigt«) 1949 in Kraft trat. Besonders um diese fünf Wörter wurde von den vier »Müttern des Grundgesetzes« mit erheblichem Engagement und gegen starke Widerstände gerungen.

KEINE KARRIEREMÖGLICHKEITEN FÜR KRIMINALBEAMTINNEN

Betrachtet man die Statistik von 1954, belegte München mit damals 900 000 Einwohnern und zwölf weiblichen Kriminalbeamtinnen im Vergleich zu 37 anderen Städten in Deutschland den vorletzten Platz. Eine Beamtin war hier für 75 000 Bürger zuständig.

In den nächsten Jahrzehnten erfolgte ein langsamer, aber stetiger Ausbau der WKP. 1960 gab es bereits 20 Beamtinnen. Sukzessive erweiterte sich das Aufgabengebiet aus reiner Präventionstätigkeit auf Ermittlungsaspekte, allerdings immer noch stark auf den Personenkreis von Kindern und Jugendlichen zugeschnitten. Der Anteil der Beamtinnen innerhalb der Kripo betrug in diesen Jahren zwischen 3 bis 5 %. Mangelnde Aufstiegschancen – auch im Vergleich zu Männern – waren ein Grund dafür, dass immer wieder Frauen ausschieden und durchaus Nachwuchsprobleme bestanden. 1959 sahen Personalverantwortliche der Polizeidirektion München sogar ernsthaft eine Gefahr darin, dass die zum Teil als Fürsorgerinnen ausgebildeten Bewerberinnen das Bestreben hatten, irgendwann den Aufstieg in den gehobenen Dienst zu machen. Dies war nach damaligem Verständnis wohl nicht der richtige Platz für Frauen. Die Stadt München als Dienstherr der Polizei hatte darüber hinaus auch nicht von der Möglichkeit Gebrauch gemacht, Frauen direkt im gehobenen Dienst einzustellen.

In den 1960er-Jahren machte man sich Gedanken über eine formale Auflösung der WKP München und die Freigabe der Verwendung der Beamtinnen für alle Vollzugsbereiche. Diese Idee von Gleichberechtigung stieß nicht immer und überall auf vorbehaltlose Zustimmung. Auch aus dem Kreis der älteren Beamtinnen kam Kritik, diese traten für den Erhalt der speziellen WKP-Zuständigkeit für Kinder und Jugendliche ein. Hierzu auch Maria Stiersdorfer 1969: »Eine Kopie des männlichen Beamten in Schneid und Auftreten ist jedenfalls abzulehnen.«

1966 heißt es noch in einem Bericht der Bundesregierung über die Rolle der Frau in Beruf, Familie und Gesellschaft: »Pflegerin und Trösterin soll die Frau sein, Sinnbild bescheidener Harmonie, Ordnungsfaktor in der einzig verlässlichen Welt des Privaten. Erwerbstätigkeit und gesellschaftliches Engagement sollte die Frau nur eingehen, wenn es die familiären Anforderungen zulassen.«

Polizeihostess Anfang der 1970er.

Drei Jahre später war dann schon folgender Werbeslogan in einer Münchner Tram zu lesen: »Als moderne Frau zur Polizei. Der Polizeiberuf ist auf die Mitarbeit des zarten Geschlechts angewiesen. Sie haben einen Beruf, in dem Sie ganz Frau bleiben.« Vieles war in Bewegung in dieser Zeit.

Anfang der 70er-Jahre wurden alle Beamtinnen zur verstärkten Flughafenüberwachung in Riem herangezogen, was die originäre Tätigkeit stark beeinträchtigte. Parallel befanden sich aber schon die nächsten weiblichen Polizeikräfte in der Ausbildung. Der Umbruch, die Beamtinnen auch für Vollzugstätigkeiten stärker heranzuziehen, wurde eingeläutet. Die WKP-Zentrale (so der damalige Dienststellenbegriff) wurde daher am 1. Oktober 1974 endgültig aufgelöst, die sechs verbliebenen Beamtinnen integriert in die bestehenden Kriminalämter. Zu dieser Zeit standen ca. 90 Beamtinnen im Dienst der Münchner Kripo und waren auch bereits mit einer Dienstwaffe ausgerüstet.

Bei der Verstaatlichung der Polizei sah die vorläufige Personaldisposition vom 15. September 1975 keine Frau auf einer Führungsposition vor. Ganz vereinzelt wurden später Kripobeamtinnen in mittleren Führungspositionen eingesetzt, z. B. in der Vermisstenstelle oder als Schichtleiterin bei der Kriminalbereitschaft, dem heutigen Kriminaldauerdienst. Auch war eine Frau Chefin eines reinen Männerkommissariats.

Glaubt man den Einschätzungen der Kolleginnen dieser Generation, so mussten sie auch hier mit Vorurteilen kämpfen, mit pauschaler Kritik an fraulichen Durchsetzungsvermögen (»Ob sich denn ein Mann von einer Frau was sagen lässt?«) oder mit Zweifeln an ihrer fachlicher Kompetenz, die ebenfalls an der Geschlechterfrage festgemacht wurde. Viele stellten auch fest, dass sie mehr zu leisten hatten als ein Mann in gleicher Position, um die gleiche Akzeptanz und Anerkennung zu erhalten. Zitiert sei hier Kriminalhauptkommissarin a. D. Ursula Socher. Bei ihrem Dienstantritt 1973 äußerte ihr damaliger Chef: »Um Himmels willen! Scho wieda a Weib!« Ähnliches berichten Beamtinnen, die Anfang der 80er Jahre ihre Ausbildung begannen.

Auch daran ist abzulesen, dass sich fachlich unberechtigte Widerstände und Vorurteile lange halten. Häufig genug tauchen sie dann nach Überwinden derselben in neuer Variante wieder auf. An dieser Stelle sei Willy Brandt zitiert: »Die Emanzipation kam voran wie eine Schnecke auf dem Glatteis.«

BLOSS KEINE »FLINTENWEIBER«

Während in den 1980ern alle Bundesländer nach und nach dazu übergingen, Frauen auch bei der uniformierten Schutzpolizei einzustellen, gab es in Bayern weiterhin Vorbehalte, diesen Schritt zu gehen. So bemerkte Innenminister Herrmann in seiner Rede zum Festakt »20 Jahre Frauen bei der Bayerischen Polizei«: »Was Frauen in Uniform angeht, waren die Bayern Spätzünder. Kein Bundesland zögerte länger. Der oberste Widerständler war Franz Josef Strauß. Er lehnte es strikt ab, auch nur eine Diskussion zu erlauben.« Damit war dieses Thema bis zu Strauß' Tod im Oktober 1988 tabu. »Flintenweiber« – ein damals oft benutztes geflügeltes Unwort – gab es bis dahin nicht, zumindest nicht in Uniform.

Neben der Grundeinstellung politischer Entscheidungsträger wurden erneut Argumente wie die »Kampfkraft«, die Mindestgröße, psychische und physische Belastbarkeit in geschlossenen Einheiten und im Schichtdienst, dienstliche Ausfallzeiten wegen Schwangerschaft und anderes ins Feld geführt. Auch die Frage, ob zwei Frauen eine Streife bilden können oder aus

Friseur Gerhard Meir entwickelte Anfang der 90er extra uniformtaugliche Frisuren für Beamtinnen.

Fürsorgegründen nicht ein männlicher Kollege dabei sein müsste, wurde ebenso kontrovers erörtert wie die Eignung von Frauen für Führungsfunktionen.

Unabhängig davon wurden in den Jahren 1985 und 1989 gehobene Beamtinnen für die Kripo ausgebildet. 1990 stellte der Freistaat Bayern erstmals 158 weibliche uniformierte Schutzpolizistinnen ein. 16 Beamtinnen des mittleren Dienstes waren 1992 in ihrem ersten Praktikum »auf der Straße« und erregten die Aufmerksamkeit. Nun musste plötzlich die Notwendigkeit adäquater Sanitäranlagen, des Uniformschnitts und der passenden Frisuren diskutiert werden. Themen, die durch die Presse gingen. Zwar gaben die eingestellten Frauen ihre Maße an, aber das schien die Bekleidungskommission, die übrigens nur aus Männern bestand, herzlich wenig zu interessieren. Der Schnitt der Uniform für Polizistinnen ist übrigens bis heute noch ein aktuelles Thema. Ebenso heikel war und ist das Thema, welche Frisur einsatztaktisch am vorteilhaftesten ist. Immerhin gilt es ja, im Dienst eine Dienstmütze zu tragen und einem eventuellen Aggressor möglichst wenig Angriffsfläche zu bieten.

Nach und nach wuchs zusammen, was sich ergänzte und voneinander profitierte. Die gemeinsame Ausbildung und die praktischen Ergebnisse guter Polizeiarbeit ließen die letzten kritischen Stimmen sehr leise werden. Mittlerweile verrichten ca. 1120 weibliche Polizeivollzugsbeamte bei der Kriminal- (250) und Schutzpolizei (870) ihren Dienst beim PP München. Das entspricht einem durchschnittlichen Anteil von 15 bis 18 %. Da die Besoldungsgruppen keine geschlechterspezifische Unterscheidung kennen, erhalten Frau und Mann für die jeweils gleiche Tätigkeit auch das gleiche Gehalt. Frauen sind bei der Polizei in allen Bereichen vertreten, auch bei Sonderdienststellen und im Führungsbereich, wobei nicht verschwiegen werden soll, dass es im letztgenannten noch Nachholbedarf gibt. So nahmen im Januar 2015 beim PP München von 511 Führungsaufgaben auf allen Ebenen lediglich 45 Frauen wahr, also lediglich ca. 8 %. Bei den Spitzenfunktionen im höheren Dienst bekleideten von 77 Dienstposten lediglich acht Frauen ein derartiges Amt.

Durch den stetig steigenden Anteil wurde auch ein gesellschaftliches Thema – die Vereinbarkeit von Familie und Beruf – eine wichtige personalwirtschaftliche Aufgabe. Nicht nur für die Beamtinnen, auch für die Männer in allen Einheiten des Präsidiums ist es nichts mehr Außergewöhnliches, Elternzeit zu nehmen – quer durch alle Laufbahnen und Einsatzbereiche. Das Gleiche gilt für Teilzeitarbeit, die für fast keinen Bereich eingeschränkt ist. Hier gibt es aktuell viele verschiedene Modelle und häufig auch große Flexibilität von beiden Seiten (Dienstherr und Bedienstete). Zu Beginn des Jahres 2015 gingen beispielsweise von den gut 7 000 Beschäftigten des PP München 380 ihrer Tätigkeit in Teilzeit nach, Tendenz steigend.

Ob schwer bewaffnet beim Objektschutz, hoch zu Ross bei der Reiterstaffel oder Arbeit mit Kindern – Polizistinnen versehen ihren Dienst in den verschiedensten Aufgabenbereichen.

Das Polizeipräsidium München hat auf diese Entwicklung reagiert und im Jahr 2012 die erste behördennahe Kinderbetreuung der Polizei in Bayern ins Leben gerufen, die Kinderbetreuungseinrichtung TATU TATA. Hier betreuen zwei Erzieherinnen zehn Kinder vorrangig von Polizeibeschäftigten. Aktuell gibt es Überlegungen für eine Ausweitung des Kinderbetreuungsangebots.

Letztendlich bleibt nach bewegten Zeiten und wechselvoller Geschichte festzuhalten, dass – wenngleich es an verschiedenen personalwirtschaftlichen Aufgabengebieten sicherlich noch einiges zu tun gibt – die Frauen nach langer Zeit auch in Bayern und beim Polizeipräsidium München bei der Polizei angekommen und nicht mehr wegzudenken sind.

HOMOSEXUELLE UND POLIZEI

Text: Sven Müller

Das Verhältnis zwischen der Polizei und der schwulen Subkultur in München gestaltete sich lange Zeit sehr schwierig. Eine verklemmte Sexualmoral sowie die bestimmenden politischen, gesellschaftlichen und religiösen Kräfte hatten bis Ende des 20. Jh. nur wenig Verständnis für ein gesellschaftlich gleichberechtigtes homosexuelles Leben. Homosexualität galt als widernatürlich, anstößig und lasterhaft. Erst zu Beginn des 21. Jh. machte sich ein spürbarer gesellschaftlicher Wandel bemerkbar. Dieses veränderte Bewusstsein zeigt sich auch in der Arbeit der Polizei mit den Bürgern und im Verhältnis innerhalb der Polizei mit homosexuellen Kolleginnen und Kollegen.

Die Repression der Polizei gegenüber Homosexuellen richtete sich hauptsächlich gegen Schwule, da lesbische Frauen die meisten Jahrzehnte unsichtbar blieben. Ihre gelebte Sexualität wurde gesellschaftlich und rechtlich als nicht gesetzeswidrig angesehen. Ein systematisches polizeiliches Vorgehen gegen Lesben fand in München sowie in ganz Deutschland nicht statt.

1872 wurde im Strafgesetzbuch der § 175 eingeführt, der sexuelle Handlungen zwischen Personen männlichen Geschlechts unter Strafe stellte. Als strafbare Schwelle wurde in der Praxis oft eine »beischlafähnliche Handlung« gesehen. Unter den Nationalsozialisten gehörten Homosexuelle zu den verfolgten Gruppen, da ihre Sexualität als staatsfeindliche Vergeudung der männlichen Zeugungskraft gewertet wurde. Auch nach Gründung der BRD blieb der während der NS-Zeit verschärfte § 175 bis 1969 gültig. 1971 wurde der § 175 auf sexuelle Handlungen mit Jugendlichen unter 21 Jahren beschränkt. Dieses Alter wurde 1973 auf 18 Jahre herabgesetzt. Erst 1994, nach der Wiedervereinigung, wurde der § 175 endgültig aufgehoben.

München hatte im 19. Jh. einen Ruf als weltoffene Kunststadt. Dies zog auch viele Homosexuelle an. Dieses liberale Klima änderte sich reichsweit nach der Eulenburg-Affäre 1909 und löste eine Welle der Homophobie aus.

BELIEBTE TREFFS IM BLICKFELD DER POLIZEI

Schon im 19. Jh. war der Englische Garten ein Treffpunkt schwuler Männer, unter anderem wegen der Nähe der Hofgartenkaserne. Dort ließen sich leicht Kontakte anbahnen, denn viele schlecht besoldete Soldaten verkauften sich schon für ein warmes Abendessen. Auch nach der Schließung der Kaserne 1893 blieb die Gegend ein beliebter Treff. Neben Grünanlagen waren auch öffentliche Toiletten, sogenannte Klappen, beliebt. Schon in den 20er-Jahren überwachte die Sittenpolizei diese Orte regelmäßig. Neben den Toiletten am Bahnhofsplatz, Maximiliansplatz und Odeonsplatz waren vor allem die am Karlsplatz gerne frequentiert. Alternative, neutrale und unverfängliche Orte für Schwule auf Partnersuche gab es fast nicht. Kontaktanzeigen in schwulen Zeitschriften waren verboten, einschlägige Lokale gab es nur wenige, und diese wurden von den Behörden schon aus geringsten Anlässen schnell geschlossen.

Kontakte zwischen Schwulen und Polizei gab es meist aufgrund polizeilicher Observationen der Klappen. 1909 berichtete die Polizeidirektion München über eine ständige Zunahme der männlichen Prostitution, und 1911 veröffentlichten die »Münchner Neueste Nachrichten« den Artikel »Strichjungen« über die männliche Prostitution in München. Die Stricher seien meist nicht homosexuell und kämen häufig aus dem Hotelgewerbe. Ihre Kunden werden als reiche Lüstlinge bezeichnet.

Homosexuelle wurden häufig Opfer von Erpressungen. Schwuler Sex wurde von oft arbeits- und wohnsitzlosen Männern auf dem Straßenstrich am Karlsplatz, am Lenbachplatz oder im Hofgarten angeboten. Manche drohten bei zufälligen späteren Begegnungen ihren Kunden an, sie wegen des § 175 anzuzeigen, wenn sie nicht zum Ausgleich Wertgegenstände erhielten. Aus Angst vor Strafe und einem gesellschaftlichen Skandal trauten sich nur wenige, solche Erpressungen bei der Polizei anzuzeigen. Dieses Problem thematisierte auch 1902 der Aktivist August Wilhelm Fleischmann in der Broschüre »Der § 175 und die männliche Prostitution in München und Berlin«. Er beklagte, dass die Herren aus der besten Gesellschaft durch den § 175 auf Straßenbekanntschaften angewiesen sind.

Eine Anzeige wegen homosexueller Handlungen bedeutete oft die Vernichtung der bürgerlichen Existenz. Gut war es dann, sich eine Geistesstörung attestieren zu lassen, was zur Einstellung des Verfahrens führte. Dazu dichtete man sich Lebensläufe mit psychischen Leiden zurecht. Das passte dann zu den damaligen Weltanschauungen der Gerichtsmediziner über das Entstehen der Homosexualität. Auch Syphilis galt als guter Grund, denn syphilitisch bedingte Schuldunfähigkeit würde angeblich homosexuelle Handlungen begünstigten.

Nach dem Ersten Weltkrieg und der Revolution bestimmten ab 1919 reaktionäre Tendenzen die bayerische Politik. Gesellschaftliche Liberalisierungstendenzen wie in anderen deutschen Großstädten blieben in München schwächer. Hier griff das Sittlichkeitsreferat der Polizei, das zur Kriminalpolizei gehörte, stärker durch. 1919 berichtet die Münchner Polizei schon über eine deutliche Zunahme von Anzeigen nach dem § 175 an öffentlichen Toiletten. 1920 kam eine Anweisung vom Bayerischen Innenministerium an die Münchner Polizei, sie solle den Odeonsplatz verstärkt überwachen, da dort die Unsittlichkeit erschreckend zunähme. In den Abendstunden fände dort eine homosexuelle Börse statt. Die Polizei solle rücksichtslos durchgreifen. Ein Beamter beschrieb die Toiletten am Maximiliansplatz als Tummelplatz von Päderasten und Strichjungen. 1921 bezeichnete man Schwule schon als Plage. Alle Ansätze zur Entstehung einer schwulen Subkultur wurden bekämpft. Öffentliche Pissoirs wurden vermehrt überwacht. Festnahmen und Verurteilungen wegen Verstößen nach dem § 175 nahmen zu. 1917 zeigte die Münchner Sittenpolizei 88 Fälle an und 1920 schon 305.

Der homosexuelle Sexualforscher Magnus Hirschfeld wurde 1920 nach einem Vortrag in München von Rechtsextremen brutal zusammengeschlagen und schwer verletzt. Die Täter wurden nie gefasst. 1921 verbot die Polizei eine Veranstaltung, in der Homosexualität thematisiert werden sollte, mit dem Hinweis auf die Gewalt gegen Hirschfeld.

UNERWÜNSCHTE DRUCKERZEUGNISSE

Einschlägige Zeitungen fielen der Zensur zum Opfer. Bei der Politischen Polizei gab es eine Polizeidienststelle zur Bekämpfung von Schmutz- und Schundliteratur. Schwule Literatur und Zeitungen, z. B. die Berliner Zeitungen »Die Insel« und »Der Eigene«, waren in München hauptsächlich am Hauptbahnhof erhältlich. Die dortigen Buchhandlungen und Kioske wurden

Die Münchner Homosexuellenzeitung »Der Seelenforscher« erschien zwischen 1902 und 1904 und wurde dann verboten, weil darin überregionale Kontaktanzeigen veröffentlicht wurden. Man wünschte damals auf gar keinen Fall schwule Touristen in München.

überwacht. Anstößige Titelbilder konnten beschlagnahmt werden, und die Polizei setzte Vertriebsverbote durch. Polizeibeamte machten Razzien in schwulen Lokalen und setzten Schließungen wegen Kuppelei durch. Beliebte Szenelokale waren der »Kühbogen« in der Salvatorstraße und das Café »Zehner« in der Gollierstraße. Die Polizei stilisierte diese Lokale zu Orten, die der Sittenlosigkeit und Sünde Vorschub leisteten und die die Jugend gefährdeten. Beide Lokale wurden bald geschlossen. Das strenge Vorgehen muss vor dem Hintergrund gesehen werden, dass auch andere moderne gesellschaftliche Bestrebungen bekämpft wurden, die heterosexuelle Freizügigkeiten thematisierten, wie z. B. die Freikörperkultur.

1921 versuchte der 22-jährige Aktivist Richard Linsert eine Münchner Sektion des »Deutschen Freundschaftsverbands« zu gründen, der die Abschaffung des § 175 forderte. Er wollte ein Clublokal eröffnen, in dem nur Mitglieder Zutritt hätten. Der Verband sollte in das Vereinsregister eingetragen werden und eine formaljuristische einwandfreie Satzung erhalten, damit keine Behörde eine Handhabe gegen den Verein haben kann. Er meinte damit ausdrücklich auch »das berüchtigte Sittlichkeitsreferat der Polizeidirektion München mit seinen einfach mittelalterlichen Anschauungen über die gesellschaftlichen Zustände unserer heutigen Zeit«. Im Dezember 1921 reichte er seinen Antrag auf Eintragung in das Vereinsregister beim Amtsgericht ein. Das Gericht bat die Polizei um eine Bewertung. Diese schrieb, dass der Verband aus sittenpolizeilicher Sicht unerwünscht wäre. Die Gründung des Verbands sei eine Niederlage im Kampf gegen Homosexuelle, die man nie mehr gutmachen könne. Auch die Gefahr für die Jugend ließe sich nicht abschätzen. Aufgabe des Verbands wäre »eine Gelegenheit zu gegenseitiger geschlechtlicher Erregung zu schaffen und eine Art Börse für gegenseitigen Verkehr sowohl wie für den Anschluss neuer und hierherkommender Gleichdenkender zu begründen«. Die Polizei unterstellte auch den Ausbau eines Warnsystems und »die Stärkung des Einzelnen im Protest gegen polizeiliche Behandlung«. Zuletzt sorgte sich die Polizei, dass während der Reisezeit auswärtige Freunde nach München kommen würden. Das Gericht lehnte den Eintrag ins Vereinsregister ab.

1924 nahm das homophobe Klima reichsweit zu, nachdem der Fall des homosexuellen Serienmörders Fritz Haarmann in Hannover bekannt wurde. Auch in der Kunst und Kultur waren Aufführungen mit erotischen oder schwulen Darstellungen unerwünscht. Josephine Baker erhielt in München 1929 Auftrittsverbot. Die »Verbrecher« von Ferdinand Bruckner, ein Stück, das sich gegen den § 175 richtete, sollte im gleichen Jahr in den Kammerspielen aufgeführt werden. In Berlin gab es über 100 Vorstellungen. Die Münchner Polizei intervenierte und ließ nur die Generalprobe zu, denn im Deutschen Reich war Vorzensur verboten. Danach war Schluss.

DIE METHODEN DER NAZIS: KZ ODER KASTRATION

Nach der Machtergreifung der Nazis im März 1933 wurde auch in München die schwule Subkultur komplett zerschlagen. Die Bekämpfung der Homosexualität galt unter dem neuen Polizeichef Heinrich Himmler als eine wichtige polizeiliche Aufgabe zum Erhalt der Volksgesundheit. Die bei der Polizeidirektion München für Sittlichkeitsverbrechen zuständigen Kommissariatsleiter Ernst Wagner und Heinrich Hubwieser (ab 1941) waren überzeugte Nationalsozialisten. Der § 175 wurde reichsweit verschärft und zu einem wirksamen Instrument, um NS-Gegner zu verfolgen und gesellschaftlich zu stigmatisieren. Viele schwule Männer wurden ins Konzentrationslager Dachau oder andere Lager gebracht. Teilweise erfolgten die KZ-Einweisungen auch durch Schutzhaftbefehle ohne Einschaltung der Justiz. Die Haftzeit im KZ Dachau dauerte im Durchschnitt 13 Monate. Gekennzeichnet wurden sie dort ab 1938 mit einem rosa Winkel. Allein im KZ Dachau waren zwischen 1933 und 1945 ca. 600 schwule Männer inhaftiert, von denen mehr als 120 nicht überlebten.

1936 wurde in Berlin die »Reichszentrale zur Bekämpfung der Homosexualität und Abtreibung« eingerichtet. In den Datenbestand gingen die schon im Kaiserreich von der Polizei geführten Homosexuellenkarteien, die sogenannten Rosa Listen, ein. Mit Unterstützung der Reichszentrale erstellte die »Deutsche Forschungsanstalt für Psychiatrie« in der Schwabinger Kraepelinstraße erbbiologische und psychiatrische Gutachten, mit denen Homosexuelle erfasst und verfolgt wurden. Auch eine kriminalbiologische Sammelstelle betrieb man dort, die ein biologisch orientiertes Verbrecherkataster erstellte, auf dessen Grundlage man homosexuelle Häftlinge zur

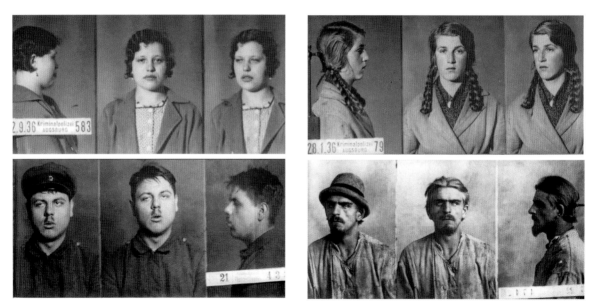

Aus dem Kriminalarchiv der Polizei von 1936: Erkennungsdienstliche Fotos von Transvestiten.

Kastration zwang. Die Kastration bot man den Betroffenen oft als Alternative zur KZ-Einweisung an.

Spektakulär war der sogenannte Röhm-Putsch. Die Homosexualität Ernst Röhms, ein enger Begleiter Hitlers, war lange bekannt. Als er mit seiner SA zu mächtig wurde, erfanden seine Gegner Putschpläne der SA. Röhm und weitere SA-Führer wurden am 30. Juni 1934 in Bad Wiessee verhaftet und später in München ermordet. Danach galten Homosexuelle als Staatsfeinde.

In München fand am 20. Oktober 1934, einem Samstag, eine große Razzia gegen Schwule statt. Über 50 Polizisten durchsuchten szenebekannte Bedürfnisanstalten und Grünanlagen sowie die einschlägigen Lokale »Schwarzfischer«, Dultstraße, »Bratwurstglöckl«, Frauenplatz, und »Arndthof«, Arndtstraße. 145 Personen wurden festgenommen und in die Ettstraße gebracht. Dort glich die Polizei ab, ob es sich um Wiederholungstäter handelte, die schon in den Rosa Listen vermerkt waren. Über 5 800 Männer waren dort erfasst. Die Aktion führten die Abteilungen 123 (Sitte) und 335 (Fahndung) durch. Für eine effizientere Fallbearbeitung hatten die Beamten Vordrucke der Schutzhaftbefehle vorbereitet, in denen eine dringende Schutzhaft begründet wurde mit einer unmittelbaren Gefährdung der öffentlichen Ordnung und Sicherheit sowie einer unabsehbaren Verheerung der männlichen Jugend. 54 Männer kamen so ohne Einschaltung der Justiz für mehrere Wochen ins KZ Dachau. Nach der Entlassung gingen die Repressionen weiter, sie mussten sich z.T. täglich bei der Polizei melden. Die Nazis zerstörten ebenfalls die lesbische Infrastruktur in München. Lokale, Vereine und Zeitschriften, in denen lesbisches Sozialleben gepflegt wurde, mussten schließen oder ihr Erscheinen einstellen. Anders als bei Schwulen, für die es den §175 gab, konnten lesbische Frauen nicht angezeigt werden. Es sind einige wenige Fälle belegt, dass Lesben wegen »asozialen Verhaltens«, damit war meist Prostitution gemeint, in Konzentrationslager deportiert wurden.

Die Nationalsozialisten hielten einen permanenten Verfolgungsdruck aufrecht. 1933 wurden 115 Fälle und 1936 bereits 186 Fälle nach dem § 175 angezeigt. 1937 sowie 1938 stieg die Zahl schon auf 3 158 Anzeigen. Innenminister Adolf Wagner ordnete 1937 an, das widernatürliche Laster mit allen Mitteln auszurotten. Betroffene sollten möglichst sofort in Schutzhaft genommen und in Konzentrationslager gebracht werden. Mit der Schutzhaft konnte die Polizei Homosexuelle einem juristischen Verfahren entziehen.

Der § 175 wurde ab 1935 weiter verschärft und die »Homosexuellenfrage« zu einer politischen Frage stilisiert. Reichsweit erfasste die »Reichszentrale zur Bekämpfung der Homosexualität und Abtreibung« schwule Männer als politische Gegner. Die Polizei observierte weiterhin die Klappen, Denunziationen waren Tür und Tor geöffnet. Die Sitte beschrieb noch Ende 1944, dass sich Homosexuelle abends bei den Toiletten am Hauptbahnhof treffen. Dabei handle es sich hauptsächlich um französische Zivilarbeiter und Wehrmachtsangehörige. Aufgrund von Personalmangel erfolgten nun jedoch erheblich weniger Festnahmen. Am 12. Dezember 1944 schrieb die Münchner Kriminalpolizei dazu: »… verstärkt betriebene Überwachung der Pissorte führte nur in wenigen Fällen zu Aufgriffen von Homosexuellen. Dies ist neben dem Umstand, dass keine jahrelang eingearbeiteten jüngeren Spezialisten verfügbar sind, auch dem jahreszeitlich bedingten Rückgang der Streunneigung der Homosexuellen zuzuschreiben …«

Auch innerhalb der Polizei wurde strikt gegen Homosexuelle vorgegangen. Jeder neue Polizist musste in seiner Personalakte einen Erlass des Führers zur »Reinhaltung von SS und Polizei von homosexuellen Volksschädlingen« unterzeichnen.

AUCH NACH DEM KRIEG BLEIBT DER VERFOLGUNGSDRUCK

Direkt nach der NS-Zeit konnten viele schwule KZ-Insassen die Demütigungen und Misshandlungen nicht bewältigen. Auch wollte die Gesellschaft ihre Leidensgeschichten nicht hören. 1949 schloss das Bundesentschädigungsgesetz homosexuelle Opfer ausdrücklich als Anspruchsberechtigte aus. Dagegen wehren sich die Opfer bis heute. Erst jetzt, im Jahr 2015, wird am Gehweg vor dem ehemaligen Lokal »Schwarzfischer« ein Mahnmal geplant zum Gedenken an die während der NS-Zeit in München verfolgten Homosexuellen.

»Wehrt euch« lautete das Motto bei der Anti-Gauweiler-Demo 1987.

In den 50er- und 60er-Jahren konnte sich die schwule Szene in einem konservativen und restriktiven gesellschaftlichen Klima in Deutschland kaum offen zeigen. Anzeigen und Prozesse nach dem § 175 liefen unverändert weiter. Die »Dultstuben« in der Sendlinger Straße war eines der wenigen Schwulenlokale in München. 1957 stellte das Bundesverfassungsgericht in einem Grundsatzurteil fest, dass der § 175 in seiner verschärften Version von 1935 kein typisches NS-Unrecht sei und somit rechtmäßig weiterbestehe. Die Verfassungsrichter bezeichneten die geschlechtliche Beziehung von Mann zu Mann als Verirrung, die zur Entartung des Volkes und zum Verfall seiner Kraft führen könnte – eine Diktion wie aus der NS-Zeit. Schwule waren potenzielle Rechtsbrecher, wurden erkennungsdienstlich behandelt und ihre Personalien in speziellen Dateien vermerkt. In den ersten beiden Jahrzehnten der Bundesrepublik konnte ein polizeiliches Ermittlungsverfahren, selbst wenn es mangels Beweisen zu keinem Urteil führte, die bürgerliche Existenz vernichten, vor allem wenn bei Prominenten noch die Presse davon Wind bekam.

Erpressungen und Morde wurden häufig von Strichern verübt. Die Polizei sah die männliche Prostitution als Brutstätte des Verbrechens. Eine BKA-Studie von 1957 erkannte in der Stricherszene sogar noch einen Faktor, der Homosexualität generell fördert und vermehrt: »Vor allem geben die Strichjungen durch ihre laufende Bereitschaft zu Unzuchtstaten all denen einen verführerischen Anreiz, die zur Homosexualität neigen, womit eine Ausbreitung der Homosexualität verbunden ist.«

Polizeiliches Handeln Schwulen gegenüber wollte bis Ende der 60er-Jahre nicht nur Straftaten verfolgen, sondern die Homosexualität generell bekämpfen, um das sittliche Empfinden der konservativen Gesellschaft zu schützen. Nachdem Ende der 60er ein leichter gesellschaftlicher Wandel gegenüber Homosexuellen einsetzte, tat sich die Polizei in München, wie auch anderswo, noch lange schwer mit einer unverkrampften Beziehung zur schwulen Subkultur. Die Zahl der Verurteilungen nach § 175 sank deutlich. Nun begannen sich auch schwule und lesbische Vereine zu organisieren und in der Öffentlichkeit aufzutreten. In München bildete sich die »Homosexuelle Aktion München«, die in der Fußgängerzone 1973 die erste Aufklärungskampagne startete. In den 80er-Jahren gründete sich das »Schwulen Kultur- und Kommunikationszentrum« (Schwukk, später Sub e.V.) in der Müllerstraße, das die Szene mit Beratung und Information versorgte. Auch die ersten Kontakte zur Münchner Polizei wurden dort initiiert.

Nach der Eröffnung des unterirdischen Stachusbauwerks Mitte der 1970er stieg die Beliebtheit des Karlsplatzes als schwuler Treffpunkt. Die Polizei in der Altstadt gründete 1976 eine zivile Einsatzgruppe, die speziell die Fußgängerzone und das Untergeschoss am Stachus überwachte.

GAUWEILERS MASSNAHMENKATALOG

Anfang der 80er-Jahre traten die ersten Aidsfälle in München auf. Es entstand eine Hysterie um die sogenannte Schwulenseuche und der Münchner Kreisverwaltungsreferent Peter Gauweiler wollte die schwule Subkultur in München mit großem Aktionismus zerschlagen, um angebliche Infektionsketten zu kappen. Er wollte Infizierte melden und isolieren. Razzien wurden mithilfe der Münchner Polizei häufig durchgeführt. Mit der Zeit blieben die Gäste der Lokale und Saunen aus Furcht vor erniedrigenden Kontrollen bei Razzien aus. An den Wochenenden entstand ein Schwulentourismus nach Nürnberg, wo es derartige Restriktionen nicht gab. Lokale und Saunen wurden teils unter fragwürdigen Gründen geschlossen. Auch gab es strikte Auflagen für Saunen, wie das Aushängen der Türen und die Gewährleistung einer gewissen Lichtstärke, damit dort kein Sex stattfinden konnte.

Als Gauweiler nach 1986 Bayerischer Staatssekretär im Innenministerium wurde, verabschiedete das

Der Paragraf 175 und Peter Gauweiler waren Themen bei den CSDs 1990 (l.) und 1993 (r.).

Bayerische Kabinett im Mai 1987 einen bundesweit einmaligen Maßnahmenkatalog gegen Aids. Bei Prostituierten, Drogenabhängigen und Beamtenanwärtern konnten HIV-Zwangstests durchgeführt werden. Die Polizei musste diese Vorschriften überwachen. Personen, die nicht zum Test erschienen, konnten zwangsweise vorgeführt und zur Fahndung ausgeschrieben werden. In Bordellen gilt seitdem Kondompflicht. Laut Katalog sollten Einrichtungen, die die Weiterverbreitung des HI-Virus begünstigten, geschlossen oder zumindest überwacht werden. Obwohl nicht offiziell benannt, zielte der Maßnahmenkatalog klar darauf ab, die schwule Szene in München zu zerschlagen. Die Polizei konnte jederzeit Razzien durchführen. Die bayerische GdP (Gewerkschaft der Polizei) begrüßte die Maßnahmen, forderte aber dringend eine Schutzausrüstung und spezielle Ausbildung für die Beamten bei diesen Kontrollen. Doch die Stadtgesellschaft solidarisierte sich mit der Szene und über 10 000 Menschen demonstrierten gegen diesen Katalog. Politiker anderer deutscher Bundesländer kritisierten diesen bayerischen Sonderweg und die Bayerische Landesregierung nahm in den 90er-Jahren wieder Abstand von dem Katalog.

Zwischen 1978 und 1982 wurden in München mehrere schwule Männer ermordet. Bei den Ermittlungen bemängelte die Polizei eine mangelnde Kooperation der Münchner Schwulenszene. Dabei bemerkte sie nicht, dass Schwule immer noch Angst vor einer Registrierung in Rosa Listen hatten. In kaum einer anderen deutschen Stadt wurde an einschlägigen Treffpunkten so häufig kontrolliert. Das Klima zwischen Polizei und Schwulen

war mehr von Repression als von Kooperation geprägt. Trotzdem führte man konstruktive Gespräche, und eine Münchner Schwulenzeitschrift druckte 1983 einen Fahndungsaufruf.

In den nächsten Jahren änderte sich wenig im Verhältnis Polizei–Schwule. Anfang der 1990er-Jahre ging das »Schwule Überfalltelefon München« in Betrieb, das Beratung und Hilfe anbot. Nach wiederholten Fällen thematisierten die Münchner Medien 1992 die Gewalt gegen Homosexuelle, die häufig ungesühnt blieb, da die Opfer aus Angst vor einem Outing und den Schikanen durch die Polizei schwiegen. Eine Befragung des Schwukk ergab, dass 90 % der Straftaten gegen Schwule nicht angezeigt wurden.

POLIZEI LEHNT »SCHWULENBEAUFTRAGTEN« AB

Auf Kooperationsangebote mit Antigewaltprojekten der Szene und vor allem auf die Forderung nach Einführung eines Schwulenbeauftragten beim Polizeipräsidium ging die Polizei nicht ein. Im Mai 1992 fordert die Stadtratsfraktion der FDP, eine spezialisierte Anlaufstelle für homosexuelle Opfer beim Münchner Polizeipräsidium zu schaffen. Der Antrag bemängelte, dass die Opfer die Polizei mieden,

Für Aufsehen sorgten Vermerke wie »Homo-Szene«, die Polizeibeamte 1995 in die Pässe ausländischer Männer schrieben.

weil sie Angst vor polizeilicher Diskriminierung hätten. Besonders geschulte Beamte sollten verhindern, dass antischwule Gewalt weiterhin straflos bliebe. Im Juni 1992 erklärte die Polizei der Stadt gegenüber, dass zu dem Dunkelfeld nicht angezeigter Straftaten gegen Homosexuelle keine zuverlässige Aussage getroffen werden kann. Eine besondere Anlaufstelle wurde abgelehnt, da alle Opfer von Straftaten unabhängig ihrer sexuellen Neigung gleich und professionell behandelt würden. Diskriminierungsvorwürfe gegen die Polizei sah man als unbegründete Vorurteile. Im Gegenteil, die Polizei machte die Szene selbst verantwortlich. Ein Sprecher der Münchner Polizei erklärt im Juni 1992 zu der Zahl nicht angezeigter Taten: »Das ist kein Problem der Polizei, sondern eines der Betroffenen. Sie brauchen nur zu uns zu kommen.« Außerdem wolle sich die Polizei »nicht dafür benutzen lassen, diese Gruppe gesellschaftlich aufzuwerten«. 1994 reichte das Schwukk mit Unterstützung der Grünen eine Petition beim Bayerischen Landtag ein, in der erneut ein Schwulenbeauftragter bei der Münchner Polizei gefordert wurde.

1995 schrieben Münchner Polizeibeamte die Vermerke »Homo-Strich« und »Homo-Szene« in die Pässe ausländischer Männer, die an Treffpunkten der Schwulenszene kontrolliert wurden, da sich die Stricherszene durch zugereiste osteuropäische Männer stark vergrößert hatte. Diese Fälle wurden ausführlich in den Medien dokumentiert, und die Polizeiführung musste Fehler und unsensibles Verhalten eingestehen.

1996 bekräftigte das Polizeipräsidium seine ablehnende Haltung nach einem speziellen Ansprechpartner, da Schwule wie alle anderen Bevölkerungsgruppen auf eine korrekte und sachliche Behandlung vertrauen könnten. Einladungen zu Diskussionsveranstaltungen lehnte man ab. Polizeipräsident Koller sagte dazu in einem Interview mit der Süddeutschen Zeitung, dass er den Eindruck habe, die Polizei solle zur Propagierung von Lebensformen instrumentalisiert werden. »Wenn ein Schwuler Opfer einer Straftat wird, dann braucht er weder den Polizeipräsidenten, noch den Schwulenbeauftragten, er braucht ein Telefon und 110.« Schwulenverbände warfen der Polizei einer Verharmlosung der Thematik vor und forderten den Rücktritt des Polizeipräsidenten.

Im Sommer 1999 kam es wieder zu häufigeren Angriffen auf Schwule im Gärtnerplatzviertel. Das »Aktionsbündnis gegen schwulenfeindliche Gewalttaten«

Im Jahr 2000 kam endlich Bewegung in das schwierige Verhältnis zwischen Polizei und Szene. Eine Flyeraktion sollte Vertrauen schaffen (o.). Das Plakat unten bewarb die erste Gesprächsrunde im Januar 2000.

organisierte eine Lichterkette in der Müllerstraße mit 3 000 Teilnehmern. Die Polizei verstärkte daraufhin ihre Streifentätigkeit.

2000 brachte die Polizei einen speziellen Szene-Flyer heraus. Unter dem Titel »Du musst nicht auf Polizisten stehen, um sie anzurufen« verwies das Kommissariat 314 auf die Opferberatungsstelle der Polizei, um den Dialog zu verbessern. Am 18. Januar 2000 dann die große Premiere: Im Vollmarhaus fand erstmalig eine Gesprächsrunde zwischen der Polizei und Schwulenverbänden statt, um über die Probleme und Erwartungen zu diskutieren.

2002 erklärte das Sub (ehemals Schwukk), dass sich die Zusammenarbeit mit der Polizei deutlich verbessert habe. Es war ein Trend erkennbar, dass sich schwule Opfer nun häufig direkt an die Polizei wandten und Anzeigen erstatteten. Auch die Beamten der Opferberatungsstelle nahmen diesen Trend erfreut zur Kenntnis. Das Verhältnis entspannte sich.

Ein spezieller Schwulenbeauftragter wurde von der Münchner Polizei bis heute nicht ernannt. Das Kommissariat 105 für Prävention und Opferschutz hat aber intensive Kontakte zu den Vereinen und Beratungsstellen der Münchner Schwulen und Lesben und kooperiert mit ihnen seit Jahren gut bei verschiedenen Themen, wie z. B. mit speziellen Kursen für Zivilcourage.

Grundsätzlich bestand das Problem mit antischwuler Gewalt meist darin, dass die Täter davon ausgehen konnten, dass sich Schwule weder wehren noch die Taten anzeigen. Probleme zwischen Homosexuellen und Polizei, als auch mit homosexuellen Polizisten innerhalb der Polizei lagen teilweise auch tiefer und haben Ursachen in der Struktur und personellen Zusammensetzung der Polizei. Bis Anfang der 90er-Jahre war die Polizei in München eine fast rein männliche Organisation. Berufsmilieus wie Polizei und Militär, die besonders auf Werten wie Kameradschaft und körperliche Stärke identitätsstiftend aufbauen, neigen eher dazu, stereotype Vorurteile gegenüber vermeintlich schwachen Gruppen zu pflegen. Dem Verdacht, sich im Dienst besonders schwulenfreundlich zu verhalten, wollten sich nur die wenigsten Polizeibeamten aussetzen.

SCHWULE POLIZISTEN OUTEN SICH

Der gesellschaftliche Wandel der letzten Jahre, die steigende Anzahl weiblicher Beamtinnen bei der Polizei und homosexuelle Polizisten, die sich outen, haben das Verhältnis zwischen der Polizei und der Münchner Schwulenszene normalisiert und professionalisiert.

Straftaten nach dem § 175 wurden noch bis 1994 vom Kommissariat für Sexualdelikte bearbeitet. Neben den örtlich zuständigen Polizeiinspektionen führen auch Beamte dieses Kommissariats gezielt Streife an den Treffpunkten der homosexuellen Szene, um dort die illegale Prostitution zu verfolgen. Diese gezielten Streifen wurden bis Mitte der Nullerjahre von der Kriminalpolizei weitergeführt. Fälle illegaler Prostitution bearbeitete die Sitte.

2005 erklärte das Bayerische Innenministerium, dass interne Erfassungsschlüssel bei der Vorgangsverwaltung für homosexuelle Täter und auch für die Tatörtlichkeit »Aufenthalt von Homosexuellen« gelöscht wurden. Der Verband lesbischer und schwuler Polizeibediensteter hatte diese alten Datenbanktypisierungen moniert, die noch an die alten Rosa Listen erinnerten. Im Jahr 2013 wurde wiederum auf Hinweis vom Verein lesbischer und schwuler Polizeibediensteter durch alle Polizeipräsidien erlassen, dass herabwürdigende Textpassagen wie »Homo-Milieu«, »Homo-Szene« oder ähnliche Formulierungen in Lageberichten oder Sachverhalten nicht mehr zu verwenden sind.

Auch bei der medialen Berichterstattung über Gewalttaten gegen Schwule ließ und lässt sich bis heute eine diskriminierende Diktion feststellen. Schlagzeilen wie »Schon wieder ein Homo-Mord« sprechen für sich. Oft heißt es, dass sich der Mörder bestimmt im Homosexuellenmilieu finden lässt, so als ob sich Schwule immer gegenseitig umbringen würden.

Bereits 1996 gab es eine Selbsthilfegruppe »Schwupos/Lespos« beim Sub in der Müllerstraße, wo sich homosexuelle Beamte treffen konnten. Der Führung des Polizeipräsidiums gegenüber gab es Vorbehalte, die man gut in der damaligen eigenen Beschreibung der Gruppe erkennt: »Aufgrund des teilweise veralteten und erzkonservativen Führungsstils in Bayern starten wir alle unse-

2011 ▪ DER DOPPELMORD VON KRAILLING

Krailling ist 2011 Schauplatz eines der schrecklichsten Verbrechen in der Kriminalgeschichte des Polizeipräsidiums München. Am 24. März erlebt eine Mutter das grausamste, was es im Leben gibt: Sie findet ihre 9- und 11-jährigen Töchter tot in der Wohnung – bestialisch ermordet – erstochen, erdrosselt, erschlagen. Übertötet, wie es in der Fachsprache heißt.

Die Zimmer in dem Mehrfamilienhaus in der Margaretenstraße sind voll von Blutantragungen. Auch die kurz daraufhin eintreffenden Streifenpolizisten sind schockiert. Alle, die in den nächsten Stunden an diesem Tatort ihre Arbeit machen, vom Ermittler bis zum Spurensicherer, keiner wird jemals diese Bilder vergessen. Unter der Leitung vom Chef der Münchner Mordkommission, Kriminaloberrat Markus Kraus, beginnt eine 30-köpfige Sonderkommission ihre Arbeit. Die Emotionen lassen sich nicht vollständig unterdrücken, aber alle sind Profi genug um einen kühlen Kopf zu bewahren.

Auch in der Rechtsmedizin wird fieberhaft nach dem Täter gesucht – im DNA-Labor legen Dr. Katja Anslinger und Birgit Bayer Sonderschichten ein, um aus dem angelieferten Spurenmaterial eine heiße Spur herauszufiltern. In den vergangenen Jahren haben die beiden schon oft den Grundstein für die Ermittlung von Mördern und Sexualverbrechern gelegt. Am 1. April ist es so weit: In Peißenberg klicken die Handschellen. Der Täter ist gefasst. Es war der eigene Onkel. Die weiteren Ermittlungen offenbaren eine Familientragödie besonderen Ausmaßes. Staatsanwalt und Mordsachbearbeiter sind sich sicher, auch die Mutter der Mädchen sollte in jener Nacht sterben. Das Motiv des 51-jährigen Postboten: Habgier. Selbst Vater von vier Kindern bekam er sein Leben nicht in den Griff. Schulden und eine bevorstehende Zwangsvollstreckung ließen ihn zum Mörder werden. Anfang 2012 beginnt der Prozess gegen Thomas S. und den Zuschauern im Gerichtssaal stockt der Atem, als der Obduktionsbericht und die Ergebnisse der Tatortarbeit vorgestellt werden. Auch das gefühlskalte Verhalten des Angeklagten, der bis heute seine Täterschaft trotz der erdrückenden Beweislage u. a. aus DNA und Blutspuren bestreitet, trägt seinen Teil dazu bei. Das Urteil lautet: Lebenslange Haft und Feststellung der besonderen Schwere der Schuld.

Autor: Harald Pickert

Der Verein VelsPol Bayern ist mit seinem Infostand bei Straßenfesten und natürlich bei den jährlichen CSDs vertreten. Auch Prominente schauen gerne vorbei (Bild l.) wie PP Wilhelm Schmidbauer (in Uniform) und »München 7«-Star Andreas Giebel.

re Aktionen bis auf Weiteres aus der Anonymität heraus. Um alle Angriffe des Polizeipräsidiums im Keim zu ersticken, werden wir keine Angaben zu unserer derzeitigen Mitgliederzahl machen.« Dieser lockere Verbund hat sich dann aber im Laufe der Jahre aufgelöst.

Im Juli 2008 fand anlässlich des Münchner Christopher Street Days (CSD) das Bundesseminar von VelsPol Deutschland e.V. (Verband lesbischer und schwuler Polizeibediensteter) in München statt. Im Rahmen dieses Bundesseminars wurde von fünf Beamten VelsPol Bayern als zunächst nichtgeschäftsfähige Vereinigung gegründet. Weil sich die Kontaktaufnahme mit dem Bayerischen Innenministerium und den einzelnen Polizeipräsidien schwierig gestaltete, trafen sich im Juni 2011 zwölf Polizeibeamtinnen und -beamte aus ganz Bayern im Sub in München. Sie gründeten dort »erneut« VelsPol Bayern – allerdings als eingetragenen Verein und führen seither das e.V. im Namen. Ein Beamter des PP München wurde zu einem der Vorsitzenden gewählt. VelsPol Bayern e.V. will unter anderem homosexuellen Polizeiangehörigen helfen, die aufgrund ihrer Lebensweise dienstliche Nachteile erfahren haben oder aber auch Unterstützung beim Outing geben. Des Weiteren wollen die Mitglieder Toleranz und Akzeptanz der Polizeiangehörigen gegenüber Lesben, Schwulen, Bi- und Transsexuellen sowohl intern als auch extern fördern.

Vonseiten des Polizeipräsidiums München wurde VelsPol Bayern e.V. von Anbeginn an unterstützt und gefördert. Führende Behördenvertreter kommen immer wieder gerne am Infostand während des CSD in München vorbei und stehen zu Gesprächen zur Verfügung.

Der Wunsch des Vereins nach einem »Ansprechpartner für gleichgeschlechtliche Lebensweisen« (AGL) bei der Bayerischen Polizei konnte bislang allerdings noch nicht verwirklicht werden. Seit Herbst 2014 ist dafür aber die Thematik »Homosexualität in der Polizei« fest im Ausbildungsplan für die 2. Qualitätsebene verankert. Beamtinnen und Beamte der 4. Qualitätsebene bekommen ähnliche Inhalte seit Jahren an der Deutschen Hochschule der Polizei (DHPol) Münster vermittelt. Zum 10-jährigen Vereinsjubiläum im Jahr 2018 ist geplant, das Bundesseminar erneut in München zu veranstalten.

Auch bei den jährlichen Christopher Street Day-Veranstaltungen ist VelsPol Bayern e.V. in ganz Bayern mit einem Infostand vertreten. Dort kann man sich über die Situation der schwulen und lesbischen Beamten bei der Polizei informieren oder sich zum Ablauf einer Anzeigeerstattung bei homophoben Straftaten beraten lassen.

Beim ersten Münchner CSD im Juni 1980 demonstrierten 150 Teilnehmer für gleiche Rechte und gegen Diskriminierung. Die Entwicklung des CSD zu einer großen, fröhlichen und selbstverständlichen Kundgebung begann erst in den 90ern. Gesellschaftliche Fortschritte und politische Unterstützung ließen den CSD von Jahr zu Jahr wachsen. Auch die Veranstaltungsbetreuung durch die Polizei hat sich positiv verändert.

Die Zusammenarbeit von Polizei und Veranstaltern war anfangs noch überwiegend von Unkenntnis und Vorurteilen geprägt. Über die Jahre ist man aufeinander zugegangen, und es hat sich eine vertrauensvolle Zusammenarbeit entwickelt.

EIN BLICK IN DIE KRIMINALSTATISTIK AB 1945

Interessant ist auch ein Blick in die Kriminalstatistik, die seit 1946 in den Leistungsberichten und den späteren Sicherheitsreporten der Münchner Polizei veröffentlicht wird.

Anfangs wurden Taten nach dem § 175 – widernatürliche Unzucht zwischen Männern – von 27 Beamten des K 5 bearbeitet. K 5 war die Unterabteilung der Kriminalpolizei für die Bearbeitung aller Sittlichkeitsdelikte, worunter damals z. B. Kuppelei, Verführung, Bekämpfung von Geschlechtskrankheiten, Blutschande, Kleideraufschneider, Frauenauspeitscher, Zopfabschneider, Nacktgeher, Notzucht, Bigamie, Vagantenwesen und widernatürliche Unzucht zwischen Männern fielen. 1946 und 1947 wurden keine Taten angezeigt. Die Polizei beklagte, dass aufgrund von Personalmangel keine Kriminalstreifen zur Bekämpfung der Homosexualität gestellt werden konnten.

Noch vor wenigen Jahren undenkbar: Streifenbeamte lassen sich von zwei »Damen« beim CSD zum gemeinsamen Foto überreden.

1948 wurde die Repression spürbarer. Es kam zu 160 Anzeigen, die aus Sicht der Kriminaler allerdings nicht zufriedenstellend bearbeitet wurden: »… Fälle können noch nicht so tiefschürfend wie nötig bearbeitet werden.« 1949 gab es 119 Festnahmen und 217 Anzeigen. 158 Streifendienste wurden in Zusammenarbeit mit K 7 A für Fahndungswesen durchgeführt, darunter ist auch eine Razzia in einem Lokal erwähnt. Dabei werden die Fahnder gelobt: »K 7 A hat erheblichen Anteil an der Fahndung nach Homosexuellen.« 1950 wurde der § 175 StGB 283 mal angezeigt, 306 mal rückten spezielle Streifen aus: »Homosexuelle suchen bekanntlich ihren Anschluss in öffentlichen Bedürfnisanstalten und in Gaststätten von zweifelhafter Güte.« Erstmals wird die Sohobar in der Maximiliansstraße erwähnt, die spätere Sansibar. Homosexuelle und Pädophile warf man ganz selbstverständlich in einen Topf. Denn herausgehoben wurde der Fall eines Vertrauensarztes des Arbeitsamtes, der über 30 »Unzuchtshandlungen« an minderjährigen Jungen vornahm.

1951 kam es zu 513 Anzeigen und 295 Festnahmen. Die auffällige Steigerung wird der »Spezialfahndung eines besonders geeigneten Beamten« zugeschrieben. Ein Jahr später gingen die Anzeigen auf 317 zurück. Dabei wurde der Fall des Stadtpfarrers aus Schongau erwähnt, der in München im Hotel öfters mit Burschen übernachtete. Durch die Umorganisation der Kriminalpolizei 1953 wurde aus dem K 5 die Dienststelle 15 der Kriminalinspektion IV. Bei der Aufgabenbeschreibung wies man ausdrücklich auf die Überwachung der Schwerpunkte des Auftretens von Homosexuellen hin. 1960 rückten die Beamten 553 mal zur »Bekämpfung des Dirnen- und Homosexuellenunwesens« aus.

Bis 1964 wurden jährlich im Durchschnitt 365 Anzeigen erstellt. Die Aufklärungsquote lag bei über 90 %. Ab 1965 gingen die Zahlen zurück von 299 auf 101 Taten 1973. Danach lagen die Zahlen im zweistelligen Bereich. Sie verringerten sich von 42 Fällen 1974 auf zehn im Jahr 1992. Nach der Verstaatlichung 1975 wurden die Anzeigen in der Kriminalstatistik nicht mehr als Unzucht zwischen Männern, sondern als homosexuelle Handlungen aufgeführt. 1994, dem Jahr, als der § 175 im Juni komplett fiel, gab es noch eine einzige Anzeige in München!

KRIMINALITÄTSPHÄNOMENE UND BESONDERE EINSÄTZE

KRIMINALITÄT UND DEREN BEKÄMPFUNG IM WANDEL DER ZEIT

Autoren: Harald Pickert, Benno Jahn

Eine vollständige Darstellung der Kriminalitätsentwicklung seit der ersten urkundlichen Erwähnung Münchens im Jahr 1158 bis in die heutige Zeit würde den Rahmen der Chronik wahrlich sprengen. Eine Auswahl besonderer Verbrechen und verschiedener organisatorischer Entwicklungen der Münchner Polizei sind in verschiedenen Kapiteln der Chronik ausführlicher dargestellt.

Deshalb nur ein kurzer Blick zurück auf die Anfänge der Kriminalitätsbekämpfung in München: Schon die Gründung Münchens begann vermutlich mit einem Verbrechen. Heinrich der Löwe soll den Überfall auf die Zollstation des Bischofs von Freising befohlen haben. Die Schergen brannten die Isarbrücke nieder und Heinrich errichtete seine eigene Mautbrücke nahe einer kleinen Siedlung »bei den Mönchen«.

Was als kriminelle Handlung gilt und wie sie bestraft wird, ist seit jeher den politischen, sozialen und gesellschaftlichen Entwicklungen unterworfen. Deshalb ist Kriminalität, deren Bekämpfung und Bestrafung ein Gradmesser für Veränderung und orientiert sich an den Moral- und Wertvorstellungen der jeweiligen Epoche.

Die ersten Grundlagen der Kriminalitätsbekämpfung wurden in München mit der Rudolfinischen Handfeste im Jahr 1294 geschaffen. München erhielt ein Stadtrecht von beachtlichem Umfang. Darin enthalten war sowohl die »Blutgerichtsbarkeit« als auch das Recht, Straf- und Bußgelder einzutreiben. Mit Handwerk, Handel und expandierendem Warenverkehr entwickelte sich in München auch mehr Kriminalität. Vor allem klassische Deliktsformen, wie Diebstahl und Raub, beschäftigten die Ordnungshüter. Aber auch Taschendiebstahl, Betrug, Falschmünzerei und Warenverschnitt, begünstigt durch die Vielzahl unterschiedlicher Maße und Gewichte, waren zu verzeichnen.

Im Juli 1315 erhielten die Ordnungshüter der Stadt von Ludwig dem Bayern das Privileg, Verbrecher im ganzen Herzogtum zu fangen und ihnen in München den Prozess zu machen. Eine Art frühzeitliche Zielfahndung, um die allerdings schnell Streit entbrannte.

Querelen und Streitigkeiten um die Zuständigkeit für die Aufrechterhaltung von Sicherheit und Ordnung ziehen sich durch die gesamte Stadtgeschichte. Trotz verbriefter Stadtrechte wollte kein Herrscher seinen Einfluss aufgeben – das Thema Innere Sicherheit war schon damals ein Politikum. Ein gutes Beispiel hierfür ist die gewaltsame Befreiung von zwei Straßenräubern vom Galgen durch Herzog Johann im Jahr 1457.

Zu tun gab es für alle Sicherheitsorgane jedoch genug. Mit der Verbreitung des Schriftverkehrs begannen auch die Urkundenfälschungen. Zur Nachtzeit war die Sicherheitslage besonders angespannt und deshalb patrouillierten sogenannte Scharwächter durch die Gassen, um Übertretungen der Sperrzeit zu sanktionieren. Bei allem Wandel – über die Jahrhunderte blieb manches gleich. Die Diskussion über die Folgen des Aggressionsverstärkers Nummer eins (Alkohol) und die Möglichkeiten von Präventionsmaßnahmen gab es schon damals und es gibt sie auch noch heute. Damals reagierte die Stadt mit einem nächtlichen Waffentrageverbot – heute erlässt das Kreisverwaltungsreferat gegen festgenommene Gewalttäter Aufenthaltsverbote für die entsprechenden Veranstaltungsörtlichkeiten.

FOLTER UND GRAUSAME STRAFEN

Waren Stadtrat und Bevölkerung bis ins 16. Jh. noch tolerant gegenüber Bettlern und Landstreichern, so änderte sich diese Einstellung mit zunehmender Armut und Not. Der Landesfürst kritisierte die städtischen Behörden wegen ihres laschen Vorgehens gegen »landschädliches« Verhalten von »heillosem Gesindel«. Von nun an ging man mit besonderer Härte gegen Bettler und Landfahrer vor.

Die Palette der Bestrafungsmöglichkeiten war an Grausamkeiten kaum zu überbieten. Die Folter zur Erlangung von Geständnissen hatte ihren festen Platz im frühen kriminalistischen Maßnahmenkatalog – und wer widerstand schon den Folterknechten. Auch der Henker war Bestandteil dieser Sicherheitsarchitektur. Die Anschuldigungen lauteten oft auf Zauberei und Hexerei, aber auch »Goldmacher« mussten den Gang zu den Richtstätten antreten. Viele Frauen, die ihr Leben auf dem Scheiterhaufen ließen, waren aber nicht der Hexerei, sondern wegen Kindsmord angeklagt. Aus Angst vor dem Schandpfahl und gesellschaftlicher Ächtung töteten einige ihr neugeborenes uneheliches Kind.

Trotz verschiedener Verträge unterschiedlicher Landesfürsten mit dem Münchner Magistrat ging der Kompetenzstreit über die Gerichts- und Polizeihoheit weiter. Schließlich war es Kurfürst Maximilian III., der 1759 die Errichtung eines »Policeyraths« als eine Art Aufsichtsbehörde über die verschiedenen Polizeibehörden veranlasste, allerdings erwies sich auch diese Maßnahme als untauglich.

Das Aufgabenspektrum der Polizeibehörden unterschied sich wesentlich vom Profil heutiger Zeit. Neben der Aufrechterhaltung der öffentlichen Sicherheit und Ordnung kümmerte sich die Polizei um die Bevölkerungsstatistik, das Meldewesen, die Lebensmittelgesetze, die Einhaltung der Sitten und die Sauberkeit der Stadt. Gegen Ende des 18. und zu Beginn des 19. Jh. waren langsam polizeiliche Organisationsstrukturen und vor allem Vorgehensweisen erkennbar, die den heutigen Maßstäben nahekamen, wenngleich das Aufgabenfeld nach wie vor noch sehr kommunal und ordnungsrechtlich geprägt war. So umfasste beispielsweise 1869 der polizeiliche Zuständigkeitskatalog nach wie vor das Passwesen, feuerpolizeiliche Aufgaben, Maßnahmen gegen Gaukler und Bettler, das Gesundheitswesen und das Stiftungs- und Vereinswesen.

Zu den drakonischen Strafen des Mittelalters gehörte auch das Brandmarken. Dabei wurde Dieben oder Münzfälschern mit einem glühenden Stempel oder Schlüssel ein Brandmal ins Gesicht eingebrannt.

Nach einem dreifachen Mord in der Karlstraße im Jahr 1896 wurde eine 40-köpfige Fahndungseinheit mit Kriminalgendarmen aufgestellt. Die uniformähnliche Zivilkleidung ließ Bevölkerung und Medien an der Wirksamkeit der Truppe zweifeln. Die Kriminalgendarmen jener Zeit sind die Vorläufer der Zivilen Einsatzgruppen (ZEG) auf den heutigen Polizeiinspektionen. Heute ist nicht die Kleidung, sondern das Festhalten an einer bekannten bayerischen Automarke das Erkennungsproblem. Aus der Fahndungseinheit entstand kurze Zeit später eine eigene »Criminalabteilung«.

Nach Abschaffung der Folter in Bayern im Jahr 1806 rückte der Personen- und Sachbeweis in den Vordergrund und erforderte eine Spezialisierung. Die Polizeiarbeit ließ langsam konzeptionelle Ansätze erkennen – mit Fortschreiten der Kriminaltechnik begann eine neue Epoche der Kriminalitätsbekämpfung. Hinzu kam mit Einführung des Strafgesetzbuches 1872, der Straf- und Zivilprozessordnung, des Gerichtsverfassungsgesetzes 1877 sowie des Bürgerlichen Gesetzbuches im Jahr 1900 eine Vereinheitlichung der Rechtsordnung.

Als im Juni 1909 bei der Königlichen Polizeidirektion eine daktyloskopische Registratur eingeführt wurde, war dies der Startschuss für eine zeitgemäße Kriminalitätsbekämpfung. Bis heute ist trotz DNA-Analyse der Tatnachweis über Fingerabdrücke eines der wichtigsten

Hilfsmittel im kriminalistischen Werkzeugkasten. Auch bei der Münchner Polizei gewannen moderne Ermittlungsmethoden ständig an Einfluss und die Kreativität von Mitarbeiterinnen und Mitarbeitern förderte insbesondere nach dem Zweiten Weltkrieg wegweisende Methoden und Konzepte zutage.

DIE KRIMINALITÄTSBEKÄMPFUNG NACH 1945

München lag in Trümmern und es herrschten desolate Verhältnisse. Diebstahl, Raub und Gewalt waren an der Tagesordnung. Getötet wurde, um zu überleben, aber manche beglichen auch alte Rechnungen. Polizeiliche Strukturen waren nötiger denn je und so entstand 1945 auch die Stadtpolizei München, nach amerikanischem Vorbild als Ortspolizei konzipiert. Dokumentiert ist das Kriminalitätsgeschehen und die organisatorische Entwicklung ab 1945 umfassend und lückenlos in den jährlichen Sicherheitsberichten. In diesem Bericht wird die jeweils aktuelle Sicherheitslage dargestellt und erläutert. Zudem sind der Personalstand und Besonderheiten verzeichnet. Diese Zusammenfassung hieß anfangs Leistungsbericht, später Verwaltungsbericht, ab 1964 Jahresbericht und seit 1988 Sicherheitsreport.

In den ersten Jahren nach dem Krieg gestalteten sich die Rahmenbedingungen für eine erfolgreiche Kriminalitätsbekämpfung äußerst schlecht, wie nachfolgende Auszüge aus dem Bericht von 1946 zeigen: »… der größte Teil der Beamten ist täglich 10-15 Stunden im Dienst. Der tüchtige und gewissenhafte Beamte ist meist damit nicht fertig, denn er wird sich in seiner Freizeit und in schlaflosen Nachtstunden noch den Kopf zerbrechen, wie er den einen oder anderen schwierigen Fall zum Abschluss bringen, die Überführung des Täters ermöglichen oder einen hartnäckigen Verbrecher zum Geständnis bringen kann. Er bekommt in Bezug auf Ernährung und Bekleidung die gleichen Sätze, die jedes alte Spitalmutterl erhält, das den größten Teil des Tages im Bette verbringt. Aus Sparsamkeitsgründen hat man sogar versucht, ihm die Freifahrt auf der Straßenbahn vorzuenthalten, bis der Herr Oberbürgermeister selbst diesen unhaltbaren Zustand beseitigt hat.«

Die Besoldung hat sich zwischenzeitlich deutlich verbessert, wenn auch die Verstaatlichung der Polizei 1975 eine drastische (Un-)Gleichbehandlung mit sich brachte. Der Polizist im kostengünstigen, ländlichen Bereich hat die gleiche Entlohnung wie der Kollege im arbeitsintensiven, überstundenträchtigen, teuren Ballungsraum. Dafür hat die vergünstigte Sondernetzkarte für den MVV-Bereich nach wie vor Tradition.

Die Sicherheitslage war für die Münchner Bürgerinnen und Bürger zu dieser Zeit wenig erfreulich. Neben den erschwerten Lebensbedingungen nahm die Kriminalität ständig zu. In Anbetracht von Hunger und Not kamen viele Menschen in einen Gewissenskonflikt – gerade der Schwarzmarkthandel war eine Möglichkeit, seine Lebensumstände zu verbessern – aber verboten. Auch die steigende Anzahl der Raubüberfälle verunsicherte die Bevölkerung massiv.

Aus dem Leistungsbericht 1948: »… es soll nicht unerwähnt bleiben, dass noch vor Jahresfrist es sich der Bürger überlegen musste, ob er nach Einbruch der Dunkelheit auf die Straße gehen soll. Wenn heute solche Besorgnisse nicht mehr am Platze sind, so ist das ausschließlich Verdienst des rastlosen Einsatzes der Polizei. Sie hat in drei mühevollen und schweren Jahren sich gegenüber dem herrschenden Verbrechertum durchgesetzt, was leider nur die einsichtigen Bürger restlos anerkennen.«

Während damals bei deutlich niedrigeren Bevölkerungszahlen über 1 000 Raubdelikte zu verzeichnen waren, weist der Sicherheitsreport 2014 lediglich 578 Raubüberfälle aller Art aus.

Kriminalitätsbekämpfung endete in den Nachkriegsjahren auch immer wieder tödlich. Fünf tote Polizisten waren allein 1946 zu beklagen, auch viele Rechtsbrecher verloren ihr

Sicherheitsberichte von 1945 bis heute.

STÄDTEVERGLEICH HÄUFIGKEITSZAHLEN (HZ*)

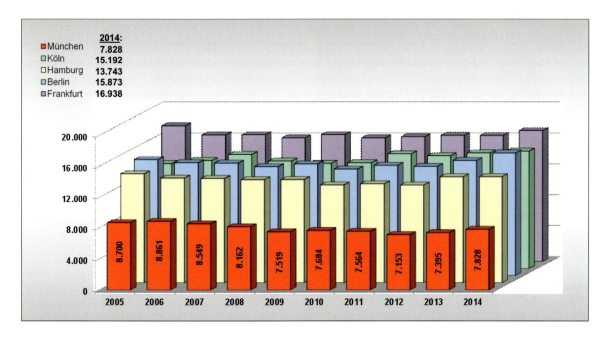

*) Anzahl der Straftaten pro 100.000 Einwohner

Ein Straftatenvergleich deutscher Großstädte von 2005 bis 2014.

2013 • DER ISAR-MORD

Es war einer jener herrlichen, lauen Frühsommerabende, dieser 28. Mai 2013, den alle so genießen. Auch der in München lebende italienische Luft- und Raumfahrtingenieur Domenico L. (31) und seine Verlobte radelten noch gemütlich an der Isar entlang nach Hause Richtung Haidhausen. In der Erhardstraße, Höhe Deutsches Museum, passierten sie gegen 22 Uhr einen Mann, der plötzlich grundlos Domenicos Freundin bespuckte. »Mimmo«, wie Domenico von seinen Freunden genannt wurde, hielt an, kehrte um und wollte den Unbekannten zur Rede stellen. Doch der zückte ein Messer und stach sofort zu. Domenico L. brach vor den Augen seiner geschockten Verlobten tot zusammen, während der Täter unerkannt entkommen konnte.

Zwei Jahre sind seitdem vergangen. Zwei Jahre, in denen die Mordkommission unter ihrem Chef Markus Kraus fieberhaft nach dem Täter suchte und weiterhin sucht – zunächst mit der 30-köpfigen Soko »Cornelius«, dann mit einem Ermittlerteam von sechs Beamten. Mehr als 700 Hinweise aus der Bevölkerung brachten keinen Fahndungserfolg, trotz 10 000 Euro Belohnung. 15 000 Personen wurden überprüft, 5 500 Speichelproben mit der Täter-DNS verglichen. Denn der Täter hat sich selbst verletzt und so eine wichtige Spur hinterlassen. Am 5. Oktober 2013 berichtete die Sendung »Aktenzeichen XY ungelöst« über den Fall, zehn Hinweise gingen ein – auch diesmal keine heiße Spur.

Der brutale Mord, für den es offenbar keinerlei Motiv gibt, beschäftigt die Öffentlichkeit bis heute. Noch immer werden Blumen am Tatort niedergelegt. Dass sie den Täter irgendwann dank der DNS-Spuren überführen werden, daran glaubt Markus Kraus weiterhin: »Die Erfahrung zeigt, dass es jederzeit Treffer geben kann. Auch noch Jahre und Jahrzehnte danach. Der Fall ist lösbar und wir werden die Hoffnung niemals aufgeben.«

Autor: Martin Arz

Festnahme von Einbrechern an einer Tankstelle.

Leben. Polizeilicher Schusswaffengebrauch war keine Seltenheit, er verringerte sich jedoch mit Ansteigen des Sicherheitsniveaus. Machten im Jahr 1946 Polizisten noch in 164 Fällen von der Schusswaffe Gebrauch, waren es 1948 nur noch 78 Fälle – 2014 kam es vier Mal zum Einsatz der Waffe gegen Personen, dabei gab es vier Verletzte.

Erstmals wurden 1949 »Spezialfahndungsbeamte« zur Bekämpfung des Taschendiebstahls erwähnt. Die Fallzahlen lagen damals mit über 3 000 Diebstählen höher als heutzutage. Die Taschendiebfahnder sind noch heute ein Erfolgsgarant für niedrige Deliktszahlen in diesem Kriminalitätsfeld. Unterwegs in der Fußgängerzone, in Kaufhäusern, den öffentlichen Verkehrsmitteln und bei Großveranstaltungen haben sie einen geschulten Blick für Langfinger aus dem In- und Ausland.

WOHLSTANDSKRIMINALITÄT

Während in den 50er-Jahren die Kriminalitätsentwicklung relativ stabil blieb, stiegen die Fallzahlen ab den 60er-Jahren massiv an. Die sogenannte Notkriminalität, resultierend aus den Kriegsfolgen, war abgeklungen, aber nun entstand eine neues Kriminalitätsphänomen: die »Wohlstandskriminalität«. Kriminalität steht nicht unbedingt im Zusammenhang mit Armut. Möglichkeiten zur Tatbegehung und lohnenswerte Tatbeute wirkt sich kriminalitätsfördernd aus. Im Stadtgebiet München stiegen die Fallzahlen von knapp 62 000 auf über 93 000 Delikte an. Große Wachstumsraten gab es bei der Eigentumskriminalität.

Die 1960er brachten auch einen einschneidenden Wechsel in der Datenverarbeitung mit sich. Im Oktober 1961 berichtete die Tagespresse: »Ein Lochkartensystem für Verbrecherkarteien nach amerikanischen Vorbild könnte eine Revolutionierung der Personenfahndung mit sich bringen.«

Die Errichtung der Zivilen Einsatzgruppen (ZEG) bei den Polizeiinspektionen war eine Reaktion auf die steigenden Fallzahlen im Bereich der Straßenkriminalität. In den 70er-Jahren entstanden in München auch die Funktionen der Kontakt- und Jugendbeamten, die später in ganz Bayern eingeführt wurden.

Mit steigenden Kfz-Zulassungszahlen stiegen die entsprechenden Deliktsbereiche an. Straftaten rund um das Kfz waren zum Massendelikt geworden. Die nachhaltigen Forderungen der Polizei nach verbesserten Sicherheitseinrichtungen brachten aber auch Erfolge. Präventive Maßnahmen wie Wegfahrsperre oder codierte Autoradios zeigten ihre Wirkung und stoppten die ständig steigenden Statistikbalken.

In den letzten Jahrzehnten gab es auch Kriminalitätsverlagerungen zwischen den verschiedenen Kriminalitätsbereichen. Der Bankraub findet heutzutage am Geldautomaten oder virtuell im Internet statt. Wurden Mitte der 80er-Jahre noch über 70 Geldinstitute in München überfallen, verzeichnete der Sicherheitsreport 2014 gerade noch einen Fall – dank Videoüberwachung, zeitverzögerter Geldausgabe und weiterer Sicherheitsvorkehrungen.

Ähnlich verhält es sich mit Entführung, Erpressung und Geiselnahme. Die Kriminalitätsgeschichte Münchens enthält viele spektakuläre Fälle, von der Oetker-Entführung bis zur Geiselnahme in der Prinzregentenstraße. Heute sind auch diese Fälle glücklicherweise fast ganz aus der Polizeiarbeit verschwunden. Das konsequente Handeln der Polizei unter Einsatz von Spezialkräften, die Problematik der Geldübergabe und die Straferwartung ließen Straftäter nach Alternativen suchen. Gerade das Internet bietet hierzu ausreichend Tatgelegenheit.

Anfang der 90er-Jahre zogen die ersten Computer in die Büros der Ordnungshüter ein und schweren Herzens verstauten so manche Sachbearbeiter die geliebte Schreibmaschine im Schrank – man konnte ja nie wissen. Ein neues Zeitalter begann, Papier und meterhohe Aktenschränke werden dennoch weiterhin den Polizeialltag bestimmen.

Auch der Vormarsch des bargeldlosen Zahlungsverkehrs brachte neue Kriminalitätsphänomene hervor und trieb die Fallzahlen in die Höhe. Die Betrugsmaschen sind immer noch vielfältig, und erst Sicherheitsvorkehrungen der Kreditkartenhersteller und des Handels stoppten langsam diesen Aufwärtstrend.

NEUE KRIMINALITÄTSFELDER IN DEN NEUNZIGERN

Neben dem sozialen und gesellschaftlichen Wandel und dem technischen Fortschritt verursachte der Fall des Eisernen Vorhangs 1989 erneut einen Straftatenanstieg. Das PP München verzeichnete über 103 000 Delikte im Jahr 1990 und erreichte 1997 mit 116 270 Delikten im Stadtgebiet einen Höchststand. Bei jugendtypischen Gewalt- und Vermögensdelikten gab es besonders hohe Steigerungsraten.

Veränderungen in der Kriminalitätsentwicklung entstehen aber auch durch Gesetzesänderungen, wie der Abschaffung oder Neueinführung von Straftatbeständen (z. B. Strafbarkeit von Ehebruch oder Homosexualität). Ebenso kann ein verändertes Anzeigeverhalten eine Ursache für steigende Fallzahlen sein, Jugendkriminalität und häusliche Gewalt sind hierfür Beispiele. Auch geänderte Erfassungsmodalitäten wirken sich auf die Kriminalitätsentwicklung aus (Wegfall der Verkehrsstraftaten aus der Polizeilichen Kriminalstatistik). Nicht zuletzt beeinflusst die Polizei selbst durch die Aufdeckung sogenannter Kontrolldelikte, wie z. B. Betäubungsmittelverstöße, die Kriminalitätsentwicklung.

Aus der Erkenntnis, dass wenige Straftäter für eine Vielzahl von Delikten verantwortlich sind (Intensivtäter), entwickelte das Polizeipräsidium im Laufe der Jahre verschiedene Konzepte für die Bereiche Beschaffungstäter, jugendliche Intensivtäter und politisch motivierte Straftäter. Ziel des täterorientierten Ansatzes ist es, die durch diese Personen begangenen Straftaten noch effektiver zu bekämpfen und schnellere Inhaftierungen zu erreichen. Derzeit befinden sich knapp 60 erwachsene und 15 jugendliche Intensivtäter in Haft.

Die 1990er brachten immer mehr transnationale Kriminalität mit sich. Der Organisierten Kriminalität kamen die offenen Grenzen entgegen. Rauschgift- und Menschenhandel sind fester Bestandteil des Kriminalitäts-Portfolios von internationalen Banden und erforderten entsprechende Gegenmaßnahmen. Neben der Gründung von Spezialdienststellen zur Bekämpfung von Bandenverbrechen wurden beim PP München auch Fahndungskontrollgruppen (FKG) installiert, um der grenzüberschreitenden Kriminalität einen gewissen Fahndungsdruck entgegenzusetzen und wenigstens punktuell die fehlenden Grenzkontrollen auszugleichen. Auf den Ring- und Ausfallstraßen, an Busbahnhöfen und Hauptverkehrsachsen nehmen sie reisende Täter ins Visier und sind ein wichtiger Bestandteil der Kriminalitätsbekämpfung im Ballungsraum. Darüber hinaus gewinnt die internationale Zusammenarbeit immer mehr an Bedeutung.

Den Stellenwert von Prävention erkannte man beim Polizeipräsidium München schon sehr früh und reagierte mit entsprechenden Konzepten und Maßnahmen. Mit Gründung eines eigenen Kommissariats für Opferschutz und Prävention war München 1997 wieder einmal wegweisend für die Kriminalitätsbekämpfung in Deutschland. Bis heute werden dort zielgruppenorientiert Präventionskampagnen entwickelt und Opfer professionell beraten. Entgegen so mancher Behauptung ist Prävention messbar!

Das Sicherheitsgütesiegel »Made in München« gilt auch für die Tatortarbeit. Aus den Reihen der Spurensicherer kommen immer wieder innovative Ideen und neue Methoden, die spektakuläre Erfolge bei der Aufklärung schwerer Verbrechen ermöglichen.

Das Tatmittel Internet gewinnt immer mehr Bedeutung. Dabei reicht die Bandbreite der Delikte von der Verbreitung von Kinderpornografie und extremistischer Propaganda über Betrugshandlungen bis hin zum Handel mit Waffen und Betäubungsmitteln. Die Münchner Polizei ist nun auch im Netz auf Streife.

Der Terroranschlag auf das World Trade Center in New York, die aktuelle Bedrohung durch die Terrororganisation Islamischer Staat (IS), aber auch die Mordserie des rechtsterroristischen NSU zeigen die Notwendigkeit verstärkter Anstrengungen in der Terrorismusbekämpfung. Die Zusammenarbeit von Sicherheitsbehörden muss nicht nur national, sondern auch international intensiviert werden. Aufgrund der Entwicklungen in den letzten Jahren wurde die Staatsschutzdienststelle beim Polizeipräsidium München personell, u. a. auch durch einen Islamwissenschaftler, verstärkt.

Drei Männer, deren Arbeit für die Polizei praktisch unabdingbar ist. Alle Mordfälle seit der Nachkriegszeit kamen auf ihre Seziertische: der aktuelle Leiter der Rechtsmedizin Prof. Matthias Graw (l.), mit seinen Vorgängern, Prof. Wolfgang Eisenmenger und Prof. Wolfgang Spann (r.).

»COLD CASE« IM ECHTEN LEBEN

Die in den 90er-Jahren begonnene Erfolgsgeschichte von DNA-Analysen setzt sich weiterhin ungebrochen fort. Vor vielen anderen Dienststellen in Deutschland begannen Münchner Mordermittler unter Leitung von Josef Wilfing zusammen mit Experten der Spurensicherung und des Erkennungsdienstes, Altfälle zu katalogisieren und durchsuchten die Aktenkeller nach Spurenträgern. In Zusammenarbeit mit dem Institut für Rechtsmedizin werden vorhandene Spuren mit neuen Methoden aufbereitet. Die ersten Erfolge im Bereich der Tötungs- und Sexualdelikte fanden bald Nachahmer, und aus dem Altfall wird – scheinbar weil es besser klingt – ein »Cold Case«.

Nach dem Mord an einem neunjährigen Jungen 2005 entwickelte die Münchner Polizei ein Konzept zur besseren Betreuung haftentlassener Sexualstraftäter (HEADS), das ebenfalls von anderen Bundesländern übernommen wurde. Bei der Einführung der elektronischen Aufenthaltsüberwachung (sogenannte Fußfessel) gestalteten Angehörige der Münchner Polizei den Entwicklungsprozess entscheidend mit. Leider können diese Maßnahmen Rückfälle von Sexualstraftätern nicht gänzlich verhindern, sie sind aber ein deutlicher Zugewinn zu früher, als niemand wusste, wo sich diese Personen nach der Haftentlassung aufhielten.

Wichtig in diesem Zusammenhang: Auch wenn der mediale Eindruck täuscht, die schweren Gewaltverbrechen wie Mord, Totschlag und Vergewaltigungen, insbesondere zum Nachteil von Kindern, gehen seit vielen Jahren deutlich zurück!

Die Osterweiterung der EU mit den damit verbundenen Reiseerleichterungen und der Wegfall weiterer Grenzen wirkte sich auf die Kriminalitätsentwicklung der letzten Jahre aus. Steigende Fallzahlen im Einbruchssektor sind seit drei Jahren fester Bestandteil jeder Statistikveröffentlichung. Auch wenn die Zahlen im Vergleich zu anderen deutschen Großstädten oder zu früheren Jahren moderat erscheinen, bleibt dieser Bereich eine der Herausforderungen der nächsten Jahre.

Auch das Betteln im Stadtgebiet gerät nach massiven Beschwerden von Bevölkerung und Gewerbetreibenden wieder vermehrt in den Fokus sicherheitsbehördlichen Handelns. Die wachsende Armutszuwanderung, vor allem aus Rumänien und Bulgarien, führt zu einer steigenden Zahl von teilweise aggressiv auftretenden Bettlern. Während nach wie vor das »stille Betteln« außerhalb der Fußgängerzone erlaubt ist, verbietet eine Allgemeinverfügung der Stadt München in festgelegten Bereichen das organisierte bzw. bandenmäßige Betteln, das Betteln in Begleitung von Kindern oder etwa durch Kinder.

Die bereits beschriebene Internetkriminalität entwickelt sich angesichts der enormen Bandbreite immer mehr zu einer Bedrohung für die moderne Informationsgesellschaft. Die Münchner Polizei reagierte darauf zuletzt mit der Errichtung eines eigenen Fachdezernats bei der Kriminalpolizei (siehe S. 252 ff.).

Neben den klassischen kriminalistischen Methoden braucht der Polizeibeamte von heute eine gehörige Portion technisches Wissen. Digitale Spuren sind ebenso wichtig wie Fingerabdrücke und DNA. Die Auswertung von Kommunikationsdaten und der Blick auf Videoaufzeichnungen sind Standards der aktuellen Kriminalitätsbekämpfung. Nach den Smartphones ziehen nun Tablets in den Polizeialltag ein. Trotz Personalmehrung ist der Überstundenberg allerdings langsam rekordverdächtig.

Wie sieht nun die aktuelle Bilanz der Münchner Polizei im Bereich der Kriminalitätsbekämpfung aus? Auf den ersten Blick ist die Straftatenentwicklung 2014 im Bereich des Polizeipräsidiums München nicht erfreulich. Im vergangenen Jahr waren über 122 000 Delikte zu verzeichnen. Im Vergleich zum Vorjahr eine Steigerung um 6,8 %. Auf den zweiten Blick ist München aber nach wie vor eine sehr sichere Stadt. Die Zuwachsraten ergeben sich wie im Vorjahr aus massiven Deliktszuwächsen im Bereich der Verstöße nach dem Aufenthaltsgesetz und stehen im Zusammenhang mit den anhaltenden Flüchtlingsströmen aus den Krisengebieten der Welt. Gegen die ohne entsprechendes Visum auf der Suche nach Asyl eingereisten Menschen muss aus rechtlichen Gründen Strafanzeige erstattet werden, die aber von der Staatsanwaltschaft sofort eingestellt wird. Ein Beispiel für den Einfluss von weltpolitischen Ereignissen auf die Kriminalitätsentwicklung, aber auch ein guter Beleg dafür, dass nicht jede Deliktsentwicklung tatsächlich Einfluss auf die objektive Sicherheitslage in der Stadt hat.

Erfreulich ist der Rückgang der Gewaltkriminalität, vor allem zur Nachtzeit. Eine besondere Herausforderung sind nach wie vor die weiterhin hohen Fallzahlen im Bereich des Trickbetruges, insbesondere beim Enkeltrick und die Einbruchskriminalität.

SICHERES MÜNCHEN

Im Bereich des Wohnungseinbruchs geht das Polizeipräsidium wieder einmal neue Wege. Mit der EDV-Anwendung »Precobs« soll ein noch zielgerichteter Kräfteeinsatz in möglichen Einbruchsgebieten erreicht werden. Am besten vor dem Täter am Tatort sein – oder fachmännisch ausgedrückt »Predictive Policing« –, ist einer der neuen Ansätze im Bereich der Kriminalitätsbekämpfung. Sinkende Einbruchszahlen in den ersten Monaten des Jahres 2015 sind ein erfreuliches Signal.

Was hat dazu geführt, dass sich München im Laufe der letzten Jahrzehnte, trotz ständig steigender Bevölkerungszahlen, zu einer der sichersten Metropolen der Welt entwickelt hat?

Die Polizei in München hat nach Ende des Zweiten Weltkriegs auf den Wandel der Kriminalität und auf das Sicherheitsbedürfnis der Bevölkerung stets schnell konzeptionell und organisatorisch reagiert und auch vorausschauend gehandelt. Kreativität und Engagement waren Grundlage für viele Konzepte und Methoden, die auch bundesweite Bedeutung bei der Kriminalitätsbekämpfung erlangten.

Einfluss auf die Kriminalitätsentwicklung hat aber auch die strategische Ausrichtung der Münchner Polizei. Zu den wesentlichen Säulen einer guten Sicherheitslage zählt in der Landeshauptstadt die hohe Polizeipräsenz. Die Münchner Polizei ist für die Bürgerinnen und Bürger, damit auch für potentielle Straftäter sichtbar, ob im

Mit der EDV-Anwendung »Precobs« (Pre Crime Observation System) versucht die Polizei München, den Einbrecherbanden einen Schritt voraus zu sein.

Streifenwagen, hoch zu Ross, zu Fuß in den Stadtvierteln oder im öffentlichen Nahverkehr. Die uniformierte Schutzpolizei gewährleistet die Sicherheit vor Ort und die schnelle Aufnahme von Sachverhalten. Die Endbearbeitung fast aller Straftatbestände obliegt ausschließlich der Kriminalpolizei – ein absolutes Alleinstellungsmerkmal im Kreis der bundesdeutschen Großstädte.

Die Münchner Polizei duldet keine rechtsfreien Räume, und die Kontrolle von Fahrzeugen und Personen dient nicht der Schikane, sondern ist ein wichtiger Baustein erfolgreicher Kriminalitätsbekämpfung. Moderne Kriminalitätsbekämpfung ist Teamarbeit. Sowohl das Zusammenwirken der Schutzpolizei vor Ort mit den Ermittlungsbeamten der Kriminalpolizei, als auch das Zusammenspiel mit Experten und Spezialisten, z. B. aus dem Bereich der Rechtsmedizin oder des Landeskriminalamtes, sind der Schlüssel für langfristigen Erfolg. Die Klärung eines Falles ist selten die Leistung eines Einzelnen.

Von entscheidender Bedeutung ist auch die vertrauensvolle Zusammenarbeit mit der Stadt München. Es besteht keine Konkurrenz, jeder erledigt seine ihm rechtlich zugewiesenen Aufgaben und trägt damit zum guten Sicherheitsniveau bei. Gerade das vielfältige soziale Engagement der Landeshauptstadt lässt Kriminalität erst gar nicht entstehen. Soziale Sicherheit ist ein oftmals unterschätzter Garant für ein niedriges Kriminalitätsniveau.

Aber auch die Münchnerinnen und Münchner selbst haben wesentlichen Anteil an der guten Sicherheitslage. Viele engagieren sich ehrenamtlich, z. B. in der Sicherheitswacht oder als Sicherheitsberater für Senioren. Die Münchner Bevölkerung hat auch ein gutes Gespür. Die zahlreichen Mitteilungen über verdächtige Wahrnehmungen in den Stadtvierteln über den polizeilichen Notruf 110 brachten in den letzten Jahren herausragende Festnahmeerfolge. Es gibt nicht die eine erfolgreiche Maßnahme zur Kriminalitätsbekämpfung – eine moderne Kriminalitätsstrategie setzt auf das konsequente Zusammenspiel vieler Akteure und berücksichtigt sowohl präventive als auch repressive Aspekte.

Sicherheit ist ein Wirtschaftsfaktor – Sicherheit ist aber auch ein Lebensgefühl. Sicherheit gehört zu München wie der Alte Peter und die Biergärten.

INTERNATIONALE ZUSAMMENARBEIT

Autor: Jens Liedhegener

Die internationale Zusammenarbeit zwischen Polizeibehörden nimmt einen immer größer werdenden Stellenwert ein. Im Zeitalter reisender Tätergruppierungen und damit verbundener grenzüberschreitender Kriminalität ist ein schneller Informations- und Erfahrungsaustausch sowie enge Zusammenarbeit der Polizeibehörden verschiedenster Staaten erforderlich. Spielten in der Vergangenheit Rauschgiftkriminalität, Menschen- und Waffenhandel eine übergeordnete Rolle, so ist das Bedürfnis der Staaten nach einer Zusammenarbeit auch im Bereich der Eigentumskriminalität deutlich gestiegen.

Aufgrund verschiedenster Prioritätensetzungen der Zentralstellen (Bundeskriminalamt, Landeskriminal-

Kollegen aus aller Welt, wie hier aus Großbritannien (o.) oder Marokko (u.), sind regelmäßig zu Gast in München.

Die Teilnehmer der 34. Arbeitstagung der Kripo-Chefs der mittel- und osteuropäischen Hauptstädte und München, welche unter der Leitung von Hermann Utz, Leiter des Abschnitts Kriminalpolizei, vom 22. bis 24. April 2013 in München durchgeführt wurde.

ämter) ist es nicht immer möglich, die Bedürfnisse der örtlichen Polizeidienststellen, wie z. B. nationale/internationale Koordination oder Auswertung, zu erfüllen. In diesem Fall sind die Polizeibehörden der Bundesländer selber gefordert, sich in ihrem jeweiligen Schwerpunktbereich besser aufzustellen.

Das Polizeipräsidium ist sowohl auf Präsidenten-, als auch Kripoleiterebene seit Beginn der 90er Mitglied der Präsidententagung/Arbeitstagung der Leiter Kriminalpolizei der mittel- und osteuropäischen Hauptstädte und München. Dieses Gremium behandelt verschiedenste polizeiliche Themen auf internationaler Ebene.

Der Abschnitt Kriminalpolizei hat den Bereich der internationalen polizeilichen Zusammenarbeit (IPZ) im operativen Bereich übernommen und seit 2014 mit zwei Beamten besetzt. Diese können zum einen die Fachkommissariate beim Schriftverkehr mit dem Ausland unterstützen, zum anderen sich mit Fachwissen in größere, grenzüberschreitende Ermittlungen einbringen, beispielsweise durch gemeinsame Ermittlungsgruppen (»Joint Investigation Teams«).

Intensiv wird auch der Kontakt zur Europol gepflegt, welche in der internationalen Koordination und Auswertung auf europäischer Ebene eine entscheidende Rolle eingenommen hat. So veranstaltet das IPZ-Team in Kooperation mit Europol die jährliche Pickpocketing Conference in Den Haag, an welcher über 90 Taschendiebstahlsexperten aus über 19 Mitgliedstaaten der EU und Drittstaaten teilnehmen.

Erstmalig wird seit Anfang 2015 auch ein Projekt im Rahmen der Europäischen Donauraumstrategie übernommen. Der Abschnitt Kriminalpolizei hält hierbei die Projektleitung und -koordination inne. Der Schwerpunkt liegt auf der Bekämpfung des Wohnungseinbruchdiebstahls. Mit diesem Projekt sollen u. a. die internationale Zusammenarbeit verbessert, Täterstrukturen aufgehellt sowie Absatz- und Transportwege identifiziert werden.

DAS PP MÜNCHEN IM ZEITALTER GLOBALER KRISEN

Autor: Daniel Seidinger

Laut des statistischen Jahresberichts »Global Trends« der UNHCR waren Ende des Jahres 2013 weltweit mehr als 51,2 Millionen Menschen auf der Flucht, 6 Millionen mehr als im vergleichbaren Zeitraum des Vorjahres. Der Krieg in Syrien, der IS-Terror im Irak,

Protestaktion von Asylbewerbern an der Bayernkaserne.

Die Ersterfassung von Asylbewerbern im Einsatzraum der PI 16 im Starnberger Flügelbahnhof.

humanitäre Krisen und bewaffnete Auseinandersetzungen auf dem afrikanischen Kontinent zwangen viele Menschen, ihre Heimat zu verlassen. Viele von ihnen begaben sich auch in der Hoffnung auf ein besseres Leben auf den Weg nach Europa. Der Großteil der Flüchtlinge aus Afrika nutzt den Weg über das Mittelmeer und drängt sich oftmals auf überfüllte, kaum hochseefähige Boote. In Seenot geratene Flüchtlinge werden regelmäßig durch die italienische Marine im Rahmen der Rettungsaktion »Mare Nostrum« gerettet. Viele erreichen das sichere Festland jedoch nicht, sondern verunglücken auf hoher See.

Bereits in den 90er-Jahren gab es ähnliche Flüchtlingswellen. Damals stellten Flüchtlinge aus dem Bürgerkriegsgebiet in Jugoslawien den Großteil der Asylbewerber in Deutschland. Weitere Zuwanderungen erfolgten durch Deutsche aus dem ehemaligen Ostblock (Russlanddeutsche) und durch den Familiennachzug von Gastarbeitern. Die aktuellen Flüchtlingsströme erreichten Deutschland mit einer leichten zeitlichen Verzögerung im 2. Quartal 2014 und waren ab Mitte des Jahres vor allem in Bayern und speziell in München mit all seinen Folgen zu spüren.

Seit Juli 2014 steigerte sich die Zahl der Asylsuchenden in München beträchtlich. So wurden im September allein in München ca. 4 700 Flüchtige von der Polizei registriert. Der Großteil davon reiste mit Zügen aus Italien an und wurde meist am Hauptbahnhof durch Kräfte des PP München oder der Bundespolizei festgestellt und zur weiteren Sachbearbeitung zum Fachkommissariat bzw. zum Kriminaldauerdienst verbracht.

Der Transport von Asylsuchenden vom Hauptbahnhof zum Polizeipräsidium München gestaltete sich als Herausforderung, da die Zahl der Aufgriffe auf bis zu 226 Personen pro Tag anstieg. So musste die Einsatzhundertschaft über mehrere Tage hinweg für diese Transporte sowie für Verlegungen in die Aufnahmeeinrichtung in der Heidemannstraße eingesetzt werden. Auch die Sachbearbeitung gestaltete sich aufgrund des extrem hohen Anzeigenaufkommens immer schwieriger. Es bildeten sich schier endlose Warteschlangen.

Neben den administrativen Tätigkeiten hatten die Kräfte vor Ort häufig auch humanitäre Betreuungsmaßnahmen – z. B. bei Familien mit Säuglingen und Kleinkindern – zu organisieren bzw. selbst zu leisten.

In Absprache mit der Staatsanwaltschaft München I wurde deshalb unter bestimmten Voraussetzungen das Anzeigeverfahren vereinfacht. Um eine zentrale Abarbeitung zu ermöglichen, mietete das PP München am Hauptbahnhof einen Raum der Deutschen Bahn an, um diesen als Einsatzraum zu nutzen. Hier findet rund um die Uhr die Ersterfassung aller in München aufgegriffener Asylsuchender durch die Beamten der örtlichen Polizeiinspektion 16, unterstützt durch zwei Beamte der Einsatzhundertschaft, statt. Die Räumlichkeiten rüstete das PP München u. a. mit geeigneten Hygienevorrichtungen (Toilette, Waschbecken, Desinfektionsmittel, Wickeltisch) aus. Auch Verpflegung wie Kekse und Getränke gibt es. Die Mittel hierfür stellten anfänglich die eingesetzten Beamten privat zur Verfügung, später standen hierfür Spenden der Münchner Polizeivereine sowie großzügige Sach- und Geldspenden der Münchner Bürgerinnen und Bürger bereit. Auch Herzog Franz von Bayern überreichte eine Spende über 10 000 Euro.

Am 22. August 2014 zwang der Ausbruch von Masern zu einem vorübergehenden Aufnahmestopp in dieser Aufnahmeeinrichtung. Zu diesem Zeitpunkt war auch die zweite bayerische Aufnahmeeinrichtung in Zirndorf bereits stark ausgelastet, wodurch für die Unterbringung ankommender Flüchtlinge kurzfristig neue Lösungen gefunden werden mussten. Mehrmals täglich änderten sich Unterkünfte bzw. Transportmodalitäten. Die Aufnahmeeinrichtung konnte am 12. September 2014 wieder geöffnet werden.

Unter den Asylsuchenden befanden sich auch viele unbegleitete minderjährige Flüchtlinge, die aus sozialen Gründen nicht in der Aufnahmeeinrichtung, sondern in geeigneten Einrichtungen der Jugendhilfe unterzubringen waren. Auch hier waren die Kapazitäten der Landeshauptstadt München schnell ausgereizt.

Mit wachsenden Belegungszahlen in der Heidemannstraße und der Auslagerung der Flüchtlinge in Dependancen wuchsen die Herausforderungen für die jeweilig zuständigen Polizeiinspektionen. Vor allem im Bereich der Aufnahmeeinrichtung häuften sich anfangs Beschwerden der Anwohner über die Vermüllung von angrenzenden Spielplätzen sowie Grünflächen oder über alkoholkonsumierende Asylbewerber. Diese Entwicklungen hatten negativen Einfluss auf das Sicherheitsgefühl der Anwohner. Asylkritische Flugblattaktionen heizten die Stimmung weiter an. Ab Juli fanden im Umfeld der Heidemannstraße Versammlungen der rechtsextremistischen Bürgerinitiative Ausländerstopp (BIA) gegen die Unterbringung von Flüchtlingen statt, die überwiegend störungsfrei verliefen. Vor allem die Angst vor einem Anstieg der Kriminalität im Bereich der Einrichtungen war mehrfach Thema in Bürgerversammlungen oder Bezirksausschusssitzungen. Vertreter der örtlichen Polizeiinspektionen nehmen daher regelmäßig an diesen Veranstaltungen teil, um als Ansprechpartner vor Ort auf die Sorgen der Bürger einzugehen und die Ängste zu nehmen.

Um das Sicherheitsgefühl zu stärken, werden in diesen Bereichen entsprechende Maßnahmen, wie z. B. Präsenzstreifen von Reiterstaffel, Bereitschaftspolizei und den Einsatzhundertschaften durchgeführt. Gleichzeitig muss hier aber deutlich darauf hingewiesen werden, dass sich

Polizei und Flüchtlinge in München – freundliche und respektvolle Kontakte nach einer langen Flucht.

im Umfeld der Aufnahmeeinrichtung trotz der massiven Zunahme der Belegungszahlen bislang kein signifikanter Anstieg von Straftaten feststellen lässt. Auch die Regierung von Oberbayern reagierte auf die Herausforderungen mit einem verstärkten Personaleinsatz von Sicherheitsdiensten, Sozialarbeitern und freiwilligen Helfern. Für die Verbesserung des organisatorischen Ablaufs wurden eigens Verfahrensassistenten beschult und eingesetzt.

2015 steigerte sich die Flüchtlingszahl in München deutlich: über 25 000 von Januar bis August. Dann kam es Anfang September innerhalb weniger Tage zu noch nie erlebten Ankunftszahlen am Hauptbahnhof. Mehr als 70 000 Flüchtlinge trafen ein, davon über 11 000 jeweils an zwei Sonntagen. Zehntausende Syrer waren auf der Balkanroute über Griechenland, Mazedonien, Serbien und Ungarn unterwegs in Richtung Österreich und Deutschland. Nach einer international nicht abgesprochenen Entscheidung der ungarischen Regierung viele von ihnen ausreisen zu lassen, entschied die deutsche Bundesregierung kurzfristig, viele dieser Flüchtlinge einreisen zu lassen, um eine humanitäre Katastrophe zu verhindern. Dies stellte die Münchner Polizei vor so noch nie gekannte Herausforderungen. Menschlichkeit und medizinische Versorgungen verdrängten die administrativen Abläufe bei der Erstregistrierung der Abkommenden. Mit viel Improvisation und in enger Kooperation mit dem Staatsministerium für Arbeit und Soziales, der Regierung von Oberbayern, der Landeshauptstadt München und der Bundespolizei wurden alle Flüchtlinge versorgt und kurzfristig innerhalb von Deutschland weiterverteilt. Viele ehrenamtliche Helfer

Am 9. März 2015 folgten rund 150 Gäste aus der Münchner Wirtschaft und Gesellschaft der Einladung des Münchner Blaulicht e.V. zu einer außergewöhnlichen Versteigerung. Der Erlös war für einen guten Zweck: 20 jugendlichen Flüchtlingen wurde damit ein Freizeitcamp im Schwarzwald finanziert.
Im Bild v. l.: Doris Kufler, Peter Reichl, Susanne Porsche und Udo Wachtveitl

organisierten sich schnell und unterstützten die Einsatzkräfte. Ohne sie wäre die Hilfe so nicht zu leisten gewesen. München stand im Blick der weltweiten Öffentlichkeit und setzte ein aufsehenerregendes Zeichen von Menschlichkeit.

Die steigende Zahl der Asylbewerber beeinflusste auch das Demonstrationsgeschehen stark. Beispielsweise trat im Juni 2013 eine Gruppe von Demonstranten im Anschluss an eine Versammlung zum Thema »Non-Citizen Demonstration« am Rindermarkt in den Hungerstreik und forderte u. a. ein Gespräch mit Bundeskanzlerin Merkel. Im Laufe des Hungerstreiks verweigerten die Teilnehmer auch die Aufnahme von Flüssigkeiten. Das Camp musste nach acht Tagen durch das Kreisverwaltungsreferat mithilfe der Polizei wegen akuter Lebensgefahr für die Streikenden aufgelöst werden.

Im November 2014 trat erneut eine Gruppe von Asylbewerbern auf dem Sendlinger-Tor-Platz in den Hungerstreik. Auch dieser musste am Abend des vierten Tages aufgelöst werden, da die Teilnehmer in den trockenen Hungerstreik eingetreten waren und akute Lebensgefahr bestand. Bei Anfahrt der Einsatzkräfte kletterten einige der Streikenden auf die umstehenden Bäume. Dort blieben sie bis zum nächsten Morgen und kamen erst nach Zusicherung eines Gesprächs mit Oberbürgermeister Reiter und Staatsministerin Müller herunter.

Trotz aller Maßnahmen stellt die aktuelle Entwicklung der Flüchtlingsströme das Polizeipräsidium München auch weiterhin vor herausfordernde Aufgaben, die nur durch einen engen Schulterschluss sowie durch konzertiertes und pragmatisches Vorgehen aller beteiligten Behörden zu bewältigen sind.

KRIMINALFACHDEZERNAT 12 – CYBERCRIME

Autor: Sven Müller

Am 1. April 2014 startete das neue Kriminalfachdezernat 12 seinen offiziellen Betrieb. Die Polizei wurde in den letzten Jahren mit einem Kriminalitätsphänomen konfrontiert, dessen Fallzahlen sich quantitativ enorm steigern und das sich inhaltlich ständig verändert. Zusammengefasst werden diese Straftaten mit den Begriffen Cybercrime, IuK- oder Internetkriminalität. 2013 wurden in Bayern 24 292 Straftaten mit dem Tatmittel Internet begangen. 2012 waren es 21 963 Fälle. Dies ist eine Steigerung von knapp über 10 %. In München stagnierten letztes Jahr die Fallzahlen. 4 455 Fälle wurden angezeigt. 2012 waren es 4 448.

WAS IST EIGENTLICH CYBERCRIME?

Unter diesem Begriff werden alle Straftaten zusammengefasst, die sich gegen das Internet, andere Datennetze oder informationstechnische Systeme sowie deren Daten richten. Auch Straftaten, die mit diesen Informationstechniken begangen werden, fallen darunter.

In der Asservatenkammer des Kommissariats 123 lagern unzählige sichergestellte Computer.

Die Kollegen vom KFD 12 bewegen sich mit ihren Ermittlungen also auf einem weiten Kriminalitätsfeld. Sie ermitteln bei Straftaten wie z. B. Computerbetrug, Beleidigung, Datenveränderung, Täuschung im Rechtsverkehr bei Datenverarbeitung und Betrug mit Zugangsberechtigungen zu Kommunikationsdiensten. Dazu zählen die bekannten Phänomene wie Phishing beim Onlinebanking oder auch die verschiedenen Erscheinungsformen digitaler Erpressungen, die sogenannte »Ransomware«.

Allerdings werden nicht alle Taten aus dem Bereich Cybercrime angezeigt. Aufgrund technischer Sicherungseinrichtungen kommen viele Taten über ein Versuchsstadium gar nicht hinaus und werden daher nicht strafbar. Einige Taten werden auch nicht erkannt, da beispielsweise eine Infektion des Computers nicht entdeckt wird. Firmen, die Ziele von Cyber-Angriffen wurden, überlegen aus Angst um ihre Reputation oft zweimal, eine Straftat anzuzeigen. Aber gerade solche Informationen können helfen, die Präventions- und Bekämpfungsstrategien zu optimieren oder neu zu entwickeln.

Die Täter agieren immer schneller und professioneller. Schadsoftware wird komplexer und die Arten der Tatbegehungen ändern sich ständig. Täter reagieren flexibel, mit viel Sachkenntnis und krimineller Energie auf neue technische Entwicklungen. Die Möglichkeiten der Informationstechnologie sind daher leider mit erheblichen Risiken verbunden.

Auch im letzten Jahr stieg die Anzahl der Internetdelikte in Bayern um über 10 %. Meist handelte es sich um Betrug und Beleidigung. Die Münchner Polizei hat 2013 knapp über 1 600 Fälle bearbeitet, bei denen der Tatort in ihrem Zuständigkeitsbereich lag. Die Zahlen bewegten sich auf Vorjahresniveau. Dazu wurden über 2 700 Taten zur Anzeige gebracht, deren Tatorte nicht in München lagen. Da auch die Anzahl der Internetbenutzer in den letzten Jahren enorm gestiegen ist, kann diese Art der Kriminalität mittlerweile fast jeden Bürger treffen und erreicht dann meist auch das soziale Umfeld des Betroffenen. So entstehen Multiplikatoreffekte, die das Sicherheitsgefühl der Bevölkerung nachhaltig beeinträchtigen können.

Das Polizeipräsidium München hat schon in den 80er-Jahren Maßnahmen eingeleitet, um den schnell komplexer werdenden digitalen Bedrohungen entgegenzutreten. Anfang der 80er-Jahre wurde Computerkriminalität beim PP München vom damaligen Kommissariat 241 bearbeitet. Dabei handelte es sich vor allem um Hacking- und Urheberrechtsdelikte sowie das Verbreiten von Schadsoftware wie Viren und Trojaner.

Internetrecherche gehört zur täglichen Routine im Kommissariat 123.

Im März 1995 startete im Auftrag des Innenministeriums beim PP München ein damals weltweit einzigartiges Projekt mit der anlassunabhängigen Fahndung in Datennetzen. Grund für diese Ermittlungen war die Bekämpfung des sexuellen Missbrauchs von Kindern und die Verhinderung der Verbreitung kinderpornografischer Medien. Mit der Zunahme der Internetnutzung in Deutschland starteten 1997 beim Bayerischen Landeskriminalamt die Netzwerkfahndung und beim Bundeskriminalamt die Zentralstelle anlassunabhängiger Recherchen in Datennetzen.

Neben der Fahndung in Datennetzen stieg die Anzahl der als Beweismittel sichergestellten Datenträger und später auch Handys rapide an. Bis 1995 wurden beim Bayerischen LKA zentral alle EDV-Beweismittel ausgewertet. Der starke Anstieg sichergestellter Datenträger konnte dort nicht mehr bewältigt werden. Das Polizeipräsidium München übernahm deshalb die Regionale Beweismittelauswertungsstelle.

2005 begann das Kommissariat 103 für Sachfahndungen mit der anlassunabhängigen Recherche nach gestohlenen Waren im Internet, mit Schwerpunkt Onlineauktionshäuser. Das K 103 ist damit bundesweit führend für diese Art der Fahndung im Internet.

In Sachen Prävention hat das Kommissariat 105 für Prävention und Opferschutz einen Fachbereich für Neue Medien und Internetkriminalität eingerichtet. Mit verschiedenen Angeboten vermitteln die Beamten zielgruppenspezifisch Medienkompetenz. Dazu bieten sie auch professionelle Hilfe und Beratung für Cybercrime-Opfer an. Mit der Polizeistrukturreform wurde beim Polizeipräsidium München 2010 die Sachbearbeitung bei Computerdelikten zentral dem Kommissariat 75 übertragen.

Seit dem 1. April 2014 ist unser neues Kriminalfachdezernat 12 in Betrieb, um jedem Bürger, der im Zuständigkeitsbereich des PP München Opfer im digitalen Netz wird, bürgernahe Hilfe bieten zu können. Das KFD 12 ist in drei Kommissariate aufgeteilt, in denen insgesamt 45 Kollegen arbeiten. Das Kommissariat 121 übernimmt die zentrale Koordinierung und Analyse und fungiert als Ansprechpartner für alle Kollegen, die Fragen zu Cybercrime haben. Das Kommissariat 122 ist für Ermittlungen zuständig, und das Kommissariat 123 kümmert sich um die forensische Beweismittelsicherung bei Computern, Tablets etc.

Anzahl und Schwere der Taten von Cybercrime nehmen ständig zu. Wegen immer neuer Methoden ist es für die Polizei eine anspruchsvolle Aufgabe, die Vorschriften des Strafgesetzbuches und der Strafprozessordnung auf die sich ständig verändernden Fälle anzuwenden. Es entstehen viele rechtliche Probleme, die nicht abschließend durch die Strafprozessordnung geregelt sind. Die Kollegen richten sich dabei im Moment oft nach Entscheidungen des Bundesverfassungsgerichts und des Bundesgerichtshofs. Sind z. B. technisch machbare Maßnahmen auch rechtlich zulässig? Oder riskiert man ein Beweisverwertungsverbot, da die Vorgehensweise nicht in Einklang mit der Strafprozessordnung gebracht werden kann? Wie ist der Zugriff auf E-Mails eines Beschuldigten geregelt? Stehen diese unter dem Schutz des Fernmeldegeheimnisses oder sind sie durch das Grundrecht auf informationelle Selbstbestimmung geschützt? Auch der Zugriff auf Datenspeicher ist oftmals nicht eindeutig. Entscheidend für die rechtliche Zulässigkeit einer polizeilichen Maßnahme ist die Frage, wo die zu sichernde Datei gespeichert ist. Diese Frage ist oft nicht sicher zu beantworten. Viele Internetunternehmen offenbaren ihre Speicherpraxis nicht. Die Kennung der

E-Mail-Adresse hilft dann auch oft nicht weiter, da sie nicht mit dem physikalischen Standort der Mail-Server des Anbieters übereinstimmen muss. Die Struktur des Internets ist dezentral. Daten werden dynamisch von Server zu Server und von Land zu Land in teilweise kurzen zeitlichen Abständen verlegt.

Auch die zunehmend genutzten Cloud-Dienste machen diese Problematik noch komplexer, und die Klärung der Frage, wo der physikalische Standort des Datenspeichers ist, wird noch schwieriger. In einer Eilsituation wie einer Durchsuchung ist es oft sehr schwierig, die abschließende Rechtssicherheit einer Ermittlungsmaßnahme sofort zu beurteilen. Sind wir im Inland tätig und können uns auf die Strafprozessordnung stützen oder brauchen wir Rechtshilfeersuchen und die Unterstützung ausländischer Strafverfolgungsbehörden?

Die aktuelle Brisanz des Themas erkennt man auch an den neuen Behörden und Abteilungen auf Landes- und Bundesebene sowie aktuellen politischen Initiativen. Im Rahmen der Bayerischen Cyber-Sicherheitsstrategie gibt es bei der Bayerischen Polizei noch das Cyber-Kompetenzzentrum im LKA, das sich um herausragende Fälle und Internetdelikte mit internationalen Bezügen kümmert sowie das Cyber-Allianz-Zentrum im Bayerischen Landesamt für Verfassungsschutz, das Unternehmen sowie Betreiber kritischer Infrastruktur bei der Prävention und Abwehr gezielter Cyberangriffe unterstützt und dabei auf Bundesebene mit dem Bundesamt für Verfassungsschutz und dem Bundesamt für Sicherheit in der Informationstechnik kooperiert.

Zusammen mit diesen Behörden ist das Kriminalfachdezernat 12 in diesem schwierigen Kriminalitätsbereich ein wichtiger Baustein in der bayerischen und deutschen Sicherheitsarchitektur.

Auch die Politik greift die Thematik auf. So wurde das Thema Cybermobbing auf der Justizministerkonferenz im Juni 2014 diskutiert mit dem Ziel, dafür einen eigenen Straftatbestand zu schaffen. Ehr- und Persönlichkeitsverletzungen im Internet haben mittlerweile eine ganz andere Wirkung, im Vergleich zu der Zielrichtung, die der Gesetzgeber vor über 100 Jahren hatte.

Grundsätzlich gilt ein Leitgedanke, der bereits 2010 vom Bundesverfassungsgericht aufgestellt wurde: »In einem Rechtsstaat darf auch das Internet keinen rechtsfreien Raum bilden.«

EINSATZ AUF DER WIESN

Autor: Daniel Seidinger

Am 17. Oktober 1810 fand zu Ehren der Hochzeit zwischen Kronprinz Ludwig von Bayern und Prinzessin Therese von Sachsen-Hildburghausen ein großes Pferderennen auf einer Wiese am Stadtrand von München statt. Diese Wiese wurde später zur weltberühmten, nach der Braut benannten Theresienwiese.

Man einigte sich in den Folgejahren darauf, das Fest jährlich zu veranstalten, und es entwickelte sich im Laufe von zwei Jahrhunderten zum größten Volksfest der Welt mit derzeit mehr als sechs Millionen Besuchern jährlich. Die anfänglichen kleinen Bierbuden verschwanden und wichen riesigen Bierzelten für mehrere Zehntausend Besucher. Die Dimensionen des Festes wuchsen kontinuierlich an. Schausteller und Akrobaten erweiterten das Angebot. Ab dem Zweiten Weltkrieg endete die Tradition des Pferderennens auf dem Oktoberfest. Lediglich zum 150. Jubiläum 1960 und zum 200. Jubiläum 2010 fanden noch einmal Pferderennen statt.

Mit zunehmenden Besucherzahlen wurde die Sicherheit des Festes eine immer größere Herausforderung für alle beteiligten Institutionen, vor allem für die Polizei in München. Die Einsatzkonzepte mussten und müssen weiterhin angepasst werden. Ein besonderer Wendepunkt war, als am 26. September 1980 eine Bombe am Haupteingang des Oktoberfestes explodierte und

Aus Sicherheitsgründen gehören Taschenkontrollen am Wiesneingang seit 2009 dazu.

An der Schießbude sind Polizisten klar im Vorteil … Aber diese Abwechslung vom harten Wiesndienst darf ab und an sein.

13 Menschen tötete. Mehr als 200 Besucher wurden durch den Anschlag verletzt (siehe S. 202). Auch nach den Anschlägen im September 2001 passte man die Sicherheitsmaßnahmen für das Oktoberfest weiter an.

Auch im Jahr 2009 entstand eine neue Bedrohungssituation. Ein Tag vor der Eröffnung am 19. September 2009 wurde eine Internet-Videobotschaft des Deutschmarokkaners Bekkay Harrach bekannt. Gekleidet mit schwarzem Anzug und blauer Krawatte drohte der al-Qaida-Aktivist über 20 Minuten lang der deutschen Bevölkerung. Für den Fall, dass nach der Bundestagswahl am 27. September, dem mittleren Wiesn-Wochenende, kein Signal für einen Abzug der Bundeswehr aus Afghanistan ausgehe, werde Deutschland Terroranschläge wie in Madrid und London erleben. Bis zum 27. September wurden fünf weitere Videobotschaften eingestellt, die u. a. auch Bilder des Oktoberfestes zeigten. Diese Drohung war Anlass für umfassende Maßnahmen, die Zahl der Einsatzkräfte wurde verdreifacht und ein Kontrollring um das Festgelände eingerichtet. Trotz der angespannten Lage ließen sich die Besucher nicht verunsichern, vertrauten auf die Sicherheitsbehörden und genossen das schöne Wetter auf der Wiesn.

Die Sicherheit der Menschen in und um München ist Aufgabe des PP München. Dazu zählen während des Oktoberfestes auch die mittlerweile mehr als sechs Millionen Besucherinnen und Besucher aus aller Welt. Um dies zu gewährleisten, wird jedes Jahr die sogenannte Wiesnwache errichtet. Früher als Container eingeführt, handelt es sich hierbei mittlerweile um ein Gebäude, das während des Festzeitraums als vollwertige Polizeiinspektion 17 inklusive eigener Einsatzzentrale und Hafträumen eingerichtet wird. Direkte Nachbarn im Gebäude sind das Referat für Arbeit und Wirtschaft mit dem Tourismusamt, das Kreisverwaltungsreferat München mit Fundamt und Feuerwehr, die Stadtwerke München sowie ein Sanitätszentrum. Der örtliche Zuständigkeitsbereich der Wiesnwache beschränkt sich auf das Festgelände. Im Umfeld des Festgeländes betreibt die zuständige Polizeiinspektion 14 mit der Bereitschaftspolizei und den Münchner Einsatzhundertschaften während des Oktoberfestes umfangreiche Raumschutz- und Verkehrsmaßnahmen. Ferner sorgt die Polizeiinspektion 14 mit dem Betrieb der »Sperrringe« für zusätzlichen Schutz der Oktoberfestbesucher. Nach der Wiesn ist vor der Wiesn und so werden die Erfahrungen jedes Jahr umfassend nachbereitet, und die Erkenntnisse fließen in die zeitlich unmittelbar folgenden Vorbereitungen für das nächste Jahr ein.

Die große Anzahl von Menschen, gepaart mit der Enge, lockte in den vergangenen Jahren immer wieder Banden von Taschendieben an, die sich in der Hoffnung auf leichte Beute unter die Besucher auf dem Oktoberfest mischten. Dem begegnet die Polizei durch den gezielten Einsatz von Taschendiebfahndern, wodurch jedes Jahr zahlreiche Diebe auf frischer Tat ertappt und festgenommen werden können. Hierbei ist besonders die internationale Zusammenarbeit der Fahnder von Bedeutung. Neben der Unterstützung durch Fahndungskräfte aus anderen Bundesländern, kommen auch

Taschendiebfahnder aus verschiedenen europäischen Staaten zum Einsatz.

Außer den zivilen sind auch uniformierte Polizeibeamte aus dem europäischen Ausland auf der Wiesn tätig. Vor allem der Einsatz von uniformierten italienischen Beamten hat auf dem Oktoberfest inzwischen fast Tradition. Bereits seit 2005 sind Angehörige der Polizia di Stato zusammen mit den Einsatzgruppen der Festwiesenwache auf dem Festgelände unterwegs. Besonders am sogenannten Italienerwochenende halten sich unzählige Italiener auf dem Gelände auf. Neben italienischen Beamten unterstützen seit 2010 auch uniformierte Kollegen der französischen Polizei die Beamten der Wiesnwache. Bei Einsätzen mit einem italienisch oder französisch sprechenden Gegenüber ist ihre Anwesenheit für den Dialog von unschätzbarem Wert. Dazu muss auch noch die präventive Wirkung solcher gemischter Streifen erwähnt werden. »Gerade bei sich anbahnenden Konflikten wirkt oft schon die bloße Präsenz eines Beamten aus dem eigenen Land sehr deeskalierend«, so Polizeivizepräsident Robert Kopp anlässlich der Begrüßung der französischen und italienischen Polizeibeamten im Jahr 2013.

Natürlich dienen die an ihrer Uniform gut erkennbaren Kollegen ihren Landsleuten jederzeit auch als polizeilicher Ansprechpartner bei Fragen und Anliegen. Das PP München begrüßt die engagierte Unterstützung aus Italien und Frankreich. Polizeivizepräsident Robert Kopp ergänzte dazu: »Diese gemeinsamen Streifen sind ein sichtbares Zeichen einer beispielhaften internationalen polizeilichen Zusammenarbeit.« Die erste inter-

Internationale Zusammenarbeit wird auf der Wiesnwache großgeschrieben: Stets dabei sind italienische Kollegen (Foto o., rechts neben der ehemaligen Fremdenverkehrsdirektorin Gabriele Weishäupl Polizeivizepräsident Kopp sowie der Chef der Wiesnwache Peter Hartwich, 3. v. r.) und auch französische Polizisten (Foto u.).

nationale Zusammenarbeit fand bereits ab dem Zweiten Weltkrieg mit der amerikanischen Militärpolizei statt. Bis Ende der 90er-Jahre patrouillierte die »military police« zusammen mit deutschen Polizeibeamten auf der Wiesn.

Seit dem Jahr 2014 begleitet das PP München das Oktoberfest im Rahmen seiner Internetpräsenz auf Twitter und Facebook. Hier werden vor allem aktuelle Ereignismeldungen oder Präventionshinweise gepostet.

Auch der gezielte Einsatz der Videoüberwachung hilft den Fahndern und Ermittlern. Dieser hat sich mit den

Sags mit einem Herzerl: Manchmal bekommen die Kollegen auf der Wiesn ein süßes Dankeschön geschenkt.

Jahren zu einem elementaren Bestandteil des polizeilichen Sicherheitskonzepts etabliert und unterstützt die Polizei bei den anfallenden Sicherheitsaufgaben. Seit ihrer Einführung ist diese Technik in vielen Fällen bei der Einsatzbewältigung auf der Wiesn beteiligt. Streitigkeiten und Handgemenge können so frühzeitig erkannt und durch effiziente Steuerung der Wiesngruppen kann oftmals Schlimmeres verhindert werden.

Um die Sicherheit auf dem Oktoberfest zu gewährleisten, ist eine enge Zusammenarbeit mit allen involvierten Institutionen unabdingbar. Beispielsweise werden jedes Jahr zusätzliche verkehrsfreie Zonen und Fußwege eingerichtet, um sowohl Fluchtwege zu schaffen als auch den Zulauf und Abfluss zu erleichtern. Auch technisch wurde durch die Stadt München aufgerüstet: So installierte man im Bereich der Einfahrten zum Festgelände im Boden versenkbare Hochsicherheitspolleranlagen, die ein Durchbrechen von Fahrzeugen verhindern. Außerdem werden durch das Kreisverwaltungsreferat auf Antrag der Polizei jährlich mehrere Betretungsverbote gegen Besucher, die durch Gewaltdelikte (überwiegend gefährliche Körperverletzung) bzw. Taschendiebstähle auf dem Festgelände aufgefallen sind, ausgesprochen.

Der Dienst auf und im räumlichen Umfeld der Wiesn ist eine besondere Herausforderung, gehört aber für jeden Münchner Polizeibeamten zu den Dingen, die man mindestens einmal erlebt haben sollte. Die hohe Motivation zeigt sich u. a. daran, dass sich der gesamte Personalbedarf für die Wiesnwache rein aus Freiwilligen aus dem gesamten Präsidiumsbereich rekrutiert. Bei der Polizeiinspektion 14 sind zur Wiesnzeit alle Beamtinnen und Beamten im Dienst. Längere Arbeitszeiten, Überstunden und ein größeres Anzeigenaufkommen fordern alle. Vor allem der Alkohol enthemmt viele Wiesnbesucher, es kommt oftmals zu Streit und körperlichen Übergriffen, bei denen die Polizei einschreiten muss. Dabei werden leider viel zu oft auch die Kolleginnen und Kollegen angegangen und teilweise verletzt. Dabei sind nicht nur die Einsatzkräfte auf dem Gelände der Theresienwiese betroffen, sondern alle Münchner Kolleginnen und Kollegen. Die Mehrbelastung ist in ganz München zu spüren. Trotzdem oder gerade deshalb herrscht in den Wiesngruppen, Dienstgruppen, auf den Inspektionen, Einsatzhundertschaften, Stäben und Kommissariaten während der Wiesn eine besondere Stimmung. Man rückt noch näher zusammen und

Der Betriebshof auf der Theresienwiese beherbergt neben Festleitung, Feuerwehr und Medizincenter auch die Polizei.

begreift sich in dieser herausfordernden Zeit als ein Team, das an einem Strang zieht. Auch die Zusammenarbeit mit der Stadt München und der Justiz ist noch enger. Der Anzug oder die Uniform wird nach getaner Pflicht oftmals gegen Dirndl oder Lederhose getauscht, und man feiert in der knappen Freizeit mit Freunden oder Kollegen das Oktoberfest.

50. MÜNCHNER SICHERHEITSKONFERENZ

Autor: Sven Müller

Alle Jahre wieder – dieses Motto gilt für die Münchner Sicherheitskonferenz. Die Einsatzmaßnahmen rund um die ehemalige Wehrkundetagung haben ihren festen Platz im Jahreskalender des Polizeipräsidiums München und zählen neben dem alljährlichen Oktoberfesteinsatz zu den »Big Points« des Einsatzgeschehens.

Viele Kolleginnen und Kollegen der Münchner Polizei haben die Anfänge der Sicherheitskonferenz selbst erlebt und wohl kaum jemand hätte prognostiziert, dass sich aus der 1963 unter der Bezeichnung »Internationale Wehrkunde-Begegnung« ins Leben gerufenen Veranstaltung ein solcher Großeinsatz entwickeln würde.

Schwer bewacht: das Tagungshotel in München.

Auch USK-Beamte stehen bereit.

Aber bei aller Regelmäßigkeit, ein Routineeinsatz ist die Münchner Sicherheitskonferenz beileibe nicht. Die Herausforderungen ändern sich ständig und auch das Tagungsprogramm bringt immer wieder neue Aspekte mit sich, auf die mit veränderten Polizeimaßnahmen reagiert werden muss. Die Einsatzvorbereitungen beginnen bereits im Herbst des jeweiligen Vorjahres und sind ständigen Änderungen unterworfen. Den Kolleginnen und Kollegen im Planungsstab wird jedes Jahr ein hohes Maß an Flexibilität abverlangt.

Im Jahr 2014 feierte die Veranstaltung Jubiläum – deshalb ein Blick auf den Verlauf: Vom 31. Januar bis 2. Februar 2014 fand die 50. »Munich Security Conference« (MSC) statt. Wie in den Vorjahren nahmen zahlreiche hochrangige Regierungs- und Wirtschaftsvertreter teil, u. a. US-Außenminister John Kerry, US-Verteidigungs-

Strenge Sicherheitskontrollen im Umkreis der Veranstaltung garantieren die Sicherheit der Konferenzteilnehmer.

minister Charles T. Hagel, UN-Generalsekretär Ban Ki-moon und NATO-Generalsekretär Anders Fogh Rasmussen. Eröffnet wurde die Sicherheitskonferenz durch den Bundespräsidenten Joachim Gauck.

An der Konferenz nahmen über 400 Delegationsmitglieder teil, darunter insgesamt 20 Staats- und Regierungschefs sowie 50 Außen- und Verteidigungsminister. Die Betreuung von mehr als 130 Schutzpersonen war erneut einer der Schwerpunkte für die Münchner Polizei. Es wurden 215 Begleitschutzfahrten durchgeführt. Dies bedeutet gegenüber dem Vorjahr eine Steigerung um 25 Fahrten, welche nur mit einem entsprechend hohen Kräfteansatz zu bewältigen waren.

Der Bereich der Hotelwachen erwies sich ebenfalls als sehr arbeitsintensiv. Im Hotel Bayerischer Hof und in sechs weiteren Hotels mussten umfangreiche Schutzmaßnahmen durchgeführt werden.

Der störungsfreie Verlauf aller Veranstaltungen konnte durch die insgesamt 3 100 eingesetzten Beamten aus Bund und Ländern, vor allem aber auch durch die vielen bayerischen Einsatzkräfte gewährleistet werden.

Zu den zahlreichen Parallelveranstaltungen, die das Polizeipräsidium München an diesem Wochenende zusätzlich zu bewältigen hatte, zählten auch das kurzfristig öffentlich ausgetragene Testspiel zwischen dem TSV München von 1860 und dem SV Grödig sowie die Hochrisikobegegnung der 1. Fußballbundesliga zwischen FC Bayern München und Eintracht Frankfurt.

An der zentralen Kundgebung der Gegner der Sicherheitskonferenz durch die Münchner Innenstadt am 1. Februar 2014 beteiligten sich ca. 2 500 Protestierende, darunter etwa 250 Personen des »internationalistischen Blocks«.

Durch Vorkontrollen und konsequentes Einschreiten gegen erkannte Störer konnten Sicherheitsstörungen weitestgehend vermieden werden. Insgesamt kam es im Verlauf des Einsatzes zu acht Festnahmen.

G7-GIPFEL IN ELMAU

Autor: Daniel Seidinger

Die Veranstaltungen der G7/G8 waren in der Vergangenheit häufig Ziel massiver Protestkundgebungen globalisierungskritischer Gruppen, bei denen es oft zu schwersten Auseinandersetzungen zwischen gewaltbereiten Demonstranten und den Sicherheitskräften gekommen ist. Bei dem letzten in Deutschland stattgefundenen G8-Gipfel im Jahr 2007 in Heiligendamm waren in Spitzenzeiten bis zu 17 800 Polizeibeamte aus dem gesamten Bundesgebiet im Einsatz.

Mit Spannung wurde daher das G7-Treffen 2015 im Schloss Elmau erwartet. Schloss Elmau ist ein 5-Sterne-Hotel im Landkreis Garmisch-Partenkirchen, das auf 1 008 m Höhe am Fuß des Wettersteingebirges im Werdenfelser Land liegt.

Die Gipfeltreffen sind Veranstaltungen der Länderregierungen. Der Freistaat Bayern war im Jahr 2015 somit für Sicherheit und Gefahrenabwehr zuständig. Dazu gehörten u. a. der Schutz des G7-Gipfels und seiner Teilnehmer, die Betreuung der Demonstrationen sowie der Transfer der Staatsgäste zum Schloss Elmau und zurück. Diese Aufgaben stellten für die Bayerische Polizei eine immense personelle, logistische und technische Herausforderung dar.

Die Bayerische Polizei richtete bereits 2014 einen Planungsstab ein, in dem unter Führung des Polizeipräsidenten Oberbayern Süd, Robert Heimberger, ehemaliger Leiter E2 beim Polizeipräsidium München, alle Maßnahmen koordiniert und vorbereitet wurden. Der Münchner Polizeivizepräsident Robert Kopp übernahm ab April 2015 die stellvertretende Einsatzleitung. Für die Maßnahmen des PP München stellte man zudem einen Vorbereitungsstab unter Federführung des Leiters der Abteilung Einsatz E2, Leitender Polizeidirektor Werner Feiler, auf. Strukturiert wurde das Einsatzgeschehen durch die Errichtung von zwei »Besonderen Aufbau-Organisationen« (BAO): Die BAO Werdenfels für den Veranstaltungsort sowie die Transfers der Gipfelteilnehmer und die BAO München für die Veranstaltungen in der Landeshauptstadt, den Streckenschutz, die Lotsungen sowie die Begleitschutzmaßnahmen.

Neben der Planung und Durchführung der BAO München stellte das PP München auch die Führung der Einsatzabschnitte (EA) Kriminalpolizeiliche Maßnahmen, EA Begleitschutz/Lotsungen und Operative Maßnahmen der BAO Werdenfels. Zudem wurden weitere Unterabschnittsführungen, insbesondere im Bereich des Versammlungsschutzes, durch erfahrene Einsatzleiter des PP München übernommen.

Die Bandbreite der Vorbereitungen reichte von Aufbau und Ausstattung der zentralen Gefangenensammelstelle, der Entwicklung von Mobilitätskonzepten für Tausende von Einsatzkräften über die Vorbereitung der Protokollstrecke, den Einsatz von Informationsbeamten bei den Versammlungen bis hin zur Abwehr von terroristischen Gefahren. Darüber hinaus waren Fachkräfte aus München, wie z. B. des ZPD (Zentral-Psychologischer-Dienst), Staatsschutz, Informationsbeamte oder Hundeführer eingebunden. Knapp 1 000 Beschäftigte des PP München waren bei der BAO Werdenfels eingesetzt. Insgesamt befanden sich rund 18 000 Einsatzkräfte unter Leitung der Bayerischen Landespolizei im Einsatz.

Auch mussten neben dem Besuch der sogenannten Outreach-Partner (Repräsentanten und Staatschefs von arabischen und afrikanischen Staaten sowie von wichtigen Nicht-Regierungsorganisationen wie UNO oder Weltbank) viele Podiumsdiskussionen und Demonstrationen betreut werden. Erschwerend kam hinzu, dass die Einheiten aus Bund und Ländern weitestgehend im Bereich der BAO Werdenfels eingesetzt wurden, sodass die Aufgaben in München größtenteils durch eigene Kräfte zu bewältigen waren.

Einige der wichtigsten Ereignisse im Bereich des PP München waren: Am Mittwochmorgen, 3. Juni 2015, blockierte eine Gruppe von Tierschützern die Zufahrten zum Schlachthofgelände in der Zenettistraße in München, wobei insgesamt 45 Personen an der Blockadeaktion teilnahmen. Drei von ihnen befanden sich angeseilt auf drei ca. acht Meter hohen selbst gebauten Metallgestellen.

Neben der großen Fronleichnamsprozession fand am 4. Juni in München eine Großdemonstration unter dem Motto »G7-Wirtschaftsgipfel: TTIP stoppen, Armut bekämpfen, Klima retten« mit mehr als 35 000 Teilnehmern statt, die durch über 3 100 Einsatzkräfte betreut wurde. Die Veranstalter hatten sich bereits im Vorfeld eindeutig von Gewalt distanziert und damit wesentlich zum friedlichen Verlauf der Versammlung beigetragen. Aufgrund der hohen Temperaturen bat die Polizei die Feuerwehr um Amtshilfe, um die Demo-Teilnehmer über Hydranten mit Münchner Trinkwasser zu versorgen. Ausgerüstet mit Pappbechern sorgten die Kolleginnen und Kollegen für die nötige Erfrischung der Demonstranten. Mit Schlagzeilen wie »Wasserbecher statt Wasserwerfer« war die mediale Resonanz auf das polizeiliche Einsatzkonzept deutlich positiver als beim letzten Gipfel in München 1992.

Die Outreach-Gäste, darunter Bundesaußenminister Frank-Walter Steinmeier und UN-Generalsekretär Ban Ki-moon, kamen am 7. Juni 2015 am Flughafen München an. Am 8. Juni wurden die Outreach-Partner zum Gipfeltreffen nach Elmau geleitet, wo sie u. a. über die zentralen Themen Hunger, islamistischer Terror und Entwicklungspolitik debattierten.

Auch die Veranstaltung »United Against Poverty – Zusammen gegen Armut« am 6. Juni auf dem Königsplatz in München widmete sich diesen Themen. Unterstützt wurde das Konzert durch Prominente wie Claudia Roth, Usher oder Michael Mittermeier, der durch das Programm führte. Höhepunkte des Tages waren die Redebeiträge von Bundesentwicklungsminister Dr. Gerd Müller sowie der Friedensnobelpreis-

Münchens Polizeivizepräsident Robert Kopp (l.) und der Polizeipräsident Oberbayern Süd, Robert Heimberger.

Innenminister Joachim Herrmann (l.) und der neue Vizechef des Polizeipräsidiums München, Werner Feiler.

Wasserbecher statt Wasserwerfer: Wegen der tropischen Hitze bei der Großdemo zum G7-Gipfel verteilte die Münchner Polizei Wasser an die Demoteilnehmer.

trägerin und Liberischen Staatspräsidentin Ellen Johnson Sirleaf. Die friedliche Veranstaltung zog ca. 1 000 Besucher an.

Ein etwas anderes Bild zeichnete sich am selben Tag bei einer Versammlung mit rund 3 600 Teilnehmern in Garmisch ab, als der ca. 150 Personen starke Schwarze Block damit begann, gegen die Einsatzkräfte vorzugehen. Im Verlauf der Demonstration wurden Polizeibeamte vereinzelt mit Flaschen, Feuerlöschern und Rauchkerzen angegriffen und einige Versammlungsteilnehmer versuchten, die Polizeiabsperrung zu durchbrechen. Dieses kurze Scharmützel konnte durch konsequentes Einschreiten zügig beendet werden. Die weiteren Versammlungen verliefen störungsfrei.

Die Öffentlichkeitsarbeit erfolgte dieses Jahr u. a. auch durch die Nutzung Sozialer Netzwerke wie Facebook und Twitter. Wichtige Meldungen konnten so schnell an die Bevölkerung weitergegeben werden, was seitens der Follower gerne angenommen wurde. Einsatzfazit: Bayern hat sich nicht nur wettertechnisch von seiner besten Seite gezeigt.

Der G7-Gipfel brachte im Nachgang auch personelle Veränderungen mit sich. Der Einsatzleiter der

BAO Werdenfels, Robert Heimberger, wechselte zum 1. September 2015 an die Spitze des Bayerischen Landeskriminalamtes. Seinen Platz als Präsident des Polizeipräsidiums Oberbayern Süd nahm sein Stellvertreter im G7-Einsatz und bisheriger Vizepräsident Münchens, Robert Kopp, ein. Neuer Vizepräsident beim PP München wurde der Leitende Polizeidirektor und gebürtige Oberfranke Werner Feiler. Er war bislang Leiter der Abteilung Einsatz E2 und damit zuletzt für die Planung und Durchführung der Einsatzmaßnahmen während des G7-Gipfels in München zuständig.

DIE MÜNCHNER POLIZEI ÜBERREGIONAL

Das Polizeipräsidium München, das mit Abstand mitarbeiterstärkste Polizeipräsidium Bayerns, ist aus verschiedenen Gründen in der Lage, gegebenenfalls auch überregional bzw. in anderen Präsidialbereichen unterstützend tätig zu werden. Dass dies auch schon im frühen 20. Jh. der Fall war, zeigt der weit über die Grenzen Bayerns hinaus bekannte Mordfall Hinterkaifeck, als Beamte der damaligen Polizeidirektion München federführend die polizeiliche Ermittlungsarbeit übernahmen.

DER MORDFALL HINTERKAIFECK IM MÄRZ 1922

Autor: Walter Nickmann

In Bayern hatte sich das politische Klima eingetrübt. Während der Amtszeit des Ministerpräsidenten Gustav von Kahr war die »Ordnungszelle Bayern« entstanden. Die Not war immer noch relativ groß, die Inflation wuchs weiter an und die politische Kultur zeigte ihre brutalen Züge: In München plante die Organisation Consul Morde an führenden Reichspolitikern, und die NSDAP dominierte das politische Klima in München – zusehends auch in Bayern. Von diesen Entwicklungen unberührt lebten ca. 75 km nördlich von München in der Einöde Hinterkaifeck (Lkr. Schrobenhausen) fünf Personen: Der 63-jährige Andreas Gruber und seine 72-jährige Ehefrau Cäzilia, ihre gemeinsame 35-jährige Tochter Viktoria Gabriel, die den Hof seit 1913 führte (ihr Ehemann Karl Gabriel war im Dezember 1914 in Frankreich gefallen), Viktorias siebenjährige Tochter Cäzilia sowie der zweieinhalbjährige Sohn Josef. Die Einöde Hinterkaifeck war ca. 500 m von dem kleinen Dorf Gröbern (Gemeindegebiet Wangen) entfernt. Das Leben dieser fünf Personen gestaltete sich ländlich-schlicht, sie galten als eigenbrötlerisch und recht kontaktscheu. In der Familie selbst herrschten seltsame Beziehungen: Dem gefallenen Karl Gabriel trauerte niemand nach, Andreas Gruber sowie seine Tochter Viktoria wurden 1915 wegen Blutschande verurteilt; der Vater erhielt ein Jahr Zuchthaus, die Tochter einen Monat Gefängnis. Cäzilia Gruber nahm die sexuelle Beziehung zwischen ihrem Ehemann und der Tochter duldsam hin.

Zum Jahresende 1918 entspann sich zwischen Viktoria Gabriel und dem Ortsführer von Gröbern, Lorenz Schlittenbauer, ein sexuelles Verhältnis. Das Ansinnen Schlittenbauers, Viktoria Gabriel zu ehelichen, wurde von Andreas Gruber hintertrieben. Am 7. September 1919 kam Viktorias Sohn Josef zur Welt. Lorenz Schlittenbauer war von ihr als Vater angegeben worden. Zunächst stimmte er der Vaterschaft zu, kurz darauf widerrief er diese und zeigte Viktoria sowie ihren Vater wegen Blutschande an. Auf Betreiben von Viktoria zog er seine Anzeige zurück und erkannte die Vaterschaft erneut an. Dennoch kam es zu einer Gerichtsverhandlung. In der Hauptverhandlung bezichtigte Lorenz Schlittenbauer Vater und Tochter erneut der Blutschande. Widersprüchliche Aussagen des Zeugen Schlittenbauer führten zum Freispruch des Angeklagten. Schlussendlich erkannte Lorenz Schlittenbauer seine Vaterschaft für den kleinen Josef an. Allein diese Familienverhältnisse

Der Einödhof Hinterkaifeck.

sprachen für sich und trugen ihren Teil zur nicht nur räumlichen Abgeschiedenheit in dieser Einöde bei.

Im Oktober 1921 kündigte die damalige Dienstmagd ihre Anstellung auf dem Hof im wahrsten Wortsinne über Nacht. Sie hatte den Eindruck, dass sie beobachtet werde, vor allem sei ihre Kammertür mehrmals von allein aufgegangen. Die Magd wertete dies als Zeichen drohendes Unheils, dem sie unbedingt entfliehen wollte.

Am Freitag, dem 31. März 1922, nachmittags, kam die neue Dienstmagd Maria Baumgartner nach Hinterkaifeck. Aufgrund ihrer Gehbehinderung war sie in Begleitung ihrer Schwester, die ihr beim Tragen des Gepäcks half. Tage vor ihrer Ankunft hatten sich seltsame Dinge ereignet: Andreas Gruber stellte im Schnee frische Fußspuren fest, die zwar zum Anwesen hin, aber nicht mehr wegführten. Das teilte er dem Ortsvorsteher von Gröbern, Lorenz Schlittenbauer, und einem Landwirt mit. Auch erzählte die Tochter Viktoria beim Einkauf in Schrobenhausen, dass es am Hof unheimlich sei und etwas nicht stimme. Zudem sahen, unabhängig voneinander, sowohl der Bauer als auch seine Tochter am Waldrand einen Mann, der den Hof beobachtete. Ferner lag am Waldrand eine Münchner Tageszeitung, die niemandem zugeordnet werden konnte. Der zuständige Briefträger bestätigte dem Bauern, dass er niemandem im Ort eine Münchner Zeitung zustelle. Des Weiteren hatte der Bauer einen Hausschlüssel verloren, der nicht mehr aufzufinden war. Von all diesen Ereignissen wusste die neue Magd nichts. Niemand konnte ahnen, welch brutale Tat sich in der folgenden Nacht ereignen sollte. Wie und durch wen auch immer wurden die Tochter Viktoria Gabriel, Cäzilia Gruber, Andreas Gruber und die siebenjährige Cäzilia Gabriel nacheinander in den Stall gelockt und darin erschlagen. Dann betrat(en) der/die Täter das Wohnanwesen und erschlug(en) die neue Dienstmagd in deren Kammer sowie den zweijährigen Josef, der im Zimmer seiner Mutter in einem Stubenwagen lag.

Der oder die Täter hielt(en) sich nach der Tatbegehung noch einige Zeit in Hinterkaifeck auf. Aus der Ferne hatte man gesehen, dass einem Kamin des Anwesens Rauch entstieg. Des Weiteren war das Vieh offensichtlich gemolken und versorgt worden. Zudem war der gesamte Brotvorrat verzehrt und ein in der Vorratskammer aufbewahrter Schinken frisch angeschnitten. Am Samstag, 1. April, fehlte die siebenjährige Cäzilia im Schulunterricht. An diesem Tag kamen zur Mittagszeit zwei zu Fuß über die Lande ziehende Kaffeehändler auf den Einödhof, um ihre Ware feilzubieten. Da ihnen niemand öffnete, verließen sie den Hof. Am Sonntag kam niemand aus Hinterkaifeck zum Gottesdienst. Am Montag, 3. April, fiel dem Postboten auf, dass die samstags zugestellte Post noch immer an ihrem Platz lag. Am nachfolgenden Dienstag betrat ein Monteur das Anwesen, um auftragsgemäß eine Futterschneidmaschine zu reparieren. Da er niemanden vorfand, brach er die Stadeltüre auf, um an die Maschine zu gelangen. Nach Beendigung der Reparatur verließ er den Hof. Am selben Tag schickte Lorenz Schlittenbauer seine zwei Söhne nach Hinterkaifeck, um nach dem Rechten zu sehen. Die Söhne kehrten mit der Nachricht zurück, sie hätten von der Familie nichts gesehen. Daraufhin ging Lorenz Schlittenbauer in Begleitung zweier Männer selbst zur Einöde und entdeckte schließlich die Toten.

Die Nachricht von der Bluttat verbreitete sich in Windeseile in der Umgebung. Die Gendarmen der Station Hohenwart trafen gegen 18 Uhr in Hinterkaifeck ein. Sie hatten alle Mühe, Schaulustige vom Hof zu verweisen. Um 18.15 Uhr teilte die Gendarmeriehauptstation Schrobenhausen der Staatsanwaltschaft Neuburg a. d. Donau und dem Bereitschaftsdienst der Polizeidirektion München den Sachverhalt mit. Der 55-jährige Oberinspektor Georg Reingruber vom Referat 1, das zu jener Zeit für Mord und Totschlag im gesamten Freistaat zuständig war, rückte mit fünf Beamten (zwei Mitarbeiter Reingrubers, ein Beamter der Spurensicherung sowie zwei Diensthundeführer mit ihren Hunden) nach Hinterkaifeck aus. Reingruber genoss als »Mordermittler« einen exzellenten Ruf. Am 5. April trafen die Münchner Beamten um 1.30 Uhr beim Bürgermeister der Gemeinde Wangen ein. Nach einer Rast begaben sie sich um 5.30 Uhr nach Hinterkaifeck, um in Zusammenarbeit mit der Gerichtskommission Schrobenhausen den Tatort in Augenschein zu nehmen. Die vier im Stall aufgefundenen Opfer lagen neben- und übereinander, auf ihnen lag eine Holztür, die zum Teil mit Stroh abgedeckt war.

Reingruber konnte die Tat gut rekonstruieren: Im Haus war nicht hörbar, was sich im Stall ereignete. Viktoria Gabriel und ihre Mutter waren vollständig bekleidet und hatten mutmaßlich in der Küche gesessen, als sie nacheinander in den Stall gelockt wurden. Der Bauer Gruber und dessen Enkelin Cäzilia trugen Unterwäsche, als sie getötet wurden. Sie mussten also aus ihren Betten in den Stall gelockt worden sein. Die Magd lag erschlagen in ihrer Kammer, der zweijährige Josef in seinem Stubenwagen, der im Zimmer seiner Mutter stand – auch er erschlagen. Es zeigte sich, dass die Kühe auch noch nach der Tat gemolken und mit Futter versorgt worden waren. Ferner stellten die Ermittler verschobene Dachziegel fest. Offensichtlich hatte dies dazu gedient, den gesamten Hof übersehen zu können.

In einem Heuhaufen fanden sich zwei muldenförmige, ausgeprägte Vertiefungen, die den Schluss zuließen, dass sich darin Personen aufgehalten hatten.

Den Tatzeitpunkt legte man auf Freitag, den 31. März, ca. 21 Uhr fest. Als Tatmotiv ging man zunächst von Raubmord aus. Was sich jedoch nicht als stichhaltig erwies, da nicht feststand, wie viel Geld tatsächlich entwendet worden war und sich später im Wohnhaus Schmuck, Aktien und Geldscheine fanden. Ebenso konnte keine Tatwaffe aufgefunden werden, weshalb zunächst die seltsamen Verletzungsbilder (sternförmige Löcher in Bleistiftdicke) nicht zu erklären waren. Erst beim Abbruch des Anwesens ein Jahr später wurde unter den Holzdielen des Heustadels eine »Reuthaue« (Hacke zum Roden kleiner Sträucher) mit Blutanhaftungen sowie ein Taschenmesser aufgefunden. Diese Reuthaue stammte vom Hof und war (vermutlich von Andreas Gruber) durch das Eindrehen einer Schraube in den Holzstiel repariert worden. Ein Ende dieser Schraube ragte aus dem Stiel heraus und hatte die bei den Opfern festgestellten Verletzungen erzeugt.

Nach zehn Stunden verließ Oberinspektor Reingruber mit seinen Beamten den Tatort und reiste mit dem Tatortbefundbericht und fünf Fotos nach München zurück. Zum Zeitpunkt der Rückreise ahnte niemand, welche Theorien, Legenden und Mutmaßungen auch noch Jahrzehnte nach der Tat entstehen sollten. Am 8. April 1922 erfolgte die Auslobung einer Belohnung von 100 000 Reichsmark zur Ergreifung des/der Täter. Die hohe Summe bewirkte, dass zahlreiche Hinweise auf Tatverdächtige bei den Ermittlungsbeamten eingingen.

Die Ermittlungstätigkeit in diesem Mordfall muss zwingend vor dem Hintergrund des Jahres 1922 gesehen werden. Oberinspektor Reingruber und seine Kollegen waren nicht nur mit dem Mordfall in Hinterkaifeck betraut, sondern auch mit der Aufklärung politisch motivierter Morde. Diese Fememorde hatten vor allem während der Amtszeit von PP Ernst Pöhner (3. Mai 1919 bis 28. September 1921) sehr konkrete Verbindungen in die Polizeidirektion München, nämlich zur Politischen Abteilung (Abteilung VI), die von dem späteren nationalsozialistischen Reichsinnenminister Dr. Wilhelm Frick geleitet wurde. Wenngleich der Mordfall in Hinterkaifeck großes Aufsehen erregte, standen jedoch die Fememorde im besonderen Blick-

Auffindesituation der Leichen in den verschiedenen Räumen auf dem Hof.

feld der Öffentlichkeit sowie der Politik und hatten eine entsprechend hohe Priorität.

Aus heutiger Sicht gibt es an der Arbeit der Ermittler durchaus Kritikpunkte: Obwohl dies möglich gewesen wäre, unterblieb in Hinterkaifeck eine Sicherung von daktyloskopischen Spuren. Die Vernehmung der Schwester der ermordeten Dienstmagd erfolgte erst Jahre später, obwohl sie mit an Sicherheit grenzender Wahrscheinlichkeit diejenige tatunbeteiligte Person war, die als Letzte die Ermordeten lebend gesehen hatte. Jener Monteur, der die Futterschneidmaschine in vermeintlicher Abwesenheit der Familie repariert hatte, wurde erst drei Jahre später vernommen.

Wie bei allen Tötungsdelikten ist ein besonderes Augenmerk auf die Motivlage der/des Täter(s) zu richten. Im Hinterkaifeck-Fall kristallisierte sich nie ein eindeutiges Motiv heraus. Die ursprüngliche These eines Raubmordes rückte immer mehr in den Hintergrund. Inwieweit die Inzesthandlungen zwischen Andreas Gruber und seiner Tochter, insbesondere im Hinblick auf die zugegebene, widerrufene und erneut anerkannte Vaterschaft seitens Lorenz Schlittenbauer ein Tatmotiv waren, konnte nicht geklärt werden. Vermutungen, dass in der Einöde ein geheimes Waffenlager der Einwohnerwehr (Parallele zum Mord an der Dienstmagd Maria Sandmayr, siehe S. 38 f.) angelegt war, erhärteten sich nicht.

Ein konkreter Tatverdacht gegen eine bestimmte Person ergab sich ebenfalls nie. Zwar erfolgten wiederholt Festnahmen, doch alle Verdächtigen wurden letztlich wieder freigelassen. Selbst nach dem Zweiten Weltkrieg gab es neue Gerüchte um den angeblichen Täter: Ein aus russischer Kriegsgefangenschaft zurückgekehrter Mann gab an, bei seiner Entlassung habe ihn ein russischer Soldat in bayerischer Mundart angesprochen und ihm aufgetragen, zu Hause einen schönen Gruß vom Mörder von Hinterkaifeck auszurichten. Bereits nach der Mordtat hatte es Gerüchte gegeben, dass Karl Gabriel, Ehemann der Tochter Viktoria, nicht im Ersten Weltkrieg gefallen war, sondern seine Identität mit einem anderen Gefallenen vertauscht habe. Tatsächlich gibt es aber von dem Regiment, in dem Karl Gabriel diente, eine Urkunde, in dem die Namen der gefallenen Regimentsangehörigen vermerkt sind. Sein Name ist darin aufgeführt. Dies ist nur ein Beispiel für mögliche Tatverdächtige und die Vielzahl an Gerüchten und Mutmaßungen.

Unbeachtlich der mitunter sehr individuellen Deutungsmuster zum Tatmotiv und dem/den Täter(n) muss nach den heutigen Maßstäben einer fallanalytischen Betrachtung ein dezidierter Blick auf die objektiv feststehende Nachtathandlung geworfen werden: Alle Opfer wurden von dem/den Täter(n) abgedeckt. Auf die vier Körper im Stall war eine Holztür gelegt worden, die wiederum mit Stroh bedeckt war. Die in ihrer Kammer am Boden liegende Magd war mit dem Federbett bedeckt und über dem Stubenwagen mit dem kleinen Josef hing ein Rock seiner Mutter. Dieses »Abdecken« stellt ein emotionales Wiedergutmachen der Tat dar. Das lässt auf eine Vorbeziehung zwischen dem/den Täter(n) und den Opfern schließen, da diese Handlung reuiges Täterverhalten zeigt. Auch ist es ein Indiz dafür, dass primär ein emotionaler Konflikt und nicht eine Bereicherungsabsicht der Tatgrund war.

Der Mordfall Hinterkaifeck gibt viele Rätsel auf. Allein die Anzahl der Mordopfer, die Brutalität der Tat, das Vor- und Nachtatgeschehen, die intrafamiliären Verwerfungen sowie die öffentlichen Spekulationen boten und bieten einen idealen Nährboden für die Legendenbildung und Rätselhaftigkeit dieses Falles – ein Fall, wie er in der Kriminalgeschichte selten zu finden ist. Auch heute noch ist die Münchner Mordkommission ab und zu überregional im Einsatz.

DIE OPERATIVE FALLANALYSE (OFA) BAYERN

Autor: Alexander Horn

Die Mordkommission des Polizeipräsidiums München (damals das Kommissariat 111) war Mitte der 1990er-Jahre gemeinsam mit der Kriminalpolizeiinspektion Regensburg intensiv mit der Ermittlung des Serienmörders Horst David beschäftigt, der gestanden hatte, im Zeitraum von 1975 bis 1993 sieben Frauen in München und Regensburg getötet zu haben.

Nicht zuletzt diese Serie führte beim damaligen Leiter des Dezernates 11 und späteren Hamburger Innensenator Udo Nagel zu der Überlegung, sich intensiver mit Serientätern und der Möglichkeit der Erstellung von Täterprofilen zu beschäftigen. Zwei Beamte der Mordkommission, Gabi Bögl und Klaus Wiest, hatten die ersten Kontakte nach Österreich zum Kriminalpsychologischen Dienst des Innenministeriums aufgenommen und an einer Konferenz in Schottland zum Thema Fallanalyse teilgenommen. Die positiven Erfahrungen führten zu dem Entschluss, die Möglichkeiten der Fallanalyse genauer zu untersuchen. Darüber hinaus kamen die Beamten in Kontakt mit der kanadischen Datenbank ViCLAS (Violent Crime Linkage Analysis System), welche von der Royal Canadian Mounted Police entwickelt wurde, um frühzeitig Serienzusammenhänge bei Tötungs- und Sexualdelikten erkennen zu können. Im Fokus der Betrachtung steht dabei, wie auch bei der Fallanalyse, das vom Täter gezeigte Verhalten bei der Tat.

Parallel zu den Entwicklungen beim Polizeipräsidium München beschäftigte sich das Bundeskriminalamt (BKA) ebenfalls mit den Themenfeldern Fallanalyse und ViCLAS, jedoch aus unterschiedlicher Perspektive. Aufgrund der originären Zuständigkeit für den Terrorismus beschäftigten sich die Beamten des BKA mit der kriminalistisch-kriminologischen Analyse bei Erpressungs- und Entführungsfällen. Das BKA und das Polizeipräsidium München intensivierten ihre Zusammenarbeit Ende 1996, nachdem die Entscheidung gefallen war, beim Dezernat 11 die Arbeitsgruppe Tatortanalyse/Täterprofiling (AG TT) einzurichten. Diese AG bestand aus Klaus Wiest und Alexander Horn, welcher vom Dezernat 12 zum K 111 wechselte. Diese beiden Beamten konnten sich nun ausschließlich mit der Prüfung der Einsatzmöglichkeiten der Fallanalyse beschäftigen. Im Rahmen der AG lernte Alexander Horn in Kanada und England die Funktionsweise des ViCLAS kennen und mit Unterstützung des Kriminalpsychologischen Dienstes in Wien wurden die ersten Fallanalysen erstellt. Die AG TT erhielt zu diesem Zweck eine bayernweite Zuständigkeit und wurde in der Projektphase von zwei Beamten des Bayerischen Landeskriminalamtes unterstützt.

Ein wichtiger Meilenstein war die bayernweite Einführung einer Meldeverpflichtung der Kriminaldienststellen für das ViCLAS-Datenbanksystem zum 1. Januar 1998. Damit war Bayern das erste Bundesland, das dieses System in Betrieb nahm. Udo Nagel und Alexander Horn, inzwischen Leiter der AG TT, verbrachten 1997 und 1998 unter anderem damit, die Münchner Initiative den anderen Bundesländern vorzustellen, mit

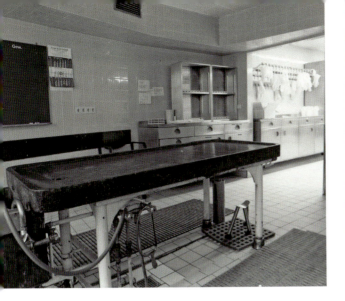 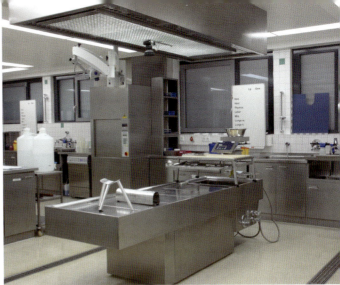

Ganz entscheidend für Fahndungserfolge ist die enge Zusammenarbeit von Polizei und Rechtsmedizin. Der alte Sektionstisch aus Eisen (l.) stand früher in der Pathologie in der Frauenlobstraße und ist nun im Besitz des PP München als Objekt für das Polizeimuseum. Rechts ein Blick in den modernen Sektionsraum in der Nußbaumstraße.

dem Erfolg, dass bis in das Jahr 2000 in jedem Bundesland eine OFA-Einheit eingerichtet wurde. In Bayern endet damit die dreijährige AG-Tätigkeit, und das Bayerische Staatsministerium des Innern verfügte die Schaffung der Zentralstelle OFA Bayern als Kommissariat 115 beim PP München. Als Leiter wurde Alexander Horn eingesetzt, der auch heute noch das inzwischen umbenannte Kommissariat 16 leitet.

Bereits 1998 baute die AG TT einen Arbeitskontakt zum Federal Bureau of Investigation auf, welcher in regelmäßigen Arbeitstreffen in den USA und in Bayern bis heute aufrechterhalten ist. In den Folgejahren wurden verschiedene europäische Polizeibehörden durch die OFA Bayern aus- und fortgebildet. Polizeibehörden in Österreich, Schweiz, Großbritannien, Irland, Frankreich, Holland, Dänemark und Schweden forderten OFA-Beamte zur Unterstützung an.

In Deutschland erkannte man bald die Notwendigkeit zur Schaffung eines einheitlichen Ausbildungsgangs für Fallanalytiker, und so wurde im Rahmen von Bund-Länder-Arbeitsgruppen zunächst ein Anforderungsprofil für Fallanalytiker erstellt und im weiteren Verlauf ein Ausbildungskonzept geschaffen, welches bis heute Gültigkeit hat und im Rahmen dessen auch Kollegen aus der Schweiz, Österreich, Luxemburg und Holland ausgebildet wurden.

Die OFA Bayern sah es schon früh als wichtig an, mit therapeutischen Einrichtungen im Straf- und Maßregelvollzug zu kooperieren, daher wurden gemeinsame Projekte gestartet, bei denen der behandelnde Therapeut die fallanalytischen Erkenntnisse zum jeweiligen Täter erhält und somit eine bestmögliche Bewertungsgrundlage für Therapie und Prognose vorliegt.

Im Jahr 2001 beschloss das Bund-Länder-Gremium außerdem, die Fallanalyse in Deutschland nach festgelegten Qualitätsstandards zu regeln. Diese wurden 2003 fertiggestellt und bis heute weiterentwickelt. Im Gegensatz zu anderen Staaten wird in Deutschland dem Teamansatz besonders große Bedeutung beigemessen. Dies deshalb, da es sich bei der Fallanalyse um ein interpretatives Verfahren handelt, bei dem der Hypothesenvielfalt und vor allem der Hypothesenprüfung eine besondere Bedeutung zukommt.

Über die Jahre hinweg hat sich die Anzahl der Fälle, in denen die OFA Bayern als Berater die sachbearbeitenden Dienststellen unterstützt, kontinuierlich gesteigert. Derzeit werden pro Jahr zwischen 40 und 50 fallanalytische Beratungsleistungen angefragt. Die bayerische ViCLAS-Datenbank weist inzwischen einen Bestand von mehr als 3 000 Fällen auf und konnte in mehreren Fällen bei der Zusammenführung von regionalen und überregionalen Tätern unterstützen. Der bundesweite ViCLAS-Datenbestand beläuft sich auf mehr als 25 000 Fälle.

Durch die intensive Beschäftigung mit der Fallanalyse und ViCLAS wurde von der OFA Bayern schon früh die besondere Problematik der rückfallgefährdeten, haftentlassenen Sexualstraftäter erkannt. Nach dem Rückfall eines Sexualmörders im Januar 2005 in München, bei dem erneut ein Kind getötet wurde, entwickelte die OFA Bayern ein Konzept zum optimierten Umgang mit dieser Tätergruppe. In den Jahren 2005 und 2006 wurde im Zusammenwirken mit den Innen-, Justiz- und Sozialministerien das HEADS-Konzept (Haft-Entlassenen-Auskunfts-Datei-Sexualstraftäter) entwickelt. Hierbei stand im Vordergrund, dass die Justiz die Polizei rechtzeitig vor der Entlassung informiert und von einer zentralen Stelle der Polizei eine Bewertung der Gefährlichkeit vorgenommen sowie die Steuerung der Informationen gewährleistet wird. Zu diesem Zweck wurde bei der OFA Bayern die Zentralstelle HEADS gegründet und bei den Polizeipräsidien im Bereich Verbrechensbekämpfung HEADS-Sachbearbeiter und bei den Kriminaldienststellen HEADS-Ansprechpartner eingesetzt, welche die Maßnahmen durchführen. Der präventivpolizeiliche Ansatz stand hierbei deutlich im Vordergrund und die Maßnahme der Gefährderansprache wurde auch für diesen Bereich eingeführt. Nach anfänglichen Vorbehalten zwischen Polizei und Bewährungshilfe hat sich inzwischen eine sehr konstruktive und vertrauensvolle Zusammenarbeit entwickelt.

Auch im Bereich HEADS hatte das bayerische Projekt Modellcharakter. Inzwischen hat jedes Bundesland Konzepte für den Umgang mit haftentlassenen Sexualstraftätern entwickelt, die sich häufig sehr eng am bayerischen Vorbild orientieren.

FALLBEISPIELE:

AG Mareike

Die Kriminalpolizeiinspektion Regensburg bearbeitete im Herbst 2003 den Vermisstenfall einer 20-Jährigen aus Waldmünchen. Die junge Frau war aus ihrer Wohnung verschwunden, ohne dass sich dabei konkrete Anzeichen für eine Fremdeinwirkung zeigten. Nachdem es im Umfeld der Vermissten zu einer Reihe von vollendeten und versuchten Suiziden gekommen war, bat die ermittelnde AG Mareike die OFA Bayern um Unterstützung. Im Rahmen einer fallanalytischen Aufarbeitung konnte als wahrscheinlichste Hypothese entwickelt werden, dass es

Operative Fallanalyse hat in Wirklichkeit wenig mit den actionreichen US-Krimiserien gemeinsam.

in der Opferwohnung zu einem Tötungsdelikt mit sexueller Komponente gekommen sein dürfte, begangen von einer männlichen Person aus dem sozialen Umfeld des Opfers. Die Leiche wurde anschließend vom Täter entsorgt. Aufgrund des vom Analyseteam entwickelten Täterprofils wurde eine Rasterung von 120 männlichen Personen aus dem Bekanntenkreis von Mareike durchgeführt, bei der sich sieben Personen als interessant herauskristallisierten. An erster Stelle stand ein 30-jähriger Arbeitskollege, der die höchste Übereinstimmung mit dem Täterprofil aufwies. Aufgrund des fehlenden Sachbeweises entwickelte man in Zusammenarbeit mit der sachbearbeitenden Dienststelle eine Vernehmungsstrategie, welche zunächst zu einem Geständnis und anschließend zur Auffindung der rund 100 km entfernt im Wald vergrabenen Leiche führte.

BAO Bosporus

Nach sieben Tötungsdelikten an Kleingewerbetreibenden mit Migrationshintergrund in den Jahren 2000 bis 2005 im Bundesgebiet, die alle mit derselben Schusswaffe begangen wurden, erstellte die OFA Bayern eine Fallanalyse zu diesen Fällen. Dabei wurde die Hypothese aufgestellt, dass diese Opfer gezielt ausgewählt und im Rahmen von Hinrichtungstötungen erschossen worden waren. Nach den Morden 8 und 9 im April 2006 führte die OFA Bayern eine zweite Fallanalyse durch, bei der deutlich wurde, dass es als wahrscheinlicher anzusehen war, dass die Opfer nicht gezielt als Personen, sondern vielmehr stellvertretend ausgewählt wurden. Als Hintergrund vermutete man eine fremdenfeindliche Tatbegehung mit missionsgeleitetem Zerstörungsmotiv. Es wurde ein Täterprofil der zwei handelnden Täter erstellt. Diese Hypothese, erstellt von den bayerischen Ermittlern und mit entsprechenden Maßnahmen hinterlegt, stieß besonders bei nicht-bayerischen Dienststellen auf teils erhebliche Vorbehalte und führte zu Kontroversen in der Steuerungsgruppe. Die jahrelangen Ermittlungen der Besonderen Aufbauorganisation (BAO) Bosporus blieben letztendlich erfolglos.

Im November 2011 wurden Uwe Mundlos und Uwe Böhnhardt nach einem Raubüberfall in Eisenach in einem angemieteten Wohnmobil tot aufgefunden. In Zwickau kam es zu einer Explosion der von diesen Personen gemeinsam mit Beate Zschäpe angemieteten Wohnung, welche auf Brandstiftung zurückzuführen war. Im Brandschutt wurden unter anderem die Tatwaffen für die Tötungsdelikte an den Kleingewerbetreibenden sowie die Tatwaffe für das Tötungsdelikt an der Polizeibeamtin Michèle Kiesewetter aufgefunden. Außerdem fanden sich DVDs, auf denen sich die Gruppe Nationalsozialistischer Untergrund (NSU) zu den Tötungsdelikten sowie zu einem Nagelbombenanschlag in Köln im Jahr 2004 bekennt.

In der Folgezeit wurden auf Bundesebene sowie in mehreren Bundesländern, unter anderem auch in Bayern, parlamentarische Untersuchungsausschüsse eingesetzt, die sich mit dem Verhalten der Behörden in diesen Fällen beschäftigten. Der Leiter der OFA Bayern wurde als verantwortlicher Fallanalytiker dabei auch mehrfach als Zeuge vernommen. Speziell der NSU-Untersuchungsausschuss des Bundestages merkte unter anderem kritisch an, dass die Ermittlungen zwar koordiniert, aber nicht einheitlich geführt wurden. Darüber hinaus erkannte man die Notwendigkeit, ungeklärte, herausragend schwere Straftaten nach einer bestimmten Zeit von bisher am Fall nicht beteiligten, erfahrenen Ermittlern überprüfen zu lassen.

SOKO Dennis

Die OFA Bayern unterstützte die Soko Dennis der Polizeibehörden in Niedersachsen in den Jahren von 1997 bis 2011. In diesen Jahren kam es zu ca. 50 sexuellen Missbräuchen an männlichen Kindern in Schullandheimen, Zeltlagern und Wohnhäusern, darüber hinaus zu drei Tötungsdelikten an Jungen. Zudem ergaben sich Verdachtsfälle auf weitere Missbrauchs- und Tötungsdelikte in Holland und Frankreich.

Eine vergleichende Fallanalyse ergab, dass sowohl die Sexualdelikte als auch die Tötungsdelikte von einem Täter begangen worden waren. Es wurde ein ausführliches Täterprofil erstellt, umfangreiche Datenrasterungen begleitet und Ermittlungsstrategien entwickelt.

Im Februar 2011 entwickelten die Soko Dennis und die OFA Bayern eine gezielte Medienstrategie mit dem Ziel, einen direkten Hinweis auf den Täter zu erlangen. Diese Strategie ging auf: Im Rahmen von verdeckten Ermittlungen erhärtete sich der Tatverdacht gegen einen damals 40 Jahre alten Pädagogen. Aus Mangel an Sachbeweisen galt es nun, die Vernehmung so zu gestalten, dass am Ende ein Geständnis erzielt wurde. Die Vernehmung führten der Soko-Leiter Martin Erftenbeck und der Leiter der OFA Bayern Alexander Horn durch. Am zweiten Tag legte der Tatverdächtige schließlich ein umfangreiches Geständnis aller sexuellen Missbrauchstaten und der drei Tötungsdelikte an Stefan Jahr, Dennis Rostel und Dennis Klein ab. Die Tötungsdelikte in Holland und Frankreich bestritt er jedoch. Er weigerte sich auch, das Passwort für seinen verschlüsselten PC preiszugeben, der bis heute nicht überprüft werden konnte.

In den 18 Jahren seit dem Beginn der Beschäftigung mit der Fallanalyse beim PP München hat sich viel verändert. Während in den Anfängen die Ergebnisse der Fallanalysen noch vereinzelt belächelt wurden, ist der Einsatz der OFA Bayern bei aufsehenerregenden Delikten inzwischen zu einer Selbstverständlichkeit geworden. Es hat sich gezeigt, dass die Beratung der Sonderkommission ein wichtiger Bestandteil einer modernen Ermittlungsarbeit geworden ist.

Die OFA Bayern ist aber auch in der Forschung tätig. 2004 erfolgte eine Totalerhebung aller geklärten Tötungsdelikte mit sexueller Komponente in Bayern. Dabei wurden alle relevanten Fälle im Zeitraum zwischen 1979 bis 2008 lokalisiert, analysiert und untersucht. In naher Zukunft wird ein Teil dieser Ergebnisse der Öffentlichkeit zugänglich gemacht und damit ein weiterer wichtiger Baustein zum Gesamtsystem der OFA Bayern hinzugefügt werden.

SÜNDIGES MÜNCHEN

Autor: Andreas Gollwitzer

Das angeblich älteste Gewerbe der Welt gab und gibt es natürlich auch in München. Und genauso alt wie das Gewerbe sind Bemühungen von offiziellen Stellen, dessen Ausübung zu kontrollieren, wenn auch aus unterschiedlichen Beweggründen.

War es in der Vergangenheit oft das Ziel, die als sündhaft oder illegal angesehene Prostitution zu verhindern, oder wenigstens einen Teil der Gewinne der Obrigkeit zuzuführen, so sind die Gründe für eine Kontrolle der Prostitution in unserer Zeit ganz andere. Es gilt zum einen, die Einhaltung der gesetzlichen Vorschriften zu überwachen, und zum anderen auch die Prostituierten vor Ausbeutung und Gewalt zu schützen.

Doch gehen wir ein bisschen zurück in der Geschichte. Der Begriff »Prostituierte« (vom lateinischen »prostituere« – sich öffentlich zur Schau stellen, sich preisgeben) taucht erst im Spätmittelalter auf. Die Frauen wurden zuvor meist als Dirnen, »gemeine Weiber« oder »gemeine Töchterlein« bezeichnet. Dies zeigt schon den Stellenwert der Frau als quasi Allgemeingut. Es wurde als normal angesehen, wenn unverheiratete Frauen Sex mit mehreren Männern hatten, wenn die Frauen dafür Geld annahmen, galt das nicht unbedingt als unmoralisch.

Im Mittelalter entstand dann die Einrichtung von »Frauenhäusern«, die der Obrigkeit unterstanden. Unter Aufsicht eines Frauenwirts konnten die Frauen der Prostitution nachgehen, wobei es dafür klare Regelungen gab. Die Frauen mussten »frei«, also grundsätzlich für jedermann verfügbar sein. Auch die Zahlung von Gebühren sowie sonstige Verpflichtungen der Frauen wie Kirchbesuch, Kleiderordnung und Ähnliches waren geregelt. Im Prinzip kann man von einer staatlichen Förderung der Prostitution sprechen. In München betreute der Scharfrichter die Dirnen. Die Damen waren in seinem Haus untergebracht, das in der Nähe des Sendlinger Tors isoliert von der sonstigen Wohnbevölkerung als letztes Haus innerhalb der Stadtbefestigung stand. Die Scharfrichter waren damals gesellschaftliche Außenseiter, denen zahlreiche Kontakte wie zum Beispiel der Besuch von Wirtshäusern verboten waren. Die Unterbringung der Dirnen bei diesem Außenseiter zeigt deutlich ihre gesellschaftliche Stellung. Es gibt allerdings auch die Meinung, dass diese Frauenhäuser wegen der damaligen Gesellschaftsstruktur notwendig waren. Aufgrund von standesrechtlichen Bestimmungen durften viele Männer nicht heiraten. Die Einrichtung der Frauenhäuser mit ihren klaren Regeln wurde deshalb als eine Schutzmaßnahme gegen die drohende Vergewaltigung junger Frauen angesehen. Jeder durfte ins Frauenhaus gehen, außer verheiratete Männer, Geistliche und Juden.

Im Jahr 1433 wurde der Stadt München durch einen Erlass der gemeinsam regierenden Herzogbrüder Ernst und Wilhelm III. die Errichtung eines Frauenhauses erlaubt. Dieses somit älteste Bordell der Stadt stand in der Mühlgasse am Anger, ein weiteres Haus eröffnete im Jahr 1507. Wegen einer starken Ausbreitung der Syphilis verbot Kaiser Karl V. im Jahr 1530 alle Frauenhäuser im Gebiet des Heiligen Römischen Reichs Deutscher Nation. An das Verbot hielt man sich in München nicht lange. Bald eröffnete wieder das Bordell am Heuturm.

TEURE GESPIELINNEN: KURTISANEN

Die Zeit der Renaissance gilt als eine Blütezeit der Prostitution. Neben der Entwicklung von Kunst, Kultur

Ganz schön handfest geht es in der Bordellszene zu, die der Braunschweiger Monogrammist 1537 malte. In Münchner Freudenhäusern wird es ähnlich zugegangen sein.

und Wissenschaft in einer moderner werdenden Gesellschaft erlebte das Kurtisanenwesen eine Blütezeit. Als Kurtisanen werden Frauen bezeichnet, die in adeligen oder hochbürgerlichen Kreisen den Männern als Geliebte zur Verfügung standen und sich von einem oder mehreren Männern aushalten ließen. Der wohl bekannteste Fall des Kurtisanentums in München war die Beziehung von König Ludwig I. zu der irischen Tänzerin Elizabeth Rosanna Gilbert, besser bekannt unter ihrem Künstlernamen Lola Montez. Lola Montez lernte König Ludwig I. kennen, als sie sich Hilfe suchend an ihn wandte, weil der Intendant der Münchener Hofbühne

Lola Montez, die Kurtisane König Ludwigs I., führt in einer zeitgenössischen Karikatur zwei Gendarmen an einem Blütenband herum.

einen Auftritt der durch zahlreiche Affären in ganz Europa bekannt gewordenen Künstlerin verboten hatte. Im Jahr 1847 wurde die Beziehung zwischen König und Künstlerin bekannt und mündete in einen handfesten Skandal, da seine Majestät die Einbürgerung der Tänzerin forderte, was insbesondere Innenminister Karl von Abel aus rechtlichen Gründen ablehnte. Nachdem der König auf seiner Forderung beharrte, baten alle Minister des Kabinetts um ihre Entlassung, der am 1. März 1847 entsprochen wurde. Es kam zu Tumulten in der Bevölkerung, weil Lola Montez durch ihr oft provozierendes Auftreten sehr unbeliebt war.

Im Lauf der Geschichte gab es aber auch immer wieder Zeiten, in denen die Prostitution verboten war. 1820 beschloss der Münchner Magistrat, dass die damals 31 Bordelle »vermindert« werden sollten. Die Dirnen wurden in die Illegalität gedrängt. Es brachte nicht den gewünschten Erfolg. Mitte des 19. Jh. florierte der Straßenstrich in der gesamten Innenstadt. Mit der Angliederung an das Deutsche Reich im Jahr 1871 erfolgte eine Lockerung der Gesetze. Das damals in ganz Deutschland eingeführte Strafgesetzbuch verbot nun Bordelle und die »gewerbsmäßige Unzucht«. 1890 gab es noch rund 50 Bordelle in München, zehn Jahre später schloss das letzte. Eine Strafandrohung für die Prostituierte gab es jedoch nur, wenn sich die Frau außerhalb polizeilicher Aufsicht prostituierte.

AB 1910 GAB ES DIE SITTENPOLIZEI

Nachdem die Prostitution in München bis zum Jahr 1910 vom Amt für Schulwesen überwacht wurde, folgte die Bildung einer »Sittenpolizei«. Am 1. April 1910 stellte die Polizeidirektion aus den Reihen der Schutzmannschaft eine Abteilung von fünf Mann auf, die die Aufgabe hatte, die geheime Prostitution auf der Straße, insbesondere im Bereich der Innenstadt, zu überwachen.

In der ersten Hälfte des 20. Jh. wurde die Dienststelle mehrfach umbenannt und umstrukturiert. In den 20er-Jahren war die »Sitte« bei der Abteilung III als Dienststelle 21 angesiedelt, 1935 übernahm die Dienststelle 333 die Aufgaben. Diese war darüber hinaus die Bayerische Landeszentralpolizeistelle zur Bekämpfung unzüchtiger Bilder, Schriften und Inserate – meist »Polunbi« abgekürzt. Im Jahr 1938 wurde das 21. Kommissariat der IV. Kriminalinspektion mit der Überwachung der Prostitution und der Bearbeitung von Unzuchtsdiebstählen, Zuhälterei und Kuppelei beauftragt.

Die Führung des Dritten Reichs hatte eine sehr zwiespältige Einstellung zur Prostitution. Einerseits unterstellte man Prostituierten ebenso wie Homosexuellen einen angeborenen moralischen Defekt, der eine Gefahr für die sexuell instabile Jugend darstellte und deshalb zu einer Verfolgung führte. So verfügte der Reichsinnenminister 1939, dass im Operationsgebiet der Deutschen Wehrmacht wegen einer möglichen Gesundheitsgefährdung für die Soldaten die wilde Prostitution verhindert werden soll. Andererseits wurden im Frankreichfeldzug, wohl um die Truppe bei Laune zu halten, in größeren Städten Bordelle für Soldaten eingerichtet, die unter gesundheitlicher Überwachung der Truppenärzte standen.

Nach dem Ende des Dritten Reichs erließ die Bayerische Staatsregierung im Jahr 1952 eine Verordnung, die die Prostitution in Orten unter 30 000 Einwohnern generell verbot. Die Bezirksregierungen wurden ermächtigt, auch in größeren Gemeinden Sperrbezirke auszuweisen. Ein erster Versuch des Münchner Stadtrats zur Einrichtung eines Sperrbezirks scheiterte im Jahr 1956, weil die Verordnung gerichtlich wieder aufgehoben wurde. Erst im Jahr 1961 gelang der Regierung von Oberbayern der Erlass einer rechtsgültigen Sperrbezirksverordnung, weil diese auf den Schutz der Jugend und des öffentlichen Anstands abzielte.

MÜNCHEN BEKOMMT EINEN SPERRBEZIRK

Im Jahr 1982 wurde der CSU-Politiker Dr. Peter Gauweiler Kreisverwaltungsreferent in München und machte sich schnell über die Grenzen Münchens hinaus einen Namen als Verfechter einer harten »law and order«-Linie. Doch schon zehn Jahre zuvor hatte er sich als Hardliner gezeigt. Damals noch ein junger CSU-Stadtrat, forcierte er gemeinsam mit dem Münchner Polizeipräsidenten Dr. Manfred Schreiber eine erhebliche Ausdehnung des Sperrbezirks. Mit seinen Mitstreitern setzte Gauweiler kurz vor den Olympischen Spielen im April 1972 die Ausweitung des Münchner Sperrbezirks auf die gesamte Innenstadt durch, was zur Verlagerung von Bordellen und zu Spannungen zwischen den Prostituierten des Straßenstrichs und den Damen und Zuhältern klassischer Erotikbetriebe führte. Die Münchner Kultband »Spider Murphy Gang« nahm später mit ihrem Song »Skandal im Sperrbezirk« die Zustände in der damaligen Münchner Rotlichtszene aufs Korn.

Prostituierte vor der Lido-Bar in der Senefelderstraße 1954.

Auf dem Dach des »Leierkastens«, bejubelt von einer riesigen Menschenmenge, protestierten 1972 die Prostituierten gegen die Bordellschließung.

Die Verdrängung hatte aber auch Auswirkungen auf das Verhältnis der verschiedenen Prostitutionssparten untereinander. Der ehemalige Münchner Kriminalbeamte Heinz Hohensinn beschreibt in seinem autobiografischen Buch von 1979 »Halt! Kriminalpolizei – ein Sonderfahnder berichtet« die Spannungen recht anschaulich: »Der Straßenstrich ging schlecht, das Geschäft florierte nicht … Zugunsten der Freier begann die verdeckte Prostitution. ›Gut aussehendes Modell erwartet Sie, Telefon …‹ oder ›Club mit raschen Kontaktmöglichkeiten …‹. Statt im Auto oder in billigen Absteigen wurden die Freier in modernen Apartmenthäusern oder vornehmen Villen bedient. Hier blühte das Geschäft. Freilich gab es bald Reibereien zwischen den Zuhältern der Straßendirnen und denen, die der Häuserprostitution huldigten. ›Modelle‹ wurden telefonisch bedroht oder von der Konkurrenz gar zusammengeschlagen.

Die Wände nagelneuer Wohnblöcke in teuren Wohnvierteln wurden mit Spraydosen bearbeitet. Einer der Standardsätze lautete: ›In diesem Haus ist ein Puff!‹ Dies blieb natürlich nicht ohne Folgen. Hausbewohner beschwerten sich, Hausverwaltungen und Hausbesitzer erstatteten Anzeigen bei der Polizei. Fahrzeuge der ›fortschrittlichen‹ Zuhälter wurden von ihren Rivalen vom Straßenstrich mit Pickeln zu Sieben umgearbeitet und in Brand gesteckt.«

Auch der Autor dieses Kapitels durfte als junger Streifenpolizist mehrfach Anzeigen aufnehmen, nachdem Wohnmobile am Straßenstrich durch Buttersäureanschläge unbrauchbar gemacht worden waren.

Es gab aber auch Zuhälter, die auf andere Weise nach Ausweichzielen suchten. Irgendjemand hatte herausgefunden, dass es im Forstenrieder Park mehrere »gemeindefreie Gebiete« gab, in denen die Verordnung zum Verbot der Prostitution somit nicht galt. Und eines dieser Gebiete umfasste auch einen Parkplatz am Rand der Alten Olympiastraße nach Garmisch-Partenkirchen. So hatte die beschauliche Polizeiinspektion Planegg auf einmal einen Straßenstrich im Inspektionsbereich.

DER »DIRNENKRIEG«

Der wohl bekannteste Bordellbetrieb, der der Ausweitung des Sperrbezirks zum Opfer fiel, war der »Leierkasten«. Das Etablissement war erst im Jahr 1971 von einem Frankfurter Bauunternehmer und Walter St. gegründet worden. Letzterer war an zahlreichen Nachtclubs und Bordellbetrieben in München beteiligt und wurde der »Pate von München« genannt. Der erste Standort des Bordells befand sich in der Zweigstraße im Bahnhofsviertel. Kurz vor den Olympischen Spielen in München, am Abend des 10. April 1972, riegelte die Polizei den Betrieb und drei benachbarte Bordelle ab. Die Dirnen durften nachts ihrem Gewerbe nicht mehr nachgehen (wohl aber tagsüber!). In der Folge kam es zu mitunter turbulenten Protestaktionen der Prostituierten, die gegen dieses halbtägige Berufsverbot auf die Straße gingen und von Bürgerinitiativen sowie der Studentenschaft unterstützt wurden. Einige zeitgenössische Quellen bezeichneten die Proteste gar als »Dirnenkrieg«.

Der »Leierkasten« wurde schließlich an seinen heutigen Standort in der Ingolstädter Straße verlegt und ist nach wie vor einer der bekanntesten Münchner Bordellbetriebe, auch wenn längst andere Betreiber das Gründerduo abgelöst haben. Walter St. war immer bemüht, als »graue Eminenz« im Hintergrund zu agieren, wurde im Laufe der Zeit bundesweit bekannt und bekam so auch Kontakte zu Politik und Verwaltung. Es gab Gerüchte, dass mehrere Politiker und Persönlichkeiten aus der Wirtschaft zu den Besuchern seines Bordells zählten. Er war stets bemüht, neue lukrative Geschäftsideen zu entwickeln. So entstand im Jahr 1976 im Bahnhofsviertel die erste Peepshow Europas. Walter St. hatte dieses Geschäftsmodell, bei dem die Kunden nach Münzeinwurf in einer selbstverständlich leicht zu reinigenden Kabine durch eine Glasscheibe Blicke auf eine sich auf einer Drehbühne räkelnde Dame werfen konnten, bei einem Besuch in New York gesehen. Es gab eine längere Prüfung der Rechtslage beim Kreisverwaltungsreferat, ob es sich hierbei um Prostitution handelt, da die Kunden ja nur selbst an sich Hand anlegen konnten.

Bis zur Einführung des Prostitutionsgesetzes im Jahr 2002 galt Prostitution zivilrechtlich als sittenwidriges Rechtsgeschäft, Dirnenlöhne waren somit nicht einklagbar, Prostitution wurde nicht als Beruf oder Gewerbe angesehen. Durch das neue Gesetz sollte die Stellung der Prostituierten gestärkt werden. Es wurde festgelegt, dass Prostitution eine Dienstleistung ist und dadurch rechtswirksame Forderungen der Prostituierten dem Freier gegenüber entstehen können. Diese Feststellung war tatsächlich ein Fortschritt für die Prostituierte, die nun eine rechtliche Handhabe hatte, entgangenen Lohn für sexuelle Handlungen einzufordern. Das nur drei Paragrafen umfassende Gesetz legte aber auch ein »eingeschränktes Weisungsrecht« der Bordellbetreiber gegenüber Prostituierten in abhängiger Tätigkeit fest. Handlungen, die kurz zuvor noch als Förderung der Prostitution und Zuhälterei verfolgt werden konnten, wie die Festlegung von Dienstzeiten in Bordellen oder das Vorgeben einer Preisliste, waren nun auf einmal legal. Etliche Bordellbetreiber begannen natürlich auszuloten, wie weit dieses »eingeschränkte Weisungsrecht« geht und ab wann mit einer Verurteilung wegen dirigistischer Zuhälterei zu rechnen ist. Insbesondere bei der Polizei und den Sicherheitsbehörden sind viele Experten der Meinung, dass das Gesetz in seiner derzeitigen Ausformulierung mehr den Bordellbetreiber als die Prostituierte schützt.

Die Erweiterung der EU nach Südosteuropa und die damit verbundene Reisefreiheit für die Bürger der dortigen Staaten führten zu einer drastischen Veränderung in der Münchner Bordelllandschaft. Im Jahr 2001 gab es in München unter knapp 1 600 registrierten Prostituierten einen Anteil von 525 Ausländerinnen, also ziemlich genau ein Drittel. Im Jahr 2014 hat sich die Zahl der registrierten Prostituierten auf über 2 800 annähernd verdoppelt, der Anteil ausländischer Prostituierter liegt mittlerweile bei weit mehr als zwei Dritteln. Seit 2007 ist ein massiver Anstieg von Prostituierten aus Rumänien und Bulgarien zu verzeichnen. Die oft

Münchens »Sündige Meile«: der Straßenstrich an der Ingolstädter Straße.

Regelmäßige Kontrollen wie hier an der Ingolstädter Straße sollen illegale Prostitution eindämmen.

noch sehr jungen Frauen werden mit Jobangeboten oft als Tänzerin oder Bedienung nach Deutschland gelockt und dann der Prostitution zugeführt. Nicht selten werden dabei fehlende Sprachkenntnisse und die Angst vor Behörden aufgrund Unkenntnis der Rechtslage ausgenutzt.

PRÄVENTIVE POLIZEIARBEIT

Heute überwacht das Kriminalfachdezernat 3 die Rotlichtszene in München. Zu den Hauptzielen gehört es, das legale Prostitutionsgewerbe sicher zu machen und den Prostituierten eine selbstbestimmte und zwangfreie Ausübung ihres Berufes zu ermöglichen. Ausbeutung durch Zuhälter und Menschenhändler soll möglichst unterbunden werden. Gleichzeitig gilt es, die Einhaltung der gesetzlichen Regelungen, u. a. zum Schutz der Jugend, zu gewährleisten und die illegale Prostitution zu verdrängen. Die Beamtinnen und Beamten sind dabei nicht nur zuständig für die Bearbeitung aller milieubezogenen Straftaten, die von Zuhältern, Dirnen, Strichern und den Beschäftigten von Prostitutionsbetrieben begangen werden. Es werden auch große Anstrengungen im präventiven Bereich unternommen. So sind ständig speziell geschulte Beamtinnen und Beamten in den legalen Prostitutionsbetrieben unterwegs, um Kontrollen durchzuführen. Dabei geht es vor allem darum, dass die Polizeikräfte den Prostituierten als Ansprechpartner zur Verfügung stehen, falls diese Opfer von Menschenhandel oder Zuhälterei geworden sind oder sie in einer sonstigen Zwangslage stecken.

Aktuell wird gerade über eine Novellierung des Prostitutionsgesetzes beraten. Es ist zu hoffen, dass die polizeilichen Forderungen wie eine generelle Anmeldepflicht, eine gesundheitliche Überwachung sowie eine Genehmigungspflicht für Bordellbetriebe Berücksichtigung finden. Ein generelles Verbot der Prostitutionsausübung unter 21 Jahren wird wohl politisch nicht durchsetzbar sein. Aber nur mit einem durchdachten und gut ausformulierten Gesetz wird es möglich sein, den Prostituierten in unserer Zeit tatsächlich einen gewissen Schutz vor Ausbeutung und Menschenhandel zu geben, damit sie ohne Zwang ihrem Gewerbe nachgehen können und nicht wie im Mittelalter als Freiwild angesehen werden.

PRESSE- UND ÖFFENTLICHKEITSARBEIT

Autor: Sven Müller

Die Pressestelle der Münchner Polizei ist eine Abteilung des Präsidialbüros. Sie versteht sich als Schnittstelle zwischen den Medien, der Öffentlichkeit und den verschiedenen Dienststellen und Sachgebieten der Münchner Polizei. Dabei repräsentiert sie das Polizeipräsidium München durch eine sachliche und offensive Informations-, Presse- und Öffentlichkeitsarbeit.

1913, beim Einzug der Münchner Polizei in das neue Dienstgebäude in der Ettstraße, gehörte die Pressestelle zum politischen Referat der Polizei, das für Vereins-, Versammlungs- und Pressewesen zuständig war. Die Amtsräume befanden sich im ersten Stock des Präsidiums direkt neben dem Büro und der Dienstwohnung des Polizeipräsidenten. Schon damals war es offensichtlich, dass diese Abteilung wichtig für die Amtsleitung und Repräsentation der Polizei war. Sie musste in besonders engem Verkehr mit dem Präsidium stehen, wie es in einer Festschrift zum Bezug der Amtsräume 1913 beschrieben war.

Als zentrale Anlaufstelle für Nachrichtenagenturen, Printmedien, freie Journalisten, Radio- und Fernsehstationen fördert die Pressestelle den Dialog mit der Presse und informiert die Medien. Sie sorgt in enger Zusammenarbeit mit den Dienststellen der Münchner Polizei für eine zielgerichtete Weitergabe von Informationen über alle bedeutenden, aktuellen und bevorstehenden Ereignisse. Dabei informiert und berät sie die Bevölkerung objektiv über Sicherheitsbelange und gibt der Öffentlichkeit einen Einblick in die Arbeit der Polizei. Pressearbeit der Polizei soll einerseits das Vertrauen der Münchner Bevölkerung in ihre Polizei aufbauen und andererseits die Unterstützung und Mithilfe der Bevölkerung für die Polizei fördern.

Die täglichen Arbeitsschwerpunkte der Pressestelle bestehen aus der Pressearbeit, der einsatzbegleitenden Öffentlichkeitsarbeit sowie der Öffentlichkeitsarbeit nach außen und innen. Dabei werden wichtige Themen der Polizei offen und transparent kommuniziert mit Pressekonferenzen, Öffentlichkeitsfahndungen, Präventionskampagnen, einer Polizeiausstellung und Veranstaltungen, wie dem Tag der offenen Tür. Zudem begleiten die Mitarbeiter der Pressestelle Produktionen von Filmen und Fernsehreportagen.

PRESSEARBEIT

Die Pressestelle gibt objektiv und offensiv Presseauskünfte. Darüber hinaus unterstützt sie die Arbeit der Dienststellen des Präsidiums, indem sie z. B. Zeugenaufrufe und Warnhinweise veröffentlicht. Das Ziel ist, die Bevölkerung immer schnell über polizeiliche Maßnahmen zu informieren und die Arbeit der Polizei transparent zu machen.

Die im Laufe der Jahrzehnte ständig enger gefassten gesetzlichen Vorgaben des Datenschutzes zum Schutz der Persönlichkeitsrechte bei der Weitergabe von personenbezogenen Daten und auch die Möglichkeit, Ermittlungen durch die Weitergabe von Informationen, die z. B. möglicherweise Täterwissen beinhalten könnten, zu gefährden, stellen hohe Ansprüche an die klassische Pressearbeit. Somit findet die Arbeit regelmäßig in einem Spannungsfeld statt. Einerseits ist die Pressestelle gesetzlich verpflichtet, die Medien zu informieren. Dieser Informationsanspruch der Medien ist im Bayeri-

Pressekonferenz zur neuen Facebook-Seite der Polizei mit dem Bayerischen Innenminister Herrmann (Mi.).

schen Pressegesetz geregelt. Andererseits wünschen die Medien häufig viel umfassendere Informationen, als die Pressestelle herausgeben kann und darf. Die Pressearbeit der Polizei wandelt somit oft auf dem schmalen Grat zwischen der Gewährleistung gesetzlich verankerter Ansprüche und dem Bedürfnis nach effektiver Polizeiarbeit bei gleichzeitiger Berücksichtigung des Datenschutzes.

Für eine erfolgreiche Arbeit braucht die Polizei oft die Hilfe der Bevölkerung. Bei Öffentlichkeitsfahndungen, oft auch mit Bildern von Überwachungskameras, und der Suche nach Zeugen kann die Pressestelle den Fachdienststellen bei ihren kriminalpolizeilichen Ermittlungen mit entsprechenden Zeugenaufrufen helfen.

Um polizeiliche Informationen schnell an die Öffentlichkeit zu transportieren, hat einer der über zehn Mitarbeiter, die alle Polizeivollzugsbeamte sind, immer Bereitschaftsdienst, den sogenannten Jourdienst. Der Jourdienstbeamte ist für die Mitarbeiter der Münchner Polizei sowie für die Medienvertreter jeden Tag 24 Stunden erreichbar. Wichtige polizeiliche Ereignisse können dadurch schnell in Pressemeldungen zusammengefasst und an Tageszeitungen, Radios, Fernsehsender, Agenturen und Online-Redaktionen weitergeleitet werden. Der Jourdienstbeamte gewährleistet auch eine Betreuung der Medienvertreter an außergewöhnlichen Tat- oder Unfallorten vor Ort. Dieser 24-Stunden-Service wurde von der Münchner Polizei am 1. Oktober 1984 eingeführt, da sich die Anzahl der Medienanfragen nach der Zulassung der privaten Radio- und Fernsehsender in Deutschland stark erhöhte. Anfragen der Presse außerhalb der klassischen Bürozeiten wurden davor direkt telefonisch vom Leiter der Einsatzzentrale erledigt. Die sich häufenden Anfragen konnten von ihm während seiner Alltagsarbeit und Einsatzabwicklung nicht mehr bearbeitet werden.

Sechsmal in der Woche wird ein Pressebericht geschrieben, der in einer Presserunde oder -konferenz um 11.30 Uhr im Medienzentrum des Polizeipräsidiums den Journalisten vorgestellt und an über 100 Redaktionen gemailt wird. Zusätzlich wird der Pressebericht im Internet veröffentlicht. In den Zeiten vor dem Internet wurde der Pressebericht bis zu 180-mal kopiert und dann von den Redaktionen, zum Teil auch von Boten, mittags direkt bei der Pressestelle abgeholt.

Bei besonderen Ereignissen werden auch nachmittags oder abends weitere Pressemeldungen als Nachträge zum Pressebericht verschickt. Als Service für die Morgensendungen der Münchner Radiosender gibt es einen Frühdienst, der um 6.30 Uhr nach der Auswertung der Lage der vergangenen Nacht zu besonderen Fällen eine

Pressemitteilung verschickt, den sogenannten Morgenticker. Dieser seit den 70er-Jahren regelmäßige und fast tägliche Kontakt mit den Journalisten ist einzigartig für eine Pressestelle der Polizei in Deutschland und der Hauptgrund, dass ein vertrauter und konstruktiver Kontakt zur Presse am wichtigen Medienstandort München herrscht. In den letzten Jahren hat die Münchner Polizei in ihren Presseberichten durchschnittlich 2 500 Pressemitteilungen im Jahr veröffentlicht.

Nur an Samstagen und vor Feiertagen wird kein Pressebericht zusammengestellt, da in München an Sonn- und Feiertagen keine Zeitungen erscheinen. Noch wird der Arbeitsrhythmus der Pressestelle von dem Erscheinen der klassischen Printmedien bestimmt, deren Reporter nachmittags nach der Presserunde im Polizeipräsidium ihre Artikel für die Ausgabe des folgenden Tages schreiben. Aktuell steigt die Bedeutung der Online-Medien und damit auch die Anzahl der Anfragen. Gleichzeitig haben viele Printmedien mit sinkenden Auflagen und einer Verringerung ihrer Werbeeinnahmen zu kämpfen. Dies kann sich natürlich künftig auf den Rhythmus der Presserunden auswirken. Die Entwicklung und Veränderung in der Medienlandschaft und ihre Auswirkungen auf die Pressearbeit der Polizei bleiben spannend.

Bei besonderen öffentlichkeitswirksamen Fällen wie spektakulären Kriminalfällen und großen Veranstaltungen finden öfters auch große Pressekonferenzen statt, zu denen zahlreiche Medien aus dem In- und Ausland kommen. Neben dem Pressesprecher und den Beamten der beteiligten Dienststellen kommen regelmäßig die zuständigen Vertreter der Staatsanwaltschaft, der Stadt München und der benachbarten Ministerien der Staatsregierung in die Pressestelle und präsentieren gemeinsam wichtige Fälle und Sachverhalte. Internationale Pressekonferenzen vor und nach großen Veranstaltungen gehören für die Pressestelle der Münchner Polizei zur alltäglichen Arbeit, was hauptsächlich an den großen jährlichen Veranstaltungen wie der Wiesn und der Sicherheitskonferenz sowie an den internationalen Spielen der FC Bayern München liegt.

EINSATZBEGLEITENDE ÖFFENTLICHKEITSARBEIT

Bei größeren Ereignissen und Einsätzen mit einer besonderer Öffentlichkeitswirksamkeit rücken die Mitarbeiter der Pressestelle an die Einsatzorte aus und koordinieren dort die Arbeit mit den Medien. Auch nachts und an Wochenenden können sie vom Leiter der Einsatzzentrale bei wichtigen Fällen alarmiert werden.

Bei bestimmten größeren Einsatzlagen ist eine einsatzbegleitende Öffentlichkeitsarbeit notwendig, um schon im Vorfeld mit größter Transparenz das Verständnis der Bürger für die notwendigen Maßnahmen der Polizei zu schaffen. Das ist besonders wichtig, um bestimmte Ziele der Polizei besser erreichen zu können. Dazu gehören die Veröffentlichung von Flyern, Rundfunkdurchsagen und Internetposts mit Verhaltenstipps.

Auch die aktive Nutzung von sozialen Netzwerken wird immer wichtiger. Große Veranstaltungen und Versammlungen werden zeitnah und intensiv auf Twitter und Facebook begleitet. Ein Social-Media-Team hat dafür im Herbst 2014 seine Arbeit in der Pressestelle aufgenommen.

ÖFFENTLICHKEITSARBEIT NACH AUSSEN

Die Öffentlichkeitsarbeit nach außen soll das positive Bild, das die Münchner Bevölkerung von ihrer Polizei hat, erhalten und verbessern. Bereits nach den Schwabinger Krawallen Anfang der 60er-Jahre, als sich die Münchner Polizei kritisch mit ihrem Selbstbild und ihrer Identität auseinandersetzte, sagte Polizeipräsident Dr. Schreiber: »Die Polizei muss heute verkauft werden wie ein Waschmittel.« Er meinte damit, dass durch die Öffentlichkeitsarbeit ein guter Kontakt zu Bürgern und Presse gesichert werden muss. Und dies hatte auf allen Ebenen zu erfolgen, angefangen mit den Streifenbeamten, die durch ein korrektes, angemessenes und freundliches Einschreiten ein positives Bild der Polizei in der Gesellschaft verbreiten.

Pressesprecher Wolfgang Wenger, der die Pressestelle von 1999 bis 2015 leitete, prägte mit neuen Ideen und Leitlinien die Presse- und Öffentlichkeitsarbeit der Münchner Polizei. Er erkannte, dass eine moderne Polizeiarbeit nur mit offensiver Pressearbeit sowie bürgernaher Öffentlichkeitsarbeit funktionieren kann und so begleitet werden muss. Dies wurde unter seiner Leitung konsequent umgesetzt. Mit diesem Grundsatz arbeitet die Pressestelle jetzt offensiv nach innen und außen, geht auf die Medien und Bürger zu und ist ein ständiger Ansprechpartner für die Kollegen. Die vielen vertrauensvollen Kontakte zu den Medien und das gute Ansehen der Münchner Polizei bei den Bürgern bestätigen diese Linie.

Auch heute bestimmen die Beamten im Außendienst bei ihren täglichen Kontakten mit den Bürgern das Bild der Polizei in der Öffentlichkeit. Seit vielen Jahren ist das Verhältnis zwischen den Münchner Bürgern und ihrer Polizei konstruktiv, entspannt und respektvoll. Dies wird bei vielen Hunderten von Einsätzen am Tag täglich wieder bestätigt. Aber schon ein einziger Kontakt zwischen der Polizei und einem Bürger bei einer häufigen und alltäglichen Einsatzart, wie einer Verkehrskontrolle oder einer Unfallaufnahme, der nicht optimal verläuft, wird schnell im sozialen Umfeld des Betroffenen weiter kommuniziert. Durch diesen Multiplikatoreffekt kann ein gutes Image schnell beschädigt werden. Die Pressestelle versucht deshalb bei solchen Fällen mit schnellen, richtigen und sachlichen Informationen entgegenzuwirken.

Dieses Bild wird von der Pressestelle auch mit öffentlichkeitswirksamen Veranstaltungen, wie einem Tag der offenen Tür und einem Weihnachtspräventionsmarkt unterstützt. Für die Organisation dieser Veranstaltungen verfügt die Pressestelle über ein eigenes eingespieltes Eventteam, das ein gutes Netzwerk zu benachbarten Behörden, Institutionen, Firmen und vielen Prominenten unterhält, die gerne die Arbeit der Polizei unterstützen. Themen, die die Sicherheit der Bürger in ihrem Alltag ansprechen sowie Zivilcourage und Kriminalprävention stehen dabei im Fokus.

Bei spektakulären Verbrechen, wie hier beim Mordfall Moshammer, ist das Medieninteresse enorm.

München ist ein großer Medienstandort und seit Jahrzehnten der Hauptsitz des Bayerischen Rundfunks. Nachdem die privaten Fernsehsender ab Mitte der 80er-Jahre die Bildschirme eroberten, haben sich viele Sender und Produktionsfirmen in und um München angesiedelt. Seitdem erreichen die Pressestelle täglich Anfragen, ob für aktuelle Themen Polizeibeamte bei der Arbeit begleitet und gefilmt werden können. Die Anfragen werden sorgfältig geprüft. Wenn sie mit den Zielen der Öffentlichkeitsarbeit der Polizei übereinstimmen und die Beiträge für seriöse Formate produziert werden, unterstützt die Pressestelle solche Produktionen. An den

Die Mitarbeiter der Pressestelle 2013.

Inhalten der Anfragen erkennt man oft die Themen, die die Gesellschaft gerade stark beschäftigen. Wenn die Medien viel über hohe Einbruchszahlen berichten, steigen die Drehanfragen für die Begleitung des Kriminaldauerdienstes und der Diensthundestaffel. Wenn die Stadt über aufsehenerregende Mordfälle diskutiert, interessieren sich die Medien für die Mordkommissionen und die Profiler. Wenn das Oktoberfest läuft oder der Fasching tobt, dann ist die Verkehrspolizei mit Alkoholkontrollen gefragt.

Seit die Nutzung von sozialen Netzwerken wie Facebook Teil des Alltags und der Lebenswirklichkeit vieler Menschen geworden ist, ist die Münchner Polizei auch aktiv in diesen Medien präsent. Große Teile der Bevölkerung informieren sich und kommunizieren hauptsächlich durch soziale Medien. Während noch vor zehn Jahren große Unglücke und Straftaten erst nach Stunden in Infoportalen und bei Wikipedia auftauchten, werden heute große polizeiliche Lagen schon nach wenigen Sekunden mit Fotos vom Ereignisort bei Twitter kommentiert. Darum begann die Pressestelle im Herbst 2014 mit Auftritten der Münchner Polizei bei Facebook und Twitter. Die polizeiliche Nutzung von sozialen Medien wird in anderen deutschen Bundesländern bereits seit Längerem erfolgreich praktiziert.

Auch die Erfahrungen ausländischer Polizeibehörden mit sozialen Medien sind beeindruckend und zeigen, wie wichtig die Präsenz der Polizei dort ist. Dabei ist ein Vergleich aus England spannend, wie das Internet nach den Bombenanschlägen auf U-Bahnen und einen Bus in London mit über 50 Toten im Jahr 2005 und dem brutalen Attentat auf einen Soldaten im Jahr 2013, das sich vor den Augen vieler Passanten auch mitten in London abspielte, reagierte. 2005 erschien der erste Eintrag auf Wikipedia 28 Minuten nach dem Anschlag. Beim Anschlag 2013 kam elf Sekunden später schon der erste Tweet auf Twitter und nach 22 Sekunden erschien dort das erste Foto vom Tatort. Als die Polizei nach 14 Minuten auf Twitter informierte, hatte sie schon große Probleme, mit objektiven Informationen angemessen Gehör zu finden, da bereits extremere Stimmen die Meinungshoheit hatten. Mit großer Dynamik zirkulierten Gerüchte und Mutmaßungen im Netz. Auch daran erkennt man, wie wichtig es ist, dass sich Behörden aktiv an der Kommunikation in sozialen Netzwerken beteiligen, um nach kritischen Ereignissen eine angemessene Berichterstattung zu gewährleisten.

Ein weiteres Beispiel ist der Anschlag auf den Boston-Marathon 2013: Über 500 000 Zuschauer waren vor Ort und es gab innerhalb weniger Minuten mehr als 10 000 Beiträge auf Twitter, Facebook und Instagram. Die Zahl der Follower der Boston Police bei Twitter stieg in kurzer Zeit von durchschnittlich 50 000 auf über 150 000.

Es hat sich oft auch herausgestellt, dass es sehr wichtig ist, den Hashtag des ersten Users zu nutzen, der kurz nach einem Ereignis den ersten Tweet online stellte. Schafft die Polizei einen eigenen Hashtag für ihre Hinweise und Empfehlungen, werden viele Informationssuchende diesen nicht sofort finden.

Diese internationalen Beispiele verdeutlichen die Erwartungshaltung, dass die Polizei in sozialen Netzwerken aktiv ist und vor allem schnell und richtig informiert. Dies ist auch ein schöner Vertrauensbeweis an die Polizei in demokratischen und freien Ländern.

2014 gab das Bayerische Innenministerium den Startschuss für die Münchner Polizei, als erster Polizeiverband in Bayern, Facebook und Twitter zur Öffentlichkeitsarbeit zu nutzen. Primär sollen aktuelle Präventionshinweise gepostet werden sowie wichtige Informationen und Verkehrshinweise bei großen Veranstaltungen wie der Wiesn, bedeutenden Fußballspielen oder größeren Versammlungen. Dazu können über diese Medien neue Formen und Möglichkeiten in der Krisenkommunikation erprobt werden. Die Bürgernähe wird intensiviert und die Aufgaben sowie die gesellschaftliche Rolle der Polizei können dem Bürger transparenter dargestellt werden.

Als Medium für Anzeigenerstattungen sowie für die Mitteilung akuter Notfälle und Notrufe dienen die Auftritte in den sozialen Medien nicht. Darauf wird auch ausdrücklich im Internet hingewiesen, da es aus rechtlichen und operativen Gründen nicht möglich ist. Die gut bekannte, bewährte und schnell erreichbare Notrufnummer 110 bleibt weiterhin das unverzichtbare Medium für akute Mitteilungen an die Polizei.

Mit vielen Fans, Likes und Kommentaren postet das Social-Media-Team der Pressestelle täglich ein unterschiedliches Schwerpunktthema auf Facebook, und die Anzahl der Follower bei Twitter ist nach wenigen Monaten schon auf über 3 000 angestiegen.

Auch auf Messen, wie der jährlich in München stattfindenden F.re.e (Reise- und Freizeitmesse) und der IMOT (Internationale Motorradausstellung), ist die Münchner Polizei seit vielen Jahren vertreten und bietet den Bürgern einen unkomplizierten Kontakt mit ihrer Polizei. Die Pressestelle ist mit Kollegen der Verkehrspolizei auf eigenen Messeständen präsent. Bei beiden Messen stehen die Beamten den Besuchern zu allen verkehrsrechtlichen Fragen Rede und Antwort. Bei der IMOT werden die Motorradfahrer zusätzlich über die verschiedenen Unfallgefahren aufgeklärt.

ÖFFENTLICHKEITSARBEIT NACH INNEN

Die Pressestelle veröffentlicht seit Jahrzehnten eine Mitarbeiterzeitschrift für die Kollegen. Früher waren es die »Dienstlichen Nachrichten«, die von 1928 bis Ende 1988 erst alle zwei Wochen und dann monatlich

Der Facebook-Auftritt der Münchner Polizei (o.), in dem über aktuelle Einsätze (r.) informiert wird.

»Ettstraße« ist das Mitarbeitermagazin der Münchner Polizei, das alle zwei Monate erscheint.

erschienen. Im Januar 1989 startete die Mitarbeiterzeitschrift unter dem neuen Namen »Ettstraße«. Die Ettstraße, benannt nach dem Kirchenkomponisten Kaspar Ett (1788–1847), ist die offizielle Anschrift des Polizeipräsidiums seit dem Neubau 1913. Schon in den 20er-Jahren war sie in München ein fester Begriff für Sicherheit und Ordnung. Als die Pressestelle den optischen und inhaltlichen Relaunch der Mitarbeiterzeitschrift plante, lag auch eine Umbenennung nahe, und man griff auf diese bekannte Bezeichnung für die Münchner Polizei zurück. Seitdem erscheint alle zwei Monate eine neue »Ettstraße« und berichtet über Ereignisse im alltäglichen Dienst, besondere Veranstaltungen und ungewöhnliche Vorfälle. Durch diese innerbehördliche Kommunikation wird das Wirgefühl unter den Kollegen geschaffen und gestärkt.

Ein weiterer wichtiger Baustein der Öffentlichkeitsarbeit nach innen ist der Betrieb eines neuen Polizeimuseums, das die Pressestelle im Juli 2011 im Beisein des Bayerischen Innenministers Joachim Herrmann eröffnete. Interessierte Kollegen sowie Polizei- und Justizbeamte aus dem In- und Ausland können dort viele Details über die Arbeit und Geschichte der Münchner Polizei erfahren, sachkundig erläutert von den Kollegen der Pressestelle.

Aufgrund von Sanierungsarbeiten musste die alte »Kriminalpolizeiliche Lehrmittelsammlung« im 5. Obergeschoss des Präsidiums nach vielen Jahrzehnten 2009 geräumt werden. Die neue Ausstellung hat einen musealen Charakter und stellt mit verschiedenen Themenschwerpunkten die Geschichte der Münchner Polizei dar. Sie beginnt mit dem Bezug des Gebäudes im Jahr 1913 und zeigt wichtige Umbrüche für die Organisation der Behörde (NS-Zeit, Stadtpolizei …), große Einsätze und spektakuläre Fälle. Dabei wird unter anderem auf historische Kriminalfälle (Serienmörder Eichhorn, Olympia- und Wiesnattentat) sowie die legendäre Funkstreife Isar 12 eingegangen. Den jeweiligen historischen Stationen ist ein aktuelles Thema aus der Gegenwart gegenübergestellt, das entweder die heutige Polizeiorganisation oder aktuelle Präventionsprojekte darstellt. Auch interessierte Bürger können die Polizeiausstellung besichtigen. Anmeldung zu Führungen unter: www.muenchnerblaulicht.de

DIE POLIZEI IST MUSIKALISCH

Autor: Robert Wimmer

Untrennbar mit der Geschichte der Münchner Polizei verbunden sind die Schutzmänner, Gendarmen und Polizisten, die nicht nur für Recht und Ordnung stehen, sondern auch für Musik, Gesang und Kunst. So kann die Münchner Polizei auf eine lange musikalische Tradition zurückblicken.

CHOR DER MÜNCHNER POLIZEI

Schon wenige Jahre nach Gründung der »Sängerrunde der königlichen Schutzmannschaft« im Jahr 1911, entwickelte sich ein respektabler Männerchor, der auch aufgrund seiner hoch qualifizierten und akademisch gebildeten Dirigenten seinen Weg in renommierte Konzertsäle fand und zahlreiche Rundfunkaufnahmen einsang. Nach der Zwangspause während des Zweiten Weltkrieges wurde 1946 wieder mit der Probenarbeit begonnen und unter dem neuen Namen »Chor der Polizei München« die ersten Konzerte gegeben. Es folgten internationale Konzerte, zahlreiche Schallplattenproduktionen und Fernsehauftritte. Bis heute singen aktive und pensionierte Polizisten, aber auch Nicht-Polizisten äußerst erfolgreich für das Polizeipräsidium München.

MUSIKKORPS DER SCHUTZMANNSCHAFT

Bereits Anfang der 20er-Jahre trafen sich Schutzmänner der Königlich Bayerischen Schutzmannschaft, um in ihrer Freizeit und zur eigenen Freude Musik zu spielen. Mit wachsender Mitgliederzahl sowie steigender Beliebtheit in der Bevölkerung begann die Polizeiführung die Musik dienstlich und finanziell zu fördern. Das inzwischen 40 Mann starke Musikkorps der Schutzmannschaft spielte bei diversen öffentlichen Veranstaltungen, zu dienstlichen Anlässen und war für die Schutzmannschaft von gesellschaftlicher und repräsentativer Bedeutung. Kurz vor Kriegsende, im April 1945, wurden wegen Personalmangels die Angehörigen des Musikkorps auf unterschiedliche Dienststellen und Einheiten verteilt und ihre Instrumente eingelagert.

JAGDHORNBLÄSER

Bei der jährlichen Herbstjagd im Jahr 1975 kam dem stellvertretenden Dienststellenleiter der Reiterstaffel, PHK Kapfhammer, die Idee, eine eigene Jagdhornbläsergruppe der Reiterstaffel zu gründen. So begannen einige Pensionisten und aktive Beamte der Reiterstaffel mit dem Einstudieren von Jagdstücken. Ein festerer Zusammenschluss fand dann in den 1980er-Jahren statt.

Das Musikkorps der Schutzmannschaft in den 20er-Jahren.

Der Chor der königlichen Schutzmannschaft vor der Feldherrnhalle.

Polizeipräsident Dr. Schreiber erkannte bald, dass diese Gruppe gut im Rahmen einer positiven Außenwirkung einsetzbar war. Viele interne und externe Auftritte unter PP Häring und Dr. Koller ließen die Gruppe allmählich zu einem festen Bestandteil der Öffentlichkeitsarbeit des PP München werden. Bei unterschiedlichsten dienstlichen Anlässen wurde gerne auf diese Gruppe zurückgegriffen, und auch private Nachfragen blieben nicht aus. Mit kurzen Unterbrechungen besteht die Jagdhornbläsergruppe als Teil der Reiterstaffel des PP München bis heute.

SCHANDI BLECH

Im Jahr 2008 fanden sich auf Initiative von EPHK Kreilinger (PI 12) und EKHK Schuster (K62) sechs Polizeibeamte zusammen, um das PP München unter dem Namen »Schandi Blech« in der Öffentlichkeit musikalisch zu repräsentieren und dienstinterne Veranstaltungen wie Empfänge, Beförderungen und Vereidigungen zu umrahmen. Der Gruppenname »Schandi Blech« entstand aus der Zusammensetzung der veralteten Bezeichnung »Gendarm« für einen Polizisten und dem Umstand, dass lediglich Blechblasinstrumente (ausgenommen Begleitinstrumente) zum Einsatz kommen.

Bei den Musikern handelt es sich ausschließlich um aktive Polizeibeamte, die ihren Dienst bei unterschiedlichen Dienststellen des Polizeipräsidium Münchens verrichten. Sie leisten ihre musikalischen Einsätze zusätzlich zum täglichen Dienstbetrieb.

Die Jagdhornbläser hoch zu Ross.

Der Chor der Münchner Polizei mit seinem ehemaligen Dirigenten Max Eberl vor der Feldherrnhalle.

FRAUENCHOR

Seit Februar 2013 gibt es neben dem Männerchor auch den Frauenchor bei der Münchner Polizei. Über 50 Frauen, überwiegend Beschäftigte des PP München und des BLKA, treffen sich wöchentlich zur gemeinsamen Probe und singen unter der Leitung von Dr. Evi Haberberger bei dienstlichen sowie privaten Veranstaltungen. Bereits knapp ein Jahr nach Gründung begleitete der Chor eine Vielzahl von Veranstaltungen, vom Tag der offenen Tür des Polizeipräsidiums München bis hin zur musikalischen Gestaltung von Gottesdiensten – wie beim Jahresauftaktgottesdienst 2014 der Bayerischen Polizei.

Die Gründungsmitglieder von »Schandi Blech« 2008 (v. l.): Robert Wimmer, Bernhard Schuller, Alexander Schuster, Max Kreilinger, Herbert Lehner und Jana-Lena Beckmann.

Der Frauenchor der Münchner Polizei.

MÜNCHENS POLIZEI WIRD WIEDER BLAU

Autor: Dr. Josef Boiger

Die Münchner Polizei wird blau! Langsam werden die bekannten grün-beigen Uniformen aus dem Stadtbild verschwinden. Ab dem 1. August 2014 sah man die Bayerischen und damit auch die Münchner Polizeivollzugsbeamtinnen und -beamten in gemischten Polizeistreifen – in herkömmlichem Grün-Beige und in neuer blauer Uniform, die im Rahmen eines Trageversuchs erprobt wurde. Dabei war die blaue Uniform der Bundespolizei auch in Bayern schon länger präsent. Die Münchner Polizei war einst seit Kriegende bis zur Verstaatlichung in blauer Uniform aufgetreten, danach kleidete sie sich wie die übrigen Landespolizeien in jenem Grün-Beige, das sich noch von Jagd und Militär ableitete. Die neue blaue Uniform für die bayerische Polizei und Justiz soll dann ab Ende 2016 eingeführt werden, wobei als Beginn des Beschaffungsprozesses Sommer 2015 vorgesehen ist. Die bayerischen Operativen Einsatzkräfte zum G7-Gipfel im Juni 2015 waren bereits damit ausgestattet. Die neue Uniform leitet sich ab von den Kollektionen der österreichischen Bundespolizei und der baden-württembergischen Polizei. Der Trageversuch erbrachte Erkenntnisse über eventuelle funktionelle Schwachstellen und die optimale Abstimmung der neuen Uniformen mit der einsatztaktischen Ausrüstung wie Schutzweste, Einsatzgürtel, Waffe, Funkgerät usw. sowie die Tragbarkeit im Streifenwagen.

Die Uniform des Oberwachtmeisters bestand 1920 aus einem dunkelblauen Rock mit schwarzer Hose und Pickelhaube. Bei Bedarf kam ein schwarzer Mantel dazu.

Seit 1975 trug die Münchner Polizei die grün-beige Uniform, nun wird sie durch die neue blaue abgelöst.

1920 hatte ein Hauptwachtmeister einen dunkelblauen Rock, eine dunkelblaue Mütze und eine schwarze Hose an. Für schlechtes und kaltes Wetter gab es einen schwarzen Umhang.

Der Verkehrsschutzmann trug 1920 zur schwarzen Hose einen dunkelblauen Rock, Pickelhaube und eine weiß-blaue glanzlederne Verkehrsstulpe am rechten Arm. Sein schwarz-grauer Mantel bestand aus imprägniertem Leder.

DIE MÜNCHNER POLIZEI IN KRIMISERIEN

Autor: Martin Arz

München – Deutschlands sicherste Großstadt ist ein Zentrum des Verbrechens, wenn es nach den TV-Verantwortlichen geht. Bis zur Einführung des Privatfernsehens spielte praktisch jede Krimiserie in München. Darunter gab es auch etliche Serien, in denen nicht Münchner Polizeibeamte die Hauptdarsteller waren, wie z. B.:

»Graf Yoster gibt sich die Ehre« (1967–1976) mit Lukas Ammann als distinguiertem Krimiautor und Gentleman-Detektiv sowie Wolfgang Völz als dessen prolligem, aber warmherzigem Chauffeur.

Bei »Der Nachtkurier meldet …« (1964–1966) recherchierte und klärte Lokalreporter Günther Wieland (Gig Malzacher) vom Münchner Nachtkurier 42 Folgen lang jede Menge Verbrechen.

Und in »Okay S.I.R.« (1973–1974) ermittelten Anita Kupsch und Monika Peitsch top gestylt und supersexy 32 Folgen lang als in München stationierte Europol-Agentinnen – ein Erfolgsrezept, das die Amerikaner später sehr erfolgreich für »Drei Engel für Charlie« übernahmen.

Friedrich von Thun spielte die Titelrolle in »Die Verbrechen des Professor Capellari« (1998–2004). Als Dozent für Kriminologie an der Münchner Uni löste Professor Capellari in 17 Episoden knifflige Kriminalfälle rund um den Starnberger See.

HIER EINE AUSWAHL DER WICHTIGSTEN KRIMISERIEN AUS BAYERNS HAUPTSTADT:

»DER ALTE«

Die Krimiserie, die in der Mordkommission II im Münchner Polizeipräsidium spielt, ist ein Dauerbrenner mit wechselnden Hauptdarstellern: Los ging es mit Siegfried Lowitz als KHK Erwin Köster. Köster wird in Folge 100 erschossen. Ihm folgt Rolf Schimpf alias Leo Kress, der nach 21 Jahren und 222 Folgen in Ruhestand geht. Danach leitet Walter Kreye in der Rolle des KHK Rolf Herzog das Team. Er reist nach 46 Folgen laut Drehbuch für längere Zeit nach Südamerika. Seitdem

Bei Dreharbeiten zu »Der Alte«: Rolf Schimpf (vorne) und sein Team Michael Ande, Pierre Sanoussi-Bliss und Markus Boettcher (v. r.)

ist Jan-Gregor Kremp alias Richard Voss »Der Alte«. Michael Ande alias Kriminalhauptkommissar Gerd Heymann ist seit Anfang an in »Der Alte« dabei und ist damit der dienstälteste TV-Ermittler weltweit! Ande ist außerdem wohl der einzige Schauspieler der Welt, der über 30 Jahre lang ein und dieselbe Serienfigur verkörpert. 333 Folgen lang sitzt das Team des »Alten« übrigens im selben Büro. Dann zieht es um: In das ummöblierte Büro von »Siska«, weil die Serie eingestellt wurde und man dem »Alten« ein moderneres Büro gönnen wollte. »Der Alte« ist übrigens weltweit erfolgreicher als »Derrick« und läuft in 104 Ländern (Stand Ende 2014). Produzentin der Serie ist Susanne Porsche, Vorstandsmitglied im Polizeiverein »Münchner Blaulicht« und Trägerin der Staatsmedaille »Stern der Sicherheit«.

»Der Alte«, seit 1976, mehr als 394 Folgen, nach einer Idee von Helmut Ringelmann, Erstausstrahlung: 11. April 1977 im ZDF

Besetzung: Siegfried Lowitz (als der »Alte« in Folgen 1–100), Rolf Schimpf (als der »Alte« in Folgen 101–322), Walter Kreye (als der »Alte« in Folgen 323–365), Jan-Gregor Kremp (als der »Alte« seit Folge 366), Michael Ande, Pierre Sanoussi-Bliss u. a.

»DIE CHEFIN«

Als Chefin leitet Kriminalhauptkommissarin Vera Lanz (Katharina Böhm) die Münchner Mordkommission. Neben den aktuellen Fällen, die sie mit ihrem Team Paul Böhmer und Jan Trompeter zu lösen hat, recherchiert Lanz heimlich nebenbei an einem ganz persönlichen Fall: dem Mord an ihrem Ehemann, dem Kriminalbeamten Andreas Lanz. Dabei rücken auch Kollegen und der Oberstaatsanwalt in den Fokus ihrer Ermittlungen.

»Die Chefin«, seit 2012, mehr als 23 Folgen in 5 Staffeln, nach einer Idee von Orkun Ertener, Erstausstrahlung: 24. Februar 2012 im ZDF (bereits am 21. Februar 2012 auf SF 1)

Besetzung: Katharina Böhm, Jürgen Tonkel, Stefan Rudolf, Olga von Luckwald u. a.

»DER COP UND DER SNOB«

Geplant war eine humorige Krimiserie ähnlich dem »Bullen von Tölz« mit einem Proll und einem Schnösel als ungleiches Ermittlerduo in München: Gerry Waiblinger ist der Normalo mit Hang zu sehr legerer Kleidung und ebensolchen Ermittlungsmethoden, Tristan Graf von Rehnitz hingegen legt höchsten Wert auf korrekte Kleidung, ebensolche Manieren und Ermittlungsmethoden. Obwohl die Kritiken gut waren, floppte die Serie beim Zuschauer und lief nur 6 Folgen lang.

»Der Cop und der Snob«, 2012, 6 Folgen, Erstausstrahlung: 22. Oktober 2012 auf Sat.1

Besetzung: Johannes Zirner, Marc Benjamin Puch, Katharina Müller-Elmau, Eisi Gulp u. a.

»DERRICK«

Wenige deutsche Krimiserien wurden dermaßen Kult und sind so erfolgreich in alle Welt verkauft worden wie »Derrick«. Stephan Derrick (Horst Tappert) ist »Oberinspektor« bei der Münchner Polizei – eine Amtsbezeichnung, die ein Jahr später abgeschafft wurde. Derrick blieb trotzdem Oberinspektor. Derrick ist stets perfekt frisiert, trägt Maßanzüge, Trenchcoats und teure Uhren und trinkt fast nie Alkohol, ungewöhnlich für einen TV-Ermittler und vielleicht Teil des Erfolgsrezepts. Autor Herbert Reinecker, der für alle Episoden das Drehbuch schrieb, lehnte die Figur an Georges Simenons »Maigret« an. Derricks Assistent ist Harry Klein (Fritz Wepper), der zuvor in dieser Rolle in der Serie »Der Kommissar« ermittelt und dann den Chef

Derrick (Horst Tappert) und sein Assistent Harry (Fritz Wepper).

wechselt. Der berühmte Satz »Harry, hol schon mal den Wagen!« fällt so übrigens in keiner einzigen Folge. Über das Privatleben der beiden Hauptprotagonisten erfährt man kaum etwas. In einigen frühen Episoden bekommt Derrick zweimal kurzfristig für ein paar Folgen eine Lebensgefährtin (erst Johanna von Koczian, später Margot Medicus) an die Seite gestellt. Nach 281 Episoden war für Horst Tappert die Luft raus, er fand die Drehbücher mittlerweile zu »philosophisch« und wollte die Figur nicht mehr spielen, obwohl der Sender gerne weitergemacht hätte. Derrick wird daraufhin in der letzten Episode zu Europol befördert. Bei der Abschiedsfeier kommt es zu Gastauftritten anderer Münchner TV-Ermittler, es gratulieren die Kollegen Leo Kress, Gerd Heymann, Axel Richter und Werner Riedmann aus »Der Alte« sowie Batic und Leitmayr vom Münchner »Tatort«.

»Derrick«, 1974–1998, 281 Folgen, Idee und Autor für alle Folgen: Herbert Reinecker, Erstausstrahlung: 20. Oktober 1974 im ZDF

Besetzung: Horst Tappert, Fritz Wepper, Hermann Lenschau, Günther Stoll, Willy Schäfer u. a.

Die Gewerkschaft der Polizei Bayern verlieh Karl Tischlinger für seine Rolle als Polizeimeister Alois Huber in »Funkstreife Isar 12« einen goldenen Barockengel.

Fremdgänger: Werner Kreindl von »SOKO 5113« posiert mit dem heimlichen Star aus »Funkstreife Isar 12«, dem BMW-Barockengel.

»FUNKSTREIFE ISAR 12«

Der legendäre »Barockengel« BMW 501 war der heimliche Star dieser allerersten bayerischen Serie überhaupt. Mit dem Funkstreifenwagen sind Alois Huber und sein Kollege Karl Dambrowski im München der Nachkriegszeit auf Verbrecherjagd. Huber ist ganz Bayer, ein gemütlicher Polizeimeister, den höchstens mal sein vorlauter Sohn Schorschi aus der Ruhe bringen kann. Dambrowski hingegen ist »Preuße«, was zunächst für einige Reibereien zwischen den Kollegen sorgt. Die Kriminalfälle der beiden steigern sich im Laufe der Jahre. Zunächst sind es meist harmlose Bagatellen, Streit unter Mietern oder Freunden, aber auch nachkriegstypische Themen wie Benzindiebstahl bei der US-Army oder Fliegerbombenfunde. Später werden die Fälle härter, dramatischer und mitunter gesellschaftskritisch, Dambrowski wird sogar im Einsatz am Kopf verletzt und überlegt, den gefährlichen Funkstreifendienst zu quittieren.

»Funkstreife Isar 12«, 1960–1963, 35 Folgen in 3 Staffeln, Erstausstrahlung: 10. Januar 1961 im Vorabendprogramm der ARD

Besetzung: Karl Tischlinger, Wilmut Borell, Eberhard Mondry, Fritz Straßner u. a.

»K11 – KOMMISSARE IM EINSATZ«

Nicht von den Norddeutschland-Karten oder Berlin-Stadtplänen, die im Büro an der Wand hängen, irritieren lassen: Die komplette Serie spielt in München und Umgebung. Es ist eine Pseudo-Doku, sogenannte Scripted Reality, in der echte Polizisten sich selbst in erfundenen Kriminalfällen spielen und dabei so tun, als sei alles echt und real. Auch Zeugen, Täter, Opfer und Verdächtige sind Laiendarsteller. Das mitunter stümperhafte Agieren soll dabei Authentizität suggerieren. In etlichen Episoden treten Beamte von verschiedenen Spezialeinsatzkommandos auf, auch das sind echte Polizeibeamte, die über eine Castingagentur angeworben werden. Als Drehort für das Kommissariat diente bis 2012 ein Bürohaus in der Landshuter Allee 8, danach zog das Büro in die Taunusstraße 51, die Außenansicht jedoch ist das Gebäude am Stefan-George-Ring 23 in Daglfing.

»K11 – Kommissare im Einsatz«, 2003–2014, 1768 Folgen in 11 Staffeln, danach wurden keine neuen Folgen gedreht, die Serie läuft aber ununterbrochen in Wiederholungen weiter, Erstausstrahlung: 1. September 2003 auf Sat.1

Besetzung: Michael Naseband, Alexandra Rietz, Gerrit Grassl u. a.

»DER KOMMISSAR«

Obwohl es schon bei der ersten Folge Farbfernsehen gab, wurde »Der Kommissar« bis zum Schluss konsequent in Schwarz-Weiß gedreht. Titelfigur ist Kommissar Herbert Keller, dargestellt von Erik Ode, der kettenrauchend und sehr trinkfest die Ermittlungen leitet. Zu seinem Team gehört u. a. auch Kriminalhauptmeister Harry Klein (Fritz Wepper), der nach 71 Folgen als Assistent zu »Derrick« wechselt. Harry Kleins/Fritz Weppers Nachfolger wird sein Bruder Erwin Klein/Elmar Wepper. In den Kriminalfällen spiegelt sich auch das Zeitgeschehen wieder, die aufkommende Hippiebewegung, steigender Drogenkonsum, Generationenkonflikte sind immer wieder Thema. Ein Kuriosum am Rande: Folge 82 sollte nie wiederholt werden, denn in einer Szene sagt ein Weinhändler, dass der Rotkreuzplatz kein guter Platz für ein französisches Restaurant sei. Ein dort ansässiger französischer Gastronom behauptete, dieser Dialog sei schuld am dramatischen Gästeschwund und

Erik Ode als »Kommissar« war TV-Kult. Das Team: Reinhard Glemnitz, Erik Ode, Fritz Wepper und Günther Schramm (u. v. l.).

klagte. Das ZDF wiederholte die Folge erst, als das Restaurant nicht mehr existierte.

»Der Kommissar«, 1968–1975, 97 Episoden, Idee: Helmut Ringelmann und Herbert Reinecker (schrieb alle Folgen), Erstausstrahlung: 3. Januar 1969 im ZDF

Besetzung: Erik Ode, Günther Schramm, Reinhard Glemnitz, Fritz Wepper, Elmar Wepper, Helma Seitz, Rosemarie Fendel u. a.

Die Familie Grandauer aus der preisgekrönten Serie »Löwengrube«: Gerd Fitz, Sandra White, Werner Rom, Jörg Hube, Michael Lerchenberg, Franziska Stömmer (v. l.)

»KOMMISSAR FREYTAG«

Diese Serie war eine Premiere: Erstmalig in einer bundesdeutschen Krimiserie tritt ein einziger Kommissar in jeder Folge auf. Und was für ein Kommissar das ist! Ein regelrechter Tausendsassa, denn der Münchner Polizeibeamte Werner Freytag (Konrad Georg) ist schlicht und einfach für alle Arten von Verbrechen zuständig, von Raub, Betrug und Diebstahl bis hin zu Erpressung und Mord. Gemeinsam mit seinem ihm absolut treu ergebenen Assistenten Peters löst Freytag jeden Fall.

»Kommissar Freytag«, 1963–1965, 39 Episoden in 3 Staffeln, Idee: Bruno Hampel (schrieb alle Folgen), Erstausstrahlung: 6. Dezember 1963 im Vorabendprogramm der ARD
Besetzung: Konrad Georg, Willy Krüger, Dieter Moebius, Ralf Gregan, Manfred Spies, Michaela May u. a.

»LÖWENGRUBE«

Weit mehr als eine Krimiserie war »Löwengrube«. Die TV-Serie basierte auf der sehr erfolgreichen Hörspielreihe »Die Grandauers und ihre Zeit«, die von 1980 bis 1985 im Bayerischen Rundfunk lief. Über mehrere Generationen hinweg zeigte die Serie das Schicksal der Münchner Polizistenfamilie Grandauer vom Ende des 19. Jh. bis in die 50er-Jahre. Zwei Weltkriege, Hungerjahre, Aufstieg des Nationalsozialismus, die Jahre der NS-Diktatur, das Überleben im kriegszerstörten München und die Wirtschaftswunderjahre – alle wichtigen Ereignisse jener Zeit werden aus der Perspektive der »kleinen Leute« erzählt. Etliche historische Persönlichkeiten wurden in die Handlung eingebaut, so Heinrich Himmler als Schüler, Rosa Luxemburg als politische Rednerin, Pater Rupert Mayer als Häftling und auch Adolf Hitler, der sich bei seiner Ankunft in München polizeilich anmeldet und später nach seinem Putschversuch in einer Zelle der Löwengrube landet. Der Titel »Löwengrube« spielte auf die frühere Polizeiinspektion in der Löwengrube 1 an, hier befindet sich heute die Werbestelle des Münchner Polizeipräsidiums. Etwas unlogisch waren ein paar Folgen, die in den 1920er-Jahren spielten, bei denen es in der Krimihandlung um Betrugsfälle ging, dabei arbeitete Karl Grandauer als Beamter im Morddezernat. Dennoch: Die Serie war dank kluger Drehbücher, hervorragender Ausstattung und ausgezeichneter Hauptdarsteller (Jörg Hube, Christine Neubauer, Franziska Stömmer, Gerd Anthoff etc.) äußerst erfolgreich und wurde u. a. 1991 mit dem Bayerischen Fernsehpreis und ein Jahr später mit dem Adolf-Grimme-Preis ausgezeichnet.

»Löwengrube«, 1987–1991, 32 Episoden in 3 Staffeln, Idee: Willy Purucker, Erstausstrahlung: 14. November 1989 in der ARD

Besetzung: Jörg Hube, Christine Neubauer, Franziska Stömmer, Michael Lerchenberg, Gisela Freudenberg, Gerd Fitz, Sandra White, Alexander Duda, Gerd Anthoff, Erich Hallhuber u. a.

»MIT HERZ UND HANDSCHELLEN«

München machts möglich und bricht mit einem Tabu: Deutschlands erster offen schwuler TV-Kommissar Leo Kraft (Henning Baum) ging 22 quotenstarke Folgen lang gemeinsam mit seiner Kollegin Nina Metz auf Mördersuche. Neben den durchaus komplexen Kriminalfällen spielt auch das Privatleben der beiden Hauptfiguren eine große Rolle. Leo Kraft lebt zunächst mit seinem Partner, einem Musiker namens Thorsten zusammen, trennt sich dann im Laufe der Serie und hat am Ende einen neuen Lebensgefährten. Hauptkommissarin Nina Metz ist währenddessen immer auf der Suche nach »Mr Right«.

»Mit Herz und Handschellen«, 2002–2006, 22 Episoden in 3 Staffeln, Erstausstrahlung: 28. Oktober 2002 auf Sat.1

Besetzung: Henning Kraft, Elena Uhlig, Jannis Spengler, Rainer Haustein, Sarah Camp u. a.

»MONACO 110«

Da die Serie im Rahmen der Reihe »Heiter bis tödlich« produziert wird, ist klar, dass der Humor im Vordergrund steht. Monika Baumgartner spielt die Polizeihauptmeisterin Inge Aschenbrenner, die in der Polizeiwache Haidhausen ihren Dienst tut. Als ausgerechnet ihr Sohn Thomas, den sie nur »Bubi« nennt, ihr Vorgesetzter wird, sind Mutter-Sohn-Komplikationen vorprogrammiert. Neben den eher harmlosen Kriminalfällchen ist Inge Aschenbrenner hauptsächlich damit beschäftigt, ihren Mops Buzzi zu verwöhnen und ihren Bubi mit der Bistro-Besitzerin Gianna zu verkuppeln.

»Monaco 110«, seit 2014, 8 Episoden, Erstausstrahlung: 26. März 2014 im Vorabendprogramm der ARD

Besetzung: Monika Baumgartner, Markus Brandl, Gilbert von Sohlern, Georg Veitl u. a.

»MÜNCHEN MORD«

Siegertypen sehen irgendwie anders aus: Ludwig Schaller war einst Leiter der Münchner Mordkommission, dann tickte er aus, wurde aufs Abstellgleis geschoben und gilt seitdem bei vielen Kollegen als völlig gestört. Er bekommt für sein Team die blutjunge, unerfahrene Angelika Flierl und den draufgängerischen Harald Neuhauser zugewiesen und soll nun die Fälle abarbeiten, die sonst niemand auf seinem Schreibtisch haben will. Zunächst belächelt von den Kollegen, entpuppt sich das Team aber trotz oder gerade weil es so anders ist, als durchaus erfolgreich.

»München Mord«, seit 2014, bislang 2 Folgen, Erstausstrahlung: 29. März 2014 im ZDF

Besetzung: Alexander Held, Marcus Mittermeier, Bernadette Heerwagen, Christoph Süß u. a.

»MÜNCHEN 7«

Mit ganz viel Lokalkolorit und noch mehr bayerischem Humor geht es in der fiktiven Polizeiinspektion 7 zu. Da tun der »Sheriff vom Marienplatz« Xaver Bartl und sein neuer Kollege Felix Kandler ihren Dienst. Die Serie gewinnt ihren Reiz vor allem auch durch das ständige Gekabbel von Bartl und Kandler, die sich anfangs nicht ausstehen können und nur mühsam zusammenraufen. Bartl ist ganz alteingesessener Münchner, der sich am liebsten am Viktualienmarkt herumtreibt. Kandler hingegen hatte eine kriminelle Karriere hinter sich, bevor er die Seiten wechselte. Doch die Kriminalfälle spielen

Das »München 7«-Team: Florian Karlheim, Luise Kinseher, Franz Xaver Bogner (Regie), Monika Gruber, Andreas Giebel.

nur eine untergeordnete Rolle, die Geschichten drehen sich hauptsächlich um das Privatleben der Hauptpersonen. Zahlreiche Nebenrollen sind mit bekannten Kabarettist(inn)en besetzt. Wem die Dienststelle München 7 bekannt vorkommt: Es handelt sich um die reale Polizeiinspektion 11 in der Hochbrückenstraße 7.

»München 7«, 2003–2006, erneut seit 2011, über 45 Episoden in bisher 6 Staffeln, Idee: Franz Xaver Bogner, Erstausstrahlung: 24. Oktober 2004 im Bayerischen Fernsehen

Besetzung: Andreas Giebel, Florian Karlheim, Luise Kinseher, Winfried Frey, Julia Koschitz, Christine Neubauer, Monika Gruber u. a. (in einer Gastrolle tritt Peps Zoller als er selbst auf, er ist Spezialist für Glücksspiel bei der Münchner Kripo)

»POLIZEIINSPEKTION 1«

Hauptdarsteller Walter Sedlmayr spielt hier eine seiner Paraderollen als besserwisserischer, korrekter Spießer, der zwar gerne herumgrantelt, aber im Zweifelsfall ein großes Herz hat und mehr als ein Auge zudrücken kann. Sedlmayr ist Kommissar Franz Schöninger, der gemeinsam mit seinen Kollegen keine großen Kriminalfälle zu lösen hat. Es geht meist um kleine Betrügereien, Kneipenprügeleien, Diebstähle, Missverständnisse oder einfach zwischenmenschliche Konflikte. Ein Running Gag ist das regelmäßige Auftauchen der alten Frau Gmeinwieser, die auf der Wache allen die Zeit stiehlt und munter alles und jeden denunziert oder anschwärzt.

»Polizeiinspektion 1« mit Walter Sedlmayr (l.), Max Grießer (4. v. l.) und Elmar Wepper (r.).

Beppo Brehm als Kriminalinspektor Franz Josef Wanninger.

Ausreichende Turbulenzen gibt es auch im Privatleben der Hauptfiguren. Beliebte bayerische Volksschauspieler wie Ruth Drexel, Toni Berger, Willy Harlander und Hans Brenner gaben sich in »Polizeiinspektion 1« die Klinke in die Hand und trugen wesentlich dazu bei, dass die Serie ein beliebter Dauerbrenner wurde. Als Polizeiwache diente bei den Dreharbeiten ein Ladenlokal in einem Eckhaus in der Haidhauser Balanstraße.

»Polizeiinspektion 1«, 1977–1988, Vorabendserie mit 130 Episoden, Erstausstrahlung: 1. Oktober 1977 in der ARD

Besetzung: Walter Sedlmayr, Elmar Wepper, Max Grießer, Uschi Glas, Bruni Löbel, Beppo Brem u. a.

»DIE SELTSAMEN METHODEN DES FRANZ JOSEF WANNINGER«

Kriminalinspektor Wanninger (Beppo Brem) gibt sich stets betont tumb und derb-münchnerisch, um so seine Verdächtigen in Sicherheit zu wiegen. Diese Art geht besonders dem aus Norddeutschland stammenden Oberinspektor Steiner, der eigentlich die Untersuchungen leiten soll, völlig gegen den Strich. Doch Wanninger lässt sich nie beirren, und seine mitunter höchst unorthodoxen Methoden führen immer zum Erfolg. Er löst, tatkräftig unterstützt von seinem Assistenten Fröschl, natürlich jeden der 52 Fälle. Weil das beim Publikum so gut ankam, folgte einige Jahre später die Serie »Die unsterblichen Methoden des Franz Josef Wanninger«

(1978–1982). Wanninger, inzwischen pensioniert und als Privatermittler unterwegs, klärt hier mit seiner bewährten Art 60 Folgen lang weiter Verbrechen auf.

»Die seltsamen Methoden des Franz Josef Wanninger«, 1965–1970, Vorabendserie mit 52 Folgen, Erstausstrahlung: 12. Februar 1965 in der ARD

Besetzung: Beppo Brem, Maxl Graf, Fritz Straßner, Wolf Ackva, Claus Biederstaedt u. a.

»SINAN TOPRAK IST DER UNBESTECHLICHE«

Am Anfang stand nur ein abendfüllender Fernsehkrimi um den türkischstämmigen Kriminalhauptkommissar Sinan Toprak. Der Film kam so gut an, dass RTL beschloss, daraus eine Serie zu machen. Der gut aussehende, elegante Toprak, dargestellt von dem einstigen Männer-Model Erol Sander, ermittelt meist in High-Society-Kreisen, nicht selten in Harlaching oder Grünwald. Natürlich sind Topraks Migrationshintergrund und damit verbundene Vorurteile immer wieder ein Thema.

»Sinan Toprak ist der Unbestechliche«, 1999–2001, 16 Folgen in 2 Staffeln, nach einer Idee von Orkun Ertener, Erstausstrahlung: 28. Oktober 1999 auf RTL

Besetzung: Erol Sander, Henning Baum, Tim Wilde, Joseph Hannesschläger, Sabine Radebold u. a.

»SISKA«

Nach dem Ende von »Derrick« überlegten sich Produzent Helmut Ringelmann und Autor Herbert Reinecker einen würdigen Nachfolger und entwickelten »Siska«. Am Anfang zieht der frisch verwitwete Peter Siska (Peter Kremer) von Mülheim nach München und übernimmt die Leitung der Mordkommission. In Folge 56 stirbt Peter den Serientod, weil der Schauspieler Peter Kremer sich wieder der Theaterkarriere widmen wollte, und sein Bruder Viktor Siska (Wolfgang Maria Bauer) übernimmt die Stelle. Pikant ist dabei, dass Wolfgang Maria Bauer zuvor in zwei Folgen von »Siska« jeweils den Mörder spielte. Obwohl die Serie handwerklich und inhaltlich nicht minder solide war als »Derrick«, erreichte sie nie dessen Popularität.

»Siska«, 1998–2008, 91 Episoden, Idee: Helmut Ringelmann und Herbert Reinecker, Erstausstrahlung: 30. Oktober 1998 im ZDF

Besetzung: Peter Kremer, Werner Schnitzer, Matthias Freihof, Wolfgang Maria Bauer u. a.

»SOKO 5113«

Die Urmutter aller anderen SOKO-Serien spielt in München und basiert auf den Memoiren von Kriminaldirektor Dieter Schenk, der in seiner Zeit beim hessischen Landeskriminalamt die Telefondurchwahl 5113 hatte. Schenk schrieb einige Drehbücher und unterstützte die Serie auch als Berater. »SOKO 5113«

»SOKO 5113«-Chef Göttmann (Werner Kreindl, 2. v. r.) mit seinem Team.

startete einst mit Werner Kreindl als Kriminalhauptkommissar Karl Göttmann. Nach dem Tod Kreindls 1992 musste auch KHK Göttmann sterben, sein Nachfolger wurde KHK Horst Schickl (Wilfried Klaus). Seit 2008 ist nun Gerd Silberbauer als KHK Arthur Bauer der SOKO-Leiter. Die Serie bemüht sich sehr um Realitätsnähe und möchte den Arbeitsalltag von Ermittlern ohne die krimiüblichen Übertreibungen zeigen. Ein Widerspruch hierzu ist jedoch der Titel, denn es gibt keine dauerhaften Sonderkommissionen, die immer nur für einzelne Fälle zusammengestellt werden. Zu Beginn der Serie spielten die Fälle meist in der Drogen- oder Organisierten Kriminalität, inzwischen in allen Bereichen der Kapitalverbrechen. Neben den anderen

SOKO-Ablegern (von Leipzig über Kitzbühel und Wismar bis Stuttgart) gab es im Jahr 1997 noch den Ableger »Solo für Sudermann«. Hier schnüffelt Ex-SOKO-5113-Hauptkommissar Sudmann (Heinz Baumann) nach seiner Pensionierung als Privatdetektiv weiter.

»SOKO 5113«, seit 1978, 547 Folgen in 40 Staffeln, Erstausstrahlung: 2. Januar 1978 im ZDF

Besetzung: Michel Guillaume, Werner Kreindl, Wilfried Klaus, Gerd Silberbauer, Bianca Hein, u. a.

»TATORT«

Die ARD-Krimireihe »Tatort« gehört seit Jahren zu den erfolgreichsten Serienformaten im deutschen Fernsehen. Einige Ermittler und Teams haben nur eine kurze Lebensdauer, andere hingegen erfreuen sich auch nach Jahren konstanter Beliebtheit. So zählen die Ermittler aus der Münchner Ettstraße seit Langem zu den Zuschauerlieblingen. Seit 1991 sorgt das Dream-Team Batic-Leitmayr für hohe Einschaltquoten. Die beiden sind in der Geschichte des »Tatort« das Team mit den meisten Einzelfolgen.

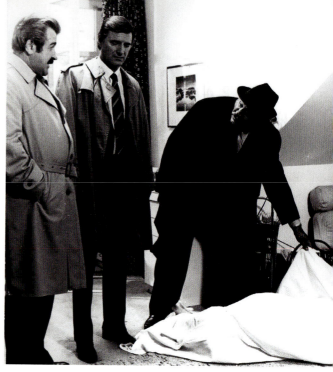

Von 1972 bis 1981 spielte Volksschauspieler Gustl Bayrhammer (r., mit Willy Harlander und »Monaco Franze« Helmut Fischer) im Münchner »Tatort« den Chefermittler.

Die Münchner »Tatort«-Folgen mit Leitmayr (Udo Wachtveitl, 2. v. l.) und Batic (Miroslav Nemec, r.) gehören zu den beliebtesten der Serie (hier 1996 mit Barbara Rudnik). Menzinger-Darsteller Michael Fitz (l.) stieg 2007 aus der Serie aus. Udo Wachtveitl und Miroslav Nemec sind Gründungsmitglieder des Polizeivereins »Münchner Blaulicht«.

Hier alle Münchner »Tatort«-Ermittler:

1972–1981 (15 Folgen): Oberinspektor später KHK Melchior Veigl (Gustl Bayrhammer) | KHM Ludwig Lenz (Helmut Fischer) | KOM Josef Brettschneider (Willy Harlander)

1981–1987 (7 Folgen): KHK Ludwig Lenz (Helmut Fischer) | KOM Josef Brettschneider (Folge 1–5, Willy Harlander) | Assistent Faltermayer (Henner Quest)

1986 (1 Folge): KHK Sigi Riedmüller (Günther Maria Halmer) | KHM Wislitschek (Gustl Weishappel) | KM Augenthaler (Michael Lerchenberg) | Kriminalrat Schubert (Rolf Castell)

1987 (1 Folge): KHK Karl Scherrer (Hans Brenner) | KHM Wislitschek (Gustl Weishappel) | KM Augenthaler (Michael Lerchenberg) | Kriminalrat Schubert (Rolf Castell)

1988–1989 (2 Folgen): KHK Otto Brandenburg (Horst Bollmann) | KOM Luginger (Alexander Duda) | KOM Santini (Michele Oliveri)

seit 1991 (über 70 Folgen): KHK Ivo Batic (Miroslav Nemec) | KHK Franz Leitmayr (Udo Wachtveitl) | KOK Carlo Menzinger (Folgen 4–47, Michael Fitz) | KOK Gabi Kunz (Folge 52, Sabine Timoteo) | Polizeianwärterin Julia Winters (Folge 61, Sylta Fee Wegmann) | KHK Christine Lerch (seit Folge 67, Lisa Wagner)

»POLIZEIRUF 110«

Was der »Tatort« für den Wessi war »Polizeiruf 110« einst für den Ossi. Die beliebte DDR-Krimiserie des DFF überlebte die Wende sowie die Auflösung des DFF und wird seit 1993 von verschiedenen ARD-Anstalten fortgeführt. Seit 1997 gibt es auch einen Münchner Ableger.

Hier alle Münchner »Polizeiruf 110«-Ermittler:

1997–2000 (6 Folgen): Dr. Silvia Jansen (Gaby Dohm)

1998–2009 (19 Folgen): KHK Jürgen Tauber (Edgar Selge)

1998–2009 (16 Folgen): KHK Jo Obermaier (Michaela May)

2009 (1 Folge): KHK Friedrich Papen (Jörg Hube)

2009–2010 (3 Folgen): KK Uli Steiger (Stefanie Stappenbeck)

seit 2011 (8 Folgen): KHK Hanns von Meuffels (Matthias Brandt)

»UNTER VERDACHT«

Von der Theorie zur Praxis: 20 Jahre lang unterrichtete Kriminalrätin Dr. Eva-Maria Prohacek (Senta Berger) an der Polizeihochschule Augsburg Vernehmungstechnik. Dann übernimmt sie in München die Leitung der neu eingerichteten Abteilung 411, worüber ihr Chef, Kommissariatsleiter Dr. Claus Reiter nicht sehr erfreut ist. Unterstützt wird Dr. Prohacek von Hauptkommissar André Langer, einem schweigsamen, schwer zu durchschauenden Kollegen. Da sind Konflikte vorprogrammiert und Dr. Prohacek eckt mehr als nur einmal an. Zumal sich das Kommissariat 411 ausschließlich um Amtsdelikte kümmert, also immer in den eigenen Reihen recherchiert. Die Episode »Verdecktes Spiel« erhielt 2003 den Adolf-Grimme-Preis.

»Unter Verdacht«, seit 2002, bisher 23 Folgen, Erstausstrahlung: 2. August 2002 auf Arte

Besetzung: Senta Berger, Gerd Anthoff, Rudolf Krause, Tommy Schwimmer u. a.

»ZWEI BRÜDER«

Die beiden Brüder Elmar und Fritz Wepper spielen die beiden Brüder Peter und Christoph Thaler, die als Kriminaler und Oberstaatsanwalt auf Mörderjagd gingen. Außer dass beide noch im Haus der resoluten Mutter wohnen, haben sie nicht viel gemeinsam. Christoph ist gut situiert, erfolgreich, hat eine attraktive Frau und eine blendende Zukunft vor sich. Peter hingegen hat ein Alkoholproblem, ist geschieden, vernachlässigt seine Kinder und gilt als sehr ruppiger Kriminalbeamter. Da sind natürlich Reibereien und Zoff vorprogrammiert, wenn die beiden als Team verzwickte Fälle lösen müssen.

»Zwei Brüder«, 1994–2000, 17 Folgen, nach einer Idee von Felix Huby, Erstausstrahlung: 17. Dezember 1994 im ZDF

Besetzung: Elmar Wepper, Fritz Wepper, Ruth Hausmeister, Nina Petri, Angela Roy u. a.

HERAUSRAGENDE BIOGRAFIEN

Autor: Arved Semerak

DIE MÜNCHNER POLIZEI-PRÄSIDENTEN VON 1945 BIS 2015

JOHANN PAUL RITTER VON SEISSER

10. Mai 1945 bis 15. August 1945
Nach Kriegsende 1945 wurde Johann Paul Ritter von Seißer von der amerikanischen Militärregierung mit der kommissarischen Führung des Polizeipräsidiums beauftragt. Die Amerikaner hatten zunächst unbescholtene Personen für diese wichtige Aufgabe gesucht, da man auf jeden Fall verhindern wollte, dass ehemalige Nationalsozialisten wieder in staatliche Ämter kamen.

Johann von Seißer war als Leiter der Landespolizei in München einst an der Niederschlagung des Putschversuches durch Adolf Hitler beteiligt gewesen. Er hatte die Innenstadt von der Landespolizei gegen die anrückenden nationalsozialistischen Putschisten abriegeln lassen, und Hauptmann Freiherr von Godin verhinderte mit seinen Beamten vor der Feldherrnhalle den Putsch.

FRANZ XAVER PITZER

15. August 1945 bis 3. Mai 1950
Der Schreinermeister und SPD-Politiker Franz Xaver Pitzer hatte seit 1940 im Untergrund gelebt (zeitweise im Kloster Ettal) und wurde von den Amerikanern mit 61 Jahren am 15. August 1945 als Nachfolger von Johann Paul Ritter von Seißer zum Polizeipräsidenten ernannt.

Unter seiner Leitung wurden die ersten Anordnungen und Befehle der Militärregierung umgesetzt und die Organisation der Münchner Polizei nach Vorgaben der Militärregierung durchgeführt. PP Pitzer musste sich vor Gericht wegen mutmaßlicher Goldschiebereien verantworten, wobei er allerdings freigesprochen wurde. Dies führte trotzdem zu seiner Amtsenthebung am 3. Mai 1950.

ANTON HEIGL

4. Juni 1952 bis 19. April 1963
Schon während der Amtsenthebung seines Vorgängers Pitzer führte Anton Heigl die Amtsgeschäfte. Er war vorher Jurist im Staatsdienst gewesen, zuletzt Oberstaatsanwalt.

Bei Polizeipräsident Heigl spielte es erstmals eine entscheidende Rolle, dass es sich bei der Stadtpolizei um eine kommunale Polizei handelte. Die Militärregierung hatte darauf bestanden, dass der Träger der Polizei die Stadt München wird. Daher war auch die Position des Polizeipräsidenten ein Wahlamt. Wie alle anderen Stadtreferenten wurde auch der Polizeipräsident alle sechs Jahre vom Stadtrat gewählt. Anton Heigl stand 1958 zum ersten Mal zur Wiederwahl an. Er wurde wiedergewählt, trotz einiger Bedenken in politischen Kreisen. In der Beamtenschaft war er beliebt gewesen. Heigl starb am 19. April 1963 an den Folgen eines Verkehrsunfalls.

PROF. DR. MANFRED SCHREIBER

6. November 1963 bis 5. Mai 1983

Dr. Manfred Schreiber war seit 1960 Kriminaldirektor im Polizeipräsidium München. Seit dem Unfalltod seines Vorgängers führte er als Stellvertreter die Geschäfte im Präsidium. Vorher war er in der Sicherheitsabteilung der Regierung von Oberbayern, dann bei der Bayerischen Bereitschaftspolizei gewesen, wo er seit 1956 in München die Abteilung Personal, Ausbildung und Recht leitete.

Oberbürgermeister Hans-Jochen Vogel konnte den als integer, ehrgeizig und begabt aufgefallenen Kriminaldirektor für den Präsidentenposten gewinnen. Er setzte durch, dass der neue Polizeipräsident von München nicht mehr Wahlbeamter sein würde, sondern als Beamter auf Lebenszeit ernannt wurde. Schreiber blieb für 20 Jahre Polizeipräsident, sodass er alleine schon ein Fünftel der einhundertjährigen Geschichte des Polizeipräsidiums abdeckte. An verschiedenen Stellen dieser Chronik wird das positive Wirken von Prof. Dr. Schreiber gewürdigt, so z. B. seine Einführung der »Münchner Linie«. Diese neue Linie in allen Dienststellen durchzusetzen, war ein Langzeitprojekt. Eine tragende Rolle übernahm der Psychologische Dienst, den Schreiber gleich bei seinem Amtsantritt eingerichtet hatte.

Von 1984 bis 1988 leitete Dr. Schreiber die Abteilung Polizei im Bundesinnenministerium im Range eines Ministerialdirektors. Manfred Schreiber ist außerdem einer der Gründungsväter der Opferschutzorganisation Weißer Ring in Mainz.

GUSTAV HÄRING

1. August 1983 bis 31. Dezember 1987

Der Volljurist Gustav Häring war vor seiner Ernennung zum Nachfolger von Prof. Dr. Schreiber viele Jahre Präsident der Bayerischen Grenzpolizei. Es gelang ihm, die erfolgreiche Münchner Linie fortzusetzen und zu bewahren. Während seiner Dienstzeit verübte die Rote Armee Fraktion in Straßlach und Gauting Anschläge auf den Vorstandsvorsitzenden der Siemens AG Prof. Karl Heinz Beckurts und dessen Fahrer Eckhard Groppler sowie den Chef des Bundesverbandes der Deutschen Luft- und Raumfahrtindustrie Ernst Zimmermann.

In seine Amtszeit fiel auch die Seligsprechung von Pater Rupert Mayer durch Papst Johannes Paul II. im Münchner Olympiastadion. Häring sorgte mit 3 000 Münchner Polizeibeamten für einen reibungslosen Einsatz. Während seiner Dienstzeit leitete Häring zusammen mit dem engagierten Kriminalhauptkommissar Anton Niedermeier vom Sittendezernat den Weißen Ring in München und Oberbayern.

DR. ROLAND KOLLER

1. Januar 1988 bis 1. März 2003

Dr. Roland Koller übernahm das Amt zunächst kommissarisch und wurde mit Wirkung von 1. Dezember 1988 zum Polizeipräsidenten ernannt. Der Jurist Koller brachte Erfahrungen aus verschiedenen Polizeibe-

Dr. Roland Koller im Interview mit Oliver Bendixen vom Bayerischen Rundfunk.

hörden mit. Im Jahr 1972 trat er in den Dienst des Bayerischen Landeskriminalamtes, 1973 wechselte er zum Polizeipräsidium Oberbayern, wo er seit 1976 die Dienst- und Kriminalabteilung leitete. Von 1981 an war er im Münchner Polizeipräsidium als Leiter der Abteilung Einsatz ständiger Vertreter von Polizeipräsident Dr. Manfred Schreiber.

Während seiner Dienstzeit konnte er zum ersten Mal 16 Polizeibeamtinnen in Uniform für den Einsatz vorstellen.

Nach dem 1. März 2003 wechselte er nach Niedersachsen und wurde Staatssekretär für innere Sicherheit im Innenministerium Niedersachsen.

PROF. DR. WILHELM SCHMIDBAUER

20. März 2003 bis 30. Juni 2013

Der Rechtswissenschaftler Dr. Wilhelm Schmidbauer brachte Erfahrungen aus verschiedenen verantwortlichen Positionen, unter anderem im Polizeipräsidium Niederbayern/Oberpfalz und in der Polizeiabteilung des Innenministeriums, mit.

Schmidbauer gelang es, in Fortführung der Arbeit seiner Amtsvorgänger und mit Hilfe seiner Polizeibeamten, München zur wohl sichersten Millionenstadt in einer freiheitlichen Demokratie zu machen.

In seine Amtszeit fällt das ereignis- und einsatzreichste Jahr seit dem zweiten Weltkrieg: 2006. Die größten Herausforderungen waren der Besuch von Papst Benedikt XVI., die Münchner Sicherheitskonferenz, die Fußballweltmeisterschaft, das verlängerte Oktoberfest, der Staatsbesuch des russischen Präsidenten Putin, die Eröffnung der neuen Hauptsynagoge auf dem Jakobsplatz u. a. m.

2007 übernahm Dr. Schmidbauer als Honorarprofessor einen Lehrstuhl an der Uni Regensburg mit den Fachgebieten Polizeirecht und Sicherheitsrecht.

Am 1. Juli 2013 wurde er Landespolizeipräsident und folgte damit als Abteilungsleiter IC – Öffentliche Sicherheit und Ordnung – im Bayerischen Staatsministerium des Innern seinem Vorgänger Waldemar Kindler.

HUBERTUS ANDRÄ *(seit 2. Juli 2013)*

Mit Polizeipräsident Hubertus Andrä steht eine Persönlichkeit an der Spitze des Polizeipräsidiums München, die den Polizeiberuf von der Pike auf erlernt hat.

Hubertus Andrä verfügt über einen großen Erfahrungsschatz aus verschiedensten Verwendungen bei der Bayerischen Bereitschaftspolizei, als Referent der Polizeiorganisationsreform, als Direktionsleiter der Polizeidirektion Traunstein und als Leiter des Sachgebiets IC5 im Bayerischen Staatsministerium des Innern, für Bau

Hubertus Andrä ist seit 2013 Münchens Polizeipräsident.

und Verkehr. Zuletzt war Hubertus Andrä Leiter der Abteilung IE Verfassungsschutz im Innenministerium.

Für den 59-jährigen Trostberger ist mit der Ernennung zum Polizeipräsidenten des größten Polizeipräsidium Bayerns ein Traum in Erfüllung gegangen. Besonders prägend für ihn war der Großeinsatz in Bad Reichenhall, als am 2. Januar 2006 das Dach der Eislaufhalle einstürzte.

Hubertus Andrä setzt alles daran, den Status Münchens als sicherste Millionenstadt Deutschlands zu halten. Die Bekämpfung des Extremismus sowie die Einbruchs- und Cyberkriminalität zählt zu seinen Schwerpunkten.

In die Amtszeit Andräs fällt auch der G7 Gipfel in Ellmau und die damit im Zusammenhang stehenden Veranstaltungen in München.

Seine Zukunftsvision: »Die Herausforderung für die Zukunft liegt unter anderem darin, dass wir mit dem Wandel und technischen Fortschritt und den daraus resultierenden neuen Kriminalitätsformen Schritt halten müssen!«

LISTE ALLER MÜNCHNER POLIZEIPRÄSIDENTEN

AMTSZEIT	NAME
12.01.1796 – 01.06.1799	Joseph Maria von Weichs
Januar bis August 1798	Sir Benjamin Thompson Graf von Rumford
1799 – 1805	Anton Baumgartner
1805 – 1823	Marcus von Stetten
1823 – 1830	Heinrich Gallus von Rineker
1831 – 1841	Carl Ritter von Menz
1843 – 1844	Carl Ritter von Menz
1846	Wilhelm Johann Nepomuk Freiherr von Pechmann
1847	Joseph Zehrer
1848	Wilhelm Johann Nepomuk Freiherr von Pechmann
1848	Xaver Mark
1849 – 1852	August Lothar Graf von Reigersberg
01.04.1852 – 1861	Julius von Düring
1861 – 1866	Sigmund Heinrich Freiherr von Pfeufer
1867	Karl von Buchdorff
1887 – 1888	von Müller
01.02.1898 – 01.02.1901	Ludwig Ritter von Meixner
01.02.1901 – 01.02.1906	Otto Ritter von Halder
01.02.1906 – 01.08.1913	Julius Freiherr von der Heydte
01.08.1913 – 19.10.1916	Ludwig von Grundherr zu Altenthann und Weyerhaus
19.10.1916 – 08.11.1918	Rudolph Beckh
08.11.1918 – 13.04.1919	Josef Staimer
13.04.1919 – 22.04.1919	Johann Köberl
22.04.1919 – 29.04.1919	Ferdinand Mairgünther und Karl Retzlaw
30.04.1919 – 03.05.1919	Karl Vollnhals
03.05.1919 – 28.09.1921	Ernst Pöhner
15.10.1921 – 11.05.1923	Eduard Nortz
12.05.1923 – 26.08.1929	Karl Mantel
01.12.1929 – 09.03.1933	Julius Koch
09.03.1933 – 13.04.1933	Heinrich Himmler
14.04.1933 – 30.06.1934	August Schneidhuber
04.07.1934 – 15.04.1936	Otto von Oelhafen (vertretungsweise)
15.04.1936 – 01.10.1941	Karl von Eberstein
23.10.1941 – 12.05.1943	Franz Mayr
12.05.1943 – 30.04.1945	Hans Plesch
16.06.1945 – 15.08.1945	Hans von Seißer
15.08.1945 – 12.12.1949	Franz Xaver Pitzer
12.12.1949 – 01.01.1951	Ludwig Anton Weitmann (geschäftsführend)
16.06.1952 – 19.04.1963	Anton Heigl
06.11.1963 – 05.05.1983	Manfred Schreiber
01.08.1983 – 31.12.1987	Gustav Häring
01.01.1988 – 01.03.2003	Roland Koller
20.03.2003 – 30.06.2013	Wilhelm Schmidbauer
seit 02.07.2013	Hubertus Andrä

MÜNCHNER POLIZEIBEAMTE, DIE EINE HOHE AUSZEICHNUNG ERHIELTEN (Auswahl)

Autor: Arved Semerak

Michael Brenner, Kriminaloberkommissar: Bundesverdienstkreuz am Bande

Waldemar Kindler, Landespolizeipräsident: Bayerischer Verdienstorden; Bayerische Staatsmedaille Innere Sicherheit

Hohe Auszeichnung für Waldemar Kindler (l.): Ministerpräsident Horst Seehofer verlieh ihm am 17. Dezember 2014 den Bayerischen Verdienstorden. Kindler war ab 1975 Jurist für Personal- und Rechtsangelegenheiten im PP München, danach wechselte er zum Landeskriminalamt und später ins Innenministerium. Er war von 2001 bis 2013 Leiter der Abteilung IC, Öffentliche Sicherheit und Ordnung, ab 2007 bis 2013 trug er den neuen Titel Landespolizeipräsident.

Wolfgang Kink, Kriminalhauptkommissar: Bundesverdienstkreuz am Bande

Anton Niedermeier, Kriminalhauptkommissar: Bundesverdienstkreuz am Bande

Walter Renner, Erster Polizeihauptkommissar: Bundesverdienstkreuz am Bande

Prof. Dr. Manfred Schreiber, Polizeipräsident und danach Ministerialdirektor im Bundesministerium des Innern Bonn: Bayerischer Verdienstorden; Bundesverdienstkreuz 1. Klasse und Großes Bundesverdienstkreuz; Bayerische Staatsmedaille Innere Sicherheit

Josef Triebenbacher, Polizeihauptmeister: Medaille »München leuchtet« in Silber; Ehrenzeichen des Bayerischen Ministerpräsidenten für Verdienste im Ehrenamt

Rita Wagner, Angestellte: Bundesverdienstkreuz am Bande und Bayerische Staatsmedaille für soziale Verdienste

AUSSERGEWÖHNLICHE KARIEREN EINIGER MÜNCHNER POLIZEIBEAMTER

Autor: Arved Semerak

Dr. Karl Huber: Mittlerer und Gehobener Polizeivollzugsdienst in München, Begabtenabitur, 1. und 2. juristische Staatsprüfung in München, Promotion, Vizepräsident des Oberlandesgerichts München, Generalstaatsanwalt, Präsident des Oberlandesgerichts München und Präsident des Bayerischen Verfassungsgerichtshofes

Udo Nagel: Begabtenabitur, Gehobener und Höherer Polizeivollzugsdienst in München, Polizeipräsident der Freien und Hansestadt Hamburg und danach Innensenator der Freien und Hansestadt Hamburg

Udo Nagel

Arved Semerak: Begabtenabitur, Mittlerer und Gehobener Polizeivollzugsdienst Stadtpolizei München, 1. und 2. juristische Staatsprüfung in München, Höherer Polizeivollzugsdienst im Bundesgrenzschutz, Leitender Polizeidirektor, amtierender Polizeivizepräsident des Freistaates Thüringen, amtierender Polizeipräsident des Freistaates Thüringen und danach Polizeipräsident der Freien und Hansestadt Hamburg

KOLLEGEN, DIE IHR LEBEN RISKIERTEN

Autor: Walter Nickmann

Der Bürger erwartet zu Recht, dass sich die Polizei vorbehaltlos für die innere Sicherheit einsetzt. Jeder Polizeibeamte ist bestrebt, seinen Dienst so zu leisten, dass er sowohl vor sich selbst als auch vor dem Bürger bestehen kann. Wie weit dies im Einzelfall geht und was das im Extremfall für jeden einzelnen Polizeivollzugsbeamten bedeuten kann, zeigt die Zahl der im Dienst ums Leben gekommenen Kollegen. Seit Ende des Zweiten Weltkriegs wurden in Bayern 63 Polizeibeamte in Erfüllung ihres Dienstes durch Rechtsbrecher getötet. Davon gehörten zehn Polizeibeamte dem PP München an – allein im Jahr 1946 verloren fünf Münchner Beamte ihr Leben. Obwohl jedem Beamten bereits bei der Entscheidung für den Polizeiberuf klar sein muss, dass dieser zwangsläufig mit Gefahren verbunden ist, wird der Gedanke, in Ausübung des Dienstes getötet zu werden, verdrängt. Dies ist schon allein dem Umstand geschuldet, dass ein permanentes Denken an die möglichen Gefahren langfristig die Ausübung des Berufes unmöglich machen würde. Und dennoch: Jeder Einsatz, jedes polizeiliche Tätigwerden kann für jeden Polizisten von einer Sekunde auf die andere schicksalhaft werden. Besonders deutlich zeigt dies der nachfolgend geschilderte Fall, der sich zur Tragödie entwickelte:

POLIZISTENMORD IN DER U-BAHN-STATION

Sonntag, der 22. Januar 1995, 20.00 Uhr, Freiligrathstraße 81: Im Gebäude der 1. Einsatzhundertschaft (EH) beginnt der IV. Zug als sogenannter Schichtzug seine Nachtschicht. Nichts deutet zu diesem Zeitpunkt auf das hin, was sich bald ereignen sollte. Um 20.12 Uhr betritt ein bewaffneter Täter die Aral-Tankstelle in der Ungererstraße. Unter Vorhalt einer Schusswaffe fordert er vom Tankwart die Herausgabe des Geldes. Mit der Beute von 4 300 DM flüchtet er in unbekannte Richtung. Der Tankwart ruft sofort den Polizeinotruf an. Er kann eine sehr detaillierte Beschreibung des Täters mitteilen. Der Funksprecher in der Einsatzzentrale gibt den Überfall an die Streifenbesatzungen durch, der Außendienstleiter (ADL) der Polizeidirektion (PD) Nord übernimmt die Einsatzleitung. Er entsendet Streifenbeamte zum Tatort und koordiniert die Fahndung nach dem flüchtigen Täter. Auch die Beamten des IV. Zuges sind eingebunden. Eine 24-jährige Polizeimeisterin, der 21 Jahre alte Polizeimeister Markus Jobst sowie ein weiterer Polizeimeister des IV. Zuges sind mit ihrem Streifenwagen im Bereich des Bonner Platzes unterwegs. Im

Blumenmeer für einen ermordeten Polizeibeamten: Auf dieser Treppe in der U-Bahn-Station Bonner Platz starb der erst 21-jährige Polizeibeamte Markus Jobst.

Beamte, die ein Bild des erschossenen Kollegen trugen, führten den Trauerzug für Markus Jobst an, dem sich zahlreiche Bürger anschlossen.

Zuge der Fahndung steigen die Polizeimeisterin und der Polizeimeister aus ihrem Fahrzeug aus und gehen in die U-Bahn-Station Bonner Platz. Der dritte Kollege bleibt am Streifenwagen, um die Funkmeldungen der laufenden Fahndung mitzuhören und mit den beiden Kollegen Verbindung zu halten.

Da es zwei Treppenabgänge ins Zwischengeschoss gibt, benutzt aus taktischen Gründen jeder der beiden einzeln einen Treppenabgang. Als sie um 20.45 Uhr den Bahnsteig betreten, halten sich dort mehrere Fahrgäste auf. Zunächst erscheint alles völlig normal. Dann fällt der Polizeimeisterin in ca. 20 m Entfernung ein Mann auf, auf den die Personenbeschreibung des Tankstellentäters zutreffen könnte. Die Beamtin befindet sich auf der linken Bahnsteigseite, ihr Kollege auf der rechten. Sie macht ihren Kollegen auf den Mann aufmerksam, beide nähern sich ihm und ziehen aus Eigensicherungsgründen ihre Dienstwaffen. Plötzlich überschlagen sich die Ereignisse: Unvermittelt zieht der Verdächtige eine Pistole und schießt auf die Beamten. Dann läuft er in Richtung Ausgang und gibt dabei unterhalb einer Fahrplantafel einen Schuss auf die Beine der Beamtin ab. Diese wird am linken Oberschenkel getroffen. Im Fallen sieht sie noch, wie ihr Kollege dem Täter nachläuft, dann wird sie kurzzeitig bewusstlos. Sie hat eine stark blutende Schussverletzung erlitten. Ihr Streifenpartner verfolgt den Täter auf einer Treppe nach oben. Als der Täter das obere Treppenende erreicht hat, bleibt er stehen, richtet die Waffe auf den Beamten und schießt zweimal. Schwerstverletzt sackt dieser mit einer lebensbedrohlichen Schussverletzung im Brustkorb zusammen. Der Täter entschwindet in der Dunkelheit der Nacht. Der dritte Streifenbeamte, der an der Oberfläche auf seine beiden Kollegen wartet, hört nichts von den Schüssen und sieht den Täter nicht flüchten.

Die am Bahnsteig liegende Beamtin wird durch zwei Sanitäter, die sich zufällig als Fahrgäste in einer ankommenden U 3 befinden, sofort erstversorgt. Kurze Zeit später treffen der Notarzt, Rettungsfahrzeuge und Streifenbesatzungen ein. Unter intensivmedizinischer Versorgung wird der 21-jährige Polizeimeister in das Klinikum Bogenhausen gebracht, wo er noch in der Nacht verstirbt. Seine 24-jährige Streifenkollegin wird in die Chirurgische Klinik gefahren, dort sechs Stunden operiert und auf der Intensivstation stationär behandelt. Immer mehr Streifenbesatzungen treffen am Bonner Platz ein. Trotz des Schocks handeln sie sofort: Der U-Bahnhof wird vollständig gesperrt, in Zusammenarbeit mit der Einsatzzentrale leitet der ADL der PD Nord sofort alle notwendigen Maßnahmen ein. Aus allen Stadtteilen eilen Streifenbesatzungen zum Tatort, um sich an der Fahndung nach dem flüchtigen Täter zu beteiligen. Hundeführer treffen ein, um mit ihren Hunden die Spur nach dem Täter aufzunehmen. Nach kurzer Zeit schwebt der Polizeihubschrauber über Schwabing. Mit Hilfe einer Wärmebildkamera sucht dessen Besatzung den Flüchtigen. Allen Beamten ist bewusst, dass der Täter bei einer Konfrontation seine Waffe auch gegen sie oder Passanten richten kann. Die Täterbeschreibung wird an alle Taxler sowie die Fahrer der öffentlichen Verkehrsmittel übermittelt, insbesondere auch an die Rundfunk- und Fernsehstationen, um den Fahndungsdruck zu erhöhen.

Im U-Bahnhof selbst setzt die Tatortarbeit, allem voran die Spurensicherung, ein. Polizeipräsident Dr. Koller fährt unverzüglich zum Tatort. Innenminister Dr. Günther Beckstein erkundigt sich bei der Behördenleitung über die näheren Tatumstände und die eingeleiteten Maßnahmen. Im Bereich des Bonner Platzes setzt ein enormes Medienaufkommen ein. In der zuständigen PI 13 (Schwabing) wird ein Führungsstab installiert, um alle notwendigen Maßnahmen gezielt zu koordinieren. Unter Federführung des Kommissariats 111 (Mordkommission) setzen umfangreiche Ermittlungen ein. Tatsächlich gelingt es den Ermittlern, schnell auf die Identität des Täters zu kommen. Für die Ergreifung des Täters wird eine Belohnung in Höhe von 10 000 Mark ausgelobt. In ganz Bayern und darüber hinaus sind die Menschen über die unfassbare Tat entsetzt. Spontan legen Bürger am Tatort Blumen nieder. Das Tötungsdelikt bestimmt in allen Münchner Zeitungen die Schlagzeilen. Die Fahndungsmaßnahmen zeigen einen zeitnahen Erfolg: Der einschlägig vorbestrafte 22-jährige Täter wird in den frühen Morgenstunden des 27. Januar, knapp fünf Tage nach der Tat, durch SEK-Kräfte in Nürnberg festgenommen. Er hatte sich bei zwei Landsleuten aufgehalten.

Das Landgericht München I verurteilte den Täter am 27. März 1996 wegen schwerer räuberischer Erpressung, gefährlicher Körperverletzung und Mordes zu einer lebenslangen Freiheitsstrafe. Das Gericht stellte die besondere Schwere der Schuld fest, was für eine spätere Entscheidung über die Aussetzung der Vollstreckung eines Strafrestes zur Bewährung von Bedeutung ist. Gegen dieses Urteil legte der Verurteilte Revision ein. Der 1. Strafsenat des Bundesgerichtshofes verwarf diese am 17. Oktober 1996, weil das Urteil des LG München I keine Rechtsfehler aufwies.

GEWALT GEGEN POLIZEIBEAMTE

Die Akzeptanz des ausschließlichen Gewaltmonopols des Staates ist eine wesentliche Voraussetzung für ein harmonisches und zivilisiertes Zusammenleben aller Bürger in einem demokratischen Rechtsstaat. Aus diesem Grund ist die Legitimation von Gewalt ausschließlich den staatlichen Organen vorbehalten. Die Exekutivorgane sind ihrerseits an Recht und Gesetz gebunden. Auf dieser Grundlage können Verwaltungsbeamte bei der Nichtbefolgung von Verwaltungsakten zu deren Durchsetzung verwaltungsrechtliche Beugemittel anordnen und Polizeibeamte zur Durchsetzung ihrer Anordnungen und Maßnahmen unmittelbaren Zwang anwenden. Es liegt in der Natur der Sache, dass eine Institution wie die Polizei, die den staatlichen Auftrag hat, sozial inadäquates Handeln zu sanktionieren, im Einzelfall mit Widerstand zu rechnen hat. Deshalb hat der Gesetzgeber Widerstandshandlungen gegen Vollstreckungsbeamte in § 113 des Strafgesetzbuches unter Strafe gestellt.

Ab dem Jahr 2000 zeigte sich immer deutlicher, dass Gewalthandlungen gegen Polizeibeamte nicht nur zunahmen, sondern die Angriffe auf diese, insbesondere auch durch Unbeteiligte, immer brutaler wurden. Obwohl bei den einschlägigen Befragungen und Erhebungen die Polizei in der Bevölkerung ein hohes Ansehen genießt, gleicht es nahezu einem Paradoxon, dass dem einzelnen Polizeibeamten zunehmend feindselig begegnet wird. Die Gründe hierfür sind vor allem dem Umstand geschuldet, dass sowohl aus persönlichen als auch aus ideologischen Gründen das staatliche Gewaltmonopol nicht nur relativiert, sondern infrage gestellt wird. Wesentlich hierfür sind zum Teil die Ablehnung des Staates, aus der sich eine feindselige Haltung gegenüber dessen Vertretern ergibt und eine zunehmende Respektlosigkeit gegenüber den Beamten. Nicht nur ausschließlich Polizeibeamte sind mit dieser Haltung konfrontiert. Auch die Mitarbeiter in Finanzämtern, Arbeitsagenturen, Sozial- und Ausländerämtern verzeichnen einen Anstieg der Übergriffe. Im Gegensatz zu diesen Beschäftigten verrichten Polizeibeamte im Regelfall ihren Dienst auf öffentlichen Straßen und Plätzen und werden zu Einsätzen gerufen, die sich im Allgemeinen schon zu einem Konflikt entwickelt haben. Gerade in der alltäglichen Einsatzsituation ist die Gefahr verletzt zu werden, sehr groß, denn viele Angriffe geschehen überraschend. Vor allem im großstädtischen Bereich wird von manchen Personen das Einschreiten der Beamten sehr kritisch beobachtet. Aufdringliche Aufnahmen mit dem Handy, verbale Provokationen, Bedrängen, Umzingeln, Beleidigungen oder der nicht vorhersehbare körperliche Angriff können Folgen davon sein. Bei den körperlichen Attacken auf Polizeibeamte, insbesondere zur Nachtzeit, zeigt sich sehr deutlich, dass die überwiegend männlichen Täter im Regelfall unter Alkohol- und/oder Drogeneinfluss stehen. Einer deeskalierenden Kommunikation sind diese Personen entweder nicht zugänglich oder sie lehnen sie bewusst ab.

Die zunehmende Gewalt gegen Polizeibeamte führte zu einem gesellschaftlichen Diskussionsprozess. Diesem schloss sich auch die Politik an und reagierte: Das Bayerische Staatsministerium des Innern installierte eine bayernweite Arbeitsgruppe, die ein Konzept zur Erstellung eines Lagebildes zur »Gewalt gegen Polizeibeamte in Bayern« erarbeitete. Aufgrund dieses Konzeptes war es möglich geworden, das notwendige statistische Datenmaterial zu erhalten, um dieser spezifischen Form von Gewalt wirksam zu begegnen. So konnte Herr Innenminister Joachim Herrmann für das Jahr 2010 erstmalig ein diesbezüglich vollständiges Lagebild vorstellen. Das Innenministerium definierte hierbei die Gewalt nicht nur physisch. Diesem Gewaltbegriff unterlagen auch die psychische und verbale Gewalt, wie zum Beispiel Beleidigungen.

Sehr deutlich wurde, dass die meisten Gewalttaten sich an den Wochenenden ereigneten. Hinsichtlich der allgemeinen Tageszeit lag der Schwerpunkt zwischen 23.00 Uhr und 2.00 Uhr. Der Bericht des Innenministeriums zeigte ferner sehr deutlich, dass die Täter Polizistinnen nahezu genauso häufig angriffen wie deren männlichen Kollegen.

Auch das PP München registriert seit dem Jahr 2010 alle Gewalttaten gegen Polizeibeamte. Die gewonnenen Erkenntnisse flossen unter anderem in die Einsatzaus- und Fortbildung ein.

Die Gewalttaten gegen Münchner Polizeibeamte (GewaPol-Delikte) hatten ihren Höchststand im Jahr 2011 erreicht und sind seitdem erfreulicherweise kontinuierlich rückläufig.

Bezüglich der Zuständigkeitsbereiche der jeweiligen Münchner Polizeiinspektionen gibt es bei den GewaPol-Delikten deutliche Unterschiede. Sehr hoch belastet sind die PI 14 (Westend) und die PI 11 (Altstadt). Ebenso gilt dies für die PI 47 (Milbertshofen), die PI 21 (Au) und die PI 13 (Schwabing). Knapp die Hälfte der beim PP München im Jahr 2013 registrierten GewaPol-Delikte ereigneten sich auf öffentlichen Straßen und Plätzen. Schwerpunkte sind hier die erweiterte Fußgängerzone, der Bereich des Hauptbahnhofes, die Theresienwiese, die Münchner Freiheit, die »Kultfabrik« bzw. das »Optimolgelände« und der Bereich »Allianz Arena«. Knapp vier Fünftel der GewaPol-Delikte resultierten aus Einsatzlagen des täglichen Dienstes. Die große Mehrheit der GewaPol-Täter, die im Bereich des PP München diesbezüglich straffällig wurden, war auch schon vorher wegen begangener Straftaten polizeilich in Erscheinung getreten.

Jedes Jahr am 4. November findet auf dem Münchner Westfriedhof eine Gedenkveranstaltung mit Kranzniederlegung für die seit Kriegsende 1945 durch Rechtsbrecher getöteten Polizeibeamten statt. Auch dem Bayerischen Innenminister ist das Gedenken an die im Dienst getöteten Kollegen ein wichtiges Anliegen (oberes Bild).

IM DIENST GETÖTETE POLIZEIBEAMTE DES PP MÜNCHEN

Sicherheitswachtmeister Ernst Tomsche (25 Jahre alt)	am 12. Februar 1946
Sicherheitswachtmeister Karl Ch. Kern (38 Jahre alt)	am 15. März 1946
Sicherheitswachtmeister Josef Hagenrainer (38 Jahre alt)	am 2. April 1946
Sicherheitswachtmeister Ernst G. Dereser (29 Jahre alt)	am 5. April 1946
Sicherheitswachtmeister Johann Aigner (22 Jahre alt)	am 29. Juli 1946
Kriminalwachtmeister Franz Eichinger (33 Jahre alt)	am 9. Mai 1948
Sicherheitswachtmeister Arthur Walter (27 Jahre alt)	am 8. Februar 1951
Polizeihauptwachtmeister Karlheinz Roth (32 Jahre alt)	am 1. Februar 1961
Polizeiobermeister Anton Fliegerbauer (32 Jahre alt)	am 5. September 1972
Polizeimeister Markus Jobst (21 Jahre alt)	am 22. Januar 1995

MÜNCHNER BLAULICHT – POLIZEIVEREIN FÜR PRÄVENTION UND BÜRGERBEGEGNUNGEN e.V.

LIEBE LESERINNEN UND LESER,

herzlichen Dank für Ihr Interesse an der Münchner Polizei und ihrer Geschichte.

Sie unterstützen damit die Arbeit des Vereins »Münchner Blaulicht – Polizeiverein für Prävention und Bürgerbegegnungen e.V.«

Der gemeinnützige Verein wurde im Mai 2010 von achtzehn Personen des öffentlichen Lebens gegründet. Gründungsmitglieder waren u. a. der Bayerische Innenminister Joachim Herrmann, Christian Ude, langjähriger Oberbürgermeister der Landeshauptstadt München, Prof. Dr. Wilhelm Schmidbauer, Landespolizeipräsident und damaliger Münchner Polizeipräsident sowie die beiden bekannten Tatort-Kommissare Udo Wachtveitl und Miroslav Nemec.

Der Verein unterstützt verschiedene Projekte aus den Bereichen Kriminal- und Verkehrsprävention und organisiert unterschiedlichste Veranstaltungen, die eine Begegnung zwischen Bürgerinnen und Bürgern mit der Polizei ermöglichen. Dazu gehören Vorträge zu sicherheitsrelevanten Themen wie Wohnungseinbruch, Trickbetrug und Internetkriminalität. Buchpräsentationen, Lesungen und Führungen durch die Polizeiausstellung und Aktivitäten mit Kindern und Jugendlichen, darunter ein Feriencamp für junge Flüchtlinge aus den Krisengebieten der Welt, sind ebenfalls fester Bestandteil unserer Vereinsarbeit.

Bei unseren Präventionsfahrten mit Senioren geben Kolleginnen und Kollegen der Münchner Polizei aktuelle Tipps und wertvolle Ratschläge, wie man sich vor Verbrechen schützen kann und bieten Trainings zur Verkehrssicherheit an.

Ein ganz besonderes Highlight in unserem Angebot sind unsere Krimi-Touren. Zeitzeugen der Polizei berichten von ihren Erlebnissen an bekannten Tatorten im Stadtgebiet.

Mit der »Chronik der Münchner Polizei« wollen wir Polizeigeschichte transparent und erlebbar machen und Ihnen einen Einblick in den Polizeiberuf geben.

Mehr zu unseren umfangreichen Vereinsaktivitäten oder zu einer Mitgliedschaft erhalten Sie auf www.muenchnerblaulicht.de

Wir würden uns freuen, Sie bei einer unserer zahlreichen Veranstaltungen begrüßen zu dürfen.

Harald Pickert
Vorstandsvorsitzender

Prof. Susanne Porsche
Vorstand

Prof. Dr. Wolfgang Eisenmenger
Vorstand

Christian Weis
Vorstand

Peter Reichl
Vorstand und Geschäftsführer

Der Münchner Blaulicht e.V. bietet u. a. spannende Krimi-Touren an, bei denen Polizeibeamte fachkundig zu Orten spektakulärer Verbrechen führen, wie z. B. den Ort, an dem Ministerpräsident Kurt Eisner ermordet wurde (o. r.). Auch Theaterstücke wie »Reizende Leich« (Mi. l.) oder Präventionsfahrten (Mi. r.) gehören zum Programm. Regelmäßig veranstaltet der Verein zudem Lesungen, u. a. mit dem ehemaligen Chef der Mordermittler, Josef Wilfing, und Prof. Wolfgang Eisenmenger, ehemaliger Leiter der Münchner Rechtsmedizin (u. l.).

DAS CHRONIK-TEAM

Martin Arz
Autor, Verleger

Dr. Josef Boiger
Medizinaldirektor a. D.

Dr. Jürgen Brandl
Polizeihauptkommissar

Jochen Geißer
Polizeirat

Peter Gloël
Polizeirat

Andreas Gollwitzer
Kriminalrat

Hubert Halemba
Erster Kriminalhauptkommissar

Alexander Horn
Erster Kriminalhauptkommissar

Benno Jahn
Kriminaloberkommissar

Carolin Krapp
Erste Kriminalhauptkommissarin

Michael Konopitzky
Kriminalhauptkommissar

Jens Liedhegener
Kriminalhauptkommissar

Sven Müller
Polizeihauptmeister

Walter Nickmann
Polizeihauptkommissar

Harald Pickert
Ltd. Kriminaldirektor

Konrad Raab
Erster Kriminalhauptkommissar

Peter Reichl
Kriminalrat

Claudia Reisbeck
Kriminalhauptkommissarin

Dr. Hans Peter Schmalzl
Ltd. Regierungsdirektor

Marcus Schreiner-Bozic
Kriminalhauptmeister

Daniel Seidinger
Polizeihauptkommissar

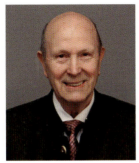
Arved Semerak
Polizeipräsident a. D.

Christian Weis
Polizeidirektor

Robert Wimmer
Polizeihauptmeister

TIMELESS ELEGANCE.
BMW GROUP CLASSIC.

Der BMW 328, erstmals 1936 auf dem Nürburgring präsentiert, wurde in kürzester Zeit zu einer Ikone der deutschen Automobilbaukunst. Mit 80 PS erzielte der nur 780 kg schwere Sportwagen eine Höchstgeschwindigkeit von 155 km/h. Bis heute zählt der BMW 328 zu den meistgesuchten Klassikern.

PERSONENVERZEICHNIS

Abel, Karl von	273
Adenauer, Konrad	81, 197
Albrecht, Wanda	224
Andrä, Hubertus	8 f., 55, 123, 208, 302, 303
Apfelböck, Josef	39
Arco auf Valley, Anton Graf von	33, 35
Auer, Erhard	33
Aumüller, Armin	196
Baader, Andreas	94, 165, 199
Baker, Josephine	44, 231
Banzer, Josef	38, 53
Baumgartner, Anton	15, 303
Beatles, The	88, 177
Beaucamp, Cola	149
Beck, Joe	136 ff.
Beckh, Rudolph	32 f., 303
Beckstein, Günther	168, 307
Beckurts, Karl Heinz	8, 203, 301
Beißbarth, Hermann/Gebrüder	25, 151 f.
Berchtold, Johann	18
Berchtold, Joseph	52
Blank, Leonhard	67
Bleimhofer, Anton	88
Blume-Beyerle, Wilfried	171, 262
Böck, Marco	193
Bögl, Gabi	268
Böhnhardt, Uwe	205, 271
Bömerl, Josef	52
Borscht, Wilhelm von	31
Boulgarides, Theodoros	205
Bowie, David	165
Bragadino, Marcantonio	14
Brand, Lisa	141 f.
Brandl, Felix	77
Brandl, Jürgen	71
Brando, Marlon	161
Brandt, Willy	227
Brenner, Michael	302
Brunner, Dominik	213
Buchdorff, Karl von	18, 303
Buchholz, Horst	161
Charlton, Sir Bobby	83
Chorinsky, Mathilde von	18
Czenki, Margit	93, 94
Czermak, Matus	82
Daume, Willi	199
David, Horst	268
Dayan, Assaf	93
Dean, James	161
Dennis (Mordfall)	271
Dittmar, Stefanie	145
Düring, Julius von	303
Dutschke, Rudi	90, 164
Eberl, Max	287
Eberstein, Karl von	58, 303
Egelhofer, Rudolf	34
Eichhorn, Johann	46, 61, 284
Einsmayer, Adalbert	68
Eisch, Michaela	105
Eisenmenger, Wolfgang	246, 310 f.
Eisner, Kurt	32 f., 35, 311
Epp, Franz Ritter von	36, 49 f., 57, 59, 66
Erftenbeck, Martin	271
Erhardt, Hermann	38
Ernst (Herzog)	272
Erzberger, Matthias	38
Escherich, Georg	38
Eulenburg, Philipp von	229
Feiler, Werner	261
Fischer, Johann-Rudolf	128 ff.
Fischer, Karl Johann	152
Fischer, Theodor	154
Fleischmann, August Wilhelm	230
Fliegerbauer, Anton	201, 309
Franz Ferdinand (Erzherzog)	31
Freundorfer, Harald	146 ff.
Frick, Wilhelm	36 ff., 41, 44 f., 49 f., 52 f., 55, 67 f., 266
Frings, Klaus-Jürgen	90, 165
Gabriel, Viktoria	264 ff.
Gareis, Karl	38
Gauck, Joachim	261
Gauweiler, Peter	110, 233, 234, 274
Genscher, Hans-Dietrich	199
Gerum, Josef	53, 68
Gineiger, Michael	130, 131
Glaser, Friedrich	38, 67 f.
Goppel, Alfons	97, 161
Göring, Hermann	52
Graes, Anneliese	199 f.
Grasmüller, Andreas	74, 76 f.
Graw, Matthias	246
Grundherr zu Altenthann und Weyerhaus, Ludwig von	32, 303
Gruber, Anton und Cäzilia	264 ff.
Grünwald, Wolfgang	144 f.
Gustav Adolf von Schweden	13
Haberger, Evi	287
Hagel, Charles T.	261
Hagen, Friedrich	31
Haimerl, Franz	183 f.
Haimpert (Henker)	11
Halder, Otto Ritter von	303
Haley, Bill	162, 164
Handl, Gunda	225
Häring, Gustav	286, 301, 303
Häring, Hermann	86, 97
Harrach, Bekkay	256
Hecht, Ludwig	81 f.
Heigl, Anton	77, 81, 300, 303
Heimberger, Robert	261, 263
Heinemann, Gustav	92
Heinrich der Löwe	157, 240
Heißler, Rolf	93
Herlitz, Konrad	78
Hermann, Norbert	202
Herrmann, Joachim	7, 55, 70, 100, 106, 159, 208, 227, 279, 284, 308, 310

Herrmann, Siegfried	77, 81
Herrmann, Walter	186
Herrnberger, Carina	147
Herzing, Ludwig	88
Heydrich, Reinhard	50, 57, 64, 69
Heydte, Julius Freiherr von der	303
Hieb, Erich	134 f.
Hierl, Konrad	123
Hillermeier, Karl	134
Himmler, Heinrich	8, 49 f., 57 ff., 66, 69, 231, 294, 303
Hirschfeld, Magnus	230
Hitler, Adolf	8, 35, 36 f., 41 ff., 51 ff., 57 ff., 66 ff., 73, 112, 146 ff., 152, 232, 294, 300
Hitzlsperger, Dietlinde	225
Hoeßlin, Rudolf von	149 f.
Hofer, Paul	152
Hoffmann, Johannes	34, 36, 38
Hohenfels, Oskar von	23
Hohensinn, Heinz	275
Honzis (Jugendbande)	170
Horn, Alexander	268 f., 271
Huber, Karl	304
Huber, Franz Josef	58, 68
Hubwieser, Heinrich	231
Imhoff, Sigmund von	50, 53
Jobst, Markus	305 f.
Johann (bayer. Herzog)	240
Johnson Sirleaf, Ellen	263
Joksch, Herbert	134, 141
Junker, Heinrich	86
Kahr, Gustav von	38, 40 ff., 51 f., 264
Karl Theodor (bayer. Kurfürst)	15
Karl V. (Kaiser)	272
Karpfinger, Markus	196
Keller, Eugene	76
Kerry, John	260
Ki-moon, Ban	261 f.
Kiefer, Philipp	53
Kiesewetter, Michèle	271
Kießling, Helge	138 f.
Kilic, Habil	205
Kindler, Waldemar	302, 304
Kink, Wolfgang	304
Knilling, Eugen von	51
Knobloch, Charlotte	70
Köberl, Johann	34
Koch, Julius	46 ff., 50, 68, 303
Köhler, Gundolf	202 f.
Koller, Roland	109 f., 235, 286, 301, 303, 307
König, Wilhelm	27
Kopp, Robert	159, 171, 251, 257, 261, 263
Krack, Ernst	88, 96
Kraus, Markus	237, 243
Kriebel, Hermann	42
Lademann, Horst	130
Landauer, Gustav	34
Langendorf, Ernest	73
Lang, Hans	50
Langer, Manfred	186
Lerchenfeld auf Köfering, Hugo von	40

Levien, Max	34
Leviné, Eugen	34
Liedtke, Peter	136
Linsert, Richard	231
Lippert, Hermann	149
Lossow, Otto von	51, 54
Ludendorff, Erich	38, 44, 50, 51 ff., 68
Ludwig der Bayer (Kaiser)	11 f.
Ludwig I. (bayer. König)	17, 273
Ludwig II. (bayer. König)	18
Ludwig III. (bayer. König)	25, 33, 149
Luitpold (bayer. Prinzregent)	18, 23
Mairgünther, Ferdinand	34, 303
Mantel, Karl	42, 43 ff., 52 ff., 208, 303
Mareike (Mordfall)	270
Marienplatzrapper (Jugendbande)	169 f.
Mark, Xaver	303
Martin, Heinrich	82, 85
Massalha, Mohammad	199 f.
Maurer, Gerhard	158
Max I. Joseph (bayer. König)	16, 154
Max Joseph III. (bayer. Kurfürst)	14
Maximilian I. (bayer. Herzog)	14
Maximilian III. (bayer. Kurfürst)	241
Mayer, Günter	77 ff.
Mayer, Rudolf	92
Mayr, Franz	65, 303
McGraw, Francis X.	152 f.
Meinhof, Ulrike	94, 199
Meisinger, Josef	68
Meixner, Ludwig Ritter von	23, 303
Menz, Carl Ritter von	303
Merk, Bruno	97, 199 f.
Mertel, Heinz	304
Miller, Lee	147
Mirelli, Mario	197
Mittermeier, Michael	262
Möhl, Arnold von	38
Moll, Leonhard	157
Montez, Lola	17, 273
Moshammer, Rudolph	8, 189, 281
Mühsam, Erich	34
Müller, Emilia	251 f.
Müller, Georg	134 f.
Müller, Gerd	263
Müller, Dr. von	303
Müller, Heinrich	58, 68
Mundlos, Uwe	205, 271
Munzert, Heinrich	87
Nagel, Udo	268, 304
Neise, Sigi	137
Neithardt, Georg	35
Nickmann, Walter	71
Niedermeier, Anton	301, 304
Nortz, Eduard	41 ff., 67, 303
Noske, Gustav	34
Oelhafen, Otto von	50, 303
Oetker, Richard	101, 244
Ohnesorg, Benno	164
Okamoto, Kōzō	199
Organisation Consul	38, 264
Otto I. (bayer. König)	27
Pahlavi, Mohammad Reza (Schah)	164, 177, 185
Pämb, Familie	14
Pantherbande (Jugendbande)	160 f., 169
Pechmann, Wilhelm Johann Nepomuk von	303
Pfeufer, Sigmund Heinrich Freiherr von	303
Pfister, Rudolf	158
Pickert, Harald	189, 310
Pipo, Birgit	144
Pitzer, Franz Xaver	33, 74 f., 78, 129 f., 206, 300, 303
Plesch, Hans	303
Pöhner, Ernst	36 ff., 40 ff., 52 f., 55, 66 f., 112, 266, 303
Popp, Franz	146
Porsche, Susanne	252, 291, 310
Princip, Gavrilo	31
Proksch, Gerhard	130
Rammelmayr, Hans Georg	94, 95
Raubal, Angela	146, 148
Rauh, Georg	52
Reichert, Karl	81
Reichl, Peter	252, 310
Reigersberg, August Lothar Graf von	303
Reingruber, Georg	40, 42, 116, 266
Reiter, Dieter	251 f.
Renner, Walter	304
Retzlaw, Karl	34, 303
Reuschl, Werner	140
Rineker, Heinrich Gallus von	303
Ritzer, Horst	168
Röhm, Ernst	49, 58, 232
Rolling Stones, The	164, 177, 184
Roth, Claudia	262
Rudolf (bayer. Herzog)	11
Rumford, Sir Benjamin Thompson Graf von	15, 303
Rupprecht, Reinhard	95
Salewski, Wolfgang	185
Sandmayr, Maria	38, 40, 267
Sauerbruch, Ferdinand	35
Scharfe, Paul	66 f.
Scharnagl, Karl	73
Scheller, Christian	144
Scheubner-Richter, Max Erwin von	44, 52
Schlittenbauer, Lorenz	264 ff.
Schmalzl, Hans Peter	185, 186
Schmidbauer, Wilhelm	70, 100, 214, 238, 301 f., 303, 310
Schmid, Eduard	43
Schmidt, Fritz	140
Schmitzberger, Johann	185
Schneidhuber, August	50, 58, 68, 303
Schreck, Rüdiger	90, 165
Schreiber, Manfred	85 f., 91, 95, 134, 137, 163, 166, 168, 172 ff., 183 f., 186, 199, 207, 274, 280, 286, 301, 303, 304
Schreiner-Bozic, Marcus	71
Schröder, Joachim	70
Schubeck, Albert	130, 131
Schulz, Heinrich	38
Schuster, Josef	71
Schweighart, Hans	40
Schweyer, Franz	41
Sechser, Erich	95
Sedlmayr, Walter	8, 94, 121, 296
Seegerer, Karl	134
Seehofer, Horst	304
Seelmann, Kurt	162

Seißer, Hans von	300
Semerak, Arved	88, 134, 304
Seufferheld, Georg	23
Sheridan, Tony	164, 184
Siebenwirth, Gerhard	145
Sieber, Georg	89, 185
Socher, Ursula	227
Sommer, Wolfgang	71
Spann, Wolfgang	246
Spitzeder, Adele	19
Stachus-Sprüher (Jugendbande)	170
Staimer, Josef	33 f., 303
Steinmeier, Frank-Walter	262
Stetten, Marcus von	303
Stiersdorfer, Maria	225 f.
Strauß, Franz Josef	75, 227
Stützel, Karl	44 ff.
Sutter, Fritz	78, 128, 130
Süßbrich, Günter	151, 182
Tandler, Georg	203
Teufel, Fritz	91
Thenn, Franz	42
Therese von Sachsen-Hildburghausen	255
Thiersch, Friedrich von	149
Thiess, Richard	170
Tillessen, Heinrich	38
Toller, Ernst	34
Treitschke, Heinrich von	222
Triebenbacher, Josef	168 f., 304
Tröger, Walther	199
Trum, Hansjörg	185, 186, 188
Umbach, Rolf	86, 89, 174, 177, 183 ff., 207
Utz, Hermann	249
Vogel, Hans-Jochen	88, 134, 163, 174, 176 f., 301
Vollnhals, Karl	36, 303
Wagner, Adolf	46, 49 f., 57, 59, 232
Wagner, Ernst	231
Wagner, Ernst und Pius	41
Wagner, Rita	304
Weichs, Joseph Maria	15, 303
Weis, Christian	310
Welsch, Herbert	134
Weitmann, Ludwig Anton	77, 303
Wendland, Horst	91
Wenger, Wolfgang	280
Wiest, Klaus	268
Wilfing, Josef	246
Wilhelm III. (bayer. Herzog)	272
Wimmer, Thomas	78, 129 f.
Wittke, Thorsten	193
Wolf, Georg	88 f
Zehrer, Joseph	303
Zenger, Helmut	134, 136
Zilch, Ludwig	140
Zimmermann, Eduard	91
Zimmermann, Ernst	301
Zoller, Peps	296
Zschäpe, Beate	205, 271

POLIZEIKONTROLLE

Ihre wichtigste Aufgabe ist die Gefahrenabwehr

Unsere Aufgabe ist es, Sie physisch und psychisch stabil für Ihren anspruchsvollen Beruf zu halten.

Anmeldung ambulant unter: 089 41 11 859 - 0
Anmeldung stationär unter: 08022 819 - 0

- Lungenfunktionsprüfung
- Check des Herz-Kreislauf-Systems
- Check des Magen-Darm-Systems
- Neurologische Schlaganfalls- & Demenzprävention
- Labordiagnostik
- Orthopädische Funktionsdiagnostik
- Burnout- & Trauma-Therapie
- Schlafdiagnostik

MARIANOWICZ MEDIZIN
Zeit für Gesundheit

Zentrum für Diagnose & Therapie · Törringstraße 6 · 81675 München · T +49 89 41 11 859 - 0 · info@marianowicz.de
Privatklinik Jägerwinkel am Tegernsee · Jägerstraße 29 · 83707 Bad Wiessee · T +49 8022 819 - 0 · info@jaegerwinkel.de

www.marianowicz.de

LITERATURAUSWAHL

Arz, Martin Todsicheres München, München 2009

Auerbach, Helmut Hitlers politische Lehrjahre und die Münchner Gesellschaft 1919–1923, in: Vierteljahreshefte des Instituts für Zeitgeschichte (1977), S. 1–45

Breibeck, Otto Ernst Bayerns Polizei im Wandel der Zeit, München 1971

Deuerlein, Ernst Der Aufstieg der NSDAP in Augenzeugenberichten, München 1978

ders. Der Hitlerputsch – Bayerische Dokumente zum 8./9. November 1923, Stuttgart 1923

Dobler, Jens Schwule, Lesben, Polizei, Berlin 1996

Dornberg, John Der Hitlerputsch – 9. November 1923, München 1998

Faatz, Martin Vom Staatsschutz zum Gestapo-Terror – Politische Polizei in Bayern in der Endphase der Weimarer Republik und der Anfangsphase der nationalsozialistischen Diktatur, Würzburg 1995

Falter, Josef Chronik des Polizeipräsidiums München, 2 Bände, München 1995 u. 1998

Farin, Michael (Hrsg.) Polizeireport München 1799–1999, München 1999

Forker, Armin Einführung in die Kriminalistik – Kriminalistische Kompetenz, Lübeck 2002/2004

Gelber, Karl-Ullrich/Latzin, Ellen Ordnungszelle Bayern, in: Historisches Lexikon Bayerns (2011)

Heusler, Andreas Das Braune Haus – Wie München zur Hauptstadt der Bewegung wurde, München 2008

Heydenreuter, Reinhard Kriminalgeschichte Bayerns, Regensburg 2008

ders. Kriminalität in München, München 2014

ders. Verbrechen und Strafen im alten München (1180–1800), Regensburg 2014

Hinterkaifeck – Ein Mordfall und kein Ende, Projektabschlussbericht zum Thema (Studienjahrgang 2004/07 B), Fürstenfeldbruck 2007

Hockerts, Hans Günter Pöhner, Ernst, in: Neue Deutsche Biographie (NDB), Band 20, Berlin 2001, S. 560 ff.

Hofmann, Ulrike Claudia »Verräter verfallen der Feme!«, Femorde in Bayern in den Zwanzigerjahren, Köln 2000

Jungblut, Peter Ein Streifzug durch die schwule Geschichte Münchens 1813–1945, München 2005

Kershaw, Ian Hitler, 1889–1936, München 2002

Knoll, Albert Homosexuelle Häftlinge im KZ Dachau, in: Invertito Jahrbuch für die Geschichte der Homosexualitäten, Köln 2002

Kube/Störzer/Timm Kriminalistik - Handbuch für Praxis und Wissenschaft, Band 1, Stuttgart 1992

Large, David C. Hitlers München, München 2006

München und seine Polizei – 65 Jahre Münchner Polizei, Festschrift, München 1963

Münchner Blaulicht e.V. (Hrsg.) Hundert Jahre Ettstraße – Das Münchner Polizeigebäude und seine Geschichte, Wasserburg 2013

Nickmann, Walter Die Polizeidirektion München in der Weimarer Zeit, München 2012 [Unveröffentliches Manuskript, PP München 2012]

Rösch, Matthias Die Münchner NSDAP 1925–1933 – Eine Untersuchung zur inneren Struktur der NSDAP in der Weimarer Republik, München 2002

Rost, Franz 70 Jahre Münchner Schutzpolizei (1898–1968), [Unveröffentliches Manuskript, PP München 1968]

Ruhl, Klaus-Jörg Die Besatzer und die Deutschen, Düsseldorf 1980

Samper, Rudolf Das Bayerische Polizeiaufgabengesetz, 2. Auflage, München 1969

Schmidbauer/Steiner Bayerisches Polizeiaufgabengesetz und Polizeiorganisationsgesetz, Kommentar, 4. Auflage, München 2014

Schröder, Joachim Die Münchner Polizei und der Nationalsozialismus, Essen 2013

Semerak, Arved/Harnischmacher, Robert Deutsche Polizeigeschichte, Stuttgart 1986

Semerak, Arved Die Polizei – Geschichte und Organisation, Heidelberg 1988

sowie: Unterlagen des PP München – Mitarbeiterzeitschrift »Ettstraße« – Sicherheitsberichte 1946–2014 – Schriftenreihen »Münchner Polizei« und »Bayerns Polizei« – Veröffentlichungen im Intranet der Polizei

BILDNACHWEIS

Allgäuer Zeitung 185
Martin Arz 105, 153 u., 167, 168, 207, 215, 239, 253, 254
Bayerisches Armeemuseum Ingolstadt
 (Foto: Christian Stoye) 67
Bayerisches Nationalmuseum 13
BayPol 309
Bayerische Staatsbibliothek München/Bildarchiv
 32, 33 u., 34 u., 35, 36, 43, 49, 53, 77, 160
Bayerisches Staatsministerium des Innern,
 für Bau und Verkehr 7
Josef Boiger 213
Fortbildungsinstitut der Bayerischen Polizei, Ainring 232
Forum Homosexualität 230
Heinz Gebhardt 275
Hirschkäfer Verlag, Archiv Al Herb 74, 80 o., 161, 162, 274
Hirschkäfer Verlag 12, 14, 39 u., 44, 47, 158 l., 241
Institut für Rechtsmedizin 246, 269
Interfoto 19, 54, 81, 82, 89, 90 o., 91, 92, 93, 95, 101, 121, 163, 164, 173, 175 u., 177, 273 u., 277, 290, 291, 293–298
Lee Miller Archives 147
Horst Middelhoff 233, 234, 235 o., 236 u.
Münchner Blaulicht e.V. 252, 310, 311
Münchner Stadtmuseum 10 *(G-Z-2147-4)*, 15 *(GM-II-210)*, 16 *(G-MI-1875-4/G-Z-2147-5)*, 20/21 *(G-28-166)*
National Museum of Contemporary History, Ljubljana, MNZS 63, 64 l. o.
Dorita Plange 169
Polizeipräsidium München Cover, 8, 17, 22–29, 30, 34 o. l., 37, 39 o., 40, 41, 42, 45, 55, 58, 60, 61, 62, 64 u., 65, 71, 72, 75, 76, 78, 79, 80 u., 83–88, 90 u., 94, 96–100, 102–104, 106, 110–120, 122–143, 146, 149, 150 l., 152, 153 o., 155 o., 156, 158 r., 159, 171, 175 o., 176, 181, 182, 186–189, 191, 193, 194, 197–205, 206–212, 214, 216–220, 221 außer u. r., 222–228, 235 u., 236 o., 242, 244, 247–249, 250 r., 251, 255–263, 270, 276, 279, 281–289, 292, 301, 304–306, 309, 312/313
Polizeipräsidium München (Fotos: Sigi Jantz) 144/145
Privatsammlung Walter Nickmann 51, 52
Privatsammlung Daniel Popielas, Welzow 60, 69
Privatsammlung Marcus Schreiner-Bozic 64 r., 66, 68
Peter Reichl 154, 179, 221 u. r.
Marcus Schlaf 165, 166
Staatsarchiv München 265, 267 *(Polizeidirektion München 8091 B)*
Stadtarchiv München 31 *(C1914446)*, 33 o. *(Pk-Erg-09-0137/WKI-StI-0085)*, 34 o. r. *(Rev-102)*, 38 *(generalstaatsanwaltschaft-mue_24)*, 48 *(WRep_0031)*, 56 *(NS-00032)*, 59 *(NS-00003)*
Josef Stöger, München (Laim) 150 r.
TZ 250 l.
VelsPol Bayern 238
Wikimedia 273 o.

DANKSAGUNG

Das Chronik-Team bedankt sich ganz herzlich für die Unterstützung bei: Renate Hauberger und Christine Schmid von der Bibliothek des PP München, Gerhard Fürmetz vom Bayerischen Hauptstaatsarchiv, Robert Bierschneider vom Stadtarchiv München, Albert Knoll vom Forum Homosexualität, Doris Kock von der Historischen Sammlung der Hochschule der Polizei in Münster-Hiltrup, Tobias Kurzmaier, Vorsitzender Aktionskreis für Wirtschaft, Politik und Wissenschaft e.V, der Redaktion von »Bayerns Polizei« und Dorita Plange von der TZ.
Außerdem bei: Bayerisches Hauptstaatsarchiv, Bayerisches Polizeimuseum in Ingolstadt, Staatsarchiv München, Bibliothek des Bayerischen Staatsministeriums des Innern, Geschichtswerkstatt Neuhausen, Institut für Zeitgeschichte München, Office of Military Government for Germany in Augsburg und Washington (OMGUS), Stadtarchiv München, Münchner Sicherheitsforum e.V. sowie bei allen aktiven und pensionierten Kolleginnen und Kollegen und allen Dienststellen, die uns unterstützt haben.